U0891894

普通高等教育"十一五"国家级规划教材

高等职业教育规划教材

Gangkou Qizhong Jixie

港口起重机械

（第二版）

李谷音　主　编
常　红　主　审

人民交通出版社

内 容 提 要

本书是普通高等教育“十一五”国家级规划教材。主要内容包括：起重机零部件、机构的结构，组成和工作原理；起升机构和运行机构的计算；起重机整体抗倾覆稳定性；典型港口起重机；起重机课程设计。书后的附表和参考图例全部采用最新国家标准和部颁标准，便于师生查用。

本书为高职高专院校港口物流设备与自动控制专业教学用书，也可用于相关专业的职业技术培训，或供有关工程技术人员学习参考。

图书在版编目(CIP)数据

港口起重机械/李谷音主编. —2版. —北京：人民交通出版社，2009.8

ISBN 978-7-114-07830-9

I.港… II.李… III.港口起重机 IV.U653.921

中国版本图书馆CIP数据核字(2009)第098247号

普通高等教育“十一五”国家级规划教材

书　　名：港口起重机械(第二版)
著 作 者：李谷音
责任编辑：周往莲
出版发行：人民交通出版社
地　　址：(100011)北京市朝阳区安定门外外馆斜街3号
网　　址：http://www.ccpress.com.cn
销售电话：(010)59757973
总 经 销：人民交通出版社发行部
经　　销：各地新华书店
印　　刷：北京虎彩文化传播有限公司
开　　本：787×1092　1/16
印　　张：19.25
字　　数：478千
版　　次：2004年12月　第1版
　　　　　2009年8月　第2版
印　　次：2023年7月　第2版　第8次印刷　总第12次印刷
书　　号：ISBN 978-7-114-07830-9
定　　价：45.00元

(有印刷、装订质量问题的图书由本社负责调换)

交通职业教育教学指导委员会
——交通工程机械专业指导委员会——

主　任：汪诚强

副主任：张海英　邹嘉勇

委　员：（按姓氏笔画排序）

仇桂玲　王经文　任　威　吕　宏　孙珍娣　张心宇

张爱山　杨永先　苏　曙　周惠棠　欧志峰　郑见粹

柴　野　常　红　黄俊平

秘　书：马乔林

前　言

交通职业教育教学指导委员会交通工程机械专业指导委员会自1992年成立以来，对本专业指导委员会两个专业（港口机械、筑路机械）的教材编写工作一直十分重视，把教材建设工作作为专业指导委员会工作的重中之重，在“八五”、“九五”和“十五”期间，先后组织人员编写了20多本专业急需教材，供港口机械和筑路机械两个专业使用，解决了各学校专业教材短缺的困难。

随着港口和公路事业的不断发展，港口机械和公路施工机械的更新换代速度加快，各种新工艺、新技术、新设备不断出现，对本专业的人才培养提出了更高的需求。另外，根据目前职业教育的发展形势，多数重点中专学校已改制为高等职业技术学院，中专学校一般同时招收中专和高职学生，本专业教材使用对象的主体已经发生了变化。为适应这一形势，交通工程机械专业指导委员会于2006年8月在烟台召开了四届二次会议，制订了“十一五”教材编写出版规划，并确定了教材的编写原则如下。

1. 拓宽教材的使用范围。本套教材主要面向高职，兼顾中专，也可用于相关专业的职业资格培训和各类在职培训，亦可供有关技术人员参考。

2. 坚持教材内容以培养学生职业能力和岗位需求为主的编写理念。教材内容难易适度，理论知识以“够用”为度，注重理论联系实际，着重培养学生的实际操作能力。

3. 在教材内容的取舍和主次的选择方面，照顾广度，控制深度，力求针对专业，服务行业，对与本专业密切相关的内容予以足够的重视。

4. 教材编写立足于国内港口机械和筑路机械使用的实际情况，结合典型机型，系统介绍工程机械设备的基本结构和工作原理，同时，有选择地介绍一些国外的新技术、新设备，以便拓宽学生的视野，为学生进一步深造打下基础。

《港口起重机械》第一版于2004年12月出版，解决了当时专业教材短缺的困难，受到教材使用者的欢迎。至今连续印刷4次，发行量达9000册。本次再版，融入了近几年的教学改革成果，同时根据行业发展情况对部分内容做了调整，使教学目标更明确，更具针对性和实用性。

《港口起重机械》（第二版）是普通高等教育“十一五”国家级规划教材，供高职高专院校港口物流设备与自动控制专业教学使用。内容包括：起重机零部件，各机构的结构、组成和工作原理；起重机整体抗倾覆稳定性；典型港口起重机；起重机课程设计。书后的附表和参考图例全部采用最新国家标准和部颁标准，便于师生查用。

本书由南通航运职业技术学院李谷音主编，上海海事大学高等技术学院常红主审。

本套教材在编写过程中，得到交通系统各校领导和教师的大力支持，在此表示感谢！

编写高职教材，我们尚缺少经验，书中不妥和疏漏之处，敬请读者指正。

交通职业教育教学指导委员会
交通工程机械专业指导委员会
2009年5月

目　录

第一章 起重机械概论

知识目标

1. 简要叙述起重机械的类型、组成；
2. 正确阐述典型起重机的构造、工作过程和工作特点；
3. 解释起重机各主要参数的含义，各参数合理选用的原则或依据；
4. 熟悉起重机械的主要驱动方式及其使用场合。

能力目标

1. 正确识别各种类型的起重机，根据工作要求和使用场合，能够选用合适的起重机；
2. 正确选择起重机的主要参数；
3. 根据工作要求和使用场合，能合理选择起重机的驱动方式。

第一节 起重机械的工作特点和类型

起重机械是用来垂直升降重物，并可以使重物作短距离的水平移动，完成对重物的装卸、转运、安装等作业。

一、起重机械的工作特点

起重机械是一种循环、重复、间歇运动的机械。起重机械的工作程序是：取物装置在取料地点由起升机构将物品提升，运行、回转或变幅机构使物品水平位移，然后起升机构将物品下降到指定地点，接着各个机构进行反方向运动，使取物装置回到原来的取料地点。这一个工作过程称为一个工作循环。一个工作循环完成后，再进行下一个工作循环。起重机械就这样重复而周期性地动作，各个机构经常处于起动、制动以及正向、反向等相互交替的运动状态中。

二、起重机械的组成

起重机械种类繁多，但主要由：工作机构、金属结构、驱动装置和控制系统等3个基本部分组成。

1. 工作机构

工作机构是起重机械的执行机构，通过各个机构的动作，完成对物品的升降和水平移动，实现物品的装卸、转载、运输、安装等作业要求。

起重机械上常用的工作机构有：起升机构、运行机构、变幅机构和回转机构，即所谓起重机械的四大机构。此外，针对某些起重机械的特殊需要，有的还设置臂架伸缩机构、放倒机构等。

起升机构是用来垂直升降物品的机构，是起重机械的基本工作机构；运行机构是使起重机或起重小车沿着固定轨道或路面行走的机构；变幅机构是依靠臂架的俯仰或起重小车在臂架上运行而改变幅度的机构；回转机构是使起重机械的回转部分在水平面内绕回转中心线转动，实现物品周向移动的机构。

工作机构的数目是根据起重机械的类型和使用要求而设置的，性能完备的臂架型起重机具有四个工作机构；桥架型起重机一般设置起升、运行（起重机运行、起重小车运行）两个工作机构；构造简单的起重机械甚至只有一个工作机构，但任何一种起重机械必须具有起升机构。

2. 金属结构

金属结构是起重机械的骨架，决定了起重机械的结构形式。金属结构用来安装及布置驱动装置和工作机构；承受自重载荷和各种外载荷，并将这些载荷传递到起重机械的支承基础。臂架型起重机的金属结构主要包括：臂架、人字架、转台、门架或车架、机房、支腿等；桥架型起重机的金属结构主要有：主梁、端梁、小车架等。

3. 驱动装置和控制系统

驱动装置是用来驱动各个工作机构的动力设备，在很大程度上决定了起重机械的工作性能和构造特点。起重机械最常用的动力设备是交流电动机和柴油机。

通过控制系统可以实现工作机构的起动、调速、换向、制动、停止、安全报警等动作，还可提供起重机械的照明。

三、起重机械的类型

起重机械的类型很多，按《起重机械分类》（GB/T 20776—2006）大致分为轻小起重设备、起重机、升降机、工作平台、机械式停车设备五大类（见图 1-1）。

1. 轻小起重设备

轻小起重设备的结构紧凑、动作简单，一般只能完成提升或牵引运动，所以使用方便，是一种轻便起重机械。常用的轻小起重设备有：千斤顶、滑车、起重葫芦、卷扬机等。

1）千斤顶

千斤顶是利用刚性承载件顶升重物的起重工具，起升高度不大，但顶升的能力可以很大。按照结构形式分为：螺旋千斤顶、液压千斤顶、分离式千斤顶等。螺旋千斤顶的起重量为 5 ~ 100t，起升高度 130 ~ 400mm；液压千斤顶的起重量为 1.5 ~ 500t，最大可达 750t，起升高度 90 ~ 200mm。近年来，国内不少千斤顶制造厂研究开发了多种千斤顶产品，其中液压千斤顶就有 8 个系列 100 多种规格（见图 1-2）。

2）滑车

滑车是由定滑轮组、动滑轮组和依次绕过定滑轮和动滑轮的钢丝绳组成的简易起重工具，一般与卷扬机或其他起重设备配套使用，用来吊装大型设

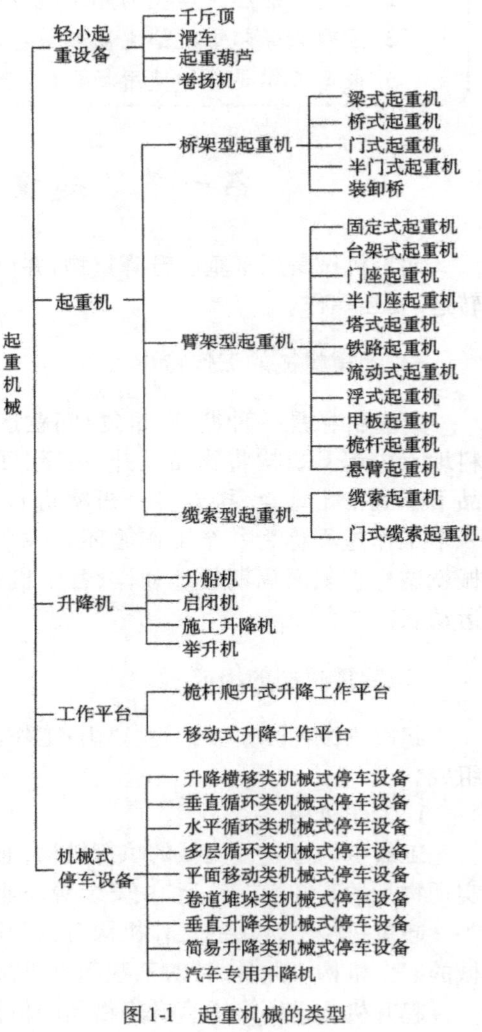

图 1-1　起重机械的类型

备。滑车使用和携带方便、起重能力较大，HY 型系列滑车的起重量范围是 1 ~ 50t；H 型系列滑车的起重量范围是 0.5 ~ 80t（见图1-3）。

3）起重葫芦

起重葫芦是将驱动、传动和制动装置安装在公共吊架上的一种起重工具，通过夹持、卷绕或放出挠性件，使取物装置升降。按驱动方式的不同，起重葫芦可分为：手拉葫芦、手板葫芦、电动葫芦、气动葫芦、液压葫芦和平衡器。

（1）手拉葫芦。手拉葫芦是由人力拉动曳引链，通过正齿轮传动或行星摆线针轮传动，卷入或放出起重链条，使取物装置发生升降。手拉葫芦装有载重制动器，依靠重物的重力产生制动转矩，可以使吊重悬在空中。

手拉葫芦可单独使用，也可作为手动单主梁或双梁桥式起重机的起重小车，适用于机械设备的安装、维修和货物的装卸，尤其适合在无电源或易燃易爆的场所作业（见图 1-4）。

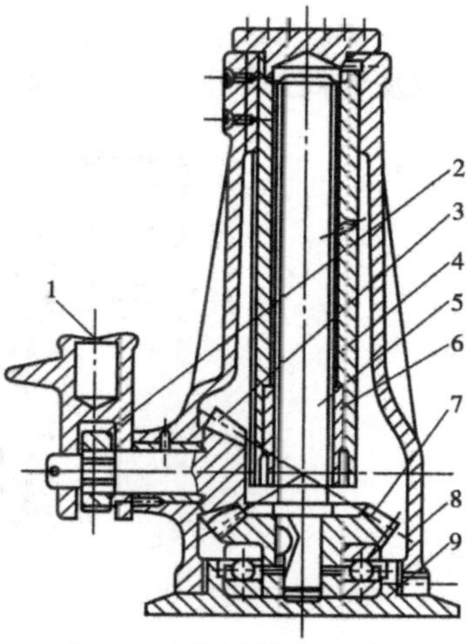

图 1-2 普通螺旋千斤顶

1-手柄；2-棘轮组；3-小锥齿轮；4-升降套筒；5-螺杆；6-螺母；7-大锥齿轮；8-机架；9-底座

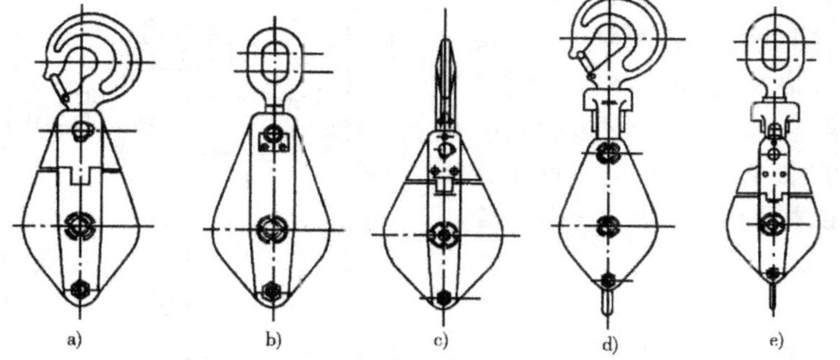

图 1-3 滑车

a）带滚针轴承吊钩型开口滑车；b）带滚针轴承链环型闭口滑车；c）带滑动轴承吊钩型开口滑车；d）带滑动轴承吊钩型闭口滑车；e）带滑动轴承双轮链环型开口滑车

（2）电动葫芦。电动葫芦是将电动机、减速器、卷筒集合为一体的起重工具。它可单独使用，也可配备行走机构作为电动单轨起重机、电动葫芦桥式起重机、塔式起重机和门式起重机的起重小车。

根据承载构件的不同，电动葫芦可分为：钢丝绳式、环链式（采用焊接链）和板链式（采用片式关节链），其中钢丝绳式电动葫芦使用最广泛。

电动葫芦的起重量一般为 0.1 ~ 10t，根据需要可达到 63t 或更大（见图 1-5）。

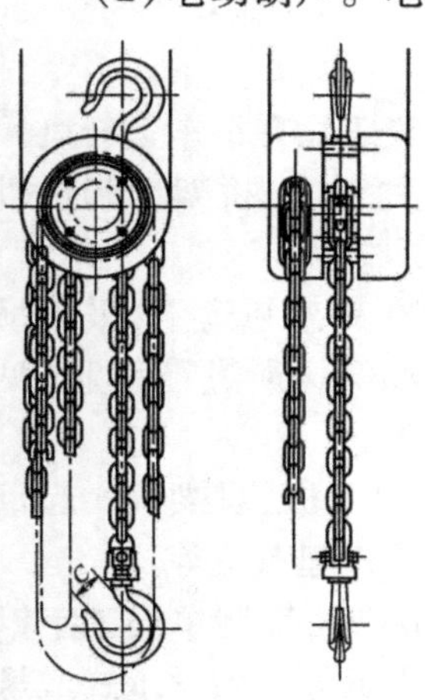
图 1-4 手拉葫芦

4）卷扬机

卷扬机是由动力装置驱使卷筒卷入或放出挠性件使重物起升或运移的起重装置。

按其工作原理的不同，卷扬机分为：卷绕式、摩擦式等形式。

（1）卷绕式卷扬机。卷绕式卷扬机由：电动机、减速器、制动器、卷筒组成。挠性件的一端固定在卷筒上,另一端与取物装置相连。卷筒转动时,挠性件卷入卷筒或从卷筒放出。卷筒起着收、放和存储挠性件的作用。

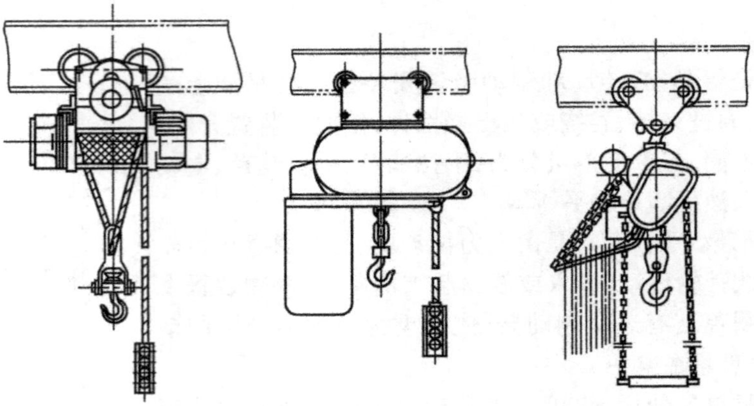

a) b) c)

图 1-5 电动葫芦

a)钢丝绳式;b)环链式;c)板链式

(2)摩擦式卷扬机。摩擦式卷扬机的卷筒是摩擦卷筒,即挠性件引入卷筒并在卷筒上缠绕数圈后,再从卷筒引出。当卷筒转动,挠性件一端绕入时,另一端同时放出,但缠绕在卷筒上的圈数不变。挠性件绕入端与绕出端之间的拉力差,即为挠性件的牵引力(见图 1-6)。

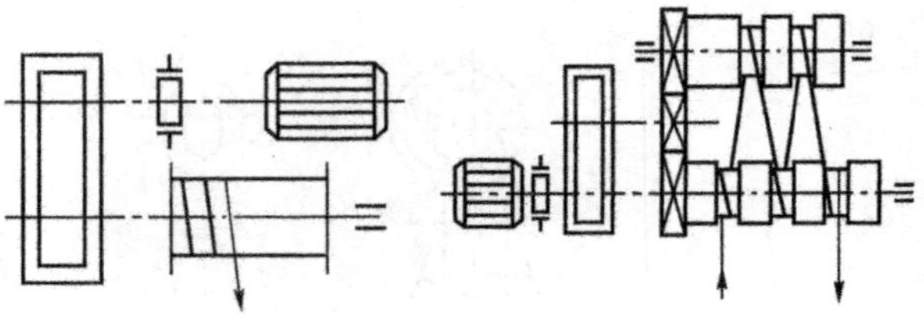

a) b)

图 1-6 卷扬机示意图

a)卷绕式卷扬机;b)摩擦式卷扬机

2. 起重机

起重机是使悬挂在取物装置上的重物能在空间垂直升降外还能水平运动的起重设备。因此,起重机除了具有起升机构外,一般还有运行机构、变幅机构、回转机构中的一个或几个。

根据起重机结构特征和实现物品水平运动方式的不同,起重机可分为:桥架型、臂架型和缆索型三大类。

1)桥架型起重机

桥架型起重机具有一个桥架形的承载构件,除了有起升机构外,一般还配有小车运行机构和大车运行机构。依靠这些机构的配合动作,能在长方形的空间内搬运货物。桥架型起重机主要包括梁式起重机、桥式起重机、门式起重机、半门式起重机、装卸桥。

(1)桥式起重机。桥式起重机的桥架两端通过运行装置直接支承在高架轨道上,采用吊钩、抓斗或电磁吸盘等取物装置来装卸货物,通常用于车间、仓库或货场等场所进行作业(见图 1-7)。

桥式起重机的种类很多,按照结构形式的不同,可分为单主梁桥式起重机、双梁桥式起重机、挂梁桥式起重机、电动葫芦桥式起重机、双小车桥式起重机、多小车桥式起重机等。

①单主梁桥式起重机。单主梁桥式起重机的桥架,当跨度为 7 ~ 10m 时,采用单根工字钢做主梁;跨度较大时,常用工字钢与型钢组成桁构梁或桁架梁。桥架的支承方式为支承式或悬挂式。

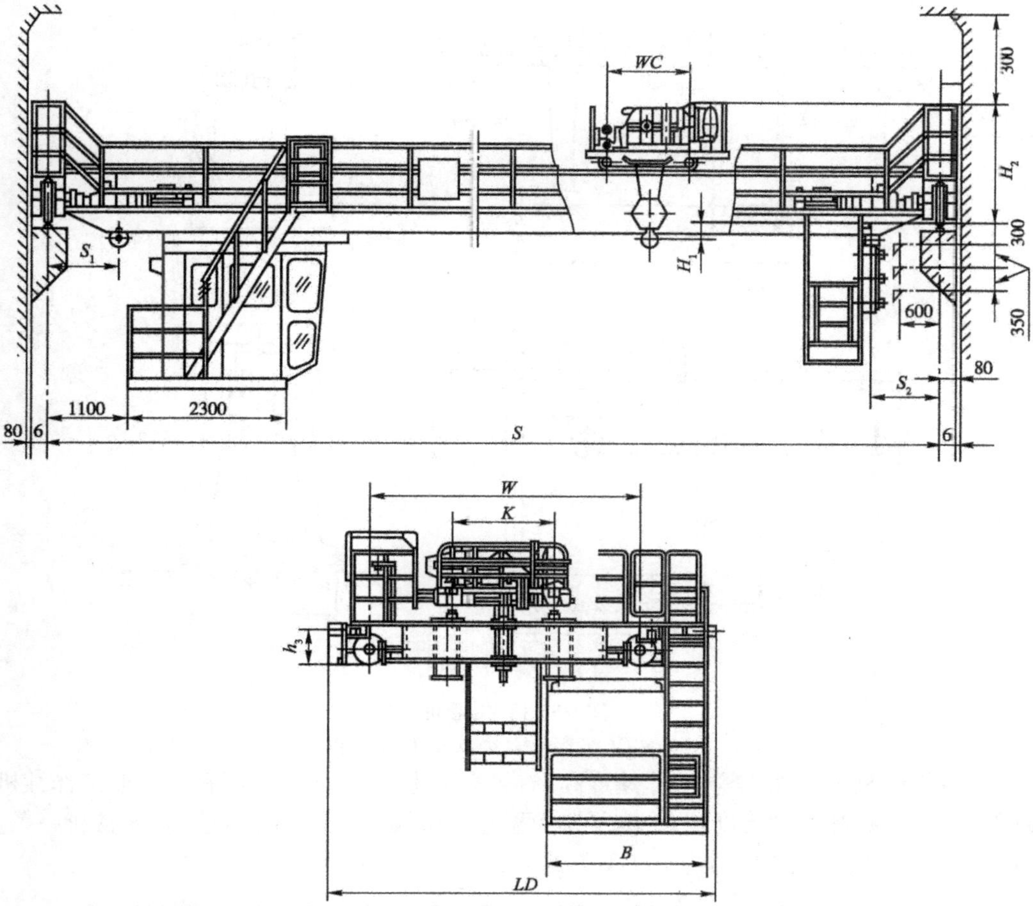

图1-7 吊钩桥式起重机

单主梁桥式起重机分手动、电动两种。手动单主梁桥式起重机采用手动单轨小车作为运行小车，用手拉葫芦作起升机构，各机构工作速度低，起重量通常为0.5～10t。电动单主梁桥式起重机一般采用自行式电动葫芦，大车运行采用分别驱动形式，工作速度、生产率比手动单主梁桥式起重机高。

②双梁桥式起重机。双梁桥式起重机由：起升机构、大车运行机构、小车运行机构、桥架和小车架等组成。桥架大多采用箱形结构。根据结构与用途的不同，双梁桥式起重机分为：吊钩桥式起重机、抓斗桥式起重机、电磁桥式起重机和抓斗、电磁（吊钩）桥式起重机。

（2）门式起重机。门式起重机具有门形框架，承载主梁下安装两条支腿，支腿支承在地面的轨道上或地基上，主梁的两端可以有外伸悬臂梁。在港口，门式起重机主要用于露天的货场，采用吊钩、抓斗、电磁吸盘等取物装置，进行件杂货、散货的装卸、堆存作业。

门式起重机按主梁结构分为：单主梁门式起重机、双梁门式起重机；按悬臂类型分为：无悬臂门式起重机、单悬臂门式起重机、双悬臂门式起重机、铰接悬臂门式起重机和可伸缩悬臂门式起重机；按用途分为：通用门式起重机、造船门式起重机、水电站门式起重机、集装箱门式起重机等（见图1-8）。

（3）装卸桥。装卸桥采用双绳抓斗或其他专用吊具作为取物装置，进行大批量的散状物料或成件物品的装卸或堆存作业。装卸桥的跨度通常大于35m，起重量不大于40t。起升机构

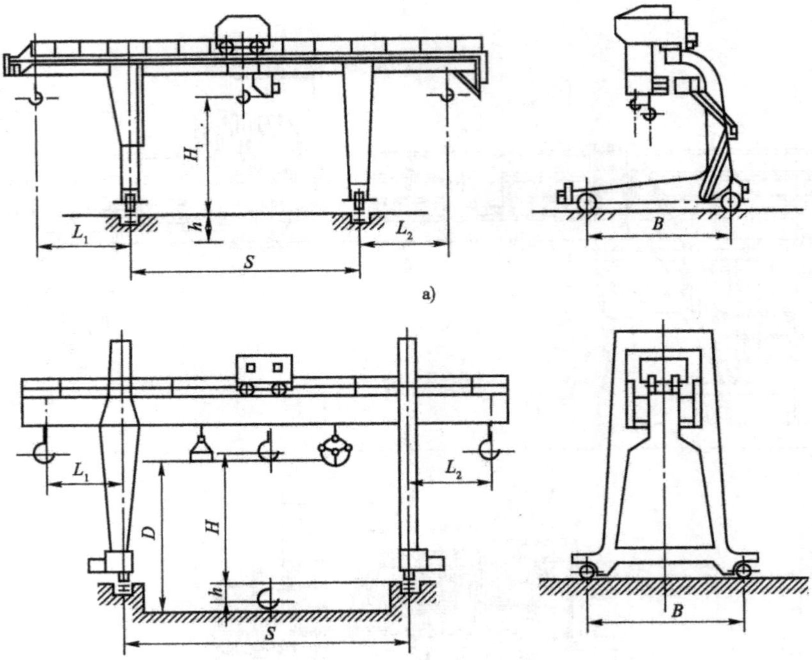

图 1-8　门式起重机

a) 单主梁门式起重机；b) 双梁门式起重机

和小车运行机构是工作性机构，工作速度高，有较高的生产率；大车运行机构是非工作性机构，速度较低。由于装卸桥的跨度较大，为了避免温差对金属结构产生的内应力，通常将一条支腿制成刚性的，另一条支腿制成柔性的（见图 1-9）。

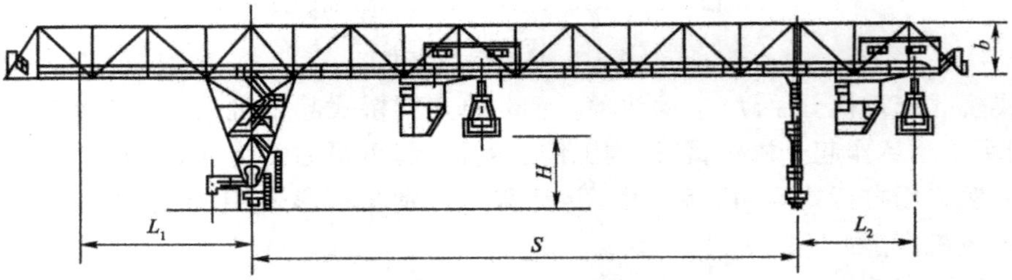

图 1-9　双悬臂桁架结构装卸桥

在港口码头前沿使用的岸边装卸桥跨度不大，临海侧的悬臂可以俯仰，采用钢丝绳牵引式小车。这种装卸桥采用抓斗装卸散货或用集装箱吊具装卸集装箱（见图 1-10）。

2）臂架型起重机

臂架型起重机具有可承载的臂架，取物装置悬挂在臂架的顶端或挂在沿臂架运行的起重小车上。臂架型起重机除了有起升机构外，通常还有变幅机构、回转机构和运行机构。依靠这些机构的配合动作，能在环状圆柱形的空间内搬运货物。臂架型起重机主要包括：固定式起重机、台架式起重机、门座起重机、半门座起重机、塔式起重机、铁路起重机、流动式起重机、浮式起重机、甲板起重机、桅杆起重机、悬臂起重机等。

（1）门座起重机。门座起重机是回转式臂架型起重机，可沿铺设在地面的轨道运行。门座起重机具有起升、运行、变幅、回转四大工作机构，即可完成货物的升降、起重机运行、回转和

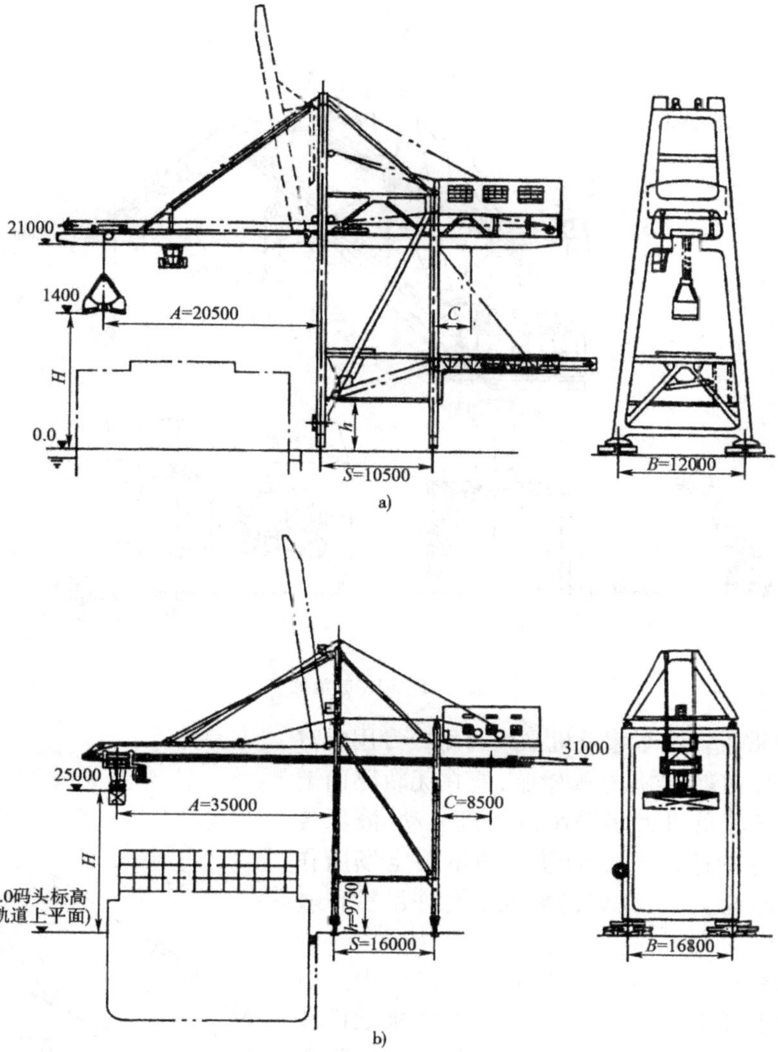

图 1-10　岸边装卸桥

a) 抓斗装卸桥；b) 集装箱装卸桥

带载变幅等动作。

门座起重机可分为：港口门座起重机（港口通用门座起重机、带斗门座起重机、集装箱门座起重机）、船厂门座起重机和电站门座起重机等。港口门座起重机用于港口、码头、堆场等场所进行货物的装船、卸船、转载、过驳等作业，其起升高度和幅度大，工作速度高，是港口最主要的装卸设备（见图 1-11）。

（2）流动式起重机。流动式起重机是能在带载或空载的情况下，沿无轨路面运行的臂架型起重机。其工作范围广，流动性好。按底盘形式的不同，流动式起重机分为：轮胎起重机、汽车起重机、履带起重机和随车起重机等。

①轮胎起重机。轮胎起重机是全回转臂架型起重机，装有充气轮胎和配备特制底盘，能在无轨路面上自行运行或牵引运行。轮胎起重机一般不能带载变幅，与汽车起重机相比，运行速度低，爬坡性能、越野性能和长距离行驶性能较差，但在平坦的路面上可以吊重行驶。轮胎起重机广泛地应用于港口、车站、货场、建筑工地等场所进行装卸、安装工作（见图 1-12）。

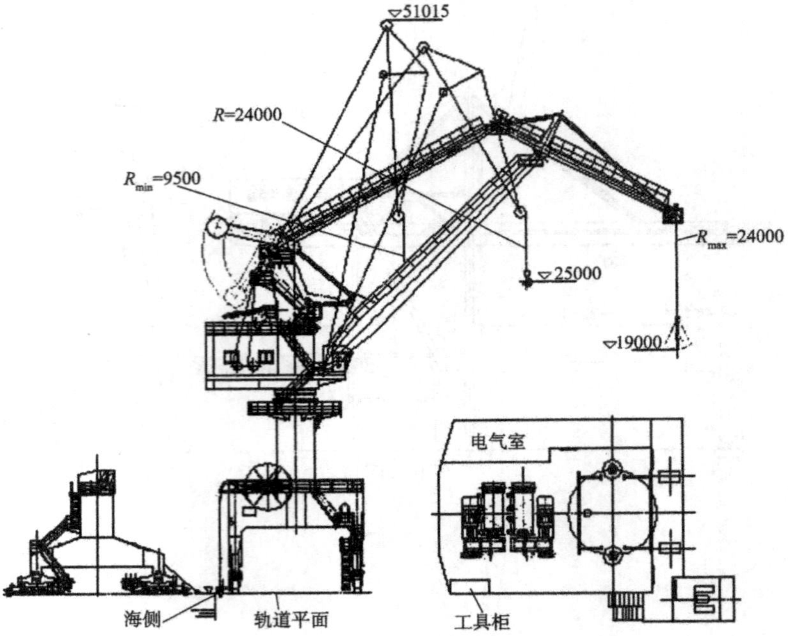

图 1-11　门座起重机

②汽车起重机。汽车起重机采用通用或专用的汽车底盘作为运行底架,装有充气轮胎,能在无轨路面上自行行驶。汽车起重机大多采用内燃机驱动、液压传动形式,因此,特别适用于流动性大的不固定场所作业。为了保证作业安全,汽车起重机不允许吊重行驶(见图 1-13)。

③履带起重机。履带起重机是以履带作为运行底架的臂架型起重机。因为履带与地面的接触面积大,所以,它能在松软的地面上行走和作业。履带起重机的爬坡能力强、通过性能好,但因其底盘笨重,会破坏硬化的路面,一般仅用于各种建设工地(见图1-14)。

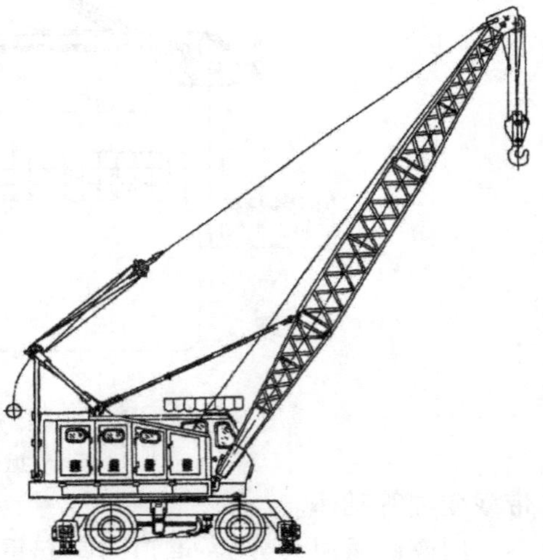

图 1-12　轮胎起重机

(3)塔式起重机。塔式起重机是将臂架安装在高塔顶部的臂架型起重机。塔式起重机的起升高度大、可以回转、结构轻巧、便于装拆,广泛应用在工业与民用建筑、堤坝建设、电站建设等施工中,进行起重、安装、搬运作业。

塔式起重机按结构形式可分为固定式塔式起重机、移动式塔式起重机、自升式塔式起重机等(见图 1-15)。

(4)浮式起重机。浮式起重机的起重装置安装在专用浮船上,能浮在水面上作业,可自航或由港作船拖航。浮式起重机有回转式和非回转式,回转式的浮式起重机工作范围大,使用性能好;当起重量特别大时,为了使起重机结构简单,自重减轻,可采用非回转式浮式起重机。

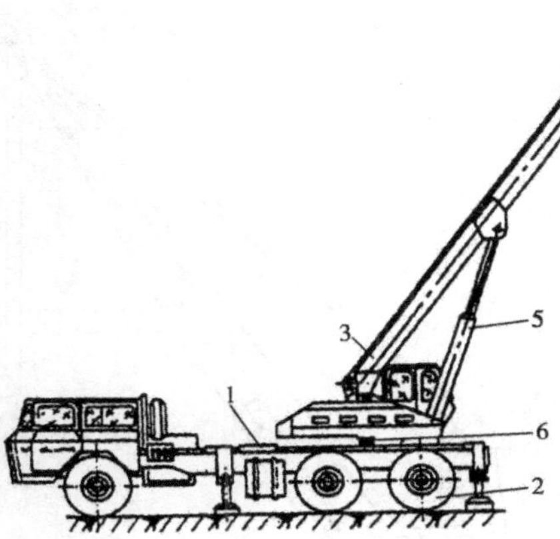

图 1-13　汽车起重机

1-车架;2-运行机构;3-臂架;4-起升机构;5-变幅机构;6-回转机构

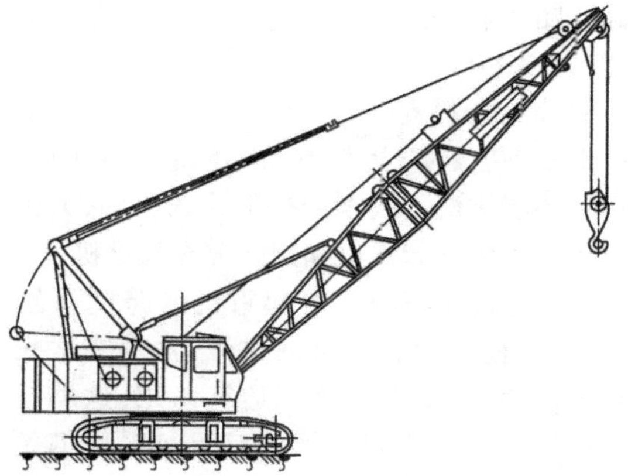

图 1-14　履带起重机

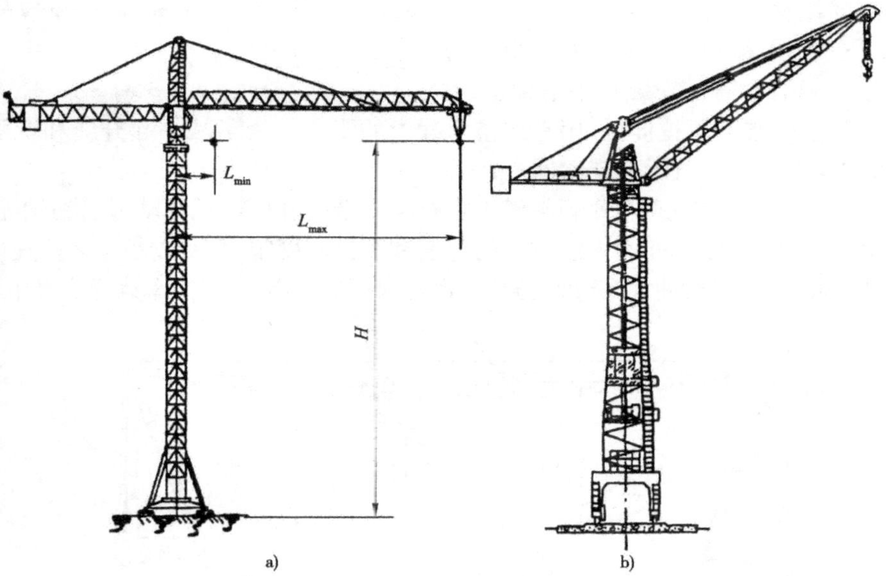

a)　　b)

图 1-15　塔式起重机

浮式起重机广泛用于海港、河港进行船舶装卸、过驳作业,特别适用重件货物的吊运和水位落差较大的内河码头前沿的装卸船作业。浮式起重机还可以用于大型设备安装、船舶修造、桥梁建筑、水上抢险、水下打捞等作业(见图 1-16)。

图 1-16　浮式起重机

(5)固定式起重机。固定式起重机是固定在基础或支承基座上,只能在原地工作的起重机。固定式起重机一般具有起升、变幅、回转机构,各个机构由电动机分别驱动,可单独动作,也可协同动作。根据能否带载变幅,分为非工作性变幅固定式起重机和工作性变幅固定式起重机。

固定式起重机用于内河中小型港口的码头前沿

装卸船舶作业，还可在堆场、货栈装卸件杂货或散货（见图1-17）。

3）缆索型起重机

缆索型起重机是起重小车沿着架空的承载索运行的起重机。根据结构形式的不同，缆索型起重机分为缆索起重机和门式缆索起重机。

（1）缆索起重机。当起重机的跨度特别大时，为了减轻桥架和整机的重量，常用缆索来代替桥架，供起重小车支承和运行使用，这类起重机被称为缆索起重机。缆索起重机采用钢丝绳作为承载索，并将其两端分别固定在两个支架的顶端，起重小车在承载索上运行。根据支架的动作方式不同，有固定式缆索起重机、平移式缆索起重机和辐射式缆索起重机。

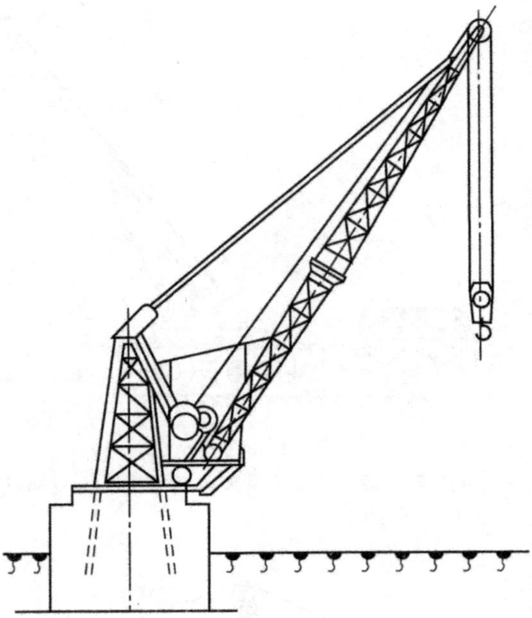

图1-17　固定式起重机

图1-18是一台平移式缆索起重机。起升卷筒和起重小车的牵引卷筒都安装在主塔架上，在另一侧的副塔架上安装液压拉伸机，用来调整承载索的张力。为了减小起升绳和牵引绳的垂度，在起重机的跨中布置了若干个支索器。

承载索两端的支架分别在两侧平行轨道上运行。由牵引卷筒往返驱动牵引钢丝绳，使起重小车在承载索上往返运行。由于缆索起重机的跨度和起升高度很大，所以小车运行速度和起升速度很高，而因为间隔很长时间大车（即支架）才运行很短的距离，所以大车运行速度相当低。

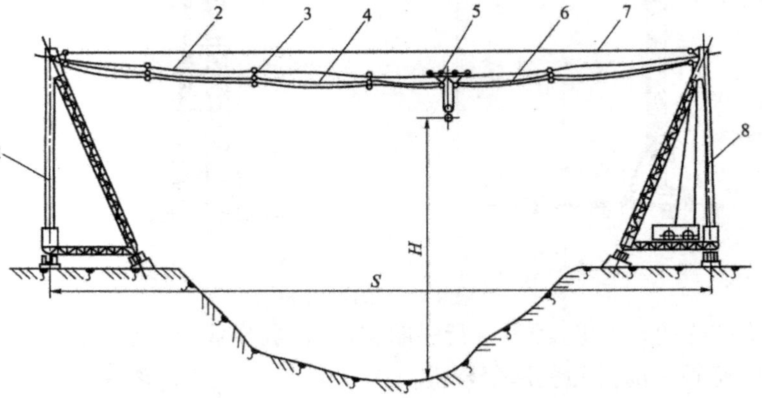

图1-18　缆索起重机

1-副塔架；2-承载索；3-支索器；4-起重索；5-起重小车；6-牵引索；7-辅助索；8-主塔架

缆索起重机用在跨度相当大或地形非常复杂的林场、煤场、山区、水库、水电站大坝施工等场所，进行货物的装卸和搬运、工件吊运、混凝土浇筑等作业。

（2）门式缆索起重机。门式缆索起重机的承载索分别固定在桥架的两端，桥架下安装两条支腿，支腿支承在地面轨道上并能沿着轨道运行。

3. 升降机

升降机是重物或取物装置作升降运动的起重机械。按结构特点，升降机可分为升船机、启闭机、施工升降机和举升机等。

升船机是依靠机械力量将船舶运送过坝的一种通航设备。升船机按结构形式有垂直式升船机、斜面式升船机。垂直式升船机是由桥式提升机等将承船厢和船舶垂直升降，平移越过坝顶；斜面式升船机是利用卷扬机牵引承船厢或承船车，沿斜坡道将船舶运载过坝。

启闭机是启闭各类闸门的专用设备。按结构形式启闭机分为螺杆式启闭机、卷扬式启闭机和液压式启闭机。

施工升降机是一种将人或货物升降到某一高度的升降设备。主要用途是供人进行登高作业或进行货物垂直运输。施工升降机则有齿轮齿条式升降机、钢丝绳式升降机和混合式升降机。

第二节　起重机械的主要参数

起重机械的主要参数是表示起重机械性能特征的指标，也是设计和选择起重机械的基本技术依据。起重机械的主要参数有：起重量、起升高度、跨度、轨距和轮距、幅度、机构工作速度、轮压、工作级别等。

一、起重量

起重量是指被起升重物的质量，用 G 表示，单位为吨(t)或千克(kg)。

起重机正常工作时允许吊起的物品质量和可从起重机上取下的吊具(或属具)质量的总和称为额定起重量，用 G_n 表示。因此，额定起重量不包括吊钩、吊钩装置等的质量，包括抓斗、电磁吸盘、集装箱吊具等的质量。

工作性变幅的臂架型起重机的额定起重量是指在全工作幅度范围内允许吊起重物的最大质量；其中有些起重机将全幅度分成几个幅度范围，每个幅度范围有一个额定起重量。有的臂架型起重机对应不同的支承方式、不同的臂架长度和幅度有不同的额定起重量。例如，轮胎起重机的额定起重量是指使用基本臂架和支腿的情况下，在规定的最小幅度时的起重量，也称为最大起重量，用 G_{max} 表示。

起重量较大的起重机为了提高作业效率，一般设有主起升机构和副起升机构。主起升机构的起重量大，起升速度低；副起升机构的起重量一般为主起升机构起重量的 1/5 ~ 1/3，但起升速度高，可提高装卸生产率。主、副起升机构起重量用一个分数表示，例如：吊钩桥式起重机起重量为 32 / 8t。

起重量是起重机械主要技术参数，已制定了国家标准，如表 1-1 所示。

最大起重量系列(GB 783—1987)(t)　　表 1-1

0.1	0.125	0.16	0.2	0.25	0.32	0.4	0.5	0.63	0.8
1	1.25	1.6	2	2.5	3.2	4	5	6.3	8
10	12.5	16	20	25	32	40	50	63	80
100	125	160	200	250	320	400	500	630	800
1000									

二、起升高度

起升高度是指空载时从起重机停放水平面或运行轨道顶面到吊具最高工作位置之间的垂直距离。采用吊钩和货叉时起升高度算到它们的支承表面；采用抓斗或其他吊具时，起升高度算到它们闭合状态的最低点。起升高度用 H 表示，单位为米(m)。不同类型的起重机起升高度见表1-2，表1-3，表1-4。

同一台起重机使用吊钩或抓斗作业时可以选取不同的起升高度。桥式起重机的起升高度是空载时从地平面算到最高工作位置；臂架长度可变化的轮胎、汽车、履带、铁路起重机等的起升高度随臂架仰角和臂长的改变而变化，在各种臂长和不同臂架仰角时可得到相应的起升高度曲线。浮式起重机的起升高度是指最大幅度下满载起升时从水面至吊具最高工作位置之间的垂直距离，且吊具最高工作位置受浮船倾侧的影响。

若吊具能下降到地面或轨面以下，则空载时从地面或轨道顶面到吊具最低工作位置之间的垂直距离称为下降深度，用 h 表示，单位为米(m)。

在确定起升高度时，要考虑提升物品所需要的高度，配备的吊具、车辆、路基的高度以及悬挂钢丝绳最小安全长度；对于装卸船舶的起重机还要考虑船舶倾斜、潮水涨落、船舶满载与空载对起升高度的影响。下降深度应根据吊具在最低潮位，船舶满载时能取到舱底货物来确定。

桥式起重机起升高度系列(GB/T 790—1995)　　表1-2

额定起重量 G_n(t)	吊钩				抓斗		电动吸盘
	一般起升高度(m)		加大起升高度(m)		起升高度(m)		一般起升高度(m)
	主钩	副钩	主钩	副钩	一般	加大	
≤50	16	18	24	26	18~26	30	16
63~125	20	22	30	32			
160~250	22	24	30	32			

港口门座起重机的幅度、起升高度和轨距(JT/T 81—1994)　　表1-3

参数名称		单位	参数系列
额定起重量		t	3、5、8、10、16、25、32、40、63、80、100、125、160
幅度	最大	m	16、20、25、30、35、45、50、60
	最小		6、7、8、9、11、16
起升高度		m	12、13、15、16、18、19、20、22、25、28、30、40、60
下降深度			8、10、12、15、18、20
轨距		m	3、3、4.5、6.0、9.0、10.0、10.5、12.0、14.0、16.0、22.0

轮胎起重机起升高度和幅度(JT/T 82—1994)　　表1-4

参数名称		单位	参数系列
额定起重量	使用支腿	t	8、10、16、25、40、50、63、80、100
	不用支腿		4、8、10、12、16、20、25、40、63
幅度	最大	m	7、8、9、10、11、13、15、18、24、30
	最小		1.0、1.5、2.0、2.5、3.0、3.5、4.0
最大起升高度		m	8、10、14、15、18、24、30、40、50、60

三、跨度、轨距和轮距

桥架型起重机跨度是指起重机运行轨道中心线之间的水平距离，用 S 表示，单位为米(m)。

臂架型起重机轨距是指起重机运行轨道中心线或起重机车轮踏面中心线之间的水平距

离；桥架型起重机轨距是指小车运行轨道中心线之间的水平距离，用 K 表示，单位为米(m)。

轮胎起重机、汽车起重机同一轴(桥)上左右两侧车轮踏面中心线之间的水平距离称为轮距。若两侧采用双胎时，轮距则指两侧双胎中心线之间的水平距离，用 K 表示，单位为米(m)。

桥式起重机的跨度由厂房的跨度确定，表 1-5 为桥式起重机跨度系列。表中起重量 50 t 以下的起重机对应每一种厂房跨度有两种跨度值，在行车梁上需要留安全通道时，取小的跨度值。

门式起重机目前采用两种跨度系列，见表 1-6。

电动桥式起重机跨度系列(GB/T 790—1995)(m) 表 1-5

额定起重量 G_n(t)	厂房跨度	9	12	15	18	21	24	27	30	33	36
	起重机跨度 S										
≤50	无通道	7.5	10.5	13.5	16.5	19.5	22.5	25.5	28.5	31.5	34.5
	有通道	7	10	13	16	19	22	25	28	31	34
63 ~ 125					16	19	22	25	28	31	34
160 ~ 250					15.5	18.5	21.5	24.5	27.5	30.5	33.5

门式起重机跨度系列(m) 表 1-6

系列 1	11	14	17	20	23	26	29	32	35	38
系列 2	10.5	13.5	16.5	19.5	22.5	25.5	28.5	31.5	34.5	37.5

四、幅度

起重机停放在水平场地上时，空载吊具垂直中心线到起重机回转中心线之间的水平距离称为幅度，用 L 表示，单位为米(m)。非回转起重机的幅度是指空载吊具垂直中心线至臂架下铰点之间的水平距离。非回转浮式起重机的幅度是指空载吊具垂直中心线到船艏护木外侧间的水平距离。

起重机的最大幅度是起重机工作时，臂架倾角最小或起重小车位于臂架最外极限位置时的幅度；而最小幅度是当臂架倾角最大或起重小车位于臂架最内位置时的幅度。起重机是在最大、最小幅度之间工作。名义幅度是指起重机的最大幅度。

港口起重机的最大幅度根据轨道的布置、作业船舶的最大宽度、是否需要进行外挡过驳作业等来确定。最小幅度应尽量小，这样可以扩大起重机的工作范围，但要考虑到起重机的结构和安全工作要求。

五、机构工作速度

起重机机构工作速度根据作业要求而定。

1. 起升速度

起升速度是指起重机起吊额定起重量时吊具匀速上升(下降)的速度，用 v_q 表示，单位为米/秒(m/s)。

2. 运行速度

运行速度是指起重机吊有额定起重量，在水平路面(或水平轨面)上匀速运行时的速度，用 v_y 表示，单位为米/秒(m/s)。对于调整性运行机构，其运行速度是指起重机不带载，在水平路面(或水平轨面)上匀速运行时的速度。

起重小车的运行速度指带有额定载荷的起重小车在水平轨面上匀速运行时的速度，用 v_y 表示，单位为米/秒（m/s）。

无轨运行的起重机在平坦的路面上稳定行驶时的速度称为起重机行驶速度，用 v_y 表示，单位为公里/小时（km/h）。

3. 回转速度

回转速度是指起重机停在水平场地（或水平轨面）上、最大幅度、吊有额定起重量时，起重机回转部分匀速转动时的角速度，用 ω 表示，单位为转/分（r/min）。

4. 变幅速度

变幅速度是指起重机停在水平场地（或水平轨面）上、吊有额定起重量时，载重在变幅平面内从最大幅度到最小幅度水平移动的平均速度，用 v_b 表示，单位为米/秒（m/s）。

某些无轨运行的起重机用变幅时间作为参数。指起重机停在水平场地上，吊有对应于最大幅度的起重量（工作性变幅）或不带载（非工作性变幅），由最大幅度运动到最小幅度所需要的时间，用 t 表示，单位为秒（s）。

5. 机构工作速度的合理选择

机构的工作速度根据机构的使用要求、工作性质、起重量、工作行程、装卸货种、作业效率等来确定。

在港口码头前沿或库场进行装卸作业的起重机的工作机构，为了提高生产率，一般采用较高的工作速度；安装检修用的起重机的工作机构，为了保证安装定位的精度，采用较低的速度，甚至实行微速。

大起重量起重机的工作机构要求装卸作业的平稳和安全、并减小驱动功率，一般采用低速；中、小起重量起重机的工作机构采用高速，以提高装卸生产率。

进行散货装卸作业的起重机工作机构采用高速；吊运件杂货的起重机工作机构一般用中速；在吊装大件物品时甚至采用低速。

工作性变幅机构、工作性运行机构的工作速度较高，能够与其他机构的工作速度匹配，提高工作效率；非工作性变幅机构、非工作性运行机构只是用于调整起重机的工作位置，一般采用低速以减小驱动功率。回转速度与起重机的用途有关，并受到回转起动和制动时切向惯性力的限制，因此臂架端部最大圆周速度不大于3.5m/s。

工作行程大的起重机工作机构采用较高的工作速度，能缩短作业时间，提高起重机生产率；工作行程小的起重机工作机构则采用较低的工作速度，否则有可能在起动过程结束后，紧接着开始制动过程，提高工作速度不会产生效率。

表1-7列出了常用起重机工作机构的速度范围，供选择时参考。

起重机工作机构的速度范围　　表1-7

起重机类型		起升速度（m/s）		运行速度（m/s）		变幅速度（m/s）	回转速度（r/min）
		主起升	副起升	小车	起重机		
通用吊钩桥式起重机	A1、A2	0.016～0.05	0.133～0.166	0.166～0.332	0.5～0.667		
	A3、A4	0.033～0.2	0.133～0.332	0.332～0.667	0.667～1.5		
	A 5、A6	0.133～0.332	0.3～0.332	0.667～0.833	1.167～2		
抓斗桥式起重机		0.667～0.833		0.667～0.833	1.667～2		
通用门式起重机		0.133～0.332	0.332	0.332～0.833	0.667～1		

续上表

起重机类型	起升速度(m/s)		运行速度(m/s)		变幅速度(m/s)	回转速度(r/min)
	主起升	副起升	小车	起重机		
抓斗装卸桥	1~1.167		1.167~5.83	0.25~0.667		
岸边集装箱起重机	0.416~0.667 0.0016~0.0083		1.333~2	0.583~0.833		
港口门座起重机	0.667~1.333			0.332~0.5	0.667~1.5	1.5~2
带斗门座起重机	0.667~1.667			0.417~0.5	0.667~1.333	1.0~1.5
建筑塔式起重机	0.166~0.5			0.25~0.5		0.2~1
高层建筑塔式起重机	0.833~1.667			0.25~0.5		0.4~1.5
装卸用浮式起重机	0.667~1.167				0.667~1	1.5~2.5
安装用浮式起重机	0.05~0.25	0.25~0.332			0.05~0.25	0.2~0.5
汽车、轮胎起重机	0.133~0.5			12~80(km/h)	0.033~0.25	0.5~1.5
港口固定起重机	0.25~0.667				0.2~0.4	1.4~2

六、最大轮压

最大轮压是指起重机或起重小车的一个车轮传递到地面或轨道上的最大垂直载荷,用P_{max}表示,单位为千牛(kN)。

轮胎起重机采用支腿全部外伸进行起重作业时,一个支腿座传递给地面的最大法向作用力称为外伸支腿最大压力。

最大轮压值是设计计算支承基础和运行机构的重要依据。当在原有的轨道上安装一台新设计的起重机时,必须使它的最大轮压控制在轨道基础承载能力的允许范围之内。

目前,我国港口钢筋混凝土码头允许的最大轮压通常在250kN~400kN之间。

七、工作级别

为适应起重机不同的使用情况和工作要求,在设计和选用起重机及其零部件时,对起重机及其组成部分进行工作级别的划分。

1.起重机整机的工作级别

起重机整机的工作级别是按起重机使用等级和起重机起升载荷状态划分的起重机工作特性。划分起重机整机的工作级别是为了对起重机机构和结构件进行设计及选用时提供合理的依据,也为用户和制造厂家进行协商时有一个参考范围。

1)起重机使用等级

起重机在有效设计寿命期间有一定的总工作循环次数。工作循环总次数表示起重机的使用程度,是起重机整机分级的基本因数之一。起重机的总工作循环次数由起重机预期使用年数、每年平均的工作日数、每工作日平均的起重机工作循环次数等3个数的乘积得到。

起重机的使用等级按起重机设计寿命期间总工作循环次数C_r分为十级,用U_0、U_1、U_2…U_9表示,见表1-8。

起重机的使用等级(GB/T 3811—2008) 表1-8

使用等级	起重机总工作循环次数 C_r	起重机使用频繁程度
U_0	$C_r \leq 1.60 \times 10^4$	很少使用
U_1	$1.60 \times 10^4 < C_r \leq 3.20 \times 10^4$	
U_2	$3.20 \times 10^4 < C_r \leq 6.30 \times 10^4$	
U_3	$6.30 \times 10^4 < C_r \leq 1.25 \times 10^5$	
U_4	$1.25 \times 10^5 < C_r \leq 2.50 \times 10^5$	不频繁使用
U_5	$2.50 \times 10^5 < C_r \leq 5.00 \times 10^5$	中等频繁使用
U_6	$5.00 \times 10^5 < C_r \leq 1.00 \times 10^6$	较频繁使用
U_7	$1.00 \times 10^6 < C_r \leq 2.00 \times 10^6$	频繁使用
U_8	$2.00 \times 10^6 < C_r \leq 4.00 \times 10^6$	特别频繁使用
U_9	$4.00 \times 10^6 < C_r$	

2)起重机的起升载荷状态级别

起重机的起升载荷状态表示起重机受载的轻重程度,是指起重机设计预期寿命期间,各个有代表性的起升载荷值的大小 P_{Qi} 以及各相应的起吊次数 C_i,与起重机额定起升载荷值的大小 P_{Qmax} 以及总的起吊次数 C_T 的比值情况。

若具有起重机设计寿命期间有关起升载荷值的大小和相应的起吊次数的资料,则起重机的载荷谱系数 K_p 可按下式计算:

$$K_p = \sum \left[\frac{C_i}{C_T} \left(\frac{P_{Qi}}{P_{Qmax}} \right)^m \right] \tag{1-1}$$

式中:K_p——起重机的载荷谱系数;

C_i——与起升载荷 P_{Qi} 相应的工作循环次数,$C_i = C_1$、C_2、$C_3 \cdots C_n$;

C_T——起重机总工作循环次数,$C_T = \sum C_i = C_1 + C_2 + C_3 \cdots + C_n$;

P_{Qi}——各个有代表性的起升载荷,$P_{Qi} = P_{Q1}$、P_{Q2}、$P_{Q3} \cdots P_{Qn}$,N;

P_{Qmax}——起重机的额定起升载荷,N;

m——幂指数,取 $m = 3$。

根据计算得到的 K_p 值,从表中选择不小于该计算值的载荷谱系数,得到对应的载荷状态级别。若在设计起重机时,不知其实际的载荷变化情况,则按表中的"说明"栏的内容选择一个合适的载荷状态级别。

起重机的起升载荷状态级别按载荷谱系数分为四级,用Q1、Q2、Q3、Q4表示,见表1-9。

起重机的载荷状态级别及载荷谱系数 K_p(GB/T 3811—2008) 表1-9

载荷状态级别	起重机载荷谱系数 K_p	说明
Q1	$K_p \leq 0.125$	很少吊运额定载荷,经常吊运较轻载荷
Q2	$0.125 < K_p \leq 0.250$	较少吊运额定载荷,经常吊运中等载荷
Q3	$0.250 < K_p \leq 0.500$	有时吊运额定载荷,较多吊运较重载荷
Q4	$0.500 < K_p \leq 1.000$	经常吊运额定载荷

3)起重机整机的工作级别

按起重机的使用等级和起升载荷状态级别,起重机整机的工作级别分为八级,用A1、A2、A3…、A8表示,见表1-10。

起重机整机的工作级别(GB/T 3811—2008)　　表 1-10

载荷状态级别	起重机载荷谱系数 K_p	起重机的使用等级									
		U_0	U_1	U_2	U_3	U_4	U_5	U_6	U_7	U_8	U_9
Q1	$K_p \leq 0.125$	A1	A1	A1	A2	A3	A4	A5	A6	A7	A8
Q2	$0.125 < K_p \leq 0.250$	A1	A1	A2	A3	A4	A5	A6	A7	A8	A8
Q3	$0.250 < K_p \leq 0.500$	A1	A2	A3	A4	A5	A6	A7	A8	A8	A8
Q4	$0.500 < K_p \leq 1.000$	A2	A3	A4	A5	A6	A7	A8	A8	A8	A8

表 1-11 是各类起重机整机分级实例,可供起重机设计和选用时参考。

起重机整机分级举例表　　表 1-11

起重机类别		起重机使用情况	使用等级	载荷状态	工作级别
桥式和门式起重机	维修用起重机	较少使用	U_2	Q3	A3
	车间用起重机	不频繁较轻载荷使用	U_4	Q2	A4
	较繁忙车间用起重机	不频繁中等载荷使用	U_5	Q2	A5
	货场用吊钩起重机	较少使用	U_4	Q1	A3
	货场用抓斗或电磁盘起重机	较频繁中等载荷使用	U_5	Q3	A6
	桥式抓斗卸船机	频繁重载使用	U_7	Q3	A8
	铸工车间用起重机	不频繁中等载荷使用	U_4	Q3	A5
	锻造起重机	较频繁重载使用	U_6	Q3	A7
	装卸桥	较频繁重载使用	U_5	Q4	A7
汽车、轮胎、履带起重机	一般吊钩作业起重机	非连续使用	U_2	Q1	A1
	抓斗、电磁盘或吊桶起重机		U_3	Q2	A3
	集装箱吊运或港口装卸用起重机	较频繁使用	U_3	Q3	A4
塔式起重机	建筑用塔式起重机	快装式	U_3	Q2	A3
	建筑用塔式起重机	非快装式	U_4	Q2	A4
	货场用起重机		U_3	Q1	A2
臂架起重机	港口装卸用吊钩起重机	较频繁中等载荷使用	U_5	Q3	A6
	港口装船用吊钩起重机	较频繁重载使用	U_6	Q3	A7
	港口装卸用抓斗、电磁盘或集装箱起重机	较频繁重载使用	U_6	Q3	A7
	港口装船用抓斗、电磁盘或集装箱起重机	较频繁重载使用	U_6	Q4	A8
	货场用吊钩起重机	不频繁较轻载荷使用	U_4	Q2	A4
	货场用抓斗或电磁盘起重机	较频繁中等载荷使用	U_5	Q3	A6

2. 起重机机构的工作级别

机构的工作级别是设计起重机机构的基础。选择电动机、减速器、制动器、钢丝绳、吊钩等重要零部件,确定滑轮、卷筒等零部件的尺寸,都要考虑机构的工作级别。划分机构工作级别的因素有:表示机构运转时间长短的机构使用等级;表示机构受载情况的机构载荷状态。

1)机构的使用等级

机构的使用等级表示机构工作的忙闲程度,按机构总运转时间分为十级,用 T_0、T_1、T_2…、T_9 表示,见表 1-12。

机构总运转时间是指该机构从开始使用起到预期更换或报废为止的实际运转小时数累计之和，不包括机构的停歇时间。

机构的使用等级（GB/T 3811—2008） 表 1-12

使用等级	总使用时间 t_T(h)	机构运转频繁情况
T_0	$t_T \leqslant 200$	很少使用
T_1	$200 < t_T \leqslant 400$	
T_2	$400 < t_T \leqslant 800$	
T_3	$800 < t_T \leqslant 1600$	
T_4	$1600 < t_T \leqslant 3200$	不频繁使用
T_5	$3200 < t_T \leqslant 6300$	中等频繁使用
T_6	$6300 < t_T \leqslant 12500$	较频繁使用
T_7	$12500 < t_T \leqslant 25000$	频繁使用
T_8	$25000 < t_T \leqslant 50000$	
T_9	$50000 < t_T$	

2）机构的载荷状态级别

机构的载荷状态级别表示机构所受载荷的轻重程度，用载荷谱系数 K_m 来表示。

若机构的实际载荷变化情况已知时，机构的载荷谱系数按下式计算：

$$K_m = \sum\left[\frac{t_i}{t_T}\left(\frac{P_i}{P_{max}}\right)^m\right] \tag{1-2}$$

式中：K_m——机构载荷谱系数；

t_i——机构承受各个大小不同等级载荷作用的持续时间，$t_i = t_1$、t_2、$t_3 \cdots t_n$，h；

t_T——机构承受所有大小不同等级载荷的时间总和，$t_T = \sum t_i = t_1 + t_2 + t_3 + \cdots + t_n$，h；

P_i——机构在工作时间内所承受的各个大小不同等级的载荷，$P_i = P_1$、P_2、$P_3 \cdots P_n$，N；

P_{max}——机构承受的最大载荷，N；

m——幂指数，取 $m = 3$。

根据计算得到的 K_m 值，从表中选择不小于该计算值的载荷谱系数，得到对应的载荷状态级别。若在设计起重机时，不知机构实际的载荷变化情况，则按表中的“说明”栏的内容选择一个合适的载荷状态级别。

机构的载荷状态级别按载荷谱系数分为四级，用 L1、L2、L3、L4 表示，见表 1-13。

机构的载荷状态级别及载荷谱系数 K_m（GB/T 3811—2008） 表 1-13

载荷状态级别	机构载荷谱系数（K_m）	说明
L1	$K_m \leqslant 0.125$	很少承受最大载荷，一般承受轻小载荷
L2	$0.125 < K_m \leqslant 0.250$	较少承受最大载荷，一般承受中等载荷
L3	$0.250 < K_m \leqslant 0.500$	有时承受最大载荷，一般承受较大载荷
L4	$0.500 < K_m \leqslant 1.000$	经常承受最大载荷

3）机构工作级别

机构工作级别的划分是将各单个机构分别作为一个整体，对其承受的载荷大小及运转频繁情况的评价。机构工作级别按机构的使用等级和载荷状态级别分为八级，用 M1、M2、M3…、M8 表示，见表 1-14。

机构的工作级别(GB/T 3811—2008)　　表 1-14

载荷状态级别	机构载荷谱系数(K_m)	机构使用等级									
		T_0	T_1	T_2	T_3	T_4	T_5	T_6	T_7	T_8	T_9
L1	$K_m \leq 0.125$	M1	M1	M1	M2	M3	M4	M5	M6	M7	M8
L2	$0.125 < K_m \leq 0.250$	M1	M1	M2	M3	M4	M5	M6	M7	M8	M8
L3	$0.250 < K_m \leq 0.500$	M1	M2	M3	M4	M5	M6	M7	M8	M8	M8
L4	$0.500 < K_m \leq 1.000$	M2	M3	M4	M5	M6	M7	M8	M8	M8	M8

表 1-15 是各类起重机各个机构单独作为整体的分级实例,可供设计和选用时参考。

起重机各机构单独作为整体的分级举例表　　表 1-15

起重机类别		工 作 级 别				
		起升机构	小车运行机构	大车运行机构	回转机构	变幅机构
桥式和门式起重机	维修用起重机	M2	M1	M2		
	车间用起重机	M4	M3	M4		
	较繁忙车间用起重机	M5	M3	M5		
	货场用吊钩起重机	M3	M2	M4		
	货场用抓斗或电磁盘起重机	M6	M6	M6		
	桥式抓斗卸船机	M8	M7	M6		
	铸工车间用起重机	M5	M4	M5		
	锻造起重机	M7	M6	M6		
	装卸桥	M8	M8	M3		
汽车、轮胎、履带起重机	一般吊钩作业起重机	M3		M1	M2	M2
	抓斗、电磁盘或吊桶起重机	M4		M2	M3	M3
	集装箱吊运或港口装卸用起重机	M5		M2	M4	M3
塔式起重机	建筑用快装式塔式起重机	M3	M2	M2	M4	M3
	建筑用非快装式塔式起重机	M4	M3	M3	M5	M4
	货场用起重机	M2	M1	M2	M4	M1
臂架起重机	港口装卸用吊钩起重机	M5		M3	M5	M4
	港口装船用吊钩起重机	M7		M4	M6	M5
	港口装卸用抓斗、电磁盘或集装箱起重机	M7		M4	M6	M6
	港口装船用抓斗、电磁盘或集装箱起重机	M8		M4	M7	M7
	货场用吊钩起重机	M4	M4	M4	M4	M3
	货场用抓斗或电磁盘起重机	M6	M6	M5	M6	M6

3. 结构件或机械零件的工作级别

结构件或机械零件的工作级别是进行起重机金属结构或机械零件强度、疲劳和稳定性计算的基础。划分结构件或机械零件的工作级别的因素有:表示结构件或机械零件总使用时间的使用等级;表示在总使用期间内发生应力大小及应力循环情况的应力状态级别。

1)结构件或机械零件的使用等级

结构件或机械零件的总使用时间,是指在设计时预期设定的从开始使用起到该结构件报废或机械零件更换为止这段时间内发生的总的应力循环次数。

结构件总应力循环数同起重机的总工作循环数之间有一定的比例关系，当知道他们的比值时，该结构件的总应力循环数可以从起重机使用等级的总工作循环数中导出。

机械零件的总应力循环数，则可从该零件所属于的机构或零件的设计预期的总使用时间中导出。

结构件或机械零件的使用等级，按其总应力循环次数分成11个等级，用 B_0、B_1、B_2…、B_{10} 表示，见表1-16。

结构件或机械零件的使用等级（GB/T 3811—2008） 表1-16

使用等级	结构件或机械零件的总应力循环数 n_T	使用等级	结构件或机械零件的总应力循环数 n_T
B_0	$n_T \leqslant 1.6\times10^4$	B_6	$5\times10^5 < n_T \leqslant 1\times10^6$
B_1	$1.6\times10^4 < n_T \leqslant 3.2\times10^4$	B_7	$1\times10^6 < n_T \leqslant 2\times10^6$
B_2	$3.2\times10^4 < n_T \leqslant 6.3\times10^4$	B_8	$2\times10^6 < n_T \leqslant 4\times10^6$
B_3	$6.3\times10^4 < n_T \leqslant 1.25\times10^5$	B_9	$4\times10^6 < n_T \leqslant 8\times10^6$
B_4	$1.25\times10^5 < n_T \leqslant 2.5\times10^5$	B_{10}	$8\times10^6 < n_T$
B_5	$2.5\times10^5 < n_T \leqslant 5\times10^5$		

2）结构件或机械零件的应力状态级别

结构件或机械零件的应力状态级别，表示该结构件或机械零件在总使用期间发生应力的大小及相应的应力循环情况，用应力谱系数 K_S 来表示。

若结构件或机械零件的实际应力变化情况已知时，应力谱系数可按下式计算：

$$K_S = \sum\left[\frac{n_i}{n_T}\left(\frac{\sigma_i}{\sigma_{max}}\right)^C\right] \tag{1-3}$$

式中：K_S——结构件或机械零件的应力谱系数；

n_i——与结构件或机械零件的不同应力相应的应力循环数，$n_i = n_1$、n_2、n_3…n_n；

n_T——结构件或机械零件总的应力循环数，$n_T = \sum n_i = n_1 + n_2 + n_3 + \cdots + n_n$；

σ_i——结构件或机械零件在工作期间发生的不同应力，$\sigma_i = \sigma_1$、σ_2、σ_3…σ_n，N/mm^2；

σ_{max}——最大应力，N/mm^2；

C——幂指数，与有关材料的性能，结构件或机械零件的种类、形状和尺寸，表面粗糙度以及腐蚀程度等有关，由实验得出。

根据计算得到的 K_S 值，从表中选择不小于该计算值的应力谱系数，得到对应的应力状态级别。

结构件或机械零件的应力状态级别按应力谱系数分为四级，用S1、S2、S3、S4表示，见表1-17。

结构件或机械零件的应力状态级别及应力谱系数（GB/T 3811—2008） 表1-17

应力状态级别	应力谱系数 K_S	应力状态级别	应力谱系数 K_S
S1	$K_S \leqslant 0.125$	S3	$0.250 < K_S \leqslant 0.500$
S2	$0.125 < K_S \leqslant 0.250$	S4	$0.500 < K_S \leqslant 1.000$

注：某些结构件或机械零件所受的载荷同以后实际的工作载荷基本无关。在大多数情况下，$K_S = 1$，应力状态级别为S4。

对于机械零件，计算应力谱系数时所用的应力就是零件计算截面上出现的总应力。

对于结构件，确定应力谱系数所用的应力是该结构件在工作期间内发生的各个不同的峰值应力。

3)结构件或机械零件的工作级别

结构件或机械零件的工作级别按结构件或机械零件的使用等级和应力状态级别分为8级,用E1、E2、E3…、E8表示,见表1-18。

结构件或机械零件的工作级别(GB/T 3811—2008)　　表1-18

应力状态级别	使用等级										
	B_0	B_1	B_2	B_3	B_4	B_5	B_6	B_7	B_8	B_9	B_{10}
S1	E1	E1	E1	E1	E2	E3	E4	E5	E6	E7	E8
S2	E1	E1	E1	E2	E3	E4	E5	E6	E7	E8	E8
S3	E1	E1	E2	E3	E4	E5	E6	E7	E8	E8	E8
S4	E1	E2	E3	E4	E5	E6	E7	E8	E8	E8	E8

第三节　起重机械的驱动装置

起重机械的驱动装置是用来驱动各个工作机构的动力设备。驱动装置是起重机械的基本组成部分,在很大程度上决定了起重机械的构造特征和工作性能,对起重机械的经济指标也有着重大影响。因此,在设计或选用起重机械时,合理地选择驱动装置的类型是十分重要的。

起重机械通常采用的驱动方式有:人力驱动、电力驱动、内燃机驱动等形式。

一、人力驱动

人力驱动主要用于起重量小、工作速度低、工作不繁忙的起重机械,如检修用千斤顶、手拉葫芦、手动单主梁起重机、便携式起重机的回转与运行机构等。人力驱动也用在某些起重机的辅助设备上,如手动夹轨器、锚定装置等,或作为某些起重设备的备用驱动,如电动螺杆式夹轨器上的手轮,以便在其他驱动装置突然发生故障时,采用手动操作,不致影响到工作正常进行。

人力驱动通常采用手摇柄、杠杆、手轮、曳引链以及脚踏板驱使机构运动。在设计人力驱动装置时,要注意:人手的驱动力约为150~200N,短时间可达250~400N,速度约为0.5m/s。当数人同时工作时,要考虑到施力的不均匀系数φ,2人同时工作时$\varphi=0.8$;3人同时工作时$\varphi=0.75$;4人同时工作时$\varphi=0.7$。人力驱动的起升机构要安装支持制动器,用来防止重物自行下落;或安装安全摇柄,防止手柄自行反转。

人力驱动的起重机械构造简单、使用方便、价格便宜,但机械的工作速度低、生产率不高、操作者的劳动强度大,并且不能长时间地连续工作。

二、电力驱动

1.概述

电力驱动是起重机械中使用最普遍的一种驱动形式。这是因为电源已经成为最普遍最经济的一种能量来源,有完善的电网系统和集中的供电基地,供电方便;电动机可以对起重机械的各个工作机构实行分别驱动,使传动系统大大简化,从而使操作简单、维修方便;

电动机可带载起动、可换向、可调速、短时过载能力强，工作性能良好；便于安装制动装置和各种安全保护装置，并能使它们与电动机连锁动作，提高了机构工作时的安全性和可靠性；电力驱动的噪声低、无环境污染。因此，电力驱动不仅用于作业范围一定，行驶路线不变的有轨运行的起重机上，而且在经常变更作业地点的流动式起重机，如轮胎起重机上，也有采用电力驱动的。

电力驱动的起重机械采用起重冶金用交流异步电动机和起重冶金用直流电动机。与一般工业用的电动机相比较，起重冶金用系列电动机具有较高的过载能力和机械强度，起动力矩大，转子转动惯量小，符合起重机械短时、断续、周期性的工作特点。

由于交流电源容易获得，而且更为经济，所以在起重机械中更多地使用交流异步电动机。目前，起重机械使用的交流异步电动机为 YZR 系列绕线转子三相异步电动机和 YZ 系列笼型三相异步电动机。绕线转子三相异步电动机起动性能好，便于适量调速，不会引起过热，所以在起重机械中使用最广。笼型三相异步电动机的构造简单、使用方便、价格也便宜，但它的起动转矩较小，而起动电流大，故不能频繁地起动，所以通常只用于功率不大、工作不频繁、起动次数少的机构上，如非工作性的变幅机构，港口门座起重机的大车运行机构等。

近年来，又研制和生产了 YZR－Z、YZRG、YZRF、YZD 等系列交流异步电动机，其中 YZR-Z 系列是起重机专用绕线转子三相异步电动机，与 YZR 系列电动机的区别在于其基准工作制为 S3—25%，且最大转矩倍数高。YZRG、YZRF 系列电动机是在 YZR 系列电动机结构上派生的产品，YZRG 是管道通风型电动机，YZRF 是自带风机型电动机。YZD 系列是起重机用多速三相异步电动机，是在 YZ 系列电动机电磁上派生的产品，YZD 电动机是单绕组双速电动机。

起重机械上目前使用的直流电动机型号为 ZZJ—800 系列。直流电动机的调速范围较大，过载能力强，传动效率高，机械性能更能满足起重机械的工作要求。但对于没有直流电源的一般作业场地，需要另外安装整流设备或直流电网。与同容量的交流异步电动机相比，直流电动机的体积、自重、价格和维护费用都比较大，因此，除了特别重要的和要求在较大范围内调速的起重机械的工作机构，如造船用门座起重机、岸边集装箱起重机、浮式起重机的起升机构外，一般较少用直流电动机。

图 1-19 是 M10—30 门座起重机驱动简图。

2. 电力驱动的工作制

YZR、YZ 系列起重冶金用电动机的工作制分为 S2 至 S9 共 8 种类型，基准工作制为 S3—40%（即工作制为 S3，基准负载持续率为 40%，每个工作周期为 10min）。

1）短时工作制（S2）

在恒定负载下按给定的时间运行，并且在未达到热稳定状态即停机和断能一段时间，从而使电动机再度冷却并与冷却介质温度之差在 2℃ 以内。电动机接电运转时间短，温升达不到稳定值，而断电后的停歇时间长，足以使电动机冷却到环境温度。短时工作制的时间采用 30min、60min。

2）断续周期工作制（S3）

按一系列相同的工作周期运行，每一个周期包括一段恒定负载运行时间和一段停机并断能时间。电动机接电运转的时间较短，不足以使电动机达到热稳定状态，并且这种工作制中起动时间与一个周期相比很短，起动电流对温升没有明显的影响。周期性工作定额的每一工作周期的时间为 10min，负载持续率一般为 15%、25%、40%、60% 四种。

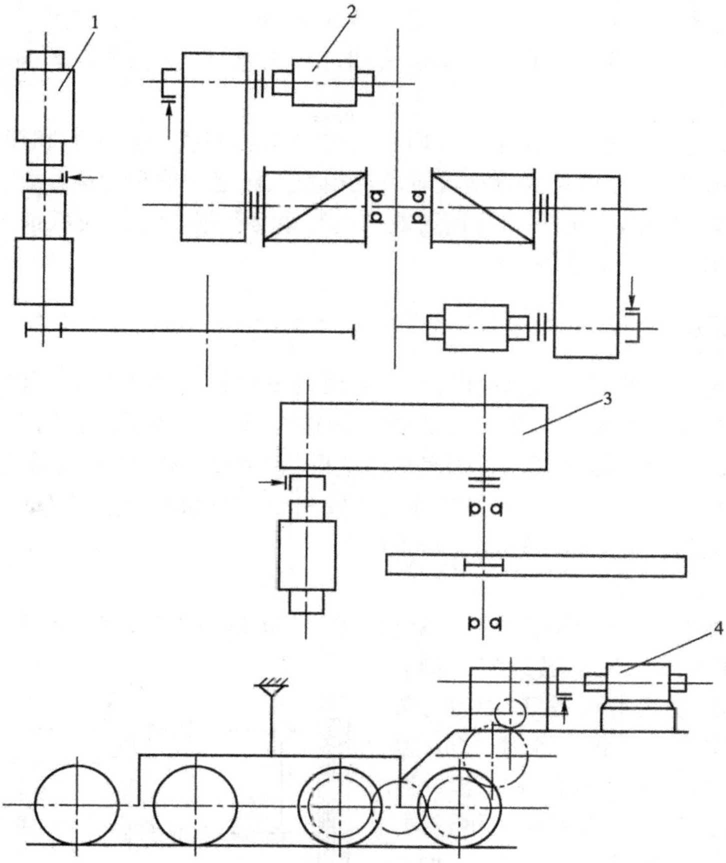

图 1-19　M10—30 门座起重机驱动简图

1-回转机构;2-起升机构;3-变幅机构;4-运行机构

接电持续率是指起重机一个工作循环中,机构运转时间与总时间之比,用下式表示:

$$JC(\%) = \frac{\text{起重机一个工作循环中机构运转时间}}{\text{起重机一个工作循环的总时间}} \times 100\% \tag{1-4}$$

3)包括起动的断续周期工作制(S4)

按一系列相同的工作周期运行,每一周期包括一段起动时间,一段恒定负载运行时间和一段停机并断能时间。由于这些时间都较短,均不足以使电动机达到热稳定状态,但在这种工作制中计入了起动对温升的影响。其周期性工作定额与 S3 相同。

4)包括电制动的断续周期工作制(S5)

按一系列相同的工作周期运行,每一周期包括一段起动时间,一段恒定负载运行时间,一段快速电制动时间和一段停机并断能时间。由于这些时间都很短,均不足以使电动机达到热稳定状态,但是在这种工作制中除计入起动对温升的影响外,还计入电制动对温升的影响。其周期性工作定额与 S3 相同。

起重机械的重复短期工作制实际上是 S4 或 S5 工作制。

3. 电动机容量确定

1)选择电动机容量的基本要求

(1)在给定的工作条件下长期进行重复短暂工作时,电动机的温升不应超过允许的数值。

(2)在正常满载状态下工作时能进行可靠地起动,起动时间符合要求。

(3)在最大工作载荷作用下具有足够的短期过载能力,不会造成工作中的停机现象。

2)确定电动机的容量

(1)初选电动机。根据机构正常工作时所需的稳态功率或等效功率和接电持续率从电动机产品目录初选电动机,使所选的电动机应满足相应工作定额值和起动次数。

(2)电动机容量校核。初选电动机后,电动机容量必须进行短期过载能力、发热和起动能力校核。具体计算在以后各章中介绍。

三、内燃机驱动

对于不便于利用外部能源的起重机械,常采用内燃机作为动力装置。内燃机驱动能使起重机械具有自己独立的能源而不依赖外界输入的能源,因此,特别适合需要经常变换工作地点、工作范围比较大的流动式起重机,如汽车起重机、履带起重机、浮式起重机等。根据传动方式的不同,内燃机驱动又可以分为:内燃机—机械驱动、内燃机—电力驱动、内燃机—液压驱动、内燃机、外接交流电源—电力驱动。

1.内燃机—机械驱动

内燃机—机械驱动又称内燃机集中驱动。图 1-20 是 HG—72 型 16t 轮胎起重机驱动简图。动力装置 4135 柴油机 1 通过液力耦合器 2 将动力传递给动力分配箱 3,动力分配箱的四根输出轴分别驱使各个机构运动。输出轴 4 通过左、右两个离合器和换向器、蜗杆减速器带动卷筒转动并卷入或放出钢丝绳,使臂架俯仰变幅。输出轴 5 通过左、右两个离合器和换向器,带动圆柱齿轮减速器并使小齿轮绕大齿圈转动,使起重机回转部分转动。输出轴 6 通过左、右两个离合器和换向器,带动圆柱圆锥齿轮减速器、差速器,驱使车轮转动,使起重机前进或后退。输出轴 7 通过安装在卷筒上的内涨式离合器,带动卷筒转动,实现货物上升;卷筒在货物重力作用下反转,使货物重力下降。

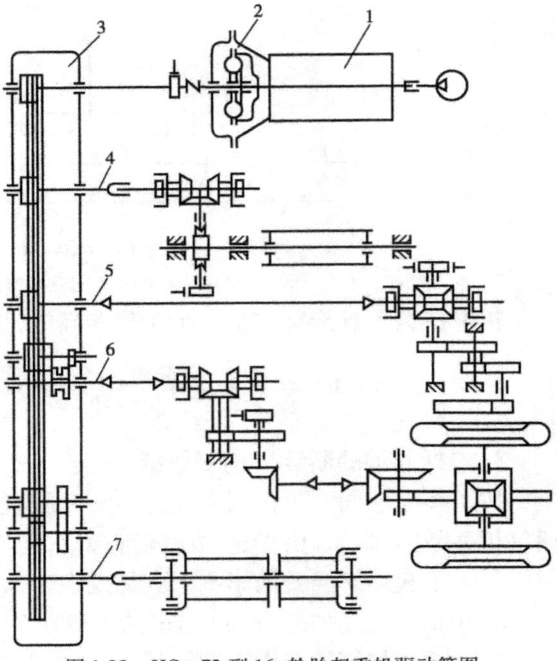

图 1-20　HG—72 型 16t 轮胎起重机驱动简图

1-柴油机;2-液力耦合器;3-动力分配箱;4-变幅机构输出轴;5-回转机构输出轴;6-运行机构输出轴;7-起升机构输出轴

从内燃机—机械驱动的过程中,可以发现这种驱动方式存在的缺点:由于用一台内燃机集中驱动,需要采用动力分配箱进行动力分配;内燃机不能带载起动,在动力装置与传动装置之间要安装离合器,使内燃机先空载起动,然后通过离合器与工作机构结合;内燃机不能逆转,在传动装置中要装换向器来改变转动方向,因此,内燃机—机械驱动的传动系统相当复杂、操作很不方便;内燃机过载能力不大,必须按照起重机械工作机构的起动转矩而不是额定转矩来选择内燃机,这样就使动力装置的功率利用率和效率降低;另外,内燃机在运转时有噪声,会排出废气,对环境有一定的污染。内燃机—机械驱动方式已逐渐被淘汰。

2. 内燃机—电力驱动

内燃机—电力驱动是一种复合驱动的形式。复合驱动一般由原始发动机、能量转换装置和再生发动机三部分组成。

图 1-21 是 QL16B 型轮胎起重机驱动简图。原始动力装置 4135AK—2 型柴油机带动 ZQF—45 型直流发电机发出直流电，供给各个工作机构的电动机。起升机构的 ZZK—42 型串激直流电动机通过圆锥圆柱齿轮减速器带动卷筒转动，实现货物升降；运行机构的两台 ZZG—33 型串激直流电动机分别通过圆柱齿轮减速器和链传动，驱动后轮转动，使起重机前进或后退；变幅机构的 ZZG—30 型串激直流电动机通过蜗杆减速器带动变幅卷筒转动，使臂架俯仰变幅；回转机构采用的 ZZG—30 型串激直流电动机通过蜗杆减速器带动小齿轮绕大齿圈转动，实现起重机回转。

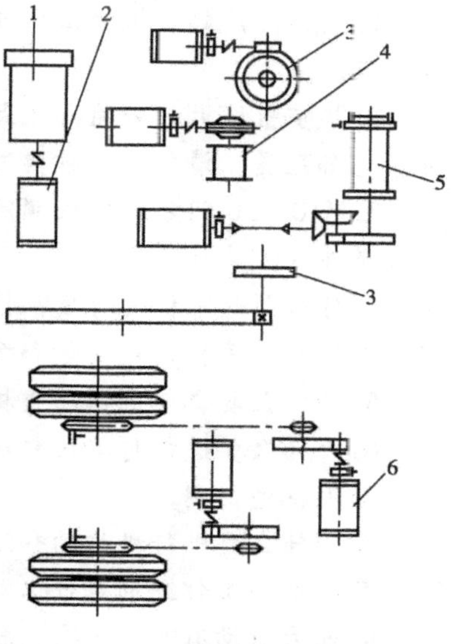

图 1-21　QL16B 型轮胎起重机驱动简图
1-柴油机 2-发电机；3-回转机构；4-变幅机构；5-起升机构；5-运行机构

在内燃机—电力驱动中，由于采用直流电动机对起重机械的各个机构实行分别驱动，所以具有了电力驱动的全部优点，而且柴油机又作为原始发动机，则起重机械就具有了自己的独立能源，工作范围不受外部电网的限制。因此，内燃机—电力驱动在各类流动式起重机和船用起重机上得到了广泛的应用。

3. 内燃机—液压驱动

内燃机—液压驱动是另一种复合驱动形式。柴油机带动高压油泵，使油液产生高压，将高压油液输入液压马达或液压缸，再通过各种控制阀由液压马达或液压缸驱使起重机械的各个工作机构动作。

在内燃机—液压驱动中，可以通过控制输入的液体流量大小来实现大幅度的无级调速，省去了机械传动装置，使系统简单、紧凑、重量轻；液压传动平稳，有超载限压保护装置；操作方便，容易调试、安装、维护。但液压元件的精度要求高，因而价格贵；高压油液容易泄露，对密封的要求较高；而且在不承受额定载荷的情况下，工作效率低。

内燃机—液压驱动在各类流动式起重机和船用起重机上得到较为广泛的应用。如汽车起重机、轮胎起重机的起升、变幅、臂架伸缩、回转、支腿水平伸缩、支腿垂直提放机构都可以靠液压系统驱动。

4. 内燃机、外接交流电源—电力驱动

内燃机、外接交流电源—电力驱动是一种综合内燃机—直流发电机驱动和外接交流电源—电力驱动优点的驱动方式。其可以实现两种能源替换驱动，根据作业场地的条件，选择不同的能源供应方式，既可以由柴油机驱动进行作业和长距离行走，也可以用外接交流电源进行作业和短距离运行。

当采用柴油机驱动时，发电机接成复激式，改变柴油机油门大小，输出的电压随着变化。当由交流异步电动机拖动时，交流接触器通电动作，发电机接成他激式。交流异步电动机拖动直流发电机恒速运转，由调压器提供一个连续调节的电压给发电机的励磁绕组，调节发电机的输出电压，使各个工作机构实现无级调速。

内燃机、外接交流电源—电力驱动在流动式起重机如轮胎起重机上得到较为广泛的应用。

复习思考题

1. 阐述门座起重机的工作过程，以此说明起重机组成的机构、一个工作循环、起重机的工作特点。

2. 起重机械大致分为哪几大类？按照结构特征和实现物品水平运动的方式不同，起重机可分为哪几类？请各举一种典型机型并阐述其结构特征和工作过程。

3. M10—30 门座起重机额定起重量是多少？QL16B 轮胎起重机的额定起重量、最大起重量又是多少？为什么？

4. 什么是起重机的跨度？什么是起重机的幅度和名义幅度？桥式起重机的跨度是如何确定的？轮胎起重机的起重量和幅度之间有什么关系？

5. 为什么要合理选择起重机各机构的工作速度？如何合理选择各机构的工作速度？

6. 为什么要进行起重机整机的分级？起重机整机的工作级别是由什么因素决定的？试举一个典型机型说明。

7. 为什么要进行机构的分级？机构的工作级别是由什么因素决定的？港口装卸用吊钩起重机各机构的工作级别是什么？

8. 电力驱动有哪些主要的传动特点？适用于何种类型的起重机？为什么？

9. QL16B 轮胎起重机采用何种驱动形式？为什么？这种驱动方式有哪些主要的传动特点？

第二章　载荷计算与载荷组合

知识目标

1. 正确叙述作用在起重机上的各种载荷以及载荷的计算方法；

2. 阐述在外载荷作用下起重机可能发生破坏和失效的主要形式；

3. 简要讲述起重机机械设计的三种载荷组合及适用于起重机或零部件的计算或验算方法。

能力目标

1. 正确计算自重载荷、额定起升载荷、风载荷、水平惯性力等主要载荷；

2. 正确分析在工作情况下或非工作情况下作用在起重机上的载荷，以及这些载荷对起重机及其零部件产生的影响。

第一节　概　　述

一、作用在起重机械上的载荷

在工作状态和非工作状态下，作用在起重机上的载荷主要有：额定起升载荷、自重载荷、动载荷、坡道载荷、风载荷、雪和冰载荷与温度载荷、特殊载荷（包括碰撞载荷、试验载荷、安装、拆卸和运输引起的载荷、船舶摇摆载荷等）和其他载荷（包括工艺性载荷、走台、平台和其他通道上的载荷）。

起重机安装时，金属结构或机构受到的载荷称为安装载荷。安装载荷的大小，决定于结构的吊装方法和吊点的位置。在制订安装计划时，必须注明允许进行安装作业的最大风力。

工艺性载荷是起重机为完成某种特定工艺或从事某些杂项工作时产生的载荷，要根据所完成的特殊作业情况而定。

在起重机计算中一般不考虑雪和冰载荷、温度载荷和地震载荷。

二、起重机在外载荷作用下破坏和失效的主要形式

在起重机械正常工作的情况下，由于受到数值并不是最大、但经常出现的变化载荷作用，引起机械传动和支承零部件、金属部件以及动力设备等的疲劳破坏、过度磨损和发热烧坏。

在起重机械工作的情况下，由于受到次数不多、但数值很大的工作状态最大载荷的作用，会引起起重机械整体或局部的失稳倾覆；机构零部件和金属结构的强度、刚度和失稳破坏；或者因为机构突然停车、制动不牢、重物突然坠落等使起重机械工作失灵。

在起重机械不工作的情况下，由于遇到特大暴风袭击，会引起露天工作的起重机械整体或局部失稳倾覆；支承零部件、金属结构和安全装置的强度、刚度和失稳破坏；或者因为制动不牢

使起重机械的机构产生运动；控制装置失灵。

在起重机械工作或不工作的情况下，由于受到可能出现的各种特殊载荷的作用，如缓冲器与终点止挡器相撞或两台起重机相撞时产生的碰撞载荷、特大风浪造成的船舶摇摆载荷、长途搬运造成的安装、拆卸和运输载荷、温度载荷、地震载荷等，会使起重机械发生整体或局部的强度破坏、失稳破坏以及局部的永久变形破坏。

第二节　载荷计算

一、自重载荷

自重载荷 P_G 是指起重机械的金属结构、机械装置、电气设备以及附设在起重机械上的漏斗料仓、连续输送机及其上面的物料等质量的重力。

在起重机械设计计算的初始阶段，起重机械的自重是未知的，通常参考相近或相似的起重机械，或利用统计经验公式和图表，进行初步估算，最后加以校核修正。

自重载荷的作用方式按照计算类型和结构特点确定，起重机总体计算时，自重载荷为通过各个部件重心的集中力。结构强度和刚度计算时，箱形结构的自重载荷为均布载荷，桁架结构的自重载荷作用于各个节点。

1. 起升冲击系数 φ_1

当物品起升离地，或悬吊在空中的部分物品突然卸载，或悬吊在空中的物品下降制动时，起重机的金属结构将出现振动，自重振动载荷用自重载荷 P_G 乘以起升冲击系数 φ_1 来考虑。

$$\varphi_1 = 1 \pm a \tag{2-1}$$

式中：a——起升冲击系数，$0 \leqslant a \leqslant 0.1$。

2. 运行冲击系数 φ_4

当起重机或起重小车带载或空载沿道路或轨道运行时，由于道路凹凸不平、轨道接头处有间隙或高低错位，会使运动质量产生铅垂方向的冲击作用。运行冲击载荷将自重载荷 P_G 和额定起升载荷 P_Q 之和乘以运行冲击系数 φ_4 来考虑。

对轮胎起重机和汽车起重机：当运行速度 $v_y \leqslant 0.4\text{m/s}$ 时，$\varphi_4 = 1.1$；

当运行速度 $v_y > 0.4\text{m/s}$ 时，$\varphi_4 = 1.3$。

对轨道接头状态良好，轨道用焊接连接并对接头打磨光滑的高速运行起重机，取 $\varphi_4 = 1$；

对轨道接头状态一般，起重机通过接头时会发生垂直冲击效应，则

$$\varphi_4 = 1.1 + 0.058 v_y \sqrt{h} \tag{2-2}$$

式中：v_y——起重机（起重小车）运行速度，m/s；

h——轨道接头处两轨道面的高度差，mm。

二、额定起升载荷

额定起升载荷 P_Q 是指总起升质量的重力。总起升质量包括允许起升的最大物品、取物装置、悬挂挠性件和其他随同升降的设备的质量。起升高度小于 50m 时，起升钢丝绳的质量

可以不计。

1. 起升动载系数 φ_2

起升质量无约束起升离地时，对承载结构和传动机构将产生动载作用。起升动载荷可用额定起升载荷 P_Q 乘以起升动载系数 φ_2 来考虑。

起升动载系数 φ_2 值的大小与稳定起升速度 v_q、起升状态级别等有关；

$$\varphi_2 = \varphi_{2\min} + \beta_2 v_q \tag{2-3}$$

式中：φ_2——起升动载系数，其最大值 $\varphi_{2\max}$ 对建筑塔式起重机和港口臂架起重机等起升速度很高的起重机 $\varphi_{2\max} \leqslant 2.2$，其他起重机 $\varphi_{2\max} \leqslant 2$；

$\varphi_{2\min}$——与起升状态级别相对应的起升动载系数的最小值，见表 2-1；

β_2——按起升状态级别设定的系数，见表 2-1；

v_q——稳定起升速度，与起升机构驱动控制形式及操作方法有关，m/s，见表 2-2。

β_2 和 $\varphi_{2\min}$ 的值 表 2-1

起升状态级别	β_2	$\varphi_{2\min}$	说　明
HC_1	0.17	1.05	起升离地平稳
HC_2	0.34	1.10	起升离地有轻微冲击
HC_3	0.51	1.15	起升离地有中等冲击
HC_4	0.68	1.20	起升离地有较大冲击

确定 φ_2 用的稳定起升速度 v_q 表 2-2

载荷组合	起升驱动形式及操作方法				
	H_1	H_2	H_3	H_4	H_5
无风工作 A1 有风工作 B1	$v_{q\max}$	$v_{q\min}$	$v_{q\min}$	$0.5v_{q\max}$	$v_q=0$
特殊工作 C1		$v_{q\max}$		$v_{q\max}$	$0.5v_{c\max}$

注：H_1——起升驱动机构只能作常速运转，不能低速运转；

H_2——起重机司机可选用起升驱动机构作稳定低速运转；

H_3——起升驱动机构的控制系统能保证物品起升离地前都作稳定低速运转；

H_4——起重机司机可以操作实现无级变速控制；

H_5——在起升绳预紧后，不依赖于起重机司机的操作，起升驱动机构就能按预定的要求进行加速控制；

$v_{q\max}$——稳定的最高起升速度，$v_{q\max}$ 发生在电动机或发电机空载启动，且吊具及物品起升离地时其起升速度已达到稳定起升的最大值；

$v_{q\min}$——稳定的最低起升速度。

2. 突然卸载冲击系数 φ_3

当部分起升质量突然卸载时，将对起重机结构产生减载振动作用，用额定起升载荷 P_Q 乘以突然卸载冲击系数 φ_3 来计算起升动载荷。

$$\varphi_3 = 1 - \frac{\Delta m}{m}(1 + \beta_3) \tag{2-4}$$

式中：Δm——起升质量中突然卸去的那部分质量，kg；

m——总起升质量，kg；

β_3——系数，对于使用抓斗或类似的慢速卸载装置的起重机，$\beta_3 = 0.5$；对于使用电磁吸盘或类似的快速卸载装置的起重机，$\beta_3 = 1.0$。

三、水平载荷

1. 运行惯性力 P_H

运行惯性力是指起重机或起重小车自身质量和总起升质量在运行机构起动或制动时产生的水平惯性力。

$$P_H = \varphi_5 ma \leqslant P_\varphi \tag{2-5}$$

式中：m——运行部分质量，kg；

a——起动(制动)加速度，m/s^2，见表5-10；

φ_5——系数，考虑起重机机构驱动力(制动力)突加及突变时对结构的动力效应，$\varphi_5 = 1.5$；

P_φ——驱动车轮与钢轨(或路面)之间的黏着力。

2. 回转和变幅运动时的水平惯性力 P_{HQ}

(1)臂架型起重机回转和变幅运动时，总起升质量产生水平惯性力 P_{HQ}(包括作用在总起升质量上的风力、变幅和回转起动、制动时产生的惯性力、回转运动时的离心力)，按起重钢丝绳偏离铅垂线的偏摆角所引起的水平分力计算：

$$P_{HQ} = P_Q \tan\alpha \tag{2-6}$$

式中：P_Q——额定起升载荷，N；

α——起重钢丝绳相对铅垂线的偏摆角。

(2)偏摆角。计算电动机功率和机构零件的疲劳时，用正常工作情况下的偏摆角 α_{I}，计算机构零件强度和起重机整机抗倾覆稳定性时，用工作状态下的最大偏摆角 α_{II}。α_{II} 的推荐值见表2-3。

计算电动机功率时：　　$\alpha_{\mathrm{I}} = (0.25 \sim 0.3)\alpha_{\mathrm{II}}$

计算机械零件疲劳强度及磨损时：　　$\alpha_{\mathrm{I}} = (0.3 \sim 0.4)\alpha_{\mathrm{II}}$

α_{II} 的推荐值　　表2-3

起重机类型及回转速度	装卸用门座起重机		安装用门座起重机		汽车和轮胎起重机
	$n \geqslant 2$r/min	$n < 2$r/min	$n \geqslant 0.33$r/min	$n < 0.33$r/min	
臂架变幅平面内	12°	10°	4°	2°	3°~6°
垂直于臂架变幅平面内	14°	12°			

四、风载荷

室外工作的起重机承受风载荷 P_W 作用，并认为风从任意水平方向吹来。

1. 风载荷的计算

$$P_W = CK_h pA \tag{2-7}$$

式中：P_W——作用在起重机上的风载荷，N；

C——风力系数；

K_h——风压高度变化系数；

p——计算风压，N/m^2；

A——起重机或物品垂直于风向的迎风面积，m^2。

2. 计算风压 p

风压是风的速度能转化为压力能的结果。风压与空气密度和风速有关。计算风速为空旷地区离地 10m 高度处的阵风风速，即 3s 时距的平均瞬时风速。工作状态的阵风风速，取值为 10min 时距平均风速的 1.5 倍。非工作状态的阵风风速，取值为 10min 时距平均风速的1.4 倍。

风压计算式为：

$$p = 0.625v_s^2 \tag{2-8}$$

式中：p——计算风压，N/m^2；

v_s——计算风速，m/s。

计算风压分三种情况取值：

$p_{Ⅰ}$是起重机正常工作状态下的计算风压，用于选择电动机功率时的阻力计算和发热计算。

$p_{Ⅱ}$是起重机工作状态下的最大计算风压，用于计算机构零部件和金属结构的强度、结构的刚度和稳定性；验算驱动装置的过载能力以及起重机整机工作状态下的抗倾覆稳定性、抗风防滑安全性等。

$p_{Ⅲ}$是起重机非工作状态下的计算风压，用于验算非工作状态下起重机零部件和金属结构的强度、起重机整机抗倾覆稳定性以及起重机抗风防滑安全装置的设计计算。

不同地区和不同计算工况的起重机按表 2-4、表 2-5 选取相应的计算风压值。

工作状态计算风压和计算风速 表 2-4

地区		计算风压 p (N/m^2)		与 $P_{Ⅱ}$ 相应的计算风速 v_s (m/s)
		$p_{Ⅰ}$	$P_{Ⅱ}$	
在一般风力下工作的起重机	内陆	$0.6P_{Ⅱ}$	150	15.5
	沿海、台湾省及南海诸岛		250	20.0
在 8 级风中应继续工作的起重机			500	28.3

注：1. 沿海地区系指离海岸线 100 km 以内的陆地或海岛地区。

2. 特殊用途的起重机的工作状态计算风压允许作特殊规定。流动式起重机的工作状态计算风压，当起重机臂长小于 50m 时取为 $125N/m^2$；当臂长等于或大于 50m 时按使用要求决定。

非工作状态计算风压和计算风速 表 2-5

地区	计算风压 $p_{Ⅲ}$ (N/m^2)	与 $P_{Ⅲ}$ 相应的计算风速 v_s (m/s)
内陆	500 ~ 600	28.3 ~ 31.0
沿海	600 ~ 1000	31.0 ~ 40.0
台湾省及南海诸岛	1500	49.0

注：1. 非工作状态计算风压的取值，内陆的华北、华中和华南地区宜取小值，西北、西南、东北和长江下游等地区取大值；沿海以上海为界，上海可取 $800N/m^2$，上海以北取小值，以南取大值。

2. 在海上航行的起重机可取 $p_{Ⅲ} = 1800N/m^2$，但不再考虑风压高度变化，即 $K_h = 1$。

3. 沿海地区、台湾省及南海诸岛港口大型起重机抗风防滑系统、锚定装置的设计，所用的计算风速 v_s 不应小于55m/s。

3. 风压高度变化系数 K_h

起重机工作状态计算风压不考虑风压高度变化，即 $K_h = 1$。

所有起重机非工作状态计算风压均要考虑风压高度变化的影响。计算起重机风载荷时，沿起重机高度划分为10m高的等风压段，以各段中点的高度变化系数 K_h 与计算风压相乘。风压高度变化系数 K_h 按表2-6选取。

风压高度变化系数 K_h 表2-6

离地(海)面高度 h(m)	≤10	10~20	20~30	30~40	40~50	50~60	60~70	70~80	80~90	90~100	100~110	110~120	120~130	130~140	140~150
陆上按 $\left(\frac{h}{10}\right)^{0.3}$ 计算	1.00	1.13	1.32	1.46	1.57	1.67	1.75	1.83	1.90	1.96	2.02	2.08	2.13	2.18	2.23
海上及海岛按 $\left(\frac{h}{10}\right)^{0.2}$ 计算	1.00	1.08	1.20	1.28	1.35	1.40	1.45	1.49	1.53	1.56	1.60	1.63	1.65	1.68	1.70

4. 风力系数 C

风力系数用来考虑结构物迎风面的风压分布和背风面负压的影响，与结构物的体形、尺寸等有关。

单根构件、单片平面桁架结构的风力系数 C，按表2-7选取。

风 力 系 数 C 表2-7

类型	说明		空气动力长细比 l/b 或 l/D[②]					
			≤5	10	20	30	40	≥50
单根构件	轧制型钢、矩形型材、空心型材、钢板		1.30	1.35	1.60	1.65	1.70	1.90
	圆形型钢构件	$D\,v_s<6m^2/s$	0.75	0.80	0.90	0.95	1.00	1.10
		$D\,v_s\geqslant6m^2/s$	0.60	0.65	0.70	0.70	0.75	0.80
	箱形截面构件，大于350mm的正方形和250mm×450mm的矩形	b/d						
		≥2	1.55	1.75	1.95	2.10	2.20	
		1	1.40	1.55	1.75	1.85	1.90	
		0.5	1.00	1.20	1.30	1.35	1.40	
		0.25	0.80	0.90	0.90	1.00	1.00	
单片平面桁架	直边型钢桁架结构		1.70					
	圆形型钢桁架结构	$D\,v_s<6m^2/s$	1.20					
		$D\,v_s\geqslant6m^2/s$	0.80					
机器房等	地面上或实体基础上的矩形外壳结构		1.10					
	空中悬置的机器房或平衡重		1.20					

注：1. 单片平面桁架结构上的风载荷可按单根构件的风力系数逐根计算后相加，也可按整片方式选用直边型钢或圆形型钢桁架结构的风力系数进行计算；当桁架结构由直边型钢或圆形型钢混合制成时，宜根据每根构件的空气动力长细比和不同气流状态（$D\,v_s<6m^2/s$ 或 $D\,v_s\geqslant6m^2/s$，D 为圆形型钢外径），采用逐根计算后相加的方法。

2. l-单根构件的长度，b-迎风面的截面高度，D-圆形型钢外径；d-平行于风向的截面深（宽）度。

5. 迎风面积 A

起重机结构的迎风面积是指起重机构件垂直于风向的实体迎风面积。

1）单片结构的迎风面积

$$A=\phi A_0 \tag{2-9}$$

式中：A_0——起重机构件垂直于风向的外形轮廓面积，m^2；

φ——结构迎风面充实率，$\varphi = A/A_0$。

2）两片等高且形式相同的结构的迎风面积

两片等高且形式相同的构件或构架平行布置，考虑前片对后片的挡风作用，总迎风面积为：

$$A = A_1 + \eta A_1 \tag{2-10}$$

式中：A_1——前片结构的迎风面积，$A_1 = \varphi A_{01}$，m^2；

A_{01}——前片结构的外形轮廓面积，m^2；

η——挡风折减系数，表 2-8。

挡风折减系数 η 表 2-8

间隔比 a/b	结构迎风面充实率 φ					
	0.1	0.2	0.3	0.4	0.5	≥0.6
0.5	0.75	0.40	0.32	0.21	0.15	0.10
1.0	0.92	0.75	0.59	0.43	0.25	0.10
2.0	0.95	0.80	0.63	0.50	0.33	0.20
4.0	1.00	0.88	0.76	0.66	0.55	0.45
5.0	1.00	0.95	0.88	0.81	0.75	0.68
6.0	1.00	1.00	1.00	1.00	1.00	1.00

注：其他结构的挡风折减系数 η 可参照起重机设计规范选取。

3）多片等高、间隔相等且形式相同的结构的迎风面积

多片等高、间隔相等且形式相同的构件或构架平行布置，应考虑多片结构重叠挡风折减作用，结构的总迎风面积为：

$$A = (1 + \eta + \eta^2 + \cdots + \eta^{n-1})\varphi A_{01} = \left(\frac{1-\eta^n}{1-\eta}\right)\varphi A_{01} \tag{2-11}$$

式中：φ——第一片结构的迎风面充实率；

A_{01}——第一片结构的外形轮廓面积，m^2；

其余符号意义同前。

计算结构总风载荷时，因各片结构形式相同，则只需用总迎风面积 A 乘以单片结构的风力系数 C。

4）物品迎风面积

吊运的物品的迎风面积按其实际轮廓尺寸在垂直于风向平面上的投影确定。物品轮廓尺寸不明确时，采用近以的方法估算，表 2-9。

吊运物品的迎风面积的估算值 表 2-9

吊运物品质量(t)	1	2	3	5 ~ 6.3	8	10	12.5	15 ~ 16	20	25	30 ~ 32	40	50	63	75 ~ 80	100	125	150 ~ 160	200	250	280	300 ~ 320	400
迎风面积估算值(m^2)	1	2	3	5	6	7	8	10	12	15	18	22	25	28	30	35	40	45	55	65	70	75	80

五、坡道载荷

当路面或轨面具有坡度、起重机的支腿支承不平、起重小车在有上拱或下挠的桥架上运行时，起重机或起重小车的自重载荷和额定起升载荷会产生与坡度方向平行的分力，称为坡道载荷。

$$P_{\alpha} = (P_G + P_Q)\sin\alpha \tag{2-12}$$

式中：P_{α}——坡道载荷，N；

P_G——起重机或起重小车的自重，N；

P_Q——额定起升载荷，N；

α——坡度角。

轨道式起重机的起重机轨道铺设在混凝土基础上或金属梁上，水平误差在0.5%以下时，坡道载荷一般不计。

汽车起重机、轮胎起重机、履带起重机等流动式起重机中，坡道载荷是主要运行阻力，按路面或地面实际情况考虑坡道载荷。

六、碰撞载荷

当起重机或起重小车上的缓冲器与终点止挡器相撞，或者两台起重机的缓冲器互撞时，产生作用在缓冲器上的碰撞载荷 P_C。

碰撞载荷按缓冲器在相应碰撞速度下所吸收的动能来计算。

(1)在缓冲器前没有安装自动减速装置或限位开关，起重机或起重小车将以全速运行碰撞。作为设计依据，起重机取85%的额定运行速度、起重小车取额定运行速度作为碰撞速度。

(2)在缓冲器前安装自动减速装置或限位开关，则按减速后的实际碰撞速度计算，但不小于50%的额定运行速度。

(3)在计算碰撞速度时，若悬吊的物品能自由摆动，则不考虑物品质量动能的影响；若物品刚性吊挂或装有刚性导架以限制物品摆动，则要考虑物品质量的动能。

七、试验载荷

起重机投入使用前，必须进行动载试验及静载试验。试验场地应坚实、平整，风速一般不超过8.3m/s 。

1.动载试验载荷

动载试验载荷应作用于起重机最不利位置。试验时，虽然起升机构全速升降，但物品离地起升及下降制动，应谨慎平稳操作。动载试验时，起重机要完成要求的各种运动和组合运动，验证起重机各个机构和制动器的性能。

$$P_{dt} = 1.1\varphi_6 P \tag{2-13}$$

式中：P_{dt}——动载试验载荷，N；

P——对于流动式起重机，为有效起重量与可分及固定吊具质量总和的重力；对于其他起重机，为额定起重量的重力(不包括作为起重机固有部分的任何吊具质量的重力)，N；

φ_6——动载试验载荷起升动载系数，$\varphi_6 = \frac{1}{2}(1+\varphi_2)$，$\varphi_2$ 按公式(2-3)选取。

2. 静载试验载荷

起重机静止不动，静载试验载荷应作用在起重机最不利位置，并且应平稳无冲击地加载。物品起升至离地面100～200mm 高处，悬挂时间不小于10min。静载试验是验证起重机及其各部分结构的承载能力。

$$P_{st}=1.25P \tag{2-14}$$

式中：P_{st}——静载试验载荷，N；

其余符号意义同前。

第三节　载荷组合

作用在起重机上的载荷，除了自重载荷外，都是随着工作条件而变化的，如吊重的大小不定，起动、制动时引起的惯性力随时间变化，露天工作的起重机受到的风力也是随机变化的，并且各种载荷也不会同时作用在起重机上。因此，在起重机机械设计时，针对其计算类别和要求，将各种载荷作适当分类和组合。起重机机械设计计算考虑3 种载荷情况：无风正常工作情况、有风正常工作情况、特殊载荷作用情况。

一、载荷情况Ⅰ的载荷组合

载荷情况Ⅰ的载荷组合，也称为起重机无风正常工作情况的载荷组合。

起重机在正常工作条件下，起吊额定起重量的物品或突然卸除部分起升物品受到的起升载荷；各个机构平稳地起动、制动时的惯性载荷；起重机在不平的道路或轨道上运行时的运行冲击载荷等；但是起重机不受工作状态风载荷及其他气候影响产生的载荷。

载荷情况Ⅰ的载荷组合，主要用来计算电动机的发热，车轮、轨道、支承滚轮、齿轮等零件的磨损和点蚀，机构传动零件、支承零件的疲劳。通过这类载荷组合的计算，使得起重机的零部件具有一定的寿命。

二、载荷情况Ⅱ的载荷组合

载荷情况Ⅱ的载荷组合，也称为起重机有风正常工作情况的载荷组合。

对于不在室外工作，不暴露在风中的起重机，载荷情况Ⅰ和载荷情况Ⅱ是完全相同的。室外露天工作的起重机，在有风正常工作情况下除了受到载荷情况Ⅰ中的各个载荷作用外，还受到工作状态风载荷及其他气候影响产生的载荷，工作状态风载荷包括作用在起重机上的工作状态正常风载荷 $P_{W\,I}$ 和工作状态最大风载荷 $P_{W\,II}$。

载荷情况Ⅱ的载荷组合主要用来计算：电动机的功率；计算传动零件、支承零件的静强度、静刚度和失稳破坏；校核电动机的过载能力；计算减速器的输入功率并选择减速器；确定制动器的制动转矩；校核在工作状态下起重机整机和局部抗倾覆稳定性等。通过这种载荷组合的计算，可以保证在工作中起重机零件、部件不致破坏，起重机或机构不会翻倒，不会发生由于制动不牢，而使起重机被大风吹动，以及重物坠落等现象。

三、载荷情况Ⅲ的载荷组合

载荷情况Ⅲ的载荷组合，也称为起重机特殊载荷作用情况的载荷组合。

室外作业的起重机在不工作时，在可能出现的最大坡度的地面上或轨面上，受到非工作状态风载荷及其他气候影响产生的载荷；在起升钢丝绳松弛的情况下，起重机以最大速度提升额定起重量的物品受到的最大起升动载荷；起重机带有额定起升载荷，与缓冲器或固定障碍物相碰撞，受到的缓冲碰撞力；起重机在动载试验状态下，提升动载试验载荷，并受到试验状态的风载荷作用；起重机带有额定起升载荷，发生意外停机瞬间受到突然制动力或加速力作用等。这时，起重机在规定的停靠位置或最不利的停靠位置。

这种载荷是起重机在最恶劣的工作条件下出现的最大载荷，虽然数值很大但出现次数未必多，因此，对出现概率极小的尖峰载荷，或同时出现最大值的小概率的载荷组合，可以不作考虑。

最大载荷值还受到某些条件的限制，如：主动轮的打滑；摩擦离合器的打滑；液压系统安全阀的开启；电气保护装置的动作；安全销剪断等。

载荷情况Ⅲ的载荷组合主要用来：验算在非工作状态下起重机整机抗倾覆稳定性和抗风防滑安全性；对受风载荷作用的机构传动零部件、支承零件、抗倾覆装置和抗风防滑装置的零件进行强度校核；选择和校验各种安全装置等。通过这类载荷组合的计算，可以保证起重机在不工作受暴风吹袭的情况下，不致被吹倒或吹走；机构零部件和安全装置不会破坏。

复习思考题

1. 什么是自重载荷？自重载荷在起重机工作或不工作的情况下对起重机的整体或局部稳定性起什么作用？

2. 什么是额定起升载荷？起重机械的起重量和额定起升载荷之间有何异同？在什么情况下要考虑起升动载系数 φ_2、突然卸载冲击系数 φ_3？为什么？

3. 风载荷大小的影响因素是什么？什么时候用正常计算风压 p_1 来计算风载荷？为什么计算非工作状态风载荷时要考虑受风部位离地高度的影响？

4. 起重机在工作状态下会受到哪些主要的动载荷的作用？这些动载荷是在什么情况下产生的？如何计算？

5. 作用在起重机上的载荷有哪些？起重机在外载荷的作用下有哪些主要的破坏和失效形式？

6. 起重机机械设计采用哪三种载荷组合？是属于什么工作情况下的载荷组合？这几种载荷组合的作用又是什么？

第三章　起重机零部件

知识目标

1. 简要描述钢丝绳、滑轮和滑轮组、卷筒、吊钩装置的构造和选用原则；
2. 正确阐述双绳抓斗、块式制动器、QJ 型减速器的结构组成、工作原理与使用场合；
3. 简要叙述主要安全装置的作用、动作原理、使用场合；
4. 熟悉带式制动器的设计计算方法。

能力目标

1. 根据钢丝绳实物或钢丝绳标记正确识别钢丝绳的类型、特点和适用的场合，按照工作要求和使用场合正确选择钢丝绳并能写出钢丝绳的型号；
2. 按照使用场合正确选择滑轮、滑轮组的类型，计算滑轮的直径，确定滑轮绳槽形状和尺寸；
3. 进行卷筒直径、长度、壁厚的计算，正确选择卷筒与减速器的连接方式；
4. 根据工作要求和使用场合，能正确选用制动器、减速器、安全装置；
5. 详细分析影响抓斗抓取能力的各种因素。

第一节　钢　丝　绳

一、概述

1. 钢丝绳的用途

钢丝绳是起重机的重要零件之一，在起升机构、变幅机构中用作承载绳，在运行机构、回转机构中用作牵引绳。钢丝绳还可用作桅杆起重机的桅杆张紧绳、缆索起重机和架空索道的支承绳等。

2. 钢丝绳的制作

用碳素钢或合金钢经过冷拉或冷轧而制成圆形（或异形）截面的钢丝，再将直径为 0.5 ~ 2mm 这种钢丝绕制成钢丝绳。钢丝表面为光面的或镀锌的：光面或无镀层钢丝标记为“U”，镀锌钢丝标记：A 级镀锌“A”，B 级镀锌“B”，A 级锌合金镀层“A(Zn/Al)”，B 级锌合金镀层“B(Zn/Al)”。镀锌钢丝绳具有防锈蚀的能力，适宜在潮湿的环境中使用。热处理及冷拔过程中的变形强化使钢丝达到很高的抗拉强度，通常为 1570 ~ 1960 N/mm^2。

起重机械上用的主要钢丝绳是由钢丝先捻成股，再由若干股围绕绳芯捻成绳。

3. 钢丝绳的使用性能

钢丝绳作为承载构件，有如下优点：钢丝具有很高的抗拉强度，钢丝绳能承受很大的载荷；钢丝直径较细及钢丝在绳束中能够滑移，具有良好的各方向的挠性；钢丝绳运动速度不受限制，且运行平稳无噪声、耐冲击。但是钢丝绳不能承受压力、卷绕僵性较链条大,需要较大的卷绕直径。

二、钢丝绳的构造

起重机械上广泛采用双绕绳,它是由钢丝绕成股,再由若干股围绕绳芯再一次旋绕制成绳。双绕绳主要有同向捻钢丝绳和交互捻钢丝绳两种。

1. 同向捻钢丝绳与交互捻钢丝绳

钢丝在外层股中的捻向与外层股在钢丝绳中的捻向相同的多股钢丝绳,称为同向捻钢丝绳;钢丝在外层股中的捻向与外层股在钢丝绳中的捻向相反的多股钢丝绳,称为交互捻钢丝绳。同时,绳的绕向就是由股绕成绳的绕制螺旋方向还有左、右旋的区别(见图3-1)。

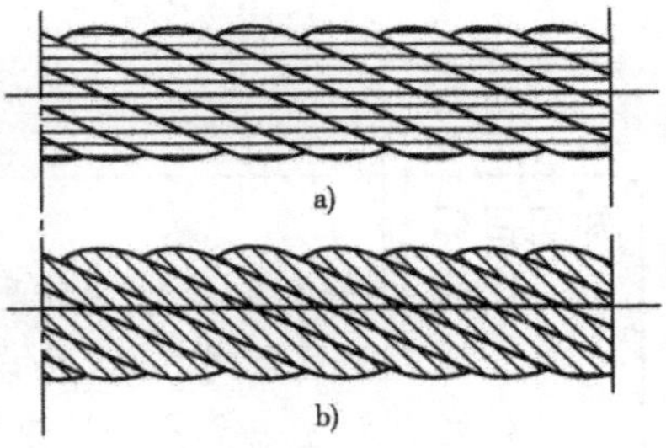

图3-1 钢丝绳的绕向

a)交互捻;b)同向捻

1)同向捻钢丝绳

同向捻钢丝绳的钢丝方向与钢丝绳中心线以较大角度斜交,因此挠性较好,表面光滑耐磨,寿命较长。但同向捻钢丝绳有强烈的扭转趋势,在松弛状态下容易扭转缠结,只能用于有刚性导轨或经常保持张紧的地方,如滑轮组变幅机构、牵引小车的牵引绳,不宜用作起升绳。

同向捻钢丝绳标记为“ZZ”或“SS”。(其中第一个字母表示股的捻向,第二个字母表示钢丝绳的捻向。字母“Z”表示右向捻,字母“S”表示左向捻。)

2)交互捻钢丝绳

交互捻钢丝绳的钢丝方向与钢丝绳中心线接近于平行,挠性稍差,易磨损、寿命较短。但绳与股的扭转趋势相反,互相抵消,没有扭转打结的趋势,因此使用广泛。

交互捻钢丝绳标记为“SZ”或“ZS”。

2. 点接触钢丝绳、线接触钢丝绳与面接触钢丝绳

1)点接触钢丝绳

绳股中各层钢丝直径相同,内外层钢丝的捻距不同,相邻层的钢丝中心线互相交叉,钢丝间在交叉点上接触,形成点接触。因此接触应力较高,易磨损。点接触绳的挠性较好,但抗弯曲疲劳性能较差,使用寿命短。

点接触钢丝绳过去曾广泛用于起重机,现大多被线接触钢丝绳代替。

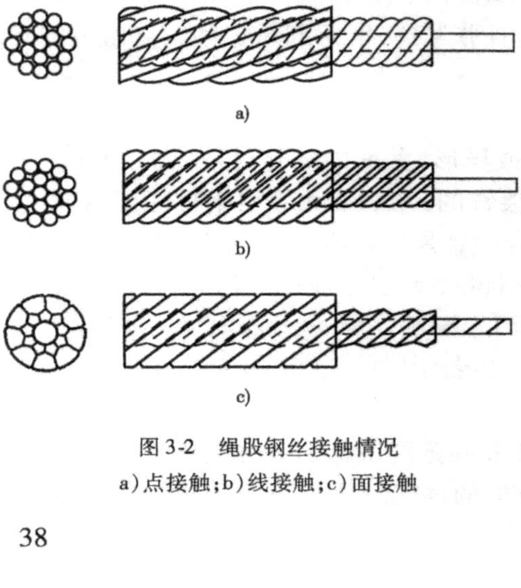

图3-2 绳股钢丝接触情况

a)点接触;b)线接触;c)面接触

2)线接触钢丝绳

绳股由不同直径的钢丝绕成,各层钢丝的捻距相同,相邻层的钢丝中心线互相平行,钢丝间沿整个长度接触,形成线接触(见图3-2)。

线接触钢丝绳接触应力较小,挠性好,耐磨,寿命较点接触绳可提高1.5~2倍。

线接触钢丝绳主要有3种形式:瓦林吞式(W型)、西鲁式(S型)、填充式(F型)。

瓦林吞式:内层钢丝直径相同,外层钢丝粗、细相间,外层钢丝数是内层钢丝数的两倍。这种钢丝绳挠性较好。

西鲁式:内外两层的钢丝数相同,丝径不同,外

层丝径较粗，同一层内丝径相同。因为外层钢丝较粗，这种钢丝绳的耐磨性好，但僵性较大。

填充式：外层钢丝数为内层钢丝数的两倍，两层钢丝之间的空隙为细丝所充填。这种钢丝绳的金属充满率高，破断拉力大（见图3-3）。

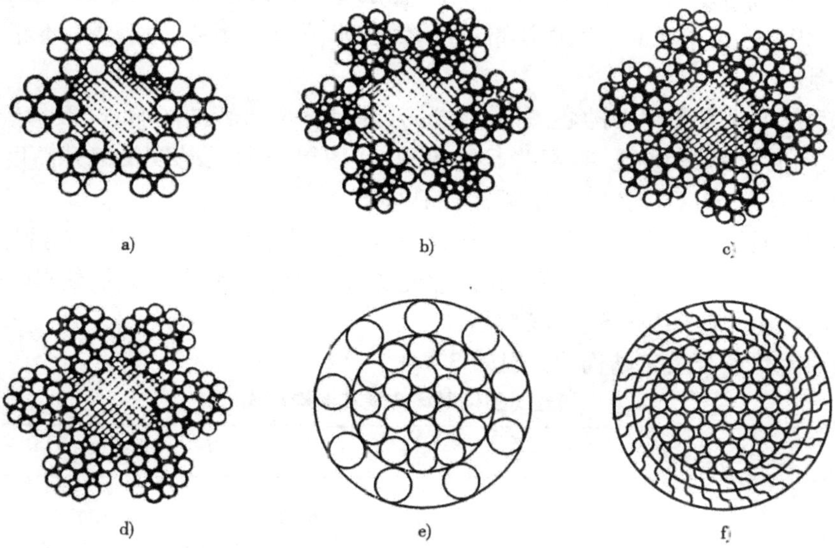

图3-3　钢丝绳截面结构

a）点接触；b）外粗式；c）粗细式；d）填充式；e）半密封式；f）密封式

3）面接触钢丝绳

股内钢丝为异形断面，捻制后，钢丝之间呈面接触。钢丝绳表面光滑，抗蚀性和耐磨性好，能承受较大的横向力，用于缆索起重机和架空索道作支承绳。

3. 绳芯

一般在钢丝绳的中心布置一股绳芯。绳芯用来充填钢丝绳的中央断面，增加钢丝绳的挠性与弹性。绳芯有纤维芯、钢芯和固态聚合物芯。纤维芯使钢丝绳具有较好的挠性和弹性，且绳芯可储油，受载时能挤出润滑油来润滑钢丝。钢芯用软钢的钢丝绳或绳股作为绳芯。钢芯钢丝绳具有较高的横向挤压承受能力，在多层卷绕时，宜采用钢芯。固态聚合物芯是由圆形或带有沟槽的圆形固态聚合物材料制成的芯，其内部可能还包含钢丝或纤维。

绳芯标记为：纤维芯：FC；天然纤维芯：NFC；合成纤维芯：SFC；固态聚合物芯：SPC；钢芯：WC；钢丝股芯：WSC；独立钢丝绳芯：IWRC；聚合物包覆独立绳芯：EPIWRC。

4. 绳股数

钢丝绳绳股有4股、6股、8股、18股等，用得较多的是6股钢丝绳。外层股数愈多，钢丝绳与滑轮槽或卷筒槽的接触情况愈好，寿命愈长。

18股钢丝绳内层有6股，外层有12股，内外层的绕向相反，受力后两层股产生的扭转趋势相反，互相抵消，称作阻旋转钢丝绳。这种钢丝绳与绳槽的接触表面较大，抗挤压强度高，工作时不易变形，寿命比普通钢丝绳长。一般用于起升高度较大、承载分支数少的起重机上。常用的阻旋转钢丝绳为18×7、18×19W、18×19S（见图3-4）。

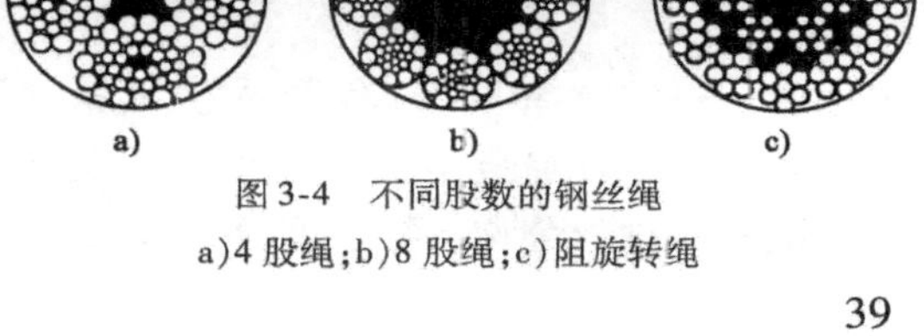

图3-4　不同股数的钢丝绳

a）4股绳；b）8股绳；c）阻旋转绳

三、钢丝绳的选用

起重机通常选用纤维芯钢丝绳;高温作业、多层卷绕以及横向受压时,采用钢芯钢丝绳;除在有腐蚀环境中,一般用光面或无镀层钢丝绳;而在水下及潮湿或有腐蚀的环境中工作时,要用镀锌钢丝绳。

同向捻钢丝绳用在带绳槽的卷筒以及物品升降时不会自转的场合;交互捻钢丝绳用途广泛,但寿命比同向捻钢丝绳低。在某些起重机中,使用单根钢丝绳以及起升高度 H 与滑轮直径 D 的比值 $H/D>35\sim40$ 时,应采用阻旋转钢丝绳。

点接触钢丝绳只适合用在不经常工作的起重机中,其他的起重机应优先选用线接触钢丝绳,少数也可以用异形股钢丝绳。面接触钢丝绳主要用于缆索起重机的承载索。

1. 根据钢丝绳的使用场合选择其型号。

钢丝绳的使用场合及其结构形式见表 3-1。

钢丝绳的使用场合及其结构形式 表 3-1

<table>
<tr><th colspan="5">使用场合</th><th>常用型号</th></tr>
<tr><td rowspan="4">起升或变幅用</td><td rowspan="3">单层卷绕</td><td rowspan="2">吊钩及抓斗起重机</td><td rowspan="2">h</td><td><20</td><td>6×31WS 6×37S 6×36WS 6×25 Fi
8×26WS 8×31WS</td></tr>
<tr><td>$\geqslant 20$</td><td>6×19S 6×19W 6×25Fi 8×19S 8×19W
8×25Fi 6V×30</td></tr>
<tr><td colspan="3">起升高度大的起重机</td><td>阻扭转 18×7 18×19W 18×19S</td></tr>
<tr><td colspan="4">多层卷绕</td><td>6×19W + IWRC 8×19W + IWRC</td></tr>
<tr><td rowspan="2">牵引用</td><td colspan="4">无导向系统(不绕过滑轮)</td><td>6×19 6×37</td></tr>
<tr><td colspan="4">有导向系统(绕过滑轮)</td><td>与起升绳或变幅绳同</td></tr>
</table>

2. 钢丝绳直径计算

1)C 系数法

$$d_{\min}=C\sqrt{S} \quad \text{mm} \tag{3-1}$$

式中:$d_{\min}$——钢丝绳最小直径, mm;

S——钢丝绳最大工作静拉力,N;

C——钢丝绳选择系数,mm/N$^{1/2}$,见表 3-2。

当钢丝绳的 k'、σ_t 与表中值不同时,C 值可由下式确定:

$$C=\sqrt{\frac{n}{k'\sigma_t}} \tag{3-2}$$

式中:n——钢丝绳的最小安全系数,见表 3-2;

k'——钢丝绳最小破断拉力系数,见表 3-2 注;

σ_t——钢丝公称抗拉强度,N/mm^2。

钢丝绳选择系数 C 和安全系数 n

表 3-2

	机构工作级别	选择系数 C 值 钢丝公称抗拉强度 σ_t (N/mm^2)							安全系数 n	
		1 470	1 570	1 670	1 770	1 870	1 960	2 160	运动绳	静态绳
纤维芯钢丝绳	M1	0.081	0.078	0.076	0.073	0.071	0.070	0.066	3.15	2.5
	M2	0.083	0.080	0.078	0.076	0.074	0.072	0.069	3.35	2.5
	M3	0.086	0.083	0.080	0.078	0.076	0.074	0.071	3.55	3
	M4	0.091	0.088	0.085	0.083	0.081	0.079	0.075	4	3.5
	M5	0.096	0.093	0.090	0.088	0.085	0.083	0.079	4.5	4
	M6	0.107	0.104	0.101	0.098	0.095	0.093	0.089	5.6	4.5
	M7	0.121	0.117	0.114	0.110	0.107	0.105	0.100	7.1	5
	M8	0.136	0.132	0.128	0.124	0.121	0.118	0.112	9	5
钢芯钢丝绳	M1	0.078	0.075	0.073	0.071	0.069	0.067	0.064	3.15	2.5
	M2	0.080	0.077	0.075	0.073	0.071	0.069	0.066	3.35	2.5
	M3	0.082	0.080	0.077	0.075	0.073	0.071	0.068	3.55	3
	M4	0.087	0.085	0.082	0.080	0.078	0.076	0.072	4	3.5
	M5	0.093	0.090	0.087	0.085	0.082	0.080	0.076	4.5	4
	M6	0.103	0.100	0.097	0.094	0.092	0.090	0.085	5.6	4.5
	M7	0.116	0.113	0.109	0.106	0.103	0.101	0.096	7.1	5
	M8	0.131	0.127	0.123	0.120	0.116	0.114	0.108	9	5

注:1. 对于吊运危险物品的起重用钢丝绳,一般应比设计工作级别高一级的工作级别选择表中的钢丝绳选择系数 C 和钢丝绳安全系数 n 值。对起升机构工作级别为 M7、M8 的某些冶金起重机和港口集装箱起重机等,在使用过程中能监控钢丝绳劣化损伤发展进程,保证安全使用,在保证一定的寿命和及时更换钢丝绳的前提下,允许按稍低的工作级别选择钢丝绳;对冶金起重机最低安全系数不应小于 7.1,港口集装箱起重机主起升钢丝绳和小车曳引钢丝绳的最低安全系数不应小于 6。

2. 本表中给出的 C 值是根据起重机常用的钢丝绳 6×19W(S) 型的最小破断拉力系数 k'、且只针对运动绳的安全系数计算得到。对纤维芯钢丝绳 $k'=0.33$,对钢芯钢丝绳 $k'=0.356$。

2)最小安全系数法

$$F_0 \geqslant nS \qquad \text{N} \tag{3-3}$$

式中:F_0——钢丝绳(整根绳)的最小破断拉力,N;

n——钢丝绳最小安全系数,见表 3-2;

其余符号意义同前。

选用镀锌钢丝绳时应将钢丝绳强度降低 10%。

设计计算运动绳时可在 C 系数法与最小安全系数法中任选一种方法来确定钢丝绳的直径;计算静态绳时,采用最小安全系数法来确定钢丝绳的直径。

3. 钢丝绳的标注

钢丝绳标记的部分内容及代号见表 3-3。钢丝绳全称标记示例如下:

22　6×36WS－FC　1770　B　SZ　GB 8918—2006

- SZ：捻制类型及方向
- B：钢丝表面状态
- 1770：钢丝绳级别，适用时
- FC：芯结构
- 6×36WS：钢丝绳结构形式
- 22：钢丝绳公称直径

钢丝绳标记的部分内容及代号　　表 3-3

钢丝表面状态	股　形	钢丝接触形式	绳　芯	捻　向
光面或无镀层　U	三角股　V	西鲁式　S	纤维芯　FC	左同　SS
B 级镀锌　B	椭圆股　Q	瓦林吞式　W	天然纤维芯　NFC	右同　ZZ
A 级镀锌　A	扁带股　P	填充式　F	合成纤维芯　SFC	左交　ZS
B 级锌合金镀层 B(Z_n/Al)	圆股　不标注	西瓦式　WS	钢丝股芯　WSC	右交　SZ
A 级锌合金镀层 A(Z_n/Al)		点接触　不标注	独立钢丝绳芯　IWRC	

四、钢丝绳的破坏形式与提高寿命的措施

1. 钢丝绳的破坏形式

新钢丝绳在正常情况下使用时一般不会发生突然断裂，除非出现意外机械事故或安全装置失灵，导致钢丝绳所受载荷超过其极限破断拉力。

钢丝绳在工作过程中，除了受到拉应力外，还由于在滑轮或卷筒上卷绕，产生接触应力和弯曲应力，这两种应力呈脉动变化，引起金属疲劳。

在使用过程中，钢丝绳的外层钢丝由于磨损和多次弯曲造成弯曲疲劳，首先开始断裂，随后内层钢丝也跟着断裂，随着断丝数的增加，未断的钢丝受到的拉力增大，磨损和疲劳加剧，断丝速度逐渐加快。当断丝数达到一定限度后，使实际安全系数降低，如果继续使用，就会引起整根钢丝绳断裂。

2. 提高钢丝绳寿命的主要措施

(1)为提高钢丝绳的寿命，在钢丝绳卷绕系统中，必须减少钢丝绳的弯曲次数，尤其要尽量避免钢丝绳反向弯曲，反向弯曲引起的金属疲劳效果为同向弯曲的 2 倍。

(2)增大滑轮、卷筒的直径能减轻钢丝绳弯折的程度，因此，滑轮、卷筒的最小直径应满足钢丝绳足够的寿命要求。

(3)钢丝绳级别对钢丝绳的寿命有影响，钢丝的抗拉强度为 1570～1960 N/mm^2 的钢丝绳具有较长的寿命。钢丝强度较高或较低时，寿命均下降。

(4)选择适当的滑轮材料和表面硬度，使钢丝绳与滑轮硬度相匹配。若采用铝合金等软质金属或尼龙制成的滑轮或绳槽衬垫，会大大延长钢丝绳的寿命。在有强烈磨损情况下工作的钢丝绳宜采用外层丝粗的西鲁式钢丝绳。

(5)对钢丝绳加强维护保养、定期润滑，可减缓钢丝绳的磨损，有利于延长钢丝绳的使用

寿命。

五、钢丝绳的报废

钢丝绳的报废应严格执行《起重机械用钢丝绳检验和报废实用规范》(GB/T 5972—2006)中规定，如表 3-4 所示。

起重机用钢丝绳检验和报废实用规范③(GB/T 5972—2006) 表 3-4

外层绳股承载钢丝数① n	钢丝绳典型结构示例② GB 8918—2006 GB/T 20118—2006⑤	机构工作级别							
		M_1、M_2、M_3、M_4				M_5、M_6、M_7、M_8			
		交互捻		同向捻		交互捻		同向捻	
		长度范围④							
		≤6d	≤30d	≤6d	≤30d	≤6d	≤30d	≤6d	≤30d
≤50	6×7	2	4	1	2	4	8	2	4
51≤n≤75	6×19S*	3	6	2	3	6	12	3	6
76≤n≤100		4	8	2	4	8	16	4	8
101≤n≤120	8×19S 6×25F_i*	5	10	2	5	10	19	5	10
121≤n≤140		6	11	3	6	11	22	6	11
141≤n≤160	8×25F_i	6	13	3	6	13	26	6	13
161≤n≤180	6×36WS*	7	14	4	7	14	29	7	14
181≤n≤200		8	16	4	8	16	32	8	16
201≤n≤220	6×41WS*	9	18	4	9	18	38	9	18
221≤n≤240	6×37	10	19	5	10	19	38	10	19
241≤n≤260		10	21	5	10	21	42	10	21
261≤n≤280		11	22	6	11	22	45	11	22
281≤n≤300		12	24	6	12	24	48	12	24
$300 < n_b$		0.04n	0.08n	0.02n	0.04n	0.08n	0.16n	0.04n	0.08n

注：表中①填充钢丝不是承载钢丝，因此检验予以扣除。多层绳股绳仅考虑可见外层。带钢芯的钢丝绳，其绳芯作为内部绳股对待，不予考虑。

②统计绳中的可见断丝数时，圆整成整数值。对外层绳股的钢丝直径大于标准直径特定结构钢丝绳，在表中作降低等级处理，并以 * 号表示。

③一根断丝可能有两处可见端。

④长度范围中 d 为钢丝绳公称直径。

⑤钢丝绳典型结构与国际标准钢丝绳典型结构是一致的。

第二节　滑轮、滑轮组和卷筒

一、滑轮

滑轮是起重机的常用零件之一，一般分为工作滑轮与平衡滑轮。

1. 滑轮的种类、构造和材料

滑轮由轮毂、轮辐和带绳槽的轮缘组成。

1)滑轮的种类

根据制造方式,滑轮有:铸造滑轮、焊接滑轮、轧制滑轮、压制滑轮等。

(1)铸造滑轮。铸造滑轮分为铸铁滑轮和铸钢滑轮。铸铁滑轮大多采用不低于 HT200 灰铸铁,其铸造工艺性好,价格便宜,对钢丝绳寿命有利,但强度较低而且较脆。当钢丝绳偏角较大或滑轮受到撞击时,滑轮轮缘容易破碎。

工作繁忙的起重机及抓斗闭合滑轮组的滑轮多用不低于 ZG270—500 铸钢铸造。铸钢滑轮强度和冲击韧性都较高,但表面坚硬,使钢丝绳易磨损。

铸造滑轮加工量大,重量也大。

(2)焊接滑轮。大直径滑轮宜采用低碳钢 Q235 焊接而成。焊接滑轮是先将钢板压成绳槽形状,再由 3 ~4 块绳槽形板拼成一个整圆,然后将它与轮辐、轮毂焊接成滑轮。因为焊接成形后一般不进行机械加工,很难保证绳槽底径的圆度,造成工作平稳性差。

另一种焊接滑轮是先由热轧机轧出各种规格的条形绳槽型钢,再将其卷成圆环形状,然后与辐板、轮毂焊接成滑轮。这种焊接滑轮的强度高、抗冲击性能好、重量轻、绳槽精度高,但轧制绳槽型钢需要一定的批量,轧制周期长,所以成本较高。

(3)轧制滑轮。轧制滑轮是国外 20 世纪 80 年代中期出现的一种新型滑轮。轧制滑轮是在旋转的圆形钢板上用火焰加热其边缘,使用特殊的工艺将钢板外缘直接轧制出滑轮的绳槽,再和轮毂焊接制成滑轮。

轧制滑轮重量轻、强度好、绳槽精度和表面硬度都较高,使用性能得以改善,寿命大大提高。

(4)双辐板压制滑轮。两块辐板用 Q235 或其他优质钢板压制成型,与铸铁或钢管制成的轮毂用过盈方式结合。在辐板圆周上开有若干个圆孔,用铆管将两片辐板夹持成一体。轮缘内镶有尼龙绳槽衬垫,衬垫磨损后可以拆卸更换。

双辐板压制滑轮质量轻、工艺先进、适于批量生产,能大大延长钢丝绳的寿命(图 3-5)。

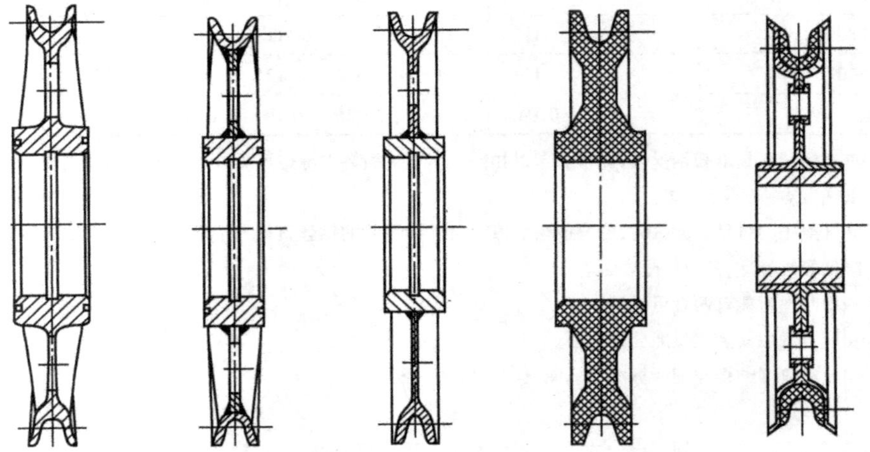
a) b) c) d) e)

图 3-5 滑轮构造

a)铸造滑轮;b)焊接滑轮;c)热轧滑轮;d)尼龙滑轮;e)双辐板压制滑轮

2)滑轮的轮辐

直径较小的铸造滑轮的轮辐可以制成整个的辐板;直径较大的滑轮一般在辐板上加 4 ~6 个加强筋,在各个筋之间开适当尺寸的圆孔;更大的滑轮也可以制成有若干个椭圆断面或工字断面的轮辐。

焊接滑轮的轮辐可用扁钢、角钢、圆钢或钢管制成。

轧制滑轮和压制滑轮的轮辐采用辐板，辐板上可以不用加强筋。

3）滑轮的支承

为提高滑轮的传动效率、改善使用条件，目前，滑轮多采用滚动轴承支承于固定的心轴上（见图3-6）。

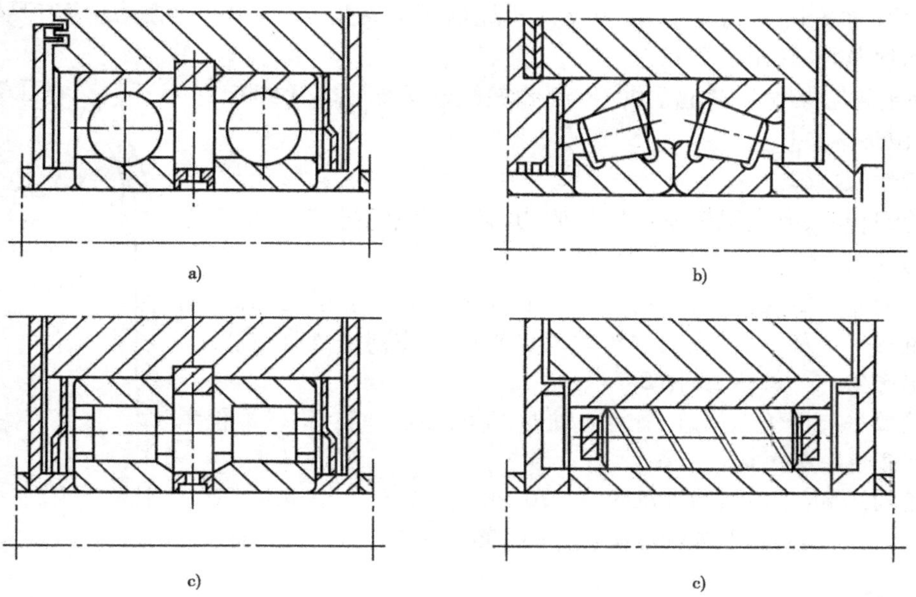

图3-6　滑轮的支承

2. 滑轮的主要尺寸

1）工作滑轮直径

$$D = h \cdot d \quad (\mathrm{mm}) \tag{3-4}$$

式中：D——按钢丝绳中心计算的滑轮的卷绕直径，mm；

h——滑轮、平衡滑轮的卷绕直径与钢丝绳直径的比值，见表3-5；

d——钢丝绳直径，mm。

系数 h_1、h_2、h_3 的值　　表3-5

机构工作级别	卷筒 h_1	滑轮 h_2	平衡滑轮 h_3
M_1	11.2	12.5	11.2
M_2	12.5	14	12.5
M_3	14	16	12.5
M_4	16	18	14
M_5	18	20	14
M_6	20	22.4	16
M_7	22.4	25	16
M_8	25	28	18

注：1. 采用阻旋转钢丝绳时，h 值按比机构工作级别高一级选取。

2. 对于流动式起重机，建议取 $h_1 = 16$，$h_2 = 18$，与工作级别无关。

3. 臂架伸缩机构滑轮的 h_2 值，可选用卷筒 h_1 的值。

4. 桥式和门式起重机，取 $h_3 = h_2$。

2）滑轮绳槽

滑轮绳槽的形状和尺寸应能保证钢丝绳与绳槽有足够的接触面积，降低二者之间的接触应力。

钢丝绳绕上或绕下滑轮时在允许的范围内（钢丝绳中心线与滑轮轴垂直的平面之间的角度推荐不得大于5°）偏斜，钢丝绳不致与绳槽侧壁摩擦。

一般取绳槽半径 $R=(0.53\sim0.6)d$。绳槽侧面夹角35°~45°。绳槽还应有足够的深度以防止钢丝绳脱槽（附表2-1）。

铸造滑轮轮缘尺寸按"起重机用铸造滑轮绳槽断面"（JB/T 9005.1—1999）选用（附表2-1）。

3. 滑轮的效率

滑轮回转时，要克服轴承的摩擦阻力，还要克服钢丝绳内部摩擦产生的僵性阻力。

钢丝绳有一定僵性，使之绕上滑轮时并不立即适应滑轮的曲率，会向外偏移一定量；钢丝绳绕出滑轮时也不能立刻到恢复直线状态，而是向里产生一个偏移值（图3-7）。

滑轮效率与钢丝绳构造、滑轮与轴的直径、轴承种类、钢丝绳包角以及润滑条件有关。

滑轮的效率：采用滚动轴承时：$\eta_1=0.98$；

采用滑动轴承时：$\eta_{m1}=0.96$。

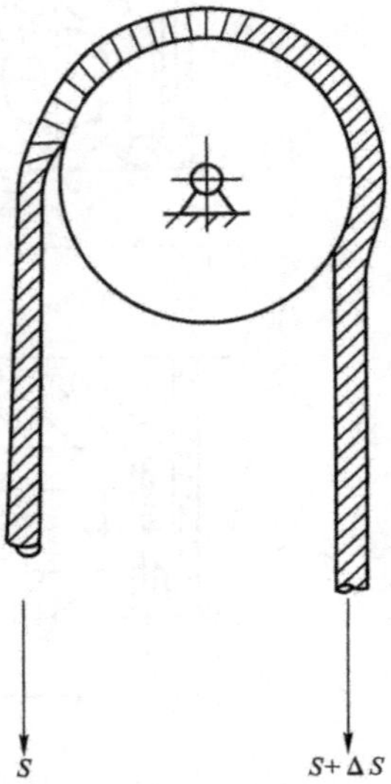

图3-7　钢丝绳进出滑轮情况

二、滑轮组

滑轮组是由钢丝绳依次绕过若干个定滑轮和动滑轮组成的系统。

1. 滑轮组的种类

1）根据滑轮组的功用分

根据滑轮组的功用分为省力滑轮组和增速滑轮组。

省力滑轮组是最常用的滑轮组，主要用来减小钢丝绳的拉力或者减速。起升滑轮组为省力滑轮组。

增速滑轮组是由主动部分移动较小的距离，而使从动部分得于相当大的位移。增速滑轮组主要用于液压或气压驱动的起升机构中，可使油缸或汽缸内活塞的行程缩短，如叉车的起升机构（图3-8）。

2）根据滑轮组的结构分

根据滑轮组的结构分为单联滑轮组和双联滑轮组。

单联滑轮组工作时，物品在垂直位移的同时，还产生水平位移，如图3-9所示。同时钢丝绳沿卷筒轴向移动，将对卷筒两端支承造成附加载荷。

单联滑轮组用于门座起重机、轮胎起重机等臂架型起重机。由于臂架端部滑轮的导向作用，当卷筒绕入、放出钢丝绳时，钢丝绳虽然沿卷筒轴向移动，但取物装置不随着作水平位移（图3-9）。

由两个单联滑轮组对称地组成双联滑轮组。其在工作时就不会发生物品水平位移。双联滑轮组中装有平衡滑轮或平衡杠杆，其作用是调整两边钢丝绳的拉力和长度。双联滑轮组在桥架型起重机上广泛采用（图3-10）。

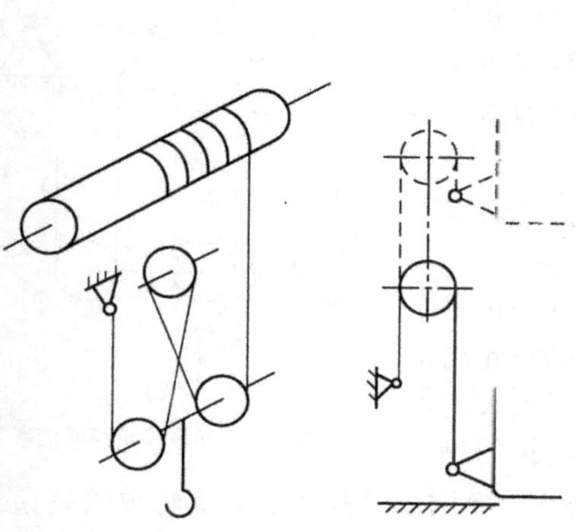

图 3-8　省力滑轮组和增速滑轮组

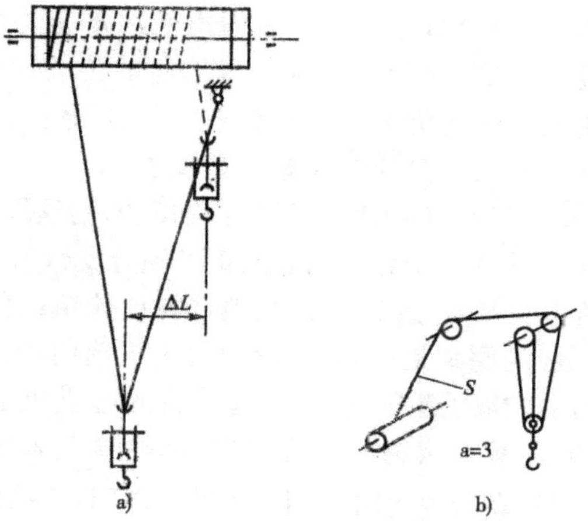

图 3-9　单联滑轮组的工作情况

a) 无导向滑轮；b) 有导向滑轮

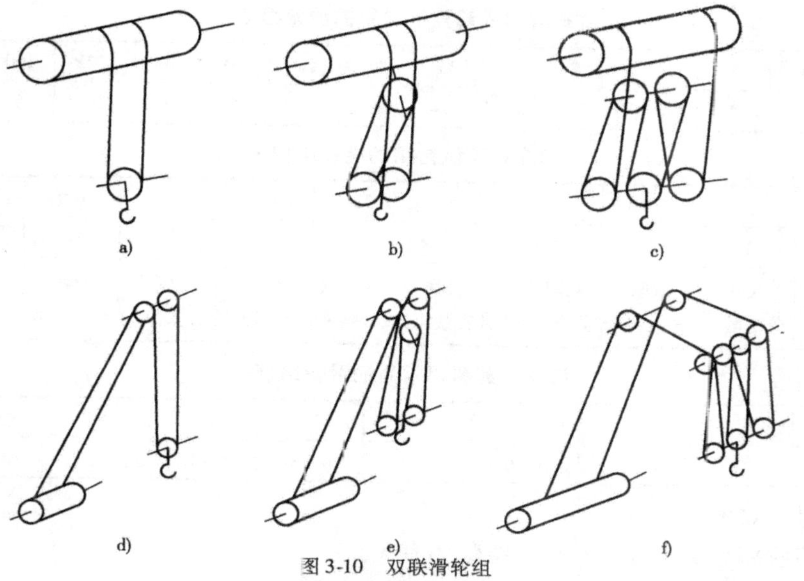

图 3-10　双联滑轮组

a)、b)、c) 桥架型起重机上滑轮组；d)、e)、f) 臂架型起重机上滑轮组

2. 滑轮组倍率

在图 3-11 中，质量为 G 的物品悬挂在钢丝绳的 a 根分支上，若不计滑轮轴承中的摩擦阻力与钢丝绳的僵性阻力，则作用在钢丝绳牵引端拉力为：

$$S = \frac{G \cdot g}{a} = \frac{P_Q}{a} \quad \text{(N)} \tag{3-5}$$

式中：a——滑轮组倍率。

如果物品上升速度为 v_q，则钢丝绳的卷绕速度

$$v_{绳} = a \cdot v_q \quad \text{(m/s)} \tag{3-6}$$

$$a = \frac{P_Q}{S} = \frac{v_{绳}}{v_q} = \frac{Z}{Z_0} \tag{3-7}$$

式中：Z——悬挂物品的钢丝绳分支数；

Z_0——引入卷筒的钢丝绳分支数。

可见，滑轮组的倍率是省力滑轮组的省力倍数，也是增速滑轮组的增速倍数，亦称为滑轮组的传动比；即驱动分支钢丝绳的速度与货物上升速度之比，也是悬挂物品的钢丝绳分支数与引入卷筒的钢丝绳分支数之比。

单联滑轮组的倍率等于悬挂物品的钢丝绳分支数；双联滑轮组的倍率等于悬挂物品的钢丝绳分支数的一半。

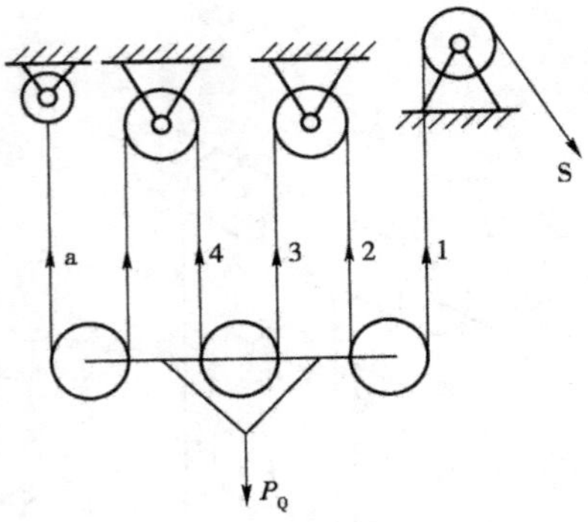

图 3-11　单联滑轮组的倍率

在起升机构设计中，恰当地选择滑轮组的倍率是很重要的。一般的原则是：小起重量的起重机选用较小的滑轮组倍率，采用较高的起升速度；大起重量的起重机选用较大的滑轮组倍率，减小货物的升降速度，同时避免采用过粗的钢丝绳；采用双联滑轮组时选用较小的滑轮组倍率，因为它的钢丝绳分支数和滑轮数较多；起升高度大时，宜选用较小的滑轮组倍率，防止卷筒过长或避免采用多层卷绕。

表 3-6 ~ 表 3-8 中列出了滑轮组倍率选择时的参考值。

桥式与门式起重机常用的滑轮组倍率　　表 3-6

起重量 G(t)	3	5	8	12.5	16	20	32	50	80	100	125	160	200	250
倍率 a	1	2	2	3	3	4	4	5	5	6	6	6	8	8

门座起重机常用的滑轮组倍率　　表 3-7

起重量 G(t)	5	10	16	25	32	40	63	100	150	200
倍率 a	1	1	1	1	1 或 2	4	4	4	4	4
卷绕方式	双联分支数 2	双联分支数 2	双双联分支数 4	双双联分支数 4	双联分支数 2 或 4	双联分支数 8	双联分支数 8	双联分支数 8	双联分支数 8	双联分支数 8

流动式起重机常用的滑轮组倍率　　表 3-8

额定起重量 G(t)	3	5	8	12	16	25	40	63	100
倍率 a	2	3	4 ~ 6	6	6 ~ 8	8 ~ 10	10	12 ~ 16	16 ~ 20

3. 滑轮组的效率

滑轮组的效率与滑轮效率及滑轮组倍率有关。

$$\eta_Z = \frac{1 - \eta_l^a}{a(1 - \eta_l)} \tag{3-8}$$

式中：η_Z——滑轮组效率；

η_l——滑轮效率；

a——滑轮组的倍率。

滑轮组效率具体数值可查表 3-9。

滑轮组效率 η_Z 值　　表 3-9

轴承形式	滑轮效率 η_l	滑轮组效率 η_Z							
		滑轮组倍率 a							
		1	2	3	4	5	6	8	10
滑动轴承	0.96	1.0	0.98	0.96	0.94	0.92	0.90	0.87	0.84
滚动轴承	0.98	1.0	0.99	0.98	0.97	0.96	0.95	0.93	0.92

三、卷筒

卷筒是用来收、放、卷绕钢丝绳的储存装置，同时把原动机的回转运动变成钢丝绳的直线运动，并且把原动机的动力传递给钢丝绳。

1. 卷筒的构造与材料

1）卷筒的形式

起重机中大多采用外形为圆柱形的卷筒，个别也有用圆锥形卷筒。根据卷筒的表面情况，卷筒可分为有槽卷筒与光面卷筒。根据钢丝绳在卷筒上的卷绕情况，卷筒可分为单层卷绕卷筒与多层卷绕卷筒。根据制造方法，卷筒可分为铸造卷筒及焊接卷筒。焊接卷筒与铸造卷筒相比，自重显著减轻。特别对于大直径卷筒，焊接卷筒是种较好的结构形式。

2）卷筒的材料

卷筒材料一般采用不低于 HT200 的灰铸铁，特殊需要时可用铸钢 ZG270—500，大直径卷筒可用不低于 Q235—B 钢板卷成筒状焊接而成，根据使用工况和环境温度的需要，也可采用不低于 Q345 钢板制成。

2. 卷筒的主要尺寸

1）卷筒绳槽

在有槽卷筒的圆柱形外表面上，切有螺旋导向槽。绳槽的作用是使钢丝绳在卷筒上排列整齐，增加钢丝绳与卷筒的接触面积，减少钢丝绳接触应力，同时在卷绕过程中，卷筒上相邻两个绳圈的钢丝绳不致发生摩擦，减小钢丝绳之间的磨损，从而提高了钢丝绳的使用寿命。

绳槽类型分标准槽和深槽。一般采用标准槽，只有钢丝绳在卷筒上存在脱槽危险时，才采用深槽，例如抓斗支持、闭合机构的卷筒，钢丝绳向上引出并可能出现松弛状态的卷筒。

卷筒绳槽尺寸可参考附表 3-1。

多层卷绕卷筒的表面以往都制作成光面，但实际使用证明，带螺旋绳槽的卷筒卷绕时，由于绳槽能使第一层钢丝绳排列整齐，则有利于以后各层钢丝绳整齐地卷绕。而光面卷筒会使钢丝绳多层卷绕时杂乱无序，导致钢丝绳的磨损比在有槽卷筒卷绕时大得多。

有槽卷筒单层卷绕时，卷筒可以不设挡边；多层卷绕卷筒两端应设挡边，防止钢丝绳脱出卷筒，挡边的高度比最外层钢丝绳高出 $2d$（d 是钢丝绳的直径）。

2）卷筒的卷绕直径

卷筒直径参见表 3-10。卷筒的卷绕直径为：

$$D = h \cdot d \qquad (\text{mm}) \tag{3-9}$$

式中：D——按钢丝绳中心计算的卷筒的卷绕直径，mm；

h——卷筒的卷绕直径与钢丝绳直径的比值；

d——钢丝绳直径，mm。

卷筒直径 D_0（JB/T 9006.1—1999）（mm）　　表 3-10

100	125	160	200	250	280	315	355	400
450	500	560	630	710	800	900	1 000	1 120
1 250	1 320	1 400	1 500	1 600	1 700	1 800	1 900	2 000

注：D_0——卷筒槽底直径，mm。本标准适用于起重机的铸造卷筒和焊接卷筒。

3）卷筒长度

（1）单层卷绕（见图 3-12）

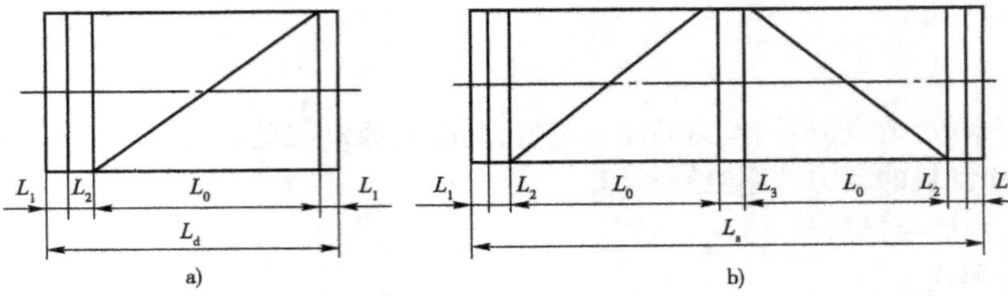

图 3-12　单层卷绕卷筒长度计算图

a)单联卷筒；b)双联卷筒

单联卷筒

$$L_d = L_0 + 2L_1 + L_2 \quad (mm) \tag{3-10}$$

式中：L_0——卷绕长度，

$$L_0 = \left(\frac{H_{max} \cdot a}{\pi D} + n_0\right) \cdot p \quad (mm) \tag{3-11}$$

H_{max}——最大起升高度，mm；

a——滑轮组倍率；

D——卷筒卷绕直径，mm；

n_0——安全圈圈数，一般取 $n_0 \geqslant 2$；

p——绳槽节距，mm，附表 3-1；

L_1——卷筒两端空余部分长度，一般取 $L_1 = (1 \sim 2)p$，mm；

L_2——固定钢丝绳所需长度，一般为 $L_2 = 3p$，mm。

双联卷筒

$$L_s = 2(L_0 + L_1 + L_2) + L_3 \quad (mm) \tag{3-12}$$

式中：L_0、L_1、L_2——同公式(3-10)；

L_3——卷筒中间无槽部分长度，由钢丝绳允许偏角、卷筒轴到动滑轮轴的最小距离 H_{min}决定；

$$L_{滑} - 2H_{min}\tan\varphi \leqslant L_3 \leqslant L_{滑} + 2H_{min}\tan\varphi \quad (mm) \tag{3-13}$$

$L_{滑}$——外侧或内侧动滑轮间距，mm；

H_{min}——卷筒轴到动滑轮轴的最小距离，mm；

φ——钢丝绳绕入或绕出卷筒时，钢丝绳中心线偏离螺旋槽中心线两侧的角度，$\varphi \leqslant 3.5°$。

(2)多层卷绕(见图 3-13)

多层卷绕时卷绕的钢丝绳总长度：

$$L_n = Z\pi(D_1 + D_2 + \cdots + D_n) = Z\pi(nD + n^2 d) \quad (mm) \tag{3-14}$$

式中：D——卷筒表面直径，mm；

D_1、D_2…、D_n——分别为各层的名义直径，每层有 Z 圈，共有 n 层，

$$D_1 = D + d$$

$$D_2 = D + 3d$$

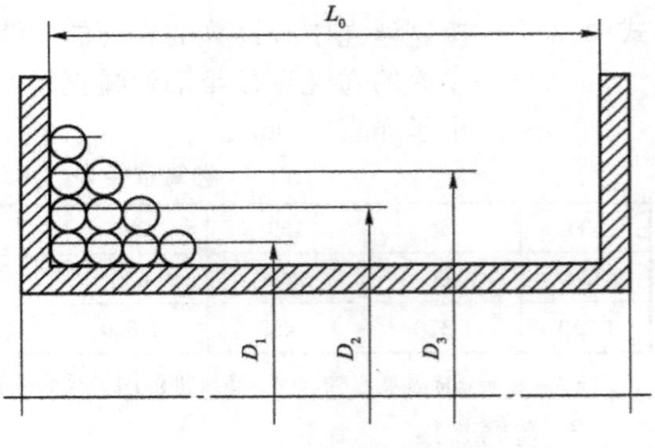

图 3-13　多层卷绕卷筒长度计算图

…

$$D_n = D + (2n - 1)d$$

考虑到钢丝绳在卷筒上排列可能不均匀,适当放大绕绳长度。

多层卷绕卷筒长度:

$$L_0 = 1.1Zp = 1.1\frac{H_{max} \cdot a}{\pi n(D + nd)}p \qquad (mm) \qquad (3\text{-}15)$$

式中:H_{max}、a、p ——同公式(3-11);

Z——每层钢丝绳圈数;

n——卷绕层数。

4)卷筒壁厚

铸铁卷筒 $\delta = 0.02D_0 + (6 \sim 10)$ (mm) (3-16)

铸钢卷筒 $\delta = d$ (mm) (3-17)

式中:D_0——卷筒槽底直径,mm;

d——钢丝绳直径,mm。

由于铸造工艺要求,铸铁卷筒壁厚不宜小于 12mm,铸钢卷筒壁厚不宜小于 15mm。

3. 卷筒的强度计算与稳定性校核

卷筒壁主要有以下几种应力:钢丝绳缠绕箍紧产生的压应力、扭转应力、弯曲应力。钢丝绳缠绕产生的局部弯曲应力。

钢丝绳缠绕所产生的局部弯曲应力很难计算,在设计计算中不予计算,而在安全系数中予以考虑。扭转应力很小,一般可以忽略不计。

(1)$L < 3D$ 时,弯曲和扭转的合成应力一般不超过压缩应力的 10% ~15%,以稍许降低卷筒材料的许用压应力来考虑其影响。

卷筒壁内表面最大压应力:

$$\sigma_y = A_1 A_2 \cdot \frac{S}{\delta \cdot p} \leqslant [\sigma_y] \qquad (N/mm^2) \qquad (3\text{-}18)$$

式中:A_1——多层卷绕系数,表 3-11;

A_2——应力减小系数,一般取 $A_2 = 0.75$;

δ——卷筒壁厚,mm;

p——卷筒绳槽节距,mm;

S——钢丝绳最大工作静拉力,N;

$[\sigma_y]$——许用压应力,N/mm^2,

对钢 $$[\sigma_y] = \frac{\sigma_s}{2},$$

对铸铁 $$[\sigma_y] = \frac{\sigma_y}{5};$$

σ_s、σ_y——材料屈服极限和抗压强度极限,N/mm^2。

多层卷绕系数 A_1 表 3-11

卷绕层数	1	2	3	≥4
A_1	1.0	1.4	1.8	2.0

(2)$L > 3D$ 时,应校核由弯矩和扭矩产生的换算应力。

$$\sigma = \frac{\sqrt{M_W^2 + M_n^2}}{W} \leqslant [\sigma_L] \quad (N/mm^2) \tag{3-19}$$

式中：M_W——由钢丝绳最大工作静拉力引起的卷筒最大弯矩，N·mm；

M_n——卷筒扭矩，N·mm；

W——卷筒截面抗弯模量，

$$W = \frac{\pi}{32} \cdot \frac{[D^4 - (D - 2\delta)^4]}{D} \quad (mm^3)$$

$[\sigma_L]$——许用拉应力，N/mm²，

钢 $[\sigma_L] = \frac{\sigma_s}{2.5}$，

铸铁 $[\sigma_L] = \frac{\sigma_b}{6}$；

σ_b——抗拉强度，N/mm²；

其余符号意义如前所示。

(3)稳定性验算。对于大尺寸卷筒(直径 $D \geqslant 1200$mm，长度 $L > 2D$)，尤其是钢板焊接的大尺寸薄壁卷筒，还需对卷筒进行稳定性验算。

4. 卷筒与减速器的连接方式

1)卷筒与减速器通过齿式联轴器连接

这种连接形式中，卷筒轴承支承在两个轴承座上，一端与减速器低速轴用齿式联轴器连接。最常用的是 GCL 型齿式联轴器和 GCLZ 型齿式联轴器。卷筒轴具有独立的支承，同时联轴器能够调整卷筒轴和减速器轴之间较大的安装误差。如图 3-14 所示。

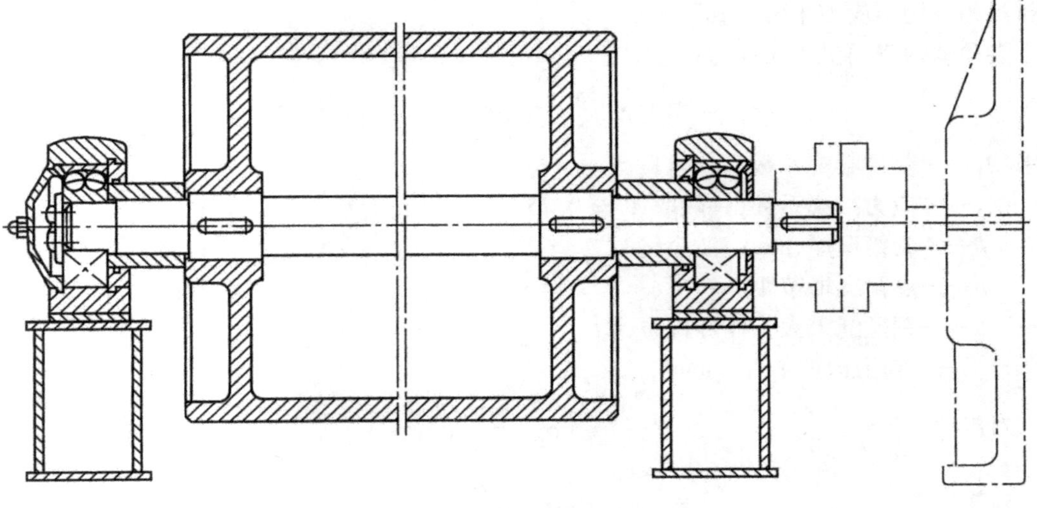

图 3-14 采用齿式联轴器连接的卷筒组

2)卷筒轴与减速器采用特种齿式联轴器连接

如图 3-15 所示，减速器的低速轴为齿轮轴端，并加工有轴承座孔上的内齿圈，卷筒轴的一端支承在减速器低速轴轴孔内的调心轴承上，另一端支承在轴承座上，装在卷筒轴上的内齿圈与减速器低速轴轴端的齿轮啮合，并用螺栓连接在卷筒的轮辐上。由于减速器输出轴传来的转矩经齿式联轴器直接传给卷筒，所以卷筒轴只受弯矩作用，不受扭矩作用。

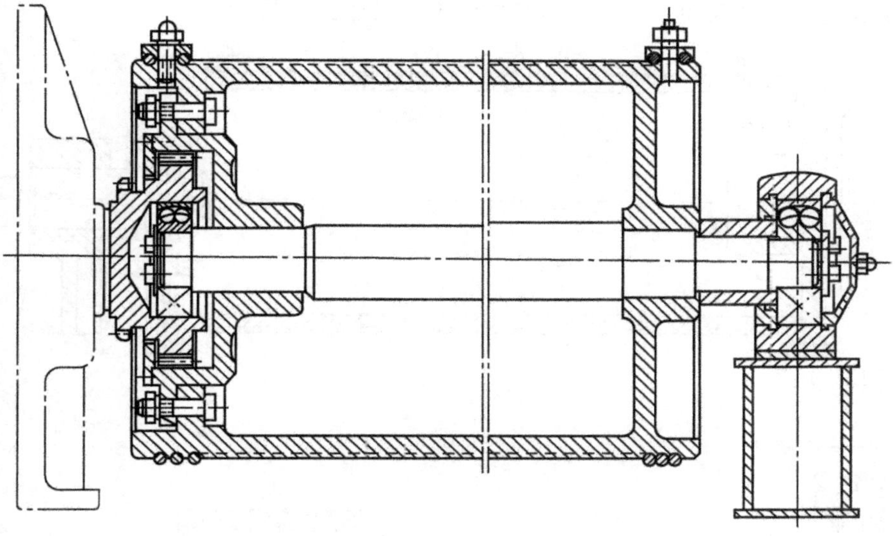

图 3-15　采用特种齿式联轴器连接的卷筒组

3）卷筒与开式齿轮连接

卷筒与开式齿轮传动的大齿轮连接时，卷筒端面与齿轮轮辐之间用铰制孔螺栓相连来传递转矩，或者在螺孔内铰配受剪套筒而采用受拉的普通螺栓（见图 3-16）。

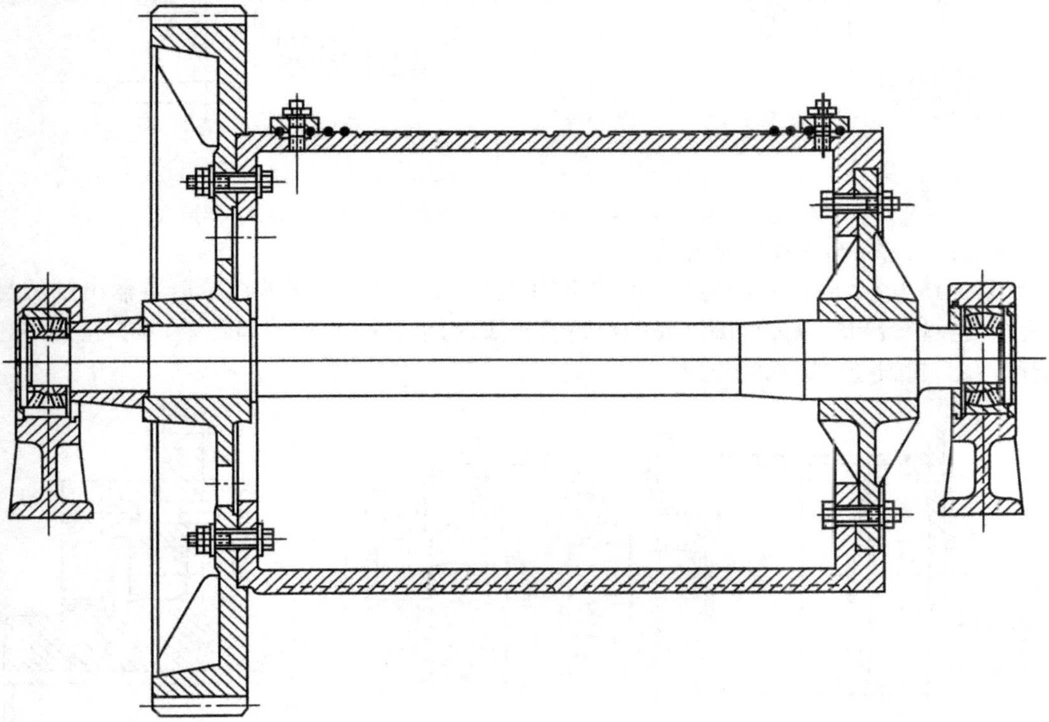

图 3-16　卷筒与开式齿轮连接的卷筒组

4）无长轴卷筒与减速器悬臂固接

卷筒与减速器输出轴用法兰盘刚性连接，减速器底座通过钢球或圆柱销与机架铰接，用分开的卷筒短轴代替卷筒整根长轴。卷筒的另一端除了采用定轴式短轴之外，还可以采用过盈配合的转轴式短轴或卷筒短轴与法兰盘整体铸造的转轴式结构(见图3-17)。

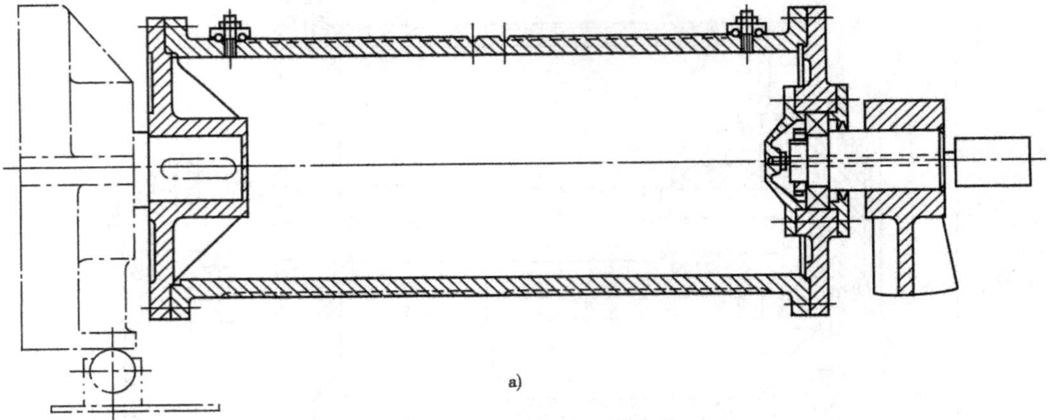

a)

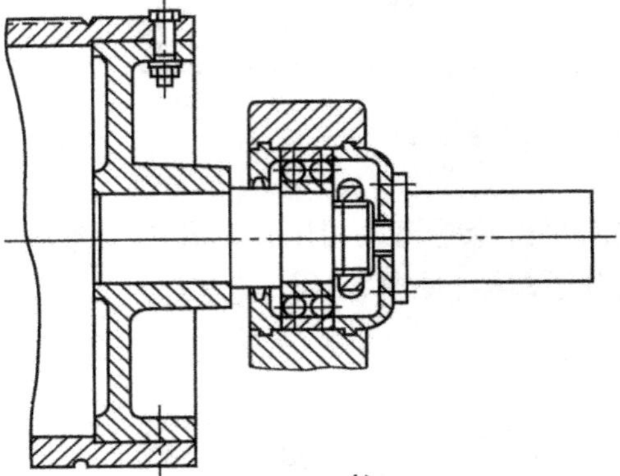

b)

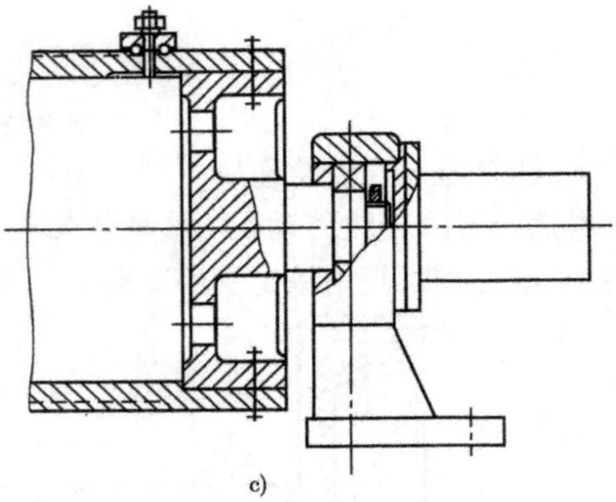

c)

图3-17　无长轴卷筒与减速器悬臂固接

a)采用定轴式短轴;b)采用转轴式短轴;c)采用整体式法兰轴的转轴式短轴

5)无长轴卷筒与减速器悬臂铰接

如图3-18所示,卷筒一端通过一圈沿圆周均布的鼓形滚柱支承在减速器输出轴的悬臂上,滚柱嵌在轮毂和轮辐内外圈之间的半圆形凹槽内,沿圆周能够传递转矩。同时,滚柱还兼有调位性能,起到径向轴承的作用。

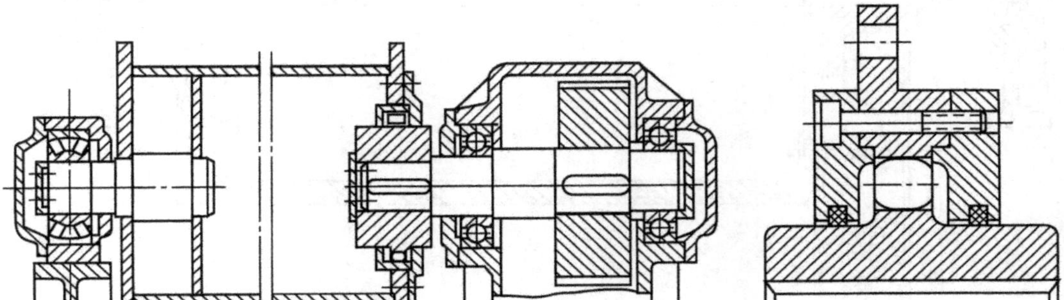

图3-18　无长轴卷筒与减速器悬臂铰接

6)卷筒与悬挂式减速器连接

卷筒采用短轴结构,两端的出轴都支承在轴承座上,靠近减速器一端的卷筒法兰盘上有一根悬伸的花键轴。减速器低速轴为内花键空心轴套，将其套在卷筒悬伸的花键轴上，通过渐开线花键将电动机的转矩传给卷筒轴（见图3-19）。

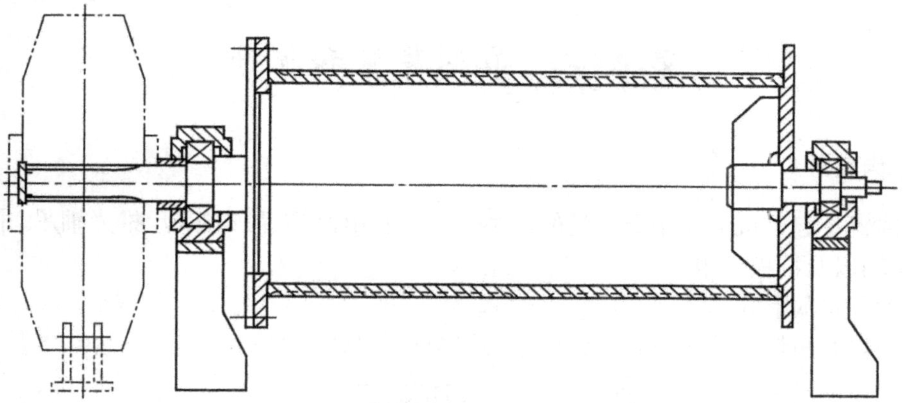

图3-19　卷筒与悬挂式减速器连接

5. 钢丝绳在卷筒上的固定

钢丝绳在卷筒上的固定通常采用压板固定（见图3-20），或使钢丝绳通过卷筒表面孔道穿入内部，然后用压板（见图3-21）或楔块（见图3-22）将钢丝绳固定起来。

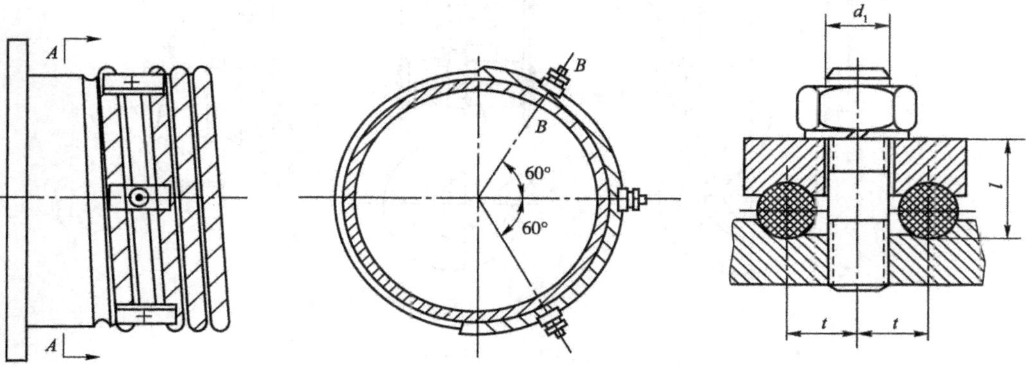

图3-20　用螺钉压板在卷筒外固定钢丝绳

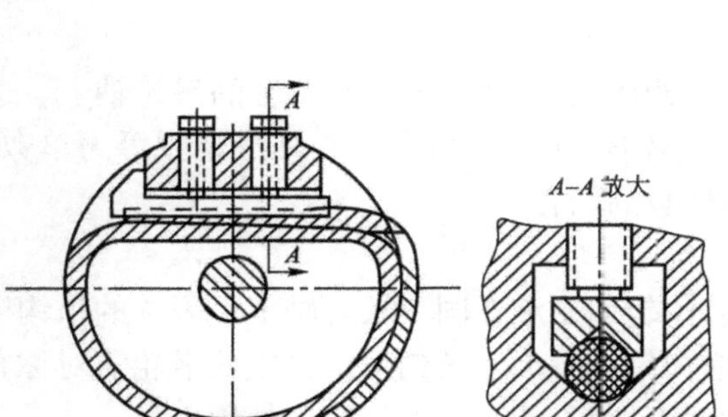

图3-21　用螺钉压板在卷筒内固定钢丝绳

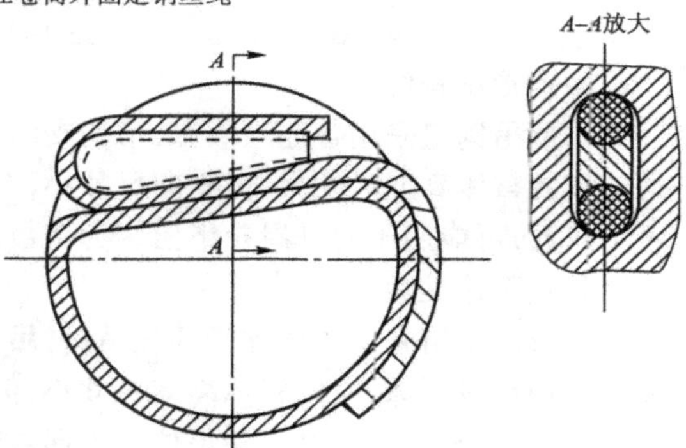

图3-22　用楔块固定钢丝绳

采用压板将钢丝绳尾固定在卷筒外表面上是最常用的方法。这种方法构造简单，更换钢丝绳方便，安全可靠，但所占的空间位置较大，并且不能用于多层卷绕。用螺钉和压板在卷筒内固定钢丝绳的方法,可以使卷筒较短,但卷筒构造复杂。楔块固定法结构紧凑,可用于多层卷绕,但卷筒结构也较复杂。

第三节　吊钩装置和抓斗

一、吊钩装置

吊钩装置是起重机上应用最广泛的取物装置。它由吊钩、吊钩螺母、推力轴承、吊钩横梁、滑轮、滑轮轴以及拉板等组成。

1. 吊钩装置的形式

吊钩装置有短钩形吊钩组和长钩形吊钩组两种(见图3-23)。

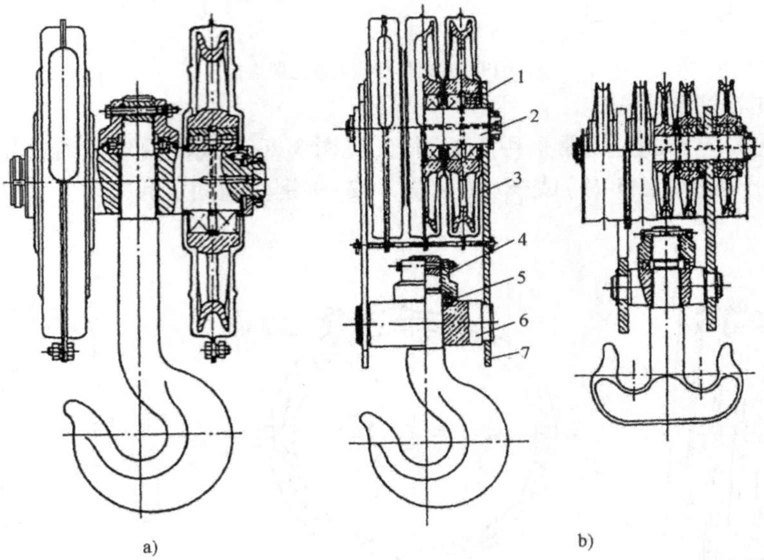

图3-23　吊钩装置

a)长钩形吊钩组;b)短钩形吊钩组

1-滚动轴承;2-滑轮心轴;3-罩壳;4-吊钩螺母;5-推力轴承;6-吊钩横梁;7-拉板

1)短钩形吊钩组

短钩形吊钩组采用普通短吊钩,吊钩支承在吊钩横梁上,滑轮支承在单独的滑轮轴上。这种吊钩装置整体高度尺寸大,但横向尺寸小,对减小钢丝绳的偏角有利。其滑轮数可为单数,也可为双数,可应用于起升滑轮组倍率为奇数或偶数的场合。

2)长钩形吊钩组

长钩形吊钩组采用钩柱加长的长吊钩,吊钩、滑轮均支承在同一根心轴上。因它的吊钩横梁和滑轮轴合成一体,所以整体高度尺寸小,但横向尺寸较大。长钩形吊钩组的滑轮需对称布置,滑轮数为偶数。在起升滑轮组倍率为偶数时,并且起重量不大的情况下使用。

2. 吊钩

1)吊钩的种类

吊钩的外形如图3-24所示,吊钩的弯曲部分为钩身,垂直部分为钩柱。

吊钩按形状可分为单钩和双钩。单钩的制造和使用比较方便,双钩的受力情况较好,钩体

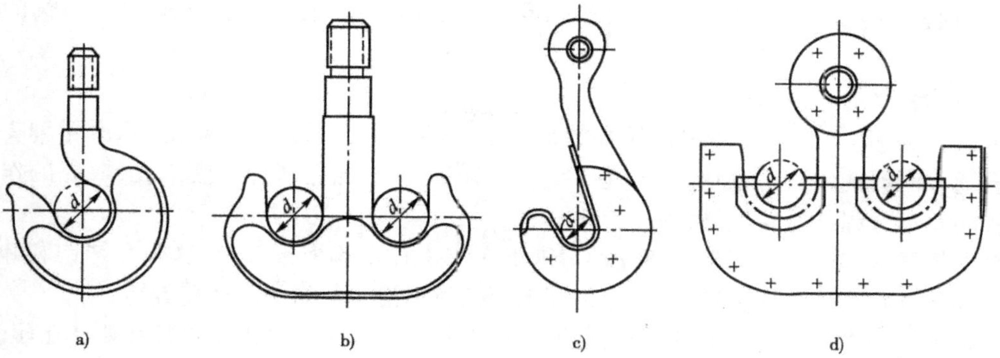

图 3-24　单钩与双钩

a)锻造单钩；b)锻造双钩；c)片式单钩；d)片式双钩

材料能充分利用。在起重量相同的情况下，双钩的重量比单钩轻，所以单钩多用于较小的起重量，而在起重量较大时，为了不使吊钩过于笨重，大多采用双钩。

吊钩按制造方式可分为锻造吊钩与片式吊钩。中小起重量(80t 以下)的吊钩一般采用低碳钢锻压而成。大型吊钩由切割成形的多片钢板铆接而成，并在吊钩的钩口装上护垫，使各片钢板受力均匀，并且减少钢丝绳的损伤。

锻造吊钩的尾部通常制成带螺纹的，通过吊钩螺母将吊钩支承在吊钩横梁上，钩身的截面形状通常为梯形。片式吊钩的尾部带有圆孔，用销轴将吊钩与其他部件连接，钩身截面形状为矩形，因此片式吊钩截面的承载能力未能充分利用，自重较大。

C 形钩常用于船舶装卸，其上部突出的部分可以防止在吊钩起升时挂住舱口。为了防止系物绳自动脱钩，可以在吊钩上加装安全闭锁装置，如图 3-25 所示。

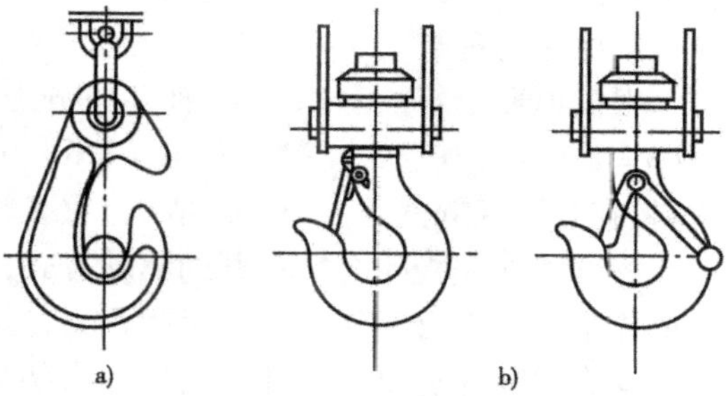

图 3-25　吊钩

a)C 形钩；b)装有安全闭锁装置的吊钩

由于目前的铸造工艺不能完全排除铸件中可能出现的铸造缺陷，所以，不允许采用铸造方法制造吊钩。

钢材在焊接时，难免产生细小裂纹，因此也不允许用焊接方法制造和修复吊钩。

2)吊钩强度等级与吊钩材料

吊钩按材料的机械性能分为 M、P、(S)、T、(V) 5 个强度等级。优先采用 M、P 级，括号内的强度等级尽量避免采用。

吊钩材料牌号见表 3-12。

吊 钩 材 料 牌 号　　表 3-12

<table>
<tr><th rowspan="2">钩　号</th><th rowspan="2">柄部直径 d
(mm)</th><th colspan="5">强 度 等 级</th></tr>
<tr><th>M</th><th>P</th><th>(S)</th><th>T</th><th>(V)</th></tr>
<tr><td>006 ~ 1.6</td><td>14 ~ 36</td><td rowspan="4">DG20 或
DG20M_n</td><td rowspan="4">DG20M_n</td><td rowspan="4">DG34C_rM_o</td><td rowspan="2">DG34C_rM_o</td><td>DG34C_rM_o</td></tr>
<tr><td>2.5 ~ 40</td><td>42 ~ 150</td><td rowspan="2">DG34$C_rN_iM_o$ 或
DG30C_r2N_i2M_o</td></tr>
<tr><td>40 ~ 50</td><td>170 ~ 190</td><td rowspan="2">DG34$C_rN_iM_o$ 或
DG30C_r2N_i2M_o</td></tr>
<tr><td>63 ~ 250</td><td>190 ~ 375</td><td>DG30C_r2N_i2M_o</td></tr>
</table>

中小型吊钩及部分重型吊钩都可根据起重量按标准系列选用，其中规定了吊钩的结构尺寸。

3. 吊钩装置的其他部件

如图 3-23 所示，吊钩装置的滑轮多数采用滚动轴承 1 支承在滑轮轴上，从滑轮轴 2 的轴心钻孔通入润滑油以润滑轴承，在滑轮下面套有罩壳 3，罩壳底部开有流水孔，罩壳的作用是防尘和防止钢丝绳从滑轮绳槽松脱。

套在钩柱端部的吊钩螺母 4 通过推力轴承 5 支承在吊钩横梁 6 上，这样在挂钩和卸钩时能使吊钩绕其垂直轴线自由转动，不致引起上部钢丝绳滑轮组系统跟随着旋转。

吊钩横梁铰支在拉板 7 上，以简支梁形式考虑其强度计算。对于拉板轴孔要作比压验算，滑轮心轴的强度按照梁承受弯曲的方式计算。

吊钩装置的构造要保证吊钩有绕各方向摆动的可能性，同时要有一定的自重，使空钩能顺利下降，消除钢丝绳过分松弛的现象。

二、抓斗

抓斗是一种靠颚板开闭能自行抓取、卸出散货或长材的取物装置。它的抓取与卸料动作一般由起重机司机在司机室内操纵，不需要辅助人员的协助，因此避免了繁重的体力劳动，节省了辅助时间，大大地提高了装卸生产率。抓斗广泛应用于港口、堆场和散货物料仓库。

1. 抓斗的种类

根据抓取物料的容积密度，抓斗可分为：轻型（$\rho<1.2\mathrm{t/m^3}$）、中型（$\rho=1.2\sim2.0\mathrm{t/m^3}$）、重型（$\rho=2.0\sim2.6\mathrm{t/m^3}$）、特重型（$\rho>2.6\mathrm{t/m^3}$）。4 种不同类型的抓斗，为适应不同容积密度的物料，在容积相同的情况下，抓斗的自重有较大的差异。

根据抓斗颚板闭合和张开的驱动方式，抓斗可分为：绳索式抓斗和动力式抓斗。绳索式抓斗依靠钢丝绳闭合滑轮组来产生闭合力，达到抓取物料的目的，一般分为单绳、双绳和四绳抓斗。动力式抓斗通过装在抓斗上的动力装置和传动装置使颚板开闭。

根据颚板的数目，抓斗又可分为双颚板抓斗和多颚板抓斗。在港口装卸作业中广泛采用的是双颚板抓斗。

2. 抓斗的工作原理

1）双绳抓斗的工作原理

长撑杆双颚双绳抓斗是最常用的结构形式，如图 3-26 所示。它主要由上承梁 3、撑杆 4、下承梁 5 和左右对称的两颚板 6 组成。支持绳 1 直接固定在抓斗上承梁上，闭合绳 2 穿过上承梁，绕过安装在上承梁和下承梁上的滑轮后，固定在上承梁或下承梁上。位于上承梁的上滑轮和下承梁的下滑轮以及卷绕在它们之间的钢丝绳组成抓斗闭合滑轮组。支持绳和闭合绳又分别卷绕到起升机构的支持卷筒和闭合卷筒上。

双绳抓斗的工作原理如图 3-26 所示。

（1）空抓斗下降。卸货完毕，抓斗处于张开状态，支持绳和闭合绳同步下降，抓斗保持张开的状态降落在货堆上。

（2）抓货。空抓斗降到货堆后，继续放松支持绳和闭合绳，使抓斗在自重的作用下插入货堆。然后，使闭合绳上升，抓斗逐渐关闭并抓取货物。

（3）满抓斗上升。抓斗关闭后，使支持绳和闭合绳同步上升，则载货抓斗上升。这个过程初期，载货抓斗的全部重量由闭合绳承担，然后载荷由支持绳、闭合绳平均分担。

(4)卸货。载货抓斗被运送到卸料地点后，放松闭合绳，抓斗在下承梁、颚板和货物重量的作用下自动张开并将货物卸出。在这个过程中，载货抓斗的全部重量由支持绳承担。

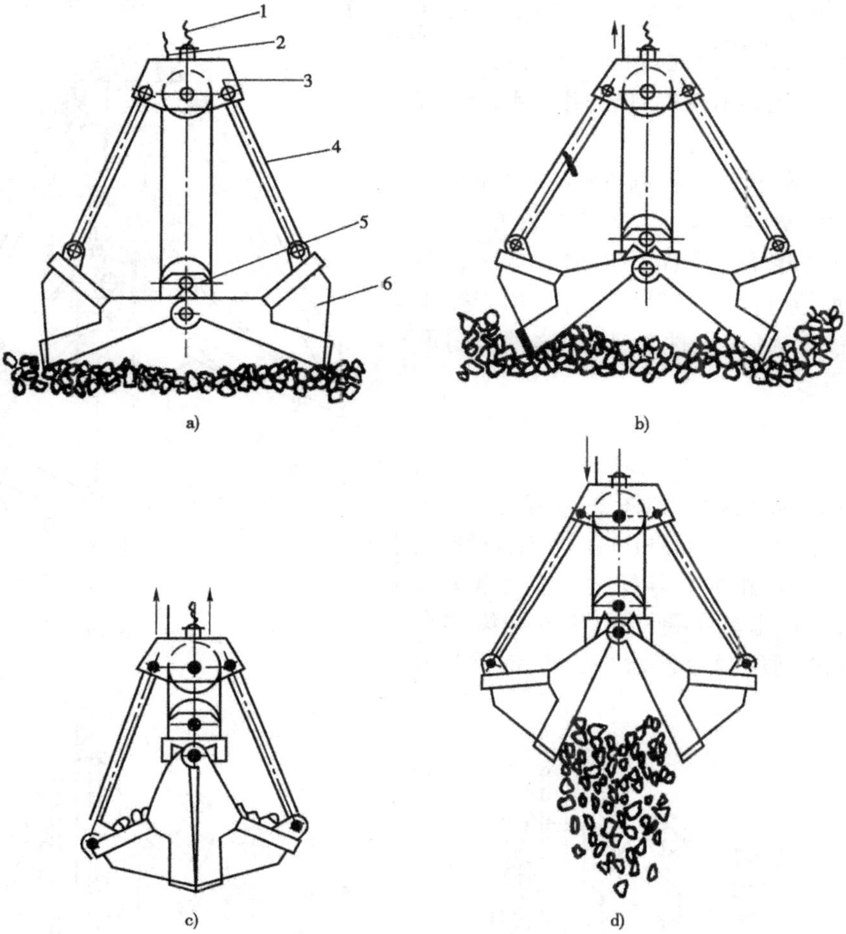

图 3-26　双绳抓斗工作过程

1-支持绳；2-闭合绳；3-上承梁；4-撑杆；5-下承梁；6-颚板

依次经过上述四个过程，抓斗就完成了一个工作循环。显然，抓斗的工作情况取决于支持绳和闭合绳之间的相对运动速度。当两绳的运动速度相同时，抓斗保持一定的张开或关闭状态上升或下降；当两绳的运动速度不同时，抓斗就张开或闭拢。其动作如表 3-13 所示。

双绳抓斗工作情况　　表 3-13

抓斗状态	下降	抓货	上升	卸货
支持绳运动情况	下降	停（放松）	上升	停（张紧）
闭合绳运动情况	下降	上升（张紧）	上升	下降（放松）

所谓双绳抓斗是指抓斗的四个工作过程是由两根绳索来操纵的，这两根绳索分别由两个单独的单联卷筒来驱动，其闭合滑轮组为单联滑轮组。若采用两组双联卷筒，则闭合绳和支持绳各为两根，称为四绳抓斗，其闭合滑轮组为双联滑轮组。四绳抓斗由于闭合绳与支持绳成双布置，抓斗工作时不易打转、工作稳定。四绳抓斗与双绳抓斗工作原理相同，在港口装卸作业中也获得广泛地应用。

2)单绳抓斗的工作原理

单绳抓斗的结构与双绳抓斗相似,也主要由上承梁、撑杆、颚板、下承梁组成。但单绳抓斗只有一根钢丝绳,所以需要通过特殊的启闭机构,使一根钢丝绳轮流起着支持绳和闭合绳的作用(见图 3-27)。

单绳抓斗启闭机构的控制方式有:曳绳开斗式、自动开斗式、无线遥控开斗式等多种方式。

(1)曳绳开斗式。曳绳开斗式是有一名操作者专门拉绳,控制抓斗的开闭动作。由于操作工人的劳动强度大,安全性差,因此这种启闭形式只适用于小型抓斗。

(2)自动开斗式。自动开斗式单绳抓斗的启闭机构有:滑块式、撤轮式、载叉式等。

①滑块式启闭机构。如图 3-28 所示,启闭机构由导杆 1、滑块 2、偏心板 3、牵引钢丝绳 4、下承梁 5、重锤 6 等组成。导杆连接在上承梁与下承梁之间,滑移座套在导杆上,钢丝绳绳端在滑移座上,升降钢丝绳可使滑移座沿导杆上下移动。

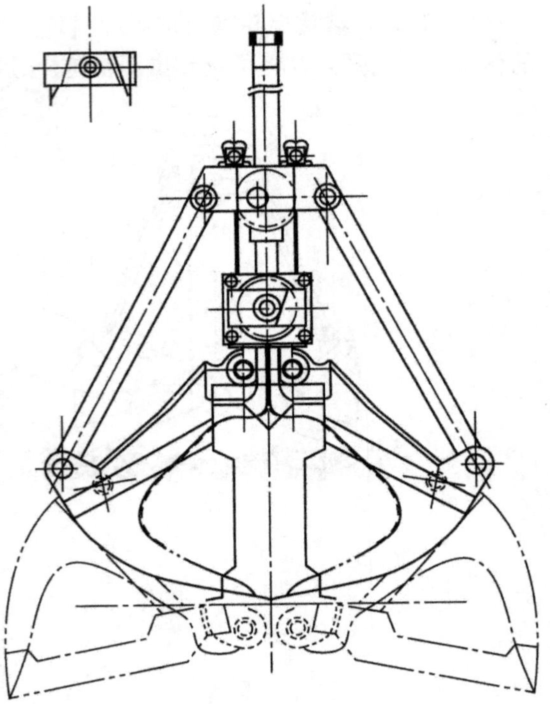

图 3-27 单绳抓斗

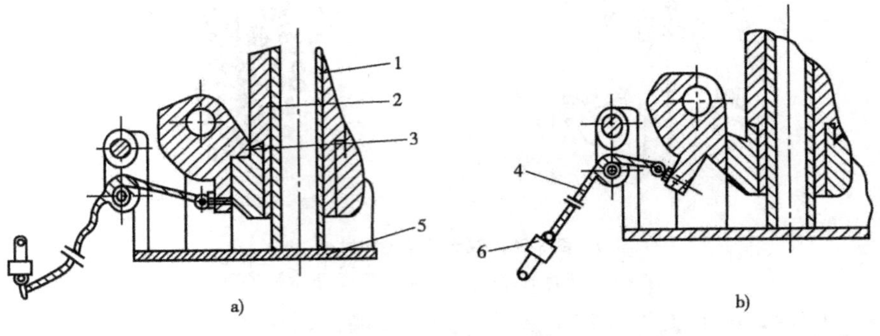

图 3-28 滑块式开闭机构

a)闭合状态;b)开启状态

1-导杆;2-滑块;3-偏心板;4-牵引钢丝绳;5-下承梁;6-重锤

滑块式启闭机构的工作原理:

抓斗以张开的状态降到料堆上,继续下降钢丝绳,使滑移座沿导杆下滑,滑过装在下承梁上的偏心板的斜面,偏心板在偏心力矩与扭力弹簧的作用下处于图 3-28a)的位置。这时牵引钢丝绳处于松弛状态。

提升钢丝绳,滑移座沿导杆上升,被偏心板的凸缘钩住,使滑移座与下承梁连成一体。继续起升钢丝绳,滑移座带动下承梁一起上升,抓斗闭合抓取物料。闭合完毕后,再提升钢丝绳,使满载抓斗上升。

满载抓斗被运送到卸料地点后,下降钢丝绳,使抓斗落到料堆上。由于抓斗在逐渐闭合时,重锤被提起,牵引钢丝绳张紧,但这时滑块与偏心板的凸缘接触,两者的正压力大于重锤力，所以偏心板仍处于图3-28 a）位置。继续下降钢丝绳，使滑移座脱离偏心板，重锤的拉力使偏心板顺时针（逆时针）转动一个角度，如图3-28b）所示。再提升钢丝绳，使滑移座沿导杆上升，直至上承梁，并将抓斗提起，抓斗在下承梁、物料重力的作用下张开卸料。

②撖轮式启闭机构。如图3-29所示，启闭机构主要由导杆1、滑移轴2、转轮3、撖轮4、滑移座5、滚轮6和斜面板7组成。启闭机构装在滑移座上，滑移座套在导杆上，抓斗闭合滑轮组装在上承梁与滑移座上，升降钢丝绳可使滑移座沿导杆上下移动。

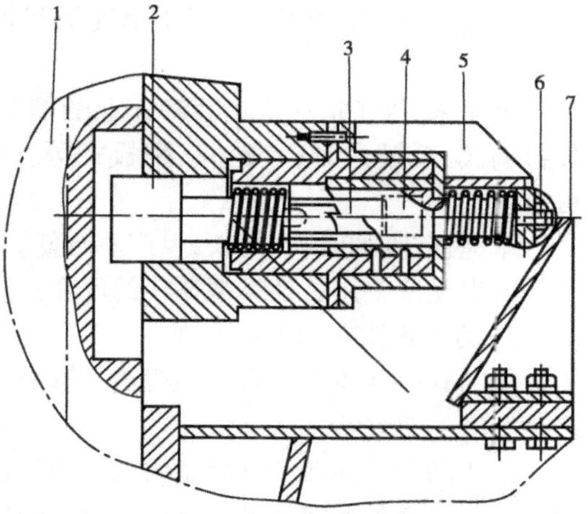

图3-29　撖轮式启闭机构

1-导杆；2-滑移轴；3-转轮；4-撖轮；5-滑移座；6-滚轮；7-斜面板

撖轮式启闭机构工作原理：

抓斗以张开的状态降到料堆上，下降钢丝绳，滑移座下滑，滚轮与斜面板接触，被压入滑移座，将撖轮压向有螺旋曲线的转轮，使转轮沿轴向作外伸运动，推动滑移轴，使滑移轴卡入导杆的凹槽内。

滑移座和安装在下承梁上的导杆连接以后，提升钢丝绳，滑移座带动导杆与下承梁一起上升，抓斗闭合抓取物料。

抓斗被运送到卸料点，下降钢丝绳，滑移座依靠自重下滑，滚轮与斜面板接触，重复“锁扣”时的动作。滑移轴因转轮的螺旋曲线作内缩运动，并与导杆的凹槽脱离。再提升钢丝绳，滑移座沿导杆上升至上承梁处，抓斗在下承梁和物料重力的作用下开启卸料。

③戟叉式启闭机构。如图3-30所示，启闭机构由导杆1、中梁2、戟叉轮3、下承梁4等组成。导杆的下部固定在下承梁上，滑移座套在导杆上，抓斗的闭合滑轮组装在上承梁和滑移座上，升降钢丝绳可使滑移座沿导杆上下移动。

戟叉式启闭机构的工作原理：

抓斗以张开的状态降到料堆上，继续下降钢丝绳，使滑移座在重力作用下沿导杆下滑，装在滑移座上的戟叉轮随之下滑，戟叉轮打到装在下承梁上的戟叉支撑板，戟叉支撑板使戟叉轮顺时针（逆时针）转动一个角度，使它的一个叉口指向导杆的凹槽，再提升钢丝绳，使戟叉轮卡在导杆的凹槽里。

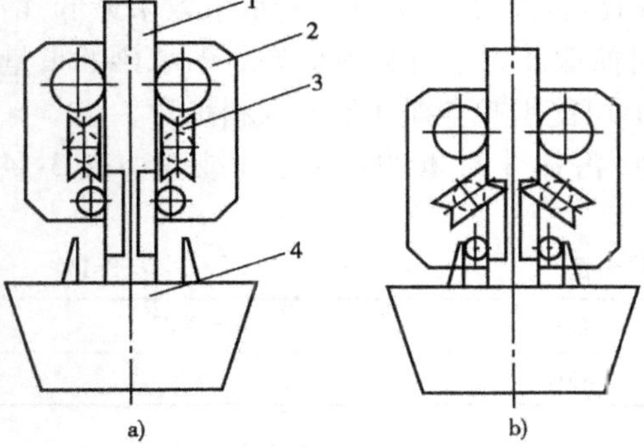

图3-30　戟叉式开闭机构

a）开启状态；b）闭合状态

1-导杆；2-中梁；3-戟叉轮；4-下承梁

起升钢丝绳，使戟叉轮带着导杆、下承梁一起上升，抓斗闭合抓取物料。抓斗闭合完毕后，钢丝绳继续上升，满载抓斗被提升到一定高度。

满载抓斗被运送到卸料点，略微放松钢丝绳，滑移座下降，戟叉轮在其内部的扭转弹簧作用下发生偏转，叉口与导杆的凹槽脱离。再提升钢丝绳，使滑移座沿导杆上升至上承梁，抓斗在下承梁及物料重力的作用下张开卸料。

（3）无线遥控开斗式。无线遥控启闭机构是利用无线电信号控制启闭机构的锁紧与松开，使抓斗闭合和打开。无线遥控抓斗使用国家规定的无线电频道。启闭机构的动力由抓斗携带的蓄电池提供。无线遥控抓斗具有曳绳开斗式和自动开斗式启闭机构的优点,操作方便,满载抓斗可以在空间任意位置开启,适用于单绳散料抓斗。常用的启闭机构有挂钩式和无动力液压自锁式。

近年来,为了适应港口装卸作业的需要,在单绳抓斗中,还采用过许多形式的启闭机构,如拉钩式、接触式、偏心轮式、翻板式等。对启闭机构的要求是:结构简单、操作方便、工作可靠。

单绳抓斗的卸料时间长,生产率较低。因此,单绳抓斗只适宜用在散粒物料装卸量不大的货场或者无法采用其他类型抓斗的场合。

3)动力式抓斗的工作原理

动力式抓斗本身带有启闭机构,所以起升机构中只需要一套驱动装置来完成抓斗的升降运动。

由于动力式抓斗的开闭是由抓斗内的启闭机构来实现的,在抓取物料时,抓斗向下插入物料的作用力会随着抓斗的装满程度而不断增加,因此,动力式抓斗有很好的抓取性能。

动力式抓斗通常是作为吊钩起重机的辅助取料装置,它可以在任意高度卸料,生产率较单绳抓斗高。但是动力式抓斗自重较大,特别是上承梁质量大,因而抓斗的重心高,作业时容易翻倒。另外还要安装供给启闭机构能量的设备,如电缆、电缆卷筒或压缩气管等。

根据启闭机构的形式,动力式抓斗可分为机械传动、液压传动、气压传动等三种。

3. 抓斗的抓取能力与影响抓取能力的主要因素

抓斗的抓取能力大小主要取决于抓斗的下沉力和物料垂直方向的阻力,抓斗的抓取力矩和物料阻力矩之间的关系。

影响抓斗抓取能力的因素很多,主要有以下几个方面:

1)抓斗自重及其分配

绳索抓斗与起重机之间没有刚性联系,抓斗之所以能插入料堆抓取物料是因为抓斗的自重所致,抓斗的自重是抓取力的来源,因此,要保证抓斗一定的抓取量,抓斗必须有足够的自重。

要提高抓斗的抓取性能,使之既能减轻抓斗自重又能提高抓货量,这就要求抓斗自重在各部分能得到合理分配。理论分析与试验研究表明:抓斗各部分的质量对抓取能力的影响是不同的。增大上承梁与撑杆的重量分配比例,对提高抓货量最有效,颚板次之,下承梁的重量效果最低;增大颚板与撑杆铰接点部位的重量分配比例,对提高相对抓取能力也有显著效果。下承梁的重量分配过多虽然对提高抓取量收效甚微,但下承梁过轻,有可能引起空抓斗不能顺利张开。

对长撑杆双颚双绳(四绳)抓斗的重量分配比例(占抓斗自重的百分比)推荐如表3-14所示。

双绳(四绳)抓斗重量分配 表3-14

上承梁	撑杆	颚板	下承梁
21%	16%	45%	18%

2)抓斗的结构尺寸

(1)滑轮组的倍率。在闭合绳张力一定的条件下,增加闭合滑轮组的倍率,可以增大闭合绳通过滑轮组作用在上承梁、下承梁上的接近力,亦即增大滑轮组作用在抓斗上承梁上的作用力,提高上承梁经撑杆传给颚板的作用力,于是提高了抓取力矩。

在产生同样的抓取力矩(同样的滑轮组对上承梁、下承梁的接近力)情况下,随着闭合滑轮组倍率的增大,可以相对地减小闭合绳的张力,从而增加抓斗的下沉力。这样使抓斗增加挖掘深度,提高抓货量。

对于同样的抓货量,如果增加了滑轮组倍率,就可减小抓斗的自重。

但增加滑轮组的倍率,会使滑轮数增多、抓斗结构复杂、重量增加,抓斗闭合时间及闭合行程加长,同时也使闭合绳磨损加快。因此,在选择滑轮组倍率时应作综合考虑。

双绳抓斗的滑轮组倍率推荐如表 3-15 所示。

抓斗滑轮组倍率 *a*　　表 3-15

抓斗类型	轻型	中型	重型	特重型
单绳抓斗	1~2	2	2~3	2~3
马达抓斗、双绳长撑杆抓斗	3~4	4~5	5~6	6

(2)抓斗最大张开度。在一定的开度范围内,增大抓斗的最大张开度,可以增大颚板切割刃所包围物料的面积,可能多抓取货物。但开度过大时,颚板中心铰与水平切割刃的距离增大,闭合阻力矩过分增大。为了克服过大的阻力矩,闭合绳张力增大,使抓斗下沉力减少,挖掘深度降低。尤其在抓斗闭合的后阶段,由于需要压缩和移动的物料量增多,物料产生的阻力矩增大,使闭合绳的张力急剧增加,下沉力减到极小,甚至为零,整个抓斗实际上被提起,颚板在物料表面上闭合。这样,不仅不能将已耙集到两颚板间的物料全部抓取到颚板里,反而"吐出"了原先已经耙集到的物料,抓货量反而降低了。图 3-31 和表 3-16 是一个模型抓斗在不同的最大开度 L 时的抓取曲线和抓取量 G_g。

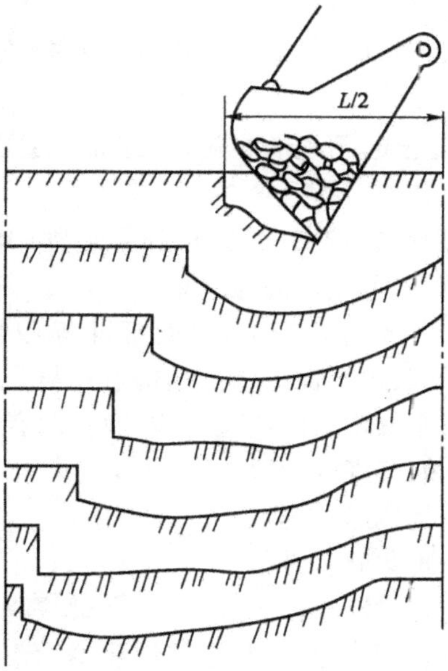

图 3-31　抓斗最大开度 L 对抓取量的影响

抓斗最大开度 L 对抓取量的影响　　表 3-16

L(mm)	G_g(kg)
570	18
670	19
770	20.5
870	22
970	21
1 070	20.3
1 115	19

(3)颚板宽度。当抓斗自重一定时,减小颚板宽度,可以增加作用在刃口单位长度上的压力,使抓斗容易插入料堆,并有较大的初始插入深度,可提高抓取量。

若颚板太宽,则侧板壁的阻力相对增大,抓取能力反而下降。通常采用抓斗颚板宽度 B 与最大开度 L 之比 ψ 表示抓斗的结构特征。$\psi = 0.35$ 为窄型抓斗;$\psi = 0.45$ 为标准抓斗;$\psi = 0.55$为宽型抓斗。当抓取松散物料时,取 $\psi = 0.7$ 以上的趋势。

(4)颚板几何形状。颚板几何形状要与物料的物理机械性能相适应。实践表明，小块、粒状、内摩擦系数小的松散物料宜采用圆弧形颚板；大块、中块、内摩擦系数较大的物料，为了减小物料在抓取过程中与颚板底板的摩擦与内部运动，减小抓取阻力，应该采用底面平直的颚板(见图3-32)。

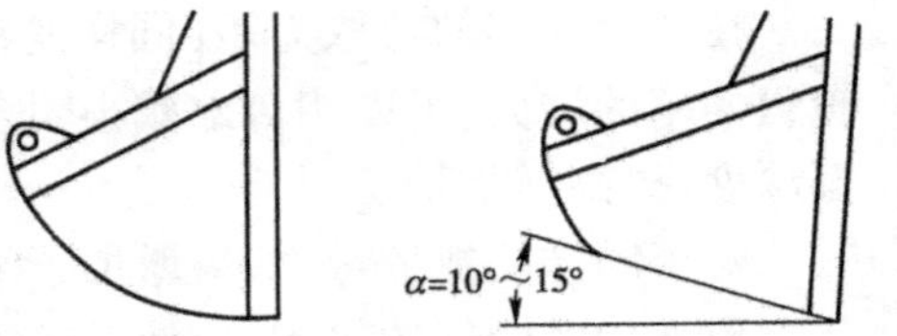

图3-32 抓斗颚板形状

颚板底背角对抓取性能也有较大影响。若底背角太小，刃口插入料堆时，颚板底部擦物料，阻碍抓斗向深处插入；若底背角太大，物料在斗内“爬陡坡”，增加抓斗的闭合阻力。通常底背角取 $\alpha = 10° \sim 15°$。对于干燥物料取小值，潮湿物料取大值。

3)物料性质

常用抓斗作业的散货有矿石、碎石、煤、砂、谷物、矿砂等。

物料的容积密度、块度与内摩擦系数对抓斗的抓取量有决定性影响。容积密度大、块度大与内摩擦系数大的物料阻碍抓斗刃口向深处挖掘，并且在抓斗闭合时产生很大的阻力，使闭合绳张力增大，抓斗下沉力减小，抓取深度减小，抓取量降低。因此，抓取这种物料时，应采用重型抓斗，选用较大的滑轮组倍率；对于松散、容积密度小和内摩擦系数小的物料，则用重量较轻、滑轮组倍率较小的抓斗；对于大块物料或坚实物料，通常采用带齿抓斗或多颚板抓斗来提高抓取能力。

4)操作方法

抓取坚实物料或大块物料时，增加抓斗投掷到料堆的速度，可以增加颚板刃口开始插入料堆的深度。当抓斗具有足够的闭合力时，能够提高抓取量。

另外，对一般松散物料，在抓取时，抓斗很容易插入料堆，采用增大投掷速度来增加颚板初始插入深度是没有必要的。

但是较大的投掷速度对抓斗各构件的强度和刚度会起不利的影响，引起抓斗过早的损坏，这是应该注意的。

在抓取物料时，将张开的抓斗落到货尖上，有计划地抓取货尖，并在抓取过程中注意形成新货尖。这样，由于抓斗抓取物料时受到的外壁阻力小，可以提高抓取量。

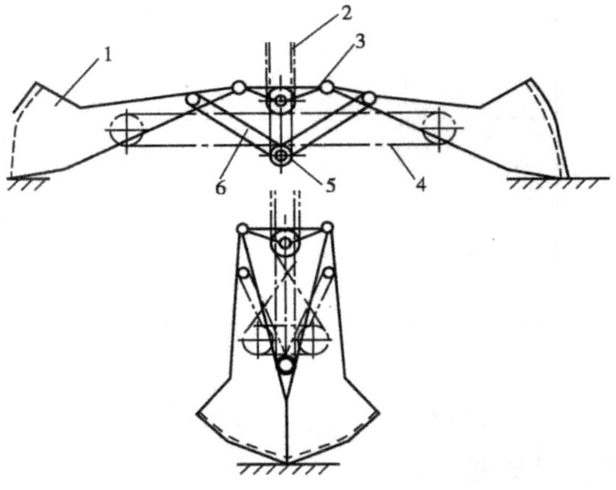

图3-33 耙集式抓斗

1-颚板；2-支持绳；3-下承梁；4-闭合滑轮组；5-上承梁；6-撑杆

从以上的分析中可知：抓斗抓取性能的好坏，主要取决于抓斗本身结构形式与几何尺寸的合理和抓取物料的物理性质，而且两者要很好地匹配才能有好的效果。

4. 其他形式的抓斗

1)耙集式抓斗

耙集式抓斗由上承梁、下承梁、颚板、撑杆和闭合滑轮组组成。当支持绳张紧，闭合绳放松时，撑杆撑开颚板，抓斗打开。

耙集式抓斗的开度大，颚板在闭合的过程中刃口近似沿水平线移动，适宜于抓取薄层物料，供清舱底作业用。但耙集式抓斗在闭合状态时，重心较高，容易倾倒。此外，颚板铰点与刃口之间距离较大，抓斗的切入性能差(见图3-33)。

2）剪式抓斗

剪式抓斗是按剪刀原理设计的叉铰结构，由剪臂、平衡梁、颚板、中心铰轴和闭合滑轮组组成。

剪式抓斗的闭合滑轮组是在与颚板连成一体的剪臂之间，而长撑杆抓斗的闭合滑轮组在上下承梁之间。因此，长撑杆抓斗需要用刚性撑杆，将闭合滑轮组及上承梁的重量产生的闭合力传递给颚板。剪式抓斗不需要刚性撑杆，依靠放松闭合滑轮组的钢丝绳，收紧支持绳，使抓斗打开。收紧闭合滑轮组的钢丝绳，钢丝绳的拉力对中心铰轴产生力矩，由于杠杆原理，使颚板受到较大的闭合力矩，抓斗闭合。

在抓取物料的初始阶段，闭合滑轮组钢丝绳轴线与中心铰接近于一条直线，钢丝绳拉力对中心铰的力矩小，抓斗闭合力也小。随着抓斗逐渐闭合，抓斗闭合力矩逐渐增大。当抓斗闭合终了时，闭合滑轮组钢丝绳对中心铰的力矩最大，因此抓斗的闭合力也最大。剪式抓斗特别适用于抓取矿石、砾石等大容积密度的物料（见图 3-34）。

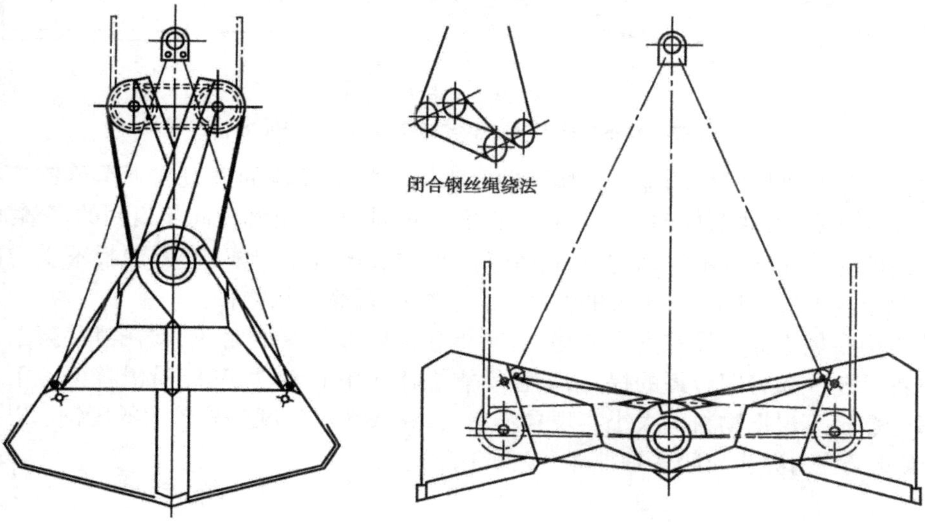

图 3-34　剪式抓斗

3）钳式抓斗

钳式抓斗具有耙集功能，结构比耙集式抓斗简单，从抓斗闭合初期到终了时，闭合力都比较大，因此抓斗的填充率较高。钳式抓斗是抓取容积密度小的物料的理想取物装置（见图3-35）。

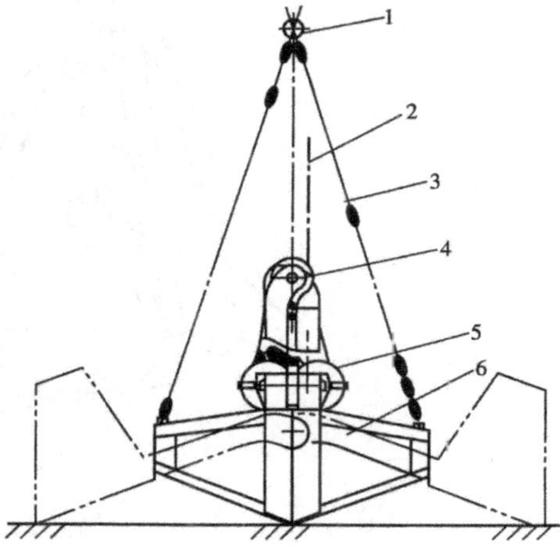

图 3-35　钳式抓斗

1-吊环；2-开闭绳；3-支承链；4-中心铰；5-滑轮组；6-颚板

4）扭矩抓斗

扭矩抓斗属于无撑杆抓斗，其主要结构如图 3-36 所示。闭合绳带动滑轮转动，与该滑轮同轴的小齿轮也转动，并与安装在中心铰轴上的柱销齿轮啮合，产生绕中心铰轴的转矩，使抓斗颚板闭合，抓取物料。

5）多颚板抓斗

多颚板抓斗的颚板数有 4、6、8 个，通常为 6 个。颚板刃口呈尖爪形荷花瓣状。多颚板抓斗也有单绳、双绳和四绳等形式。

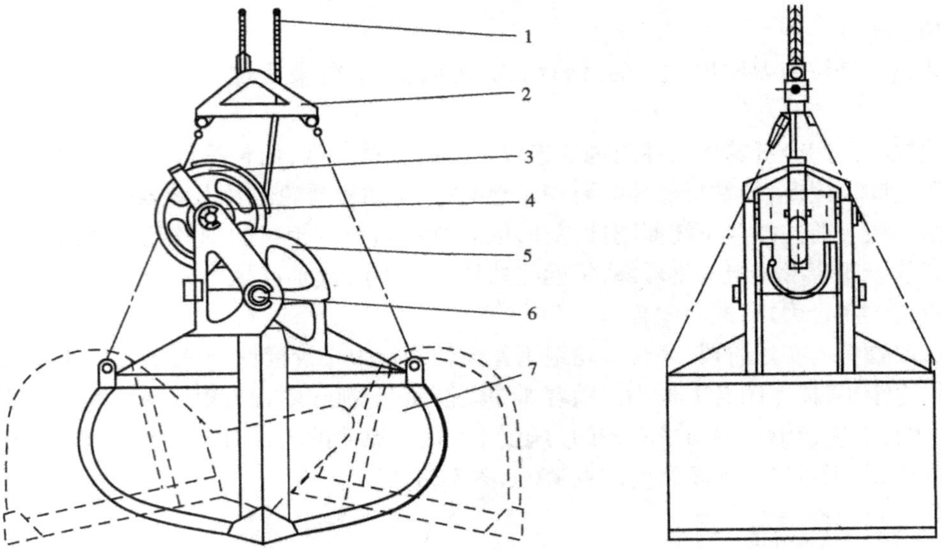

图 3-36　扭矩抓斗

1-开闭绳;2-支持绳吊架;3-滑轮;4-齿轮;5-柱销齿轮;6-中心铰轴;7-颚板

多颚板抓斗有刚性结构和挠性结构两种。刚性多颚板抓斗的颚板与下承梁铰接在一起,随着下承梁的升降,每块颚板的闭合和张开程度都相同,所以也称为同步启闭的多颚抓斗。这种结构形式的抓斗在抓取不规则物料时,容易出现颚板闭合不严实,有的颚板不受力的情况。可用于抓取粒度大但粒度差异不大的物料,如生铁、矿石等块状物料。

挠性结构多颚板抓斗设有支承滑移架,抓斗颚板根部装有滑轮,铰支在滑移架上,闭合绳依次绕过各滑轮。随着闭合绳的提升,颚板既能绕抓斗中心转动,又能沿滑移架上下滑动,使抓斗的每个颚板可根据物料的大小实现异步启闭,有效地对粒度差异较大的废钢、花岗岩等进行抓取,因此又称为异步启闭多颚抓斗(见图 3-37)。

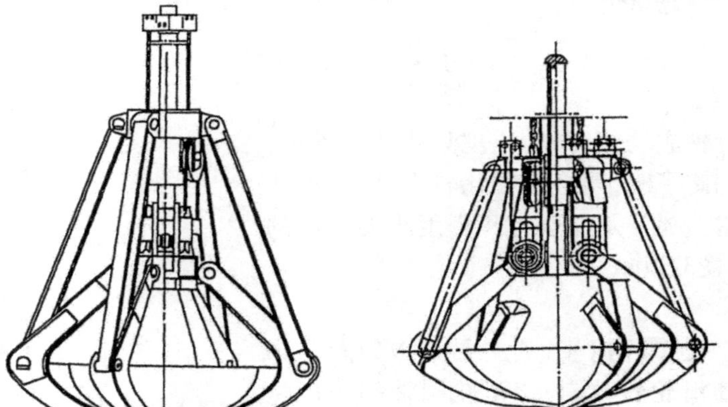

图 3-37　多颚板抓斗

a)同步启闭多颚抓斗;b)异步启闭多颚抓斗

6)电动抓斗

图 3-38a)所示的电动抓斗以电动葫芦作为抓斗开闭机构,装在抓斗的上承梁上,将闭合

绳卷绕在电动葫芦与装在下承梁的滑轮组上。当抓斗闭合时,抓斗自重全部起挖掘作用,抓斗抓取能力大,适宜于抓取矿石、生铁等难抓取的物料。但电动抓斗的重心高,稳定性差,而且由于缺乏保护装置,电动葫芦的电动机在过载时容易被烧毁。

图 3-38b)是采用电动机通过离合器与减速器连接。减速器的输出轴带动一个两端分别有左右旋螺纹的螺杆,与螺杆啮合的螺母分别铰接在左右颚板上。螺杆正反转动,带动颚板张开和闭合。若电动机断电,离合器连接盘被弹簧压向制动器;若抓斗闭合阻力太大,则离合器的摩擦面之间滑移,起到过载保护作用。

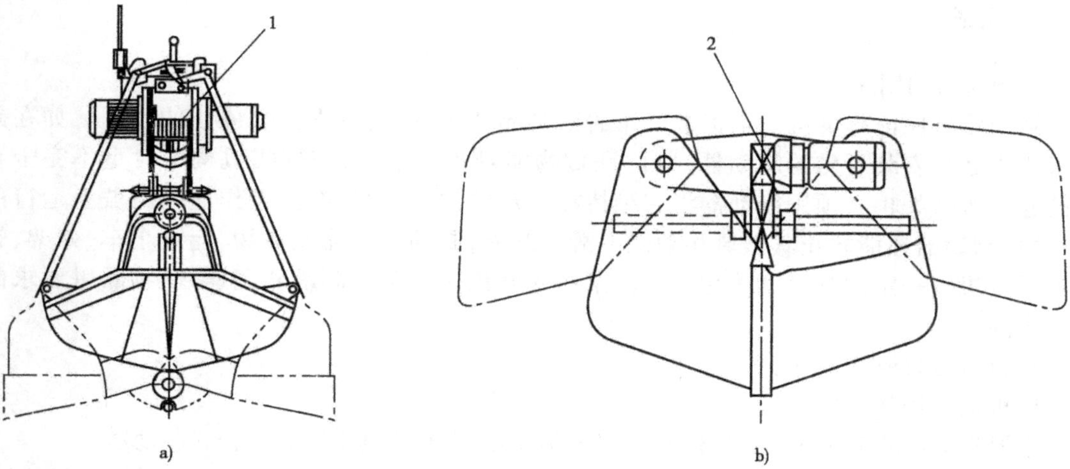

图 3-38　电动抓斗

a)电动卷绕式;b)螺杆螺母式

1-电动卷绕开闭装置;2-电动螺杆螺母开闭装置

图 3-39 a)是电动液压双颚抓斗。它是由安装在抓斗上承梁与下承梁之间的油缸伸缩运动使抓斗开闭。省去了钢丝绳滑轮组,克服了绳索式抓斗闭合时,钢丝绳的向上运动对抓斗产生的上提力,从而大大地增加了抓斗的挖掘力。

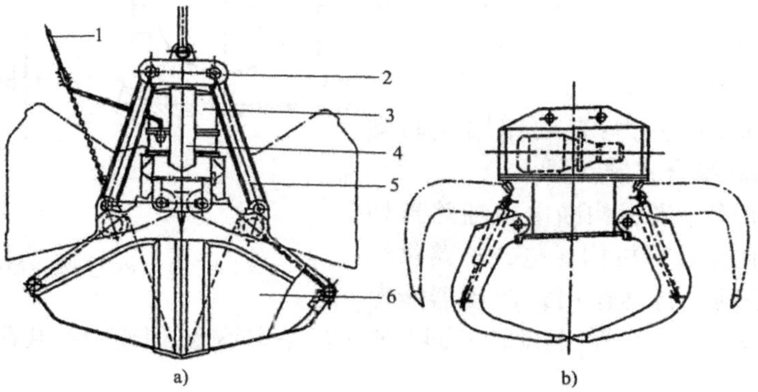

图 3-39　电动液压抓斗

a)电动液压双颚抓斗;b)电动液压多颚抓斗

1-电缆;2-上承梁;3-电动液压装置;4-工作油缸;5-撑杆;6-颚板

图 3-39 b)的电动液压多颚抓斗将电动机和液压装置作为机架,颚板均匀地分布在其周围。每一个颚板与一个液压缸组成一个单元,通过各个液压缸带动颚板张开或闭合,则抓斗可

异步启闭，能抓取形状不规则的物料。

电动液压系统也可以安装在起重机上，通过软管与各个液压缸相连，这样安装、维修更方便。

第四节　制　动　器

一、概述

1. 制动器的用途

制动器是保证起重机安全正常工作的重要部件，一般具有支持和停止的作用。如在起升机构中必须安装可靠的制动器，以保证货物能悬吊在空中；在变幅机构中自重不完全平衡的起重机臂架也必须用制动器将它维持在一定的位置；对于在露天作业或斜坡上运行的起重机，制动器还能防止其被风吹动或下滑。此外，制动器还能使货物、起重小车、臂架、转台或起重机以一定的减速度停止运动。某些起升机构还利用制动器调速，使物品以要求的速度下降。

2. 制动器的种类

1）根据工作状态分

根据制动器的工作状态，可分为：常闭式制动器、常开式制动器和综合式制动器。

（1）常闭式制动器。机构不工作时，制动器处于闭合状态，机构运转时，由松闸装置将制动器松开。

（2）常开式制动器。制动器经常处于松开的状态，只在机构需要制动时才施加上闸力产生制动转矩进行制动。

（3）综合式制动器。一种可操纵的自动上闸的制动器，它既可由电磁铁操纵自动制动，又可由司机用踏板液压力操纵制动器的闭合（见图 3-40）。

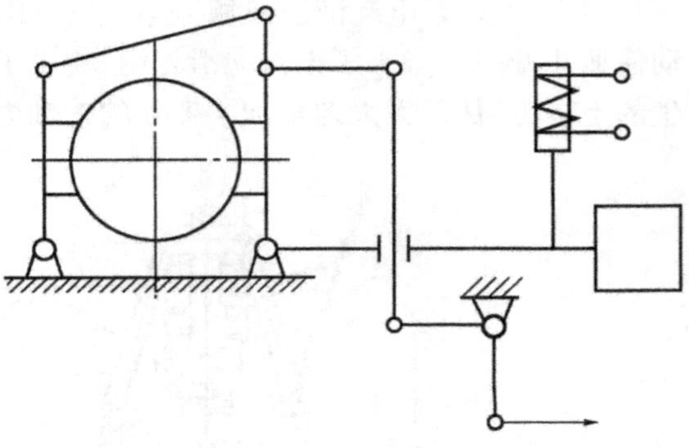

图 3-40　综合式制动器

2）根据动作方式分

根据动作方式，可分为：自动作用式制动器、操纵式制动器和综合式制动器。

（1）自动作用式。当机构断电或油路被切断时，制动器自动上闸；当机构通电或油路供油时，制动器自动松闸。自动作用式制动器能保证机构工作时有较大的安全性，制动转矩调整确定后基本不变，但使用在载荷变化大的机构上时，制动不太平稳。

（2）操纵式。操纵式制动器是由人踩下踏板或推动杠杆进行操纵。制动转矩可以由人随意控制，能在较大的范围内变化。适用于对制动平稳性要求高的机构上。

（3）综合式。综合式制动器具有常开式与常闭式、自动作用式与操纵式的特点。它有一套松闸装置（电力液压推杆或电磁铁），两套独立的上闸装置（弹簧或重锤、液压系统）。

机构正常工作时，制动器为常开操纵式。在机构运转和停止的全部时间内，电力液压推杆或电磁铁通电，制动器处于松闸状态；踩下踏板，产生制动转矩，机构制动。

当起重机断电或出现紧急情况时，弹簧推力或重锤力使制动器自动上闸。此时，制动器为常闭自动作用式。

3）根据结构形式分

根据结构形式，可分为：摩擦式制动器和非摩擦式制动器。摩擦式制动器又分为：块式制动器、带式制动器、盘式制动器和蹄式制动器；非摩擦式制动器又分为：磁粉式制动器、磁涡流式制动器和水涡流式制动器。

（1）块式制动器。块式制动器是利用制动瓦块压紧制动轮产生制动转矩。它的构造简单，制动平稳，成对瓦块对制动轮的压力互相平衡，制动轮轴不受弯曲载荷，但制动瓦块包角和制动转矩较小，制动器整体尺寸较大。块式制动器在起重机上被广泛应用（见图3-41）。

（2）带式制动器。带式制动器是依靠张紧的制动钢带作用在制动轮上产生制动转矩。由于制动带包角大，制动转矩较大，因而在制动转矩相同的情况下，可以采用比块式制动器更小的制动轮，但制动带的合力会使制动轮轴受到弯曲载荷作用。带式制动器多用于要求结构尺寸紧凑的场合，也用于某些机构的低速轴制动（见图3-42）。

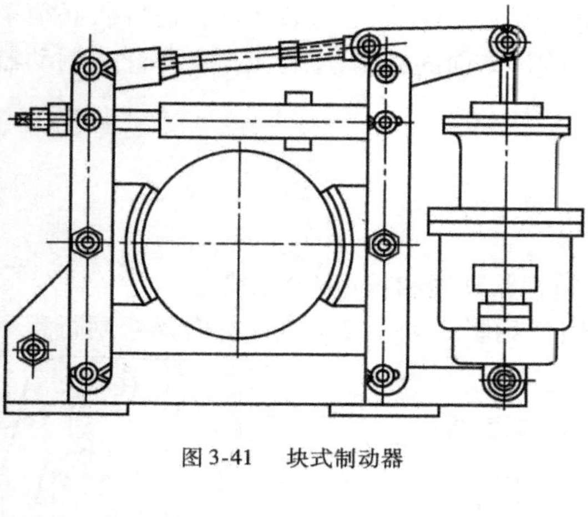

图3-41　块式制动器

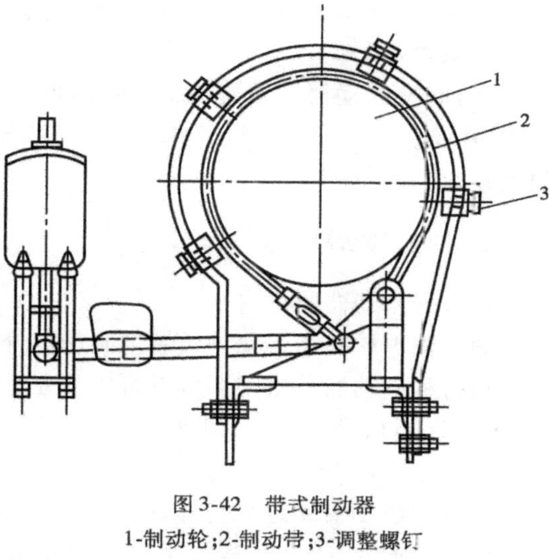

图3-42　带式制动器

1-制动轮；2-制动带；3-调整螺钉

（3）盘式制动器。盘式制动器利用轴向压力使圆盘或圆锥盘摩擦表面压紧，实现制动。制动轮轴不受弯曲载荷，能以较小的尺寸与轴向压力产生相当大的制动转矩。常用于车辆的车轮和电动葫芦中（见图3-43）。

（4）蹄式制动器。蹄式制动器又称内涨蹄式制动器。蹄式制动器是通过制动轮缸（又称制动分泵）张开或采用机械式张开，使制动蹄压紧制动毂产生制动。蹄式制动器结构紧凑、密封容易，广泛用于流动式起重机的运行机构（见图3-44）。

块式、蹄式、带式制动器属于径向作用式制动器，盘式制动器则属于轴向作用式制动器。

（5）磁粉制动器。磁粉制动器是在转子与定子之间的工作间隙中填充磁粉，利用磁粉磁化时所产生的剪力来制动。磁粉制动器体积小、重量轻，制动转矩与转动件的转速无关。适用于自动控制和机器的驱动系统中。

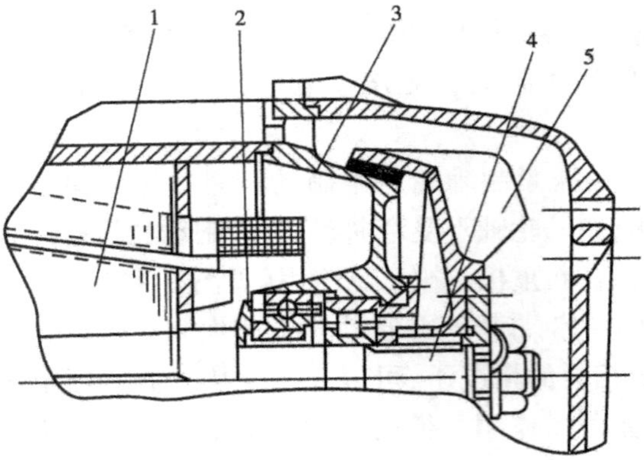

图 3-43　锥盘式制动器

1-电动机；2-弹簧；3-电动机尾盖外锥盘；4-电动机轴；
5-电动机风扇及内锥盘

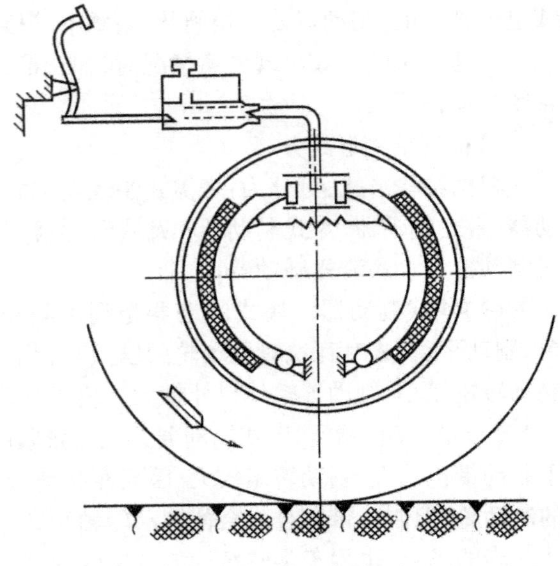

图 3-44　蹄式制动器

（6）涡流制动器。涡流制动器坚固耐用、调速范围大，但在低速时效率低，温升高，必须采取散热措施。多用于二级制动中的第一级，用来吸收停车前的动能，减轻第二级停止式制动器的负载。

二、块式制动器

1. 块式制动器的构造

通常根据松闸器行程的长短把制动器分为短行程制动器和长行程制动器。

短行程制动器的松闸器可以直接装在制动臂上（见图 3-45），结构紧凑，但其松闸行程短（一般 <5mm）、松闸力小，只能用于小型制动器（制动轮直径通常 ≤ 300mm）。

长行程制动器通过杠杆系统能将松闸器产生的松闸力放大，松闸行程通常大于 20mm。长行程制动器的松闸器可采用电磁铁、液压电磁铁、电力推杆等，适用于大型制动器。

块式制动器主要由制动轮、制动瓦块、制动臂、松闸器以及附属装置组成。

1）制动轮

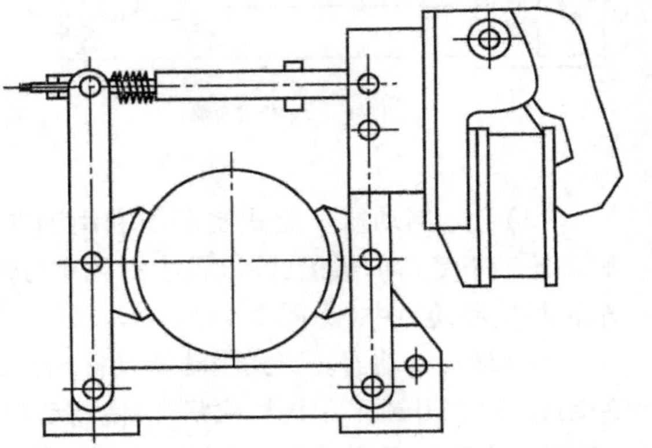

图 3-45　交流短行程制动器

制动轮通常由铸钢制造，为了增强制动轮的耐磨性，对其表面进行淬火处理，硬度为 HRC35～45，硬化层深度 2～3mm，制动轮表面的粗糙度一般不低于 $R_a3.2\mu m$，否则在跑合期间会使制动衬垫磨损太快。

若把制动轮作为联轴器的一个半体，从减小联轴器受力观点出发，应该把带制动轮的半体装在减速器的一侧。

2)制动瓦块

瓦块材料一般为铸铁。瓦块与制动轮的包角常取为70°或88°。包角增大,会增加制动转矩,但不利于散热,另外也会使瓦块下端的松闸间隙过小。

瓦块与制动臂铰接,以使制动轮与瓦块能很好地全面接触。

3)制动衬料

常用的摩擦材料有:

石棉摩擦材料(包括石棉布制品、石棉绒制品、石棉树脂材料)。石棉摩擦材料的摩擦系数较大($\mu = 0.35 \sim 0.5$)容许的工作温度较高($t = 250$℃左右)。

粉末冶金摩擦材料:由金属粉末、石棉、石墨等材料压制烧结而成。这种材料有较高的摩擦系数,导热性好,其容许工作温度高达680℃,许用比压$[P] = 2.74 \sim 3.92\text{N/mm}^2$。广泛用于重载的工作机械。

制动衬料通常用铆钉和瓦块铆接在一起,磨损后容易更换。

4)制动臂

制动臂由两片钢板组成,可做成直的或弯的。制动器采用直的制动臂,能使制动轮轴不受附加弯曲力。

5)松闸器

制动器性能的好坏很大程度上取决于松闸器的性能。制动器的松闸器有制动电磁铁、电磁液压推动器、电力液压推动器、电力离心推动器和滚动螺旋推动器等。

(1)制动电磁铁。制动电磁铁根据激磁电流种类分为直流电磁铁与交流电磁铁。一般情况下,电磁铁与电动机并联,保持电压稳定。

通常交流电磁铁与交流电动机配套使用,直流电磁铁与直流电动机配套使用。如果在交流电动机中需要使用直流电磁铁,必须附加整流设备。

根据行程的大小,制动电磁铁分短行程电磁铁与长行程电磁铁。采用短行程电磁铁时不需要复杂的杠杆系统,制动器结构紧凑,上闸动作灵敏,但松闸能量小,只用于小型制动器,长行程电磁铁需要在杠杆系统增大上闸力。

目前使用的制动电磁铁有:单相交流短行程电磁铁、三相交流长行程电磁铁、直流短行程电磁铁和直流长行程电磁铁(见图3-46、图3-47)。

制动电磁铁结构简单、动作迅速,但当电磁铁(尤其是交流电磁铁)断电时,吸力突然消失,产生制动上闸力的弹簧或重锤突然加力,使制动器猛烈制动,引起工作机构的机械振动。并且电磁铁在吸合和松开时,产生巨大的撞击噪声。

电磁铁在繁重的工作条件下使用寿命短,需经常更换与修理,尤其是交流电磁铁工作时,若较长时间处于没有完全吸合的状态,则很有可能使线圈烧坏。

单相交流短行程电磁铁、三相交流长行程电磁铁逐渐被直流短行程电磁铁和电力液压推动器所代替。

交流短行程电磁铁制动器主要型号为JWZ、TJ_2和MW;直流短行程电磁铁制动器型号为ZWZ 、TZ_2和MWZ;交流长行程电磁铁制动器型号是JCZ;直流长行程电磁铁制动器型号是ZCZ。

如图3-48 所示,电磁液压推动器(也称液压电磁铁)实质上是一个直流长行程电磁铁。动铁芯6与静铁芯3之间有一个工作油腔,9与10组成一个单向阀,使油能从油缸11流入工作油腔。当工作油腔有压力时,阀片10被压向上面的O型密封圈(阀座),将油路切断。

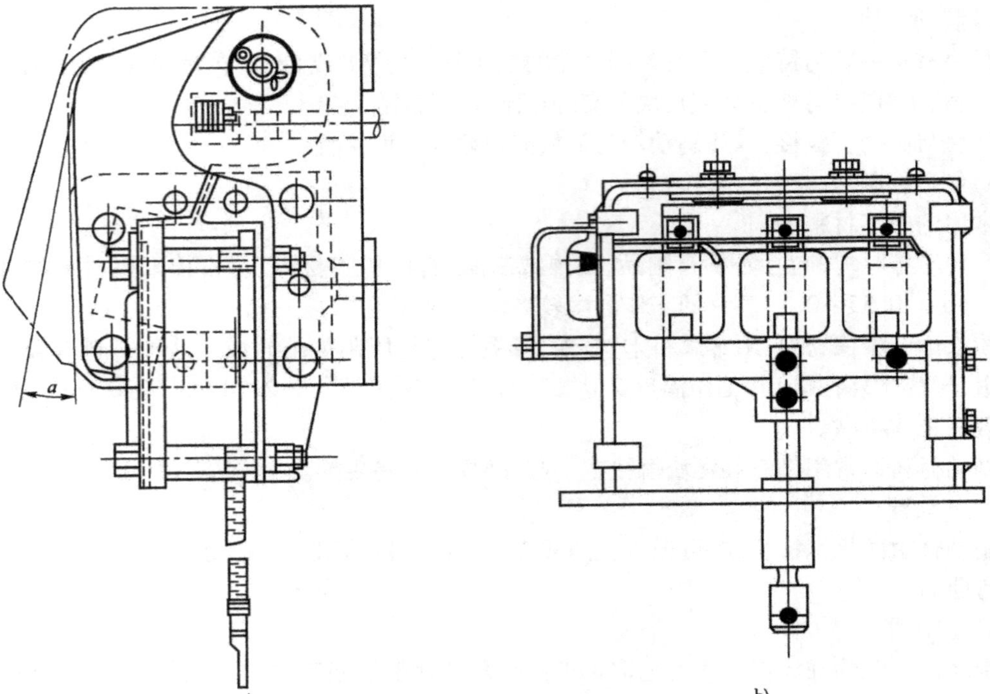

a)　　　　　　　　b)

图 3-46　交流电磁铁

a）单向交流短行程电磁铁；b）三相交流长行程电磁铁

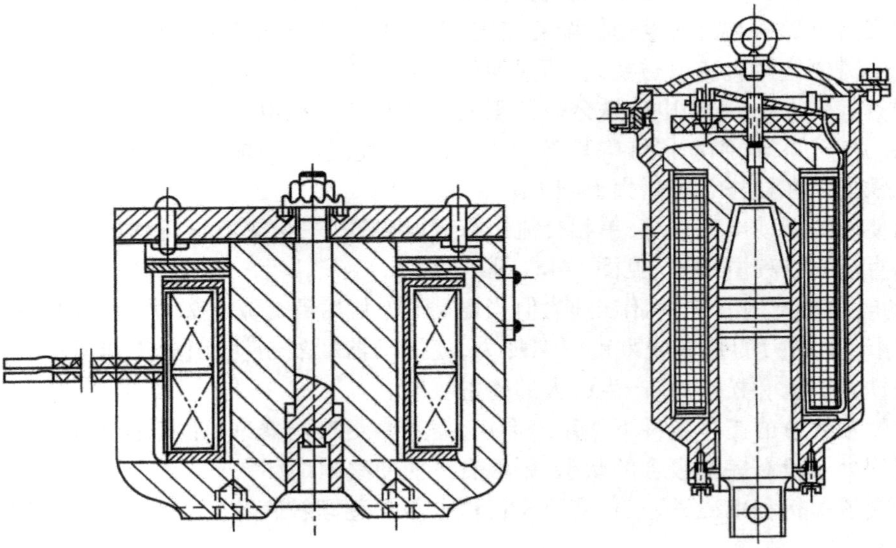

a)　　　　　　　　b)

图 3-47　直流电磁铁

a）直流短行程电磁铁；b）直流长行程电磁铁

动作原理如下：当线圈 4 通电时，动铁芯 6 被静铁芯 3 吸引向上运动，两铁芯间隙的油压增高，9 与 10 组成的单向阀关闭，切断油缸 11 经通道的油路。油液推动活塞 2 和推杆 1 向上运动，制动器松闸。

线圈 4 断电，推杆 1 连同活塞 2 在制动器主弹簧的作用下向下运动，动铁芯 6 在油压和自重的作用下同时向下移动。单向阀在自重的作用下打开，油缸和工作油腔的通路接通，动铁芯能充分下降到底部。工作腔油液通过底部的单向阀挤出。底部单向阀由下阀座 8、下阀片 7、带孔弹簧座及弹簧组成。当动铁芯 6 下落到达底部时，底座底部中央顶尖把下阀片顶起，工作腔的油液自由流出，使活塞充分下降，制动瓦块将制动轮抱紧。

推杆行程的大小可通过垫片 5 来调整。

在注油时应拧开放气螺栓 12 将工作空间里的空气放尽，保证电磁液压推动器正常工作。

电磁液压推动器动作平稳，无噪声，使用寿命长，消除了普通电磁铁的缺点；它还能自动补偿制动衬料的磨损。但它的结构复杂，需用直流电源或配用整流器和控制装置，对密封元件和制造工艺要求高，价格贵，制造质量不高时，会出现动作失灵和漏油等毛病。因此，电磁液压推动器逐渐被电力液压推动器代替。

电磁液压块式制动器的型号为 YDWZ，松闸器采用 MY_1 系列液压电磁铁。

(2)电力推杆。目前采用的电力推杆松闸器有两种：电力液压推动器与电力离心推动器。它们的工作原理都是利用旋转物体的离心作用。前者是利用旋转液体离心力所产生的液体压力，后者是利用连杆系统在离心作用下的向外张开时产生的推力。

①电力液压推动器。电力液压推动器(也称电力液压推杆)的构造如图 3-49 所示。其工作原理

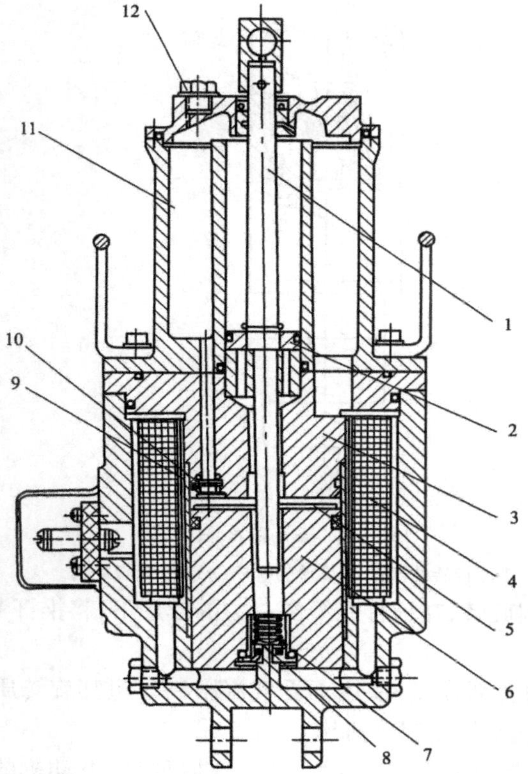

图 3-48　液压电磁铁

1-推杆；2-活塞；3-静铁芯；4-线圈；5-衬垫；6-动铁芯；7-下阀片；8-下阀座；9-齿形阀；10-齿形阀片；11-油缸；12-放气螺栓

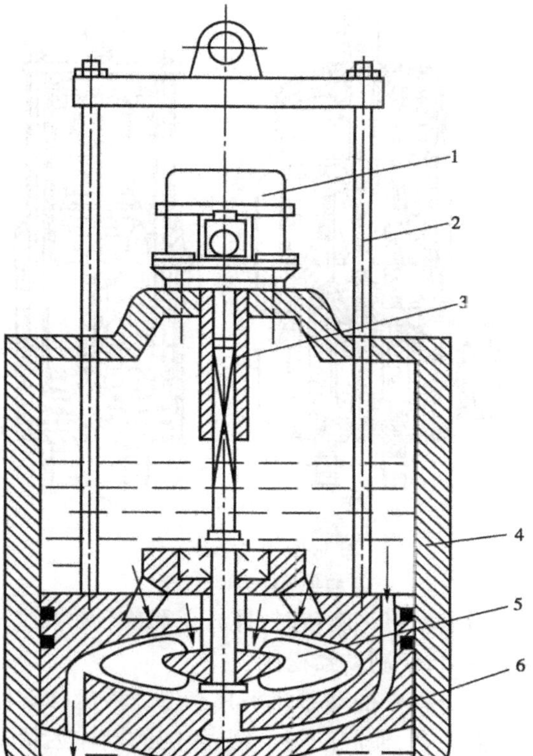

图 3-49　电力液压推杆构造

1-电动机；2-推杆；3-方轴；4-壳体；5-叶轮；6-活塞

是：电动机1通电转动时，通过方轴3带动离心泵的叶轮5高速转动。叶轮腔内的油液在叶轮离心力的作用下被甩出，具有一定压力的油经过活塞中的通道流入活塞6下面，推动活塞6和推杆2一起上升，制动器“松闸”。

断电后，推杆2在制动器弹簧弹力的作用下向下运动，实行制动。由于油液的阻尼作用，使制动器“上闸”平稳、无冲击。

电力液压推动器制动平稳、无噪声、工作可靠、推力恒定、电动机功率小；允许接合次数多（900～1200次/h）、使用寿命长、价格较便宜。目前广泛应用于起重机各个机构及其他机械设备中的制动器上，单推杆电力液压推动器是使用最多的松闸装置。

电力液压推动器分单推杆与双推杆。双推杆比单推杆动作时间稍长；单推杆动作灵敏、可靠、寿命长、但价格稍贵。双推杆推动器有逐渐被单推杆推动器替代的趋势（见图3-50）。

电力液压块式制动器型号为YWZ（新产品代号YW），采用双推杆电力液压推动器（代号YT_1，MYT_1）或单推杆电力液压推动器（代号MYT_2，YTD）。

②电力离心推动器。图3-51所示的是电力离心推动器（也称电力离心推杆）的构造。图的左半边与右半边分别表示断电时（制动器上闸）和通电时（制动器松闸）的情况。

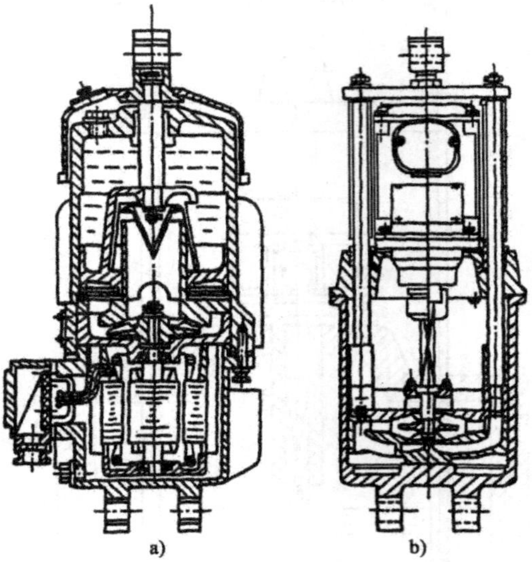

a)　　　　b)

图3-50　电力液压推杆

a）单推杆；b）双推杆

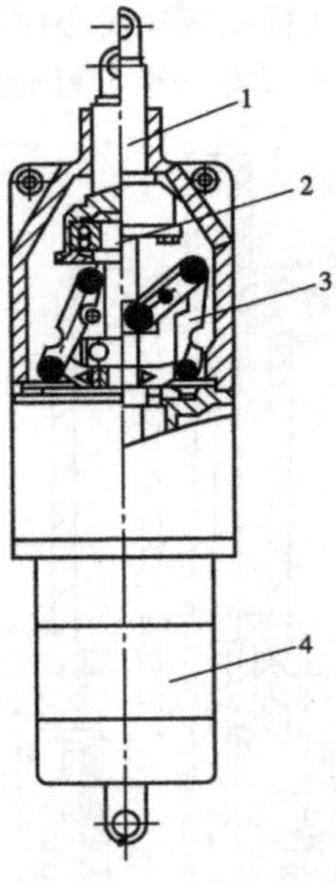

图3-51　电力离心推杆

1-不旋转的推杆；2-旋转的推杆；3-连杆；4-电动机

当电动机4旋转时，连杆3和旋转推杆2一起旋转，在连杆系统离心力的作用下，将推杆1和2推出，使制动器松闸。

电力离心推动器几乎具有电力液压推动器的全部优点，使用不受气温限制。但其旋转质量的惯性大，使制动器上闸、松闸的动作迟缓，不适宜用于起升机构。

（3）滚动螺旋推动器。滚动螺旋推动器的构造如图3-52所示。其工作原理是：电动机的空心轴1通过超越离合器2与螺母4相连。电动机通电后，螺母旋转使滚珠螺杆3上升，压缩弹簧5并使推杆6推出，制动器“松闸”。

断电后，弹簧扩张推动螺杆下降，因螺杆不能自锁，迫使螺母反转，使得推杆下降复位，实行制动。

滚动螺旋推动器常用于需要点动的场合，如安装用起重机、集装箱装卸设备等。

(4)气力或液力驱动装置。图3-53是气力驱动装置示意图。工作原理是：司机操纵制动器的控制阀，压气机产生压缩空气，压缩空气的压力产生制动力，使制动器“上闸”。

气力驱动装置动作迅速、平稳，操纵轻便可靠；但需要泵站或压气机及管路等附属设备。多用于常开式制动器，并需要调节制动转矩的场合，如汽车起重机的回转机构、车辆的运行机构制动器。

(5)人力操纵机构。人力操纵机构包括杠杆系操纵、静液压操纵和综合操纵。其优点是动作平稳，准确可靠，但因为是人力驱动，操纵力、松闸力有限，所以用于小起重量起重机。

图3-54是综合操纵机构。

2. 块式制动器的工作原理

图3-55是块式制动器的工作原理图。当机构不运转（断电）时，制动瓦块9在主弹簧3弹力作用下压紧制动轮8，制动器处于制动状态（见图3-55a）。

当机构开始起动时，电磁线圈7与电动机同时通电，吸动衔铁臂6绕点A作顺时针转动，推动顶杆5向左移动，使主弹簧3进一步被压缩，左右制动臂10在副弹簧2的作用下被撑开，制动瓦块与制动轮分离，制动器松开（见图3-55b）。

由调节螺母1、4来调节主弹簧的压力（制动转矩）和制动瓦块与制动轮之间松闸间隙的大小；通过调整限位螺钉11，使

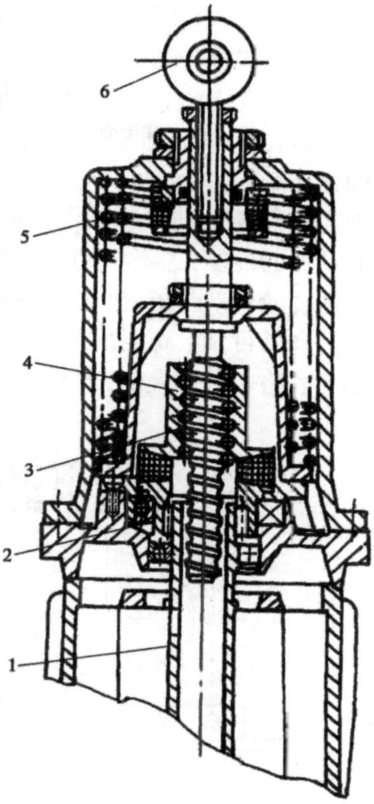

图3-52 滚动螺旋推动器

1-电动机空心轴；2-超越离合器；3-螺杆；4-螺母；5-压缩弹簧；6-推杆

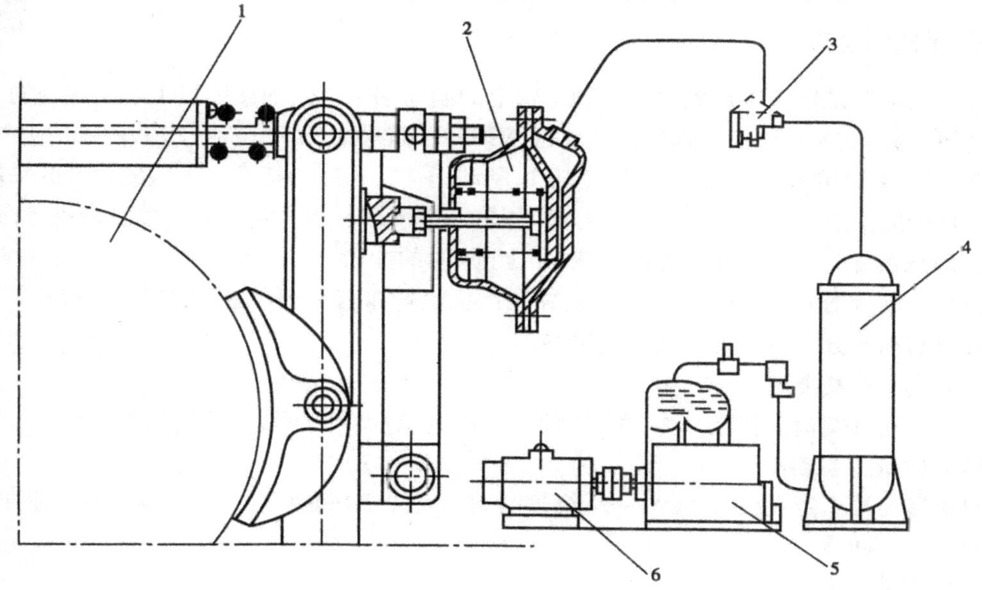

图3-53 气力驱动装置

1-制动器；2-气缸；3-稳压阀；4-储气筒；5-压气机；6-电动机

左右制动瓦块与制动轮的松闸间隙相等。

3. 块式制动器的选择

以制动电磁铁、电磁液压推动器、电力液压推动器、滚动螺旋推动器为松闸器的块式制动器的标准产品，其性能和尺寸可查看有关手册。根据起重机各个机构的工作要求和工作特点以及制动器的性能，选择制动器的类型，再按照机构所需要的制动转矩，选定制动器的具体型号。

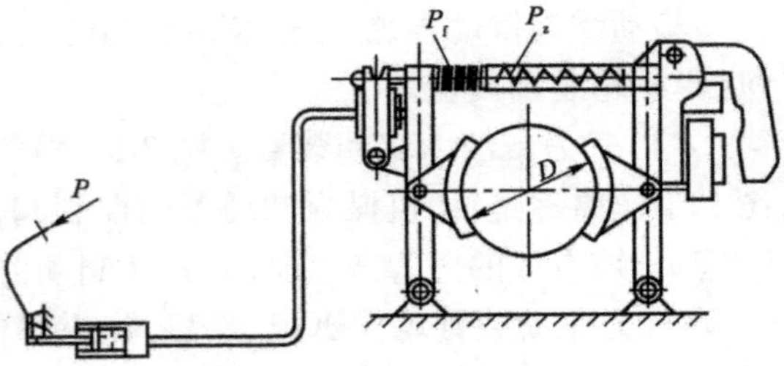

图 3-54　综合操纵式机构

产品目录上标明的各种型号制动器的制动转矩值是该型号的最大值。如所需的制动转矩小于表格中的最大值，则可通过调节制动弹簧行程的方法来调整制动转矩。

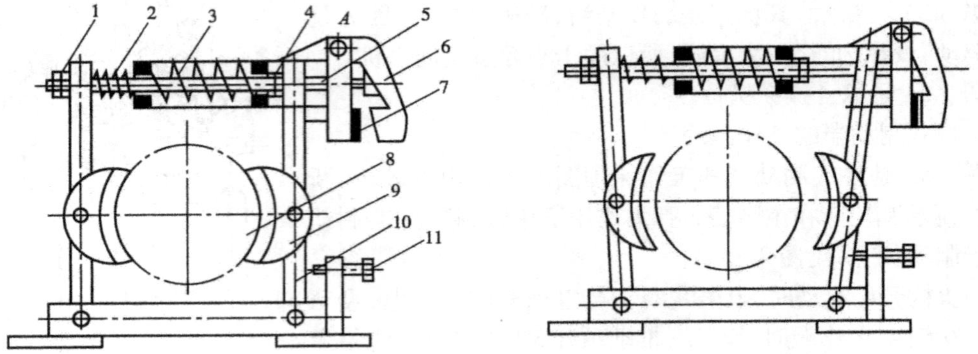

a)　　　　b)

图 3-55　块式制动器工作原理图

a)制动状态；b)松闸状态

1、4-调整螺母；2-副弹簧；3-主弹簧；5-顶杆；6-衔铁臂；7-电磁线圈；8-制动轮；9-制动瓦块；10-制动臂；11-限位螺钉

三、带式制动器

带式制动器是依靠制动轮与包在制动轮上的制动钢带之间的摩擦产生制动转矩的。为了增加摩擦系数，在制动带的工作表面上一般都铆有摩擦衬垫。

图 3-56 为简单带式制动器，由制动轮 1、制动钢带 2 和制动杠杆 3 等组成。带的一端固定在制动杠杆的支点上。杠杆上装有"上闸"用的重锤 4，"松闸"用的长行程电磁铁 5，并装有"上闸"时用的缓冲器 6。缓冲器可以减轻"上闸"时的冲击。

在制动钢带的外围装固定的挡板 7，并在挡板上均布若干个限制退程的调节螺钉 8，保证制动带与制动轮分离时各处的松闸间隙均匀。

1. 带式制动器类型

带式制动器按构造特点分为：简单式、综合式、差动式和双带式四种（见图 3-57）。

1）简单带式制动器

制动带一端固定在机架上，另一端绕过制动轮后固定在制动杠杆上。制动时，制动带的一端不动，另一端收紧。

2）综合带式制动器

制动带的两端固定在制动杠杆的同侧。制动时，制动带两端都收紧，两端的张力对铰点形成的转矩方向相同。

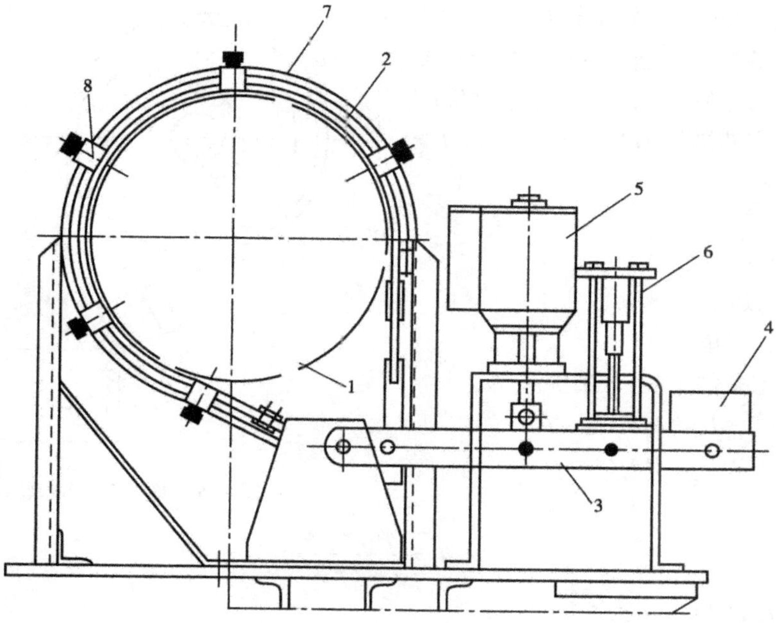

图 3-56　带式制动器结构

1-制动轮;2-制动钢带;3-制动杠杆;4-重锤;5-电磁铁;6-缓冲器;7-挡板;8-调节螺钉

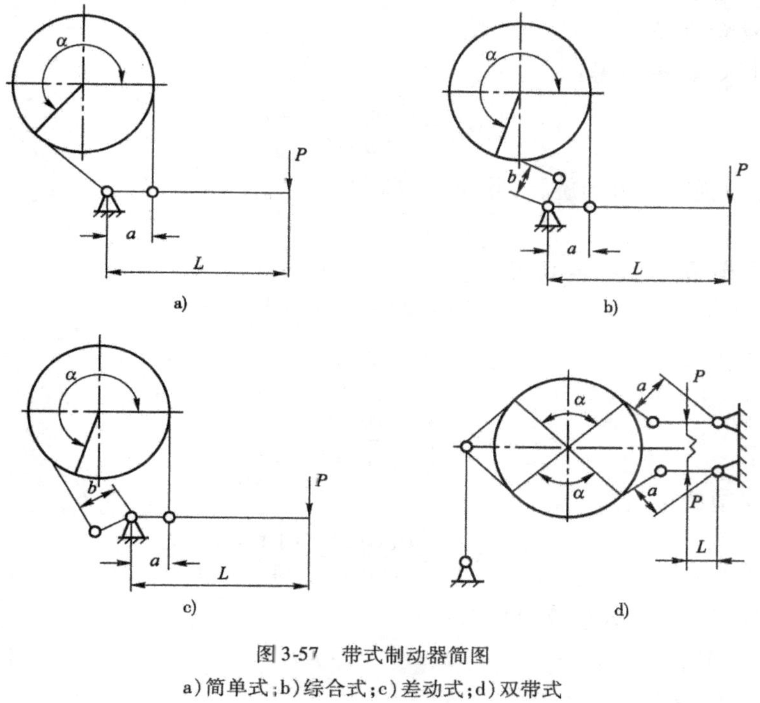

图 3-57　带式制动器简图

a)简单式;b)综合式;c)差动式;d)双带式

3)差动带式制动器

制动带的两端固定在制动杠杆的两侧。制动时,制动带一端放松而另一端收紧,两端的张力对铰点的转矩方向相反。

4)双带式制动器

由两个对称的简单带式制动器组成。

2. 带式制动器制动转矩的计算

图 3-58 为综合带式制动器制动转矩分析图。

(1)制动轮以顺时针方向旋转,上闸力为 P,力臂为 L,制动带两端拉力为 T 和 t,此时 $T>t$。

根据欧拉公式:

$$T=t\cdot e^{\mu a}$$

式中:e——常数($e=2.718$);

μ——带与轮的摩擦系数;

a——带的包角。

从杠杆平衡条件 $\sum M_0=0$ 得:

$$P\cdot L=t\cdot a+T\cdot b$$

$$t=\frac{P\cdot L}{a+be^{\mu\alpha}}$$

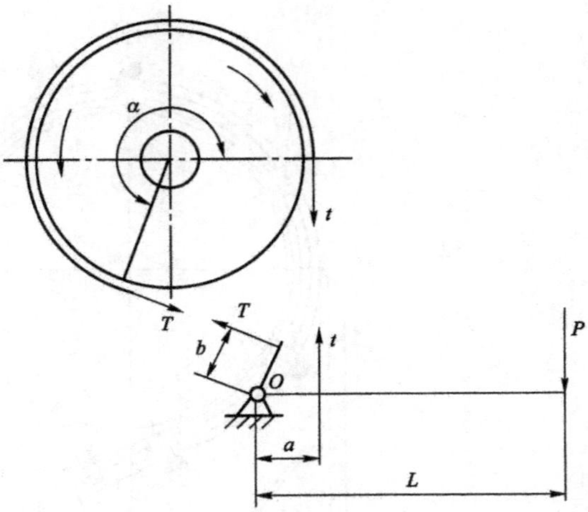

图 3-58　带式制动器制动力矩分析图

则
$$T=\frac{PLe^{\mu\alpha}}{a+be^{\mu\alpha}}\tag{3-20}$$

制动带产生的制动转矩:

$$M_{Z1}=(T-t)\cdot\frac{D}{2}$$

式中:D——制动轮直径。

将 t、T 值代入,整理后得:

$$M_{Z1}=\frac{PDL(e^{\mu\alpha}-1)}{2(a+be^{\mu\alpha})}\tag{3-21}$$

(2)制动轮以逆时针方向旋转,此时 $t>T$。

$$t=T\cdot e^{\mu\alpha}$$

根据杠杆平衡条件 $\sum M_0=0$ 得:

$$P\cdot L=t\cdot a+T\cdot b$$

$$T=\frac{P\cdot L}{b+ae^{\mu\alpha}}$$

则
$$t=\frac{PLe^{\mu\alpha}}{b+ae^{\mu\alpha}}\tag{3-22}$$

制动器反向制动转矩:

$$M_{Z2}=\frac{PLD(e^{\mu\alpha}-1)}{2(b+ae^{\mu\alpha})}\tag{3-23}$$

分析比较式(3-21)与式(3-23)可知:

当 $a=b$ 时:$M_{Z1}=M_{Z2}$;

当 $a>b$ 时:$M_{Z1}>M_{Z2}$;

当 $b=0$ 时,即为简单带式制动器,此时:

$$M_{Z1}=\frac{PDL}{2a}(e^{\mu\alpha}-1)\tag{3-24}$$

$$M_{Z2}=\frac{PDL}{2a}\left(1-\frac{1}{e^{\mu\alpha}}\right)\tag{3-25}$$

$$M_{Z1} = e^{\mu\alpha} M_{Z2}$$

即正向制动转矩是反向制动转矩的 $e^{\mu\alpha}$ 倍。

当 $b = -b$ 时，即为差动带式制动器，此时：

$$M_{Z1} = \frac{PDL(e^{\mu\alpha} - 1)}{2(a - be^{\mu\alpha})} \tag{3-26}$$

$$M_{Z2} = \frac{PDL(e^{\mu\alpha} - 1)}{2(ae^{\mu\alpha} - b)} \tag{3-27}$$

差动带式制动器两个方向的制动转矩比简单带式制动器相差得更大，并且当 $b \geqslant \frac{a}{e^{\mu\alpha}}$ 时，制动器将自锁。

当 $b = 0$ 时，两个简单带式制动器对称组合，即为双带式制动器，此时：

$$M_{Z1} = M_{Z2} = \frac{PDL}{2a}\left(e^{\mu\alpha} - \frac{1}{e^{\mu\alpha}}\right) \tag{3-28}$$

双带式制动器正向制动转矩与反向制动转矩相等。

在起重机中，采用何种形式的带式制动器，应按具体情况而定。一般对于回转机构和运行机构，要求两个方向具有相同的制动转矩，则采用 $a = b$ 的综合带式制动器或双带式制动器；起升机构下降制动时的制动转矩较大，则采用 $a > b$ 的综合带式制动器或简单带式制动器；差动带式制动器也可用于起升机构，但一般较少应用。

带式制动器目前还是非标准产品，可选用现有的产品或参照现有的产品进行设计计算。

3. 带式制动器的设计计算

(1) 根据带式制动器的使用场合，确定带式制动器的形式、上闸与松闸的方法。

(2) 根据所需要的制动转矩，确定制动轮的尺寸。

制动轮直径：

$$D = \sqrt[3]{\frac{4M_Z e^{\mu\alpha}}{\psi[P](e^{\mu\alpha} - 1)}} \quad (\text{mm}) \tag{3-29}$$

式中：M_Z——制动转矩，N·mm；

ψ——制动带宽度系数，

$$\psi = \frac{B}{D} = 0.2 \sim 0.3 \qquad D \text{ 大时取小值；}$$

$[P]$——摩擦衬料许用比压，通常 $[P] = 0.3 \sim 0.6\text{N/mm}^2$；

μ——摩擦系数，制动器用普通石棉带（无润滑）$\mu = 0.35 \sim 0.45$；

α——制动带包角。

制动带宽度：

$$B = \psi D \quad (\text{mm})$$

制动轮宽度：

$$B_L = B + (5 \sim 20) \quad (\text{mm}) \tag{3-30}$$

为了使制动带很好得贴合制动轮，制动带不宜太宽。当制动转矩很大时，为了不使制动轮直径过大，可以采用两条较窄的制动带并列布置。

(3) 确定制动带的材料与尺寸。制动带一般采用 45 号优质钢轧制的钢带，对不太重要的制动器也可用 Q235—A、Q275。

制动带的厚度可根据制动轮直径或制动带宽度参考表 3-17 选定，然后验算强度。

制动钢带与制动衬片厚度 表 3-17

制动轮直径 D(mm)	160	200	250	315	400	500	630	710	800
制动轮宽度 B_L(mm)	50	65	80	100	120	140	160	180	200
制动带宽度 B(mm)	45	60	70	80	100	120	140	160	180
制动带厚度 δ(mm)	2	2	2	2,3	3	3	3	3	3
制动衬片厚度 δ_0(mm)	4	4	5	6	7	8	8	10	10
松闸间隙 ε(mm)	0.6～0.8			1.0～1.25			1.25～1.60		

钢带强度校核：

$$\sigma = \frac{T}{(B - id)\delta} \leqslant [\sigma] \qquad (\text{N/mm}^2) \tag{3-31}$$

式中：T——钢带受到的最大拉力，N；

i——截面中铆钉个数；

d——铆钉直径，mm；

$[\sigma]$——许用拉应力；

Q235—A：$[\sigma] = 60\text{N/mm}^2$；

45：$[\sigma] = 100\text{N/mm}^2$。

(4)计算上闸力。根据带式制动器的形式，制动器的结构尺寸和所需的制动转矩，按式(3-21)、式(3-24)、式(3-26)、式(3-28)计算。计算时要考虑杠杆系统的效率，取 $\eta = 0.9 \sim 0.95$。

(5)松闸间隙与上间行程。带式制动器的松闸间隙见表 3-17。

衬垫磨损后的最大松闸间隙：

$$\varepsilon_{\max} \leqslant 1.5\varepsilon \qquad (\text{mm})$$

简单带式制动器上闸力 P 的着力点的最大行程(图 3-59)：

$$h = \frac{\varepsilon_{\max}\alpha}{a} l \qquad (\text{mm}) \tag{3-32}$$

式中：α——制动带包角，弧度；

a、l——杠杆臂长，mm。

$$\Delta l = \left(\frac{D}{2} + \varepsilon\right)\alpha - \frac{D}{2}\alpha = \varepsilon\alpha \qquad (\text{mm})$$

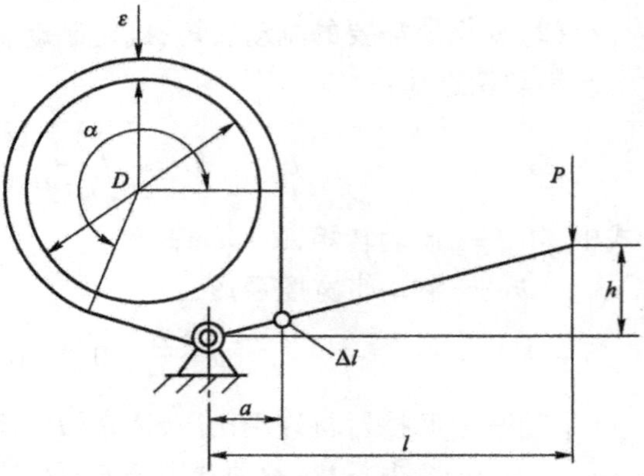

图 3-59 简单带式制动器上闸力最大行程

四、其他制动器和辅助装置

1. YWK(F)系列远程动态可调(防风)制动器

图 3-60 所示的制动器，通过制动转矩远程动态可调装置实现工作制动和动态防风制动两种功能。这种制动器带有机械式间隙自动补偿装置，无须外力源就可以实现制动衬料磨损的自动补偿，使制动瓦块的退距和液压推动器补偿行程恒定。另外，还可以用一个控制箱控制多台制动器。

这种多功能块式制动器广泛用于港口轨道起重机、装卸机械上，实现减速、停车制动和动态防风制动。

2. YBS 断电保护双功能制动器

YBS 断电保护双功能制动器既是工作制动器又是安全制动器。如将桥式起重机行走机

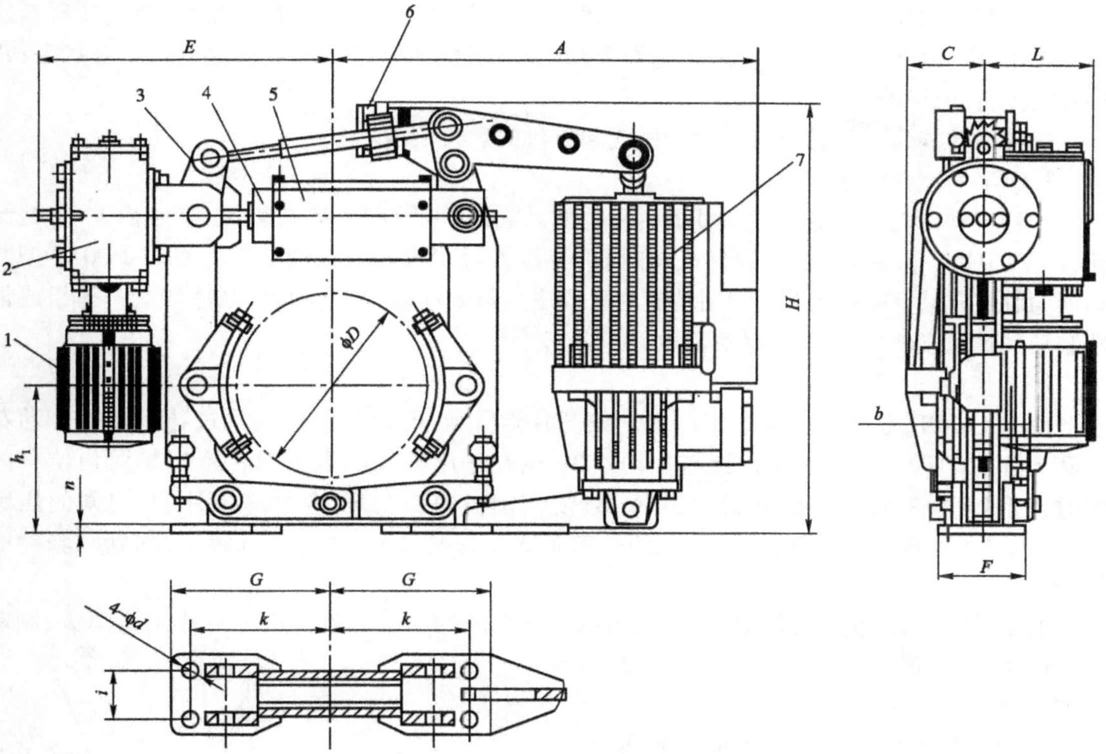

图 3-60　YWK(F)远程动态可调(防风)制动器

1-调整电动机;2-减速器;3-制动架;4-制动弹簧;5-传感器;6-自动补偿装置;7-液压推动器

构制动器的制动转矩设定得较小,以获得适当的滑行距离,减小制动时吊具的晃动。但当供电意外中断时,因为制动转矩不足,会引起撞车事故。若采用 YBS 断电保护双功能制动器(见图 3-61),在供电中断后,能自动加载额定制动转矩,避免发生撞击,并可调整滑行距离。

YBS 断电保护双功能制动器

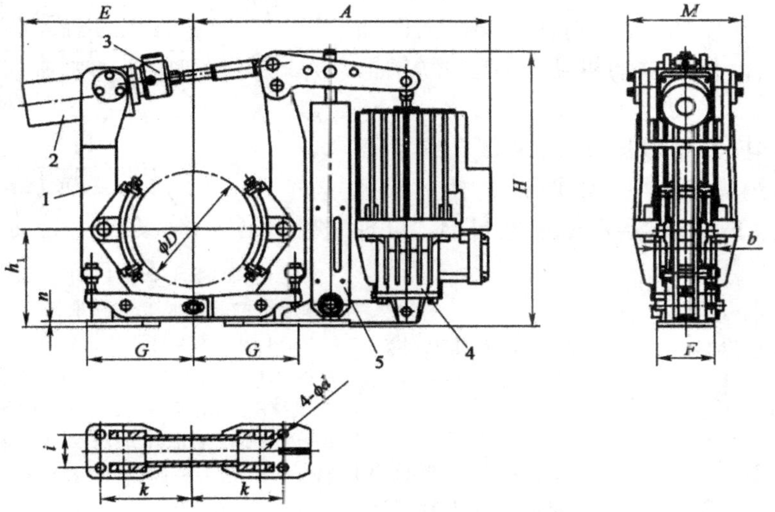

图 3-61　YBS 断电保护双功能制动器

1-制动架;2-直流制动电动机;3-安全制动机构;4-液压推动器;5-制动弹簧

这种制动器还可转换并保持常开状态,使设备在无动力状态下能够被推移挪位;还有紧急制动按钮,在任何情况下可以实现紧急安全制动,且当松开按钮就能自动复位到正常状态;并具有间隙自动补偿功能。

这种多功能块式制动器广泛用于桥式起重机的运行机构。

3. QGZ-P 型惯性常闭制动器

这种制动器具有制动器和联轴器两种功能。它能手动打开、动态防风、应力释放、行走制动,用于门座起重机、堆料机、取料机、卸船机等设备行走机构的制动。其中 QGZ-PD01T 型制动器为卧式安装;QGZ-PC3TL 型制动器为立式法兰封闭连接,与电动机、减速器成一体组成惯性制动减速电动机(三合一)驱动装置。

1)工作原理

(1)QGZ-PD 型制动器的工作原理。如图3-62所示,电动机的转矩经过花键轴 4 带动花键套 5 和主动顶 41 旋转,主动顶与从动顶 39 相互作用的凹凸螺旋面在产生相对角位移的同时产生相对轴向位移,压缩制动弹簧 48,使作用在内制动环 18 和摩擦片 19 之间的压紧力(制动力)消除,解除制动;这时,两凹凸螺旋面紧密贴合,传递电动机转矩,起到联轴器的作用。

电动机断电,停止输出转矩,主动顶与从动顶之间的凹凸螺旋面的相互作用力消失,制动弹簧扩张,迫使顶压盘 1 和花键套 5 复位,内制动环和摩擦片压紧,实现制动。

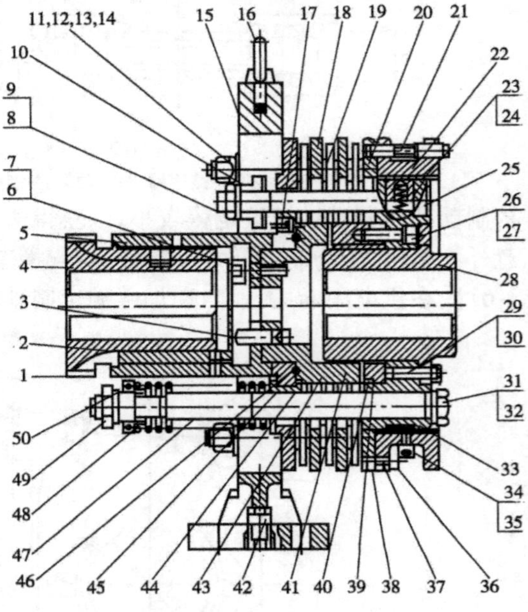

图 3-62 QGZ-PD01T 型惯性制动器

1-顶压盘;2、17-油杯;3-圆锥销;4-花键轴;5-花键套;6、26、34-内六角螺钉;7、9、13、27、30、32、35、36-弹簧垫片;8-螺母;10-调节螺母;11-支撑杆;12-螺母;14-垫圈;15-支撑座;16-吊环螺钉;18-内制动环;19-摩擦片;20-多孔内制动环;21-止动销;22-外制动环;23-补偿块;24-补偿块弹簧;25-打开间隙拉杆;28-从动轴套;29、37-螺栓;31-螺母;33-从动盘;38-卡夹;39-从动顶;40、43-密封圈;41-主动顶;42-手动打开螺钉;44-防尘套;45-钢球;46-拉杆套;47-拉杆;48-制动弹簧;49-螺母;50-弹簧垫

(2)QGZ-PC3TL 型制动器的工作原理。如图 3-63 所示,电动机的转矩经花键轴 5 带动花键套 6 旋转,花键套 6 上的主动顶与从动顶 19 相互作用的凹凸螺旋面在产生相对角位移的同时产生相对轴向位移,从而带动上摩擦锥 9 轴向位移,压缩制动弹簧 4,同时支撑弹簧 13 使摩擦锥环 10 浮动,使上摩擦锥 9、下摩擦锥 11 分别与摩擦锥环 10 脱离,解除制动;这时,两凹凸螺旋面紧密贴合,传递电动机转矩,起到联轴器的作用。

电动机断电,停止输出转矩,两凹凸螺旋面的相互作用力消失,制动弹簧扩张,迫使上摩擦锥复位,使上、下摩擦锥压紧摩擦锥环,实现制动。

2)性能特点

QGZ-P 型惯性制动器在起动时不带摩擦负载,操作频率不受限制,但也不能太高;其摩擦材料磨损均匀,并可进行补偿调节;在停电或电动机不能正常工作时,可用手动打开装置解除制动,便于机械进行滚动挪位及维修;当机械在作业时遭遇阵风的突然袭击,可实现动态防风制动。

4. 摩擦块磨损间隙的自动补偿装置

1）机械可变铰点式

图 3-64 为带有可变铰点间隙自动补偿装置的块式制动器。机构不运转（断电）时，弹簧 2 通过衔铁 3 带动制动臂 4、连杆 6 和制动臂 5 使制动器“上闸”。

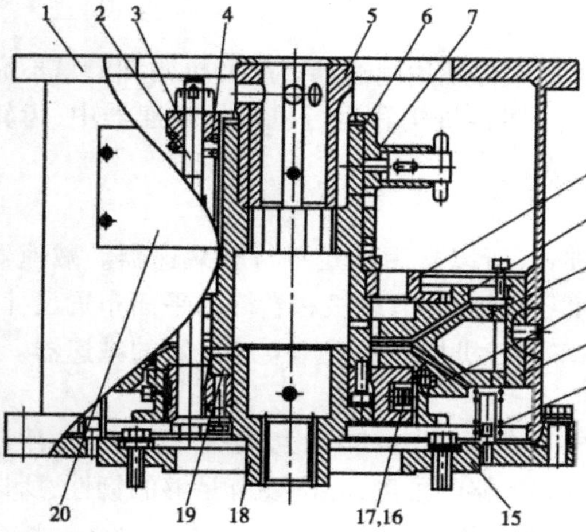

图 3-63　QGZ-PC3TL 型惯性制动器

1-支撑筒；2-拉杆；3-弹簧垫；4-制动弹簧；5-花键轴；6-花键套；7-保开压筒；8-垫板；9-上摩擦锥；10-摩擦锥环；11-下摩擦锥 12-内齿轮；13-支撑弹簧；14-弹簧支撑；15-底板；16-补偿块；17-补偿块弹簧；18-从动联轴器；19-从动顶；20-门

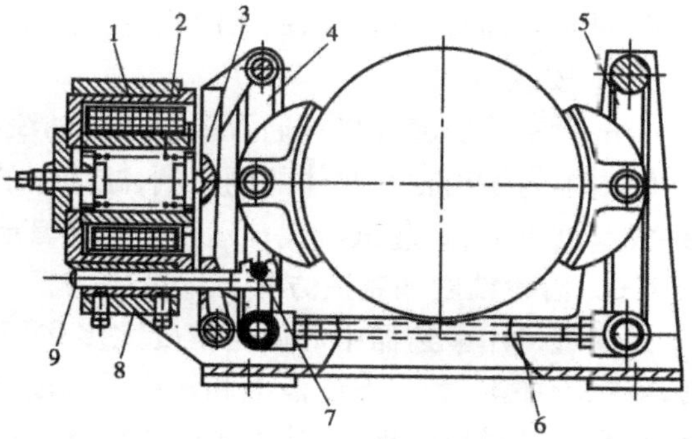

图 3-64　带有可变铰点间隙自动补偿装置的块式制动器

1-线圈；2-弹簧；3-衔铁；4、5-制动臂；6-连杆；7-销轴；8-套筒；9-支承臂

机构开始运转，电磁线圈 1 通电吸合衔铁 3，制动臂 4 可绕销轴 7 转动，制动瓦块与制动轮分离，制动器“松闸”。

当制动衬料磨损后，弹簧 2 的张力使支承臂 9 克服套筒 8 的摩擦阻力向右移，自动补偿制动衬料的磨损后的间隙，保持制动瓦块退距的不变。

2）机械进给式

如图 3-65 所示，线圈 1 断电时，衔铁 3 及其底盘 9 处于最低位置，卡钳 10 与顶杆 4 脱开。弹簧 2 的张力使顶杆 4 下降，通过杠杆 5 使制动器“上闸”。

线圈通电后，吸引衔铁向上运动，使卡钳 10 绕轴 6 转动，并使卡钳与顶杆 4 上的齿嵌合。因此衔铁带着底盘 9 和顶杆 4 继续上升，通过杠杆 5 使制动器“松闸”。

当制动衬料磨损后，改变卡钳牙与顶杆齿的嵌入位置，可保持制动瓦块退距的不变，自动补偿制动衬料的磨损后的间隙。

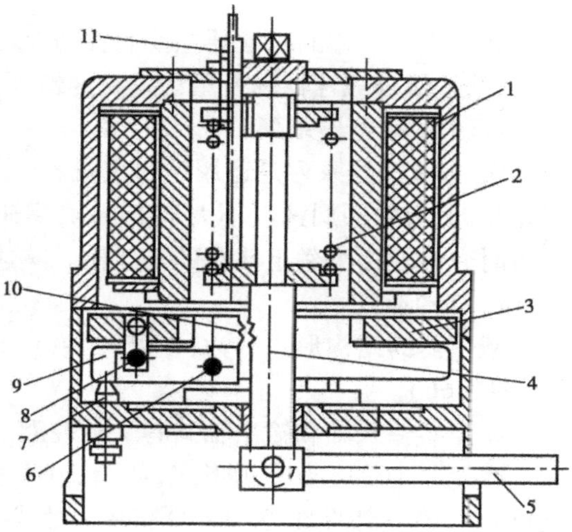

图 3-65　带有进给式间隙自动补偿装置的电磁铁

1-线圈；2-弹簧；3-衔铁；4-顶杆；5-杠杆；6-轴；7-定位螺钉；8 销轴；9-底盘；10-卡钳；11-游标

第五节 减 速 器

一、起重机用减速器的特点

1. 载荷特点

起重机的起升、运行、回转和机械传动的变幅机构中都使用减速器。起升机构和自重不完全平衡臂架变幅机构使用的减速器中，齿轮单面受力；回转机构和运行机构的减速器中，齿轮是双面受力，而且在起动、制动时齿轮受到的惯性力大。

2. 安装方式

电力驱动的起升机构通常采用平行轴线布置方式，所以常用卧式平行轴减速器。减速器的输入轴与输出轴在箱体的同一侧，减速器的中心距应考虑到电动机和卷筒的平面布置尺寸。桥式起重机、门式起重机大车运行机构及其起重小车运行机构大多采用立式安装的减速器。

3. 齿轮精度和制造方式

起重机用减速器中的齿轮精度大多采用 JB179—83 中的 8—8—7 级或 8—7—7 级，用滚齿或剃齿加工，为了保证齿面和轮齿的强度，齿面应有足够的硬度，心部要有足够的韧性，所以齿轮都要经过热处理，减速器齿轮为中硬齿面或硬齿面齿轮。

4. 润滑和密封

起重机的工作特点是周期性的间歇动作，因此齿轮经常在起动、制动状态下工作。齿轮受到的载荷大，运动不平稳，啮合处润滑情况差，容易引起齿轮早期损坏。在立式减速器和中心距较大的卧式减速器中，应对齿轮啮合处采用强制喷油润滑。

减速器的输入轴与透盖、输出轴与透盖等运动面之间采用"J"型密封圈或迷宫式密封环，减速器的箱体与箱盖、放油塞与箱体等静止面之间用涂密封胶或用"O"型密封圈等密封。

二、减速器的种类与用途

起重机上使用的减速器主要有：卧式或立式渐开线圆柱齿轮减速器、卧式圆弧圆柱齿轮减速器、圆柱蜗杆减速器和行星齿轮减速器等。

1. QJ 型减速器系列

QJ 型减速器系列是适用于起重机和运输机械的中硬齿面减速器。减速器采用斜齿圆柱齿轮传动，齿轮圆周速度不大于 16m/s，高速轴转速不大于 1000r/min，可正、反向运转，输出轴的瞬时允许转矩为额定转矩的 2.7 倍。减速器的箱体为焊接结构，自重轻。

1）结构形式

减速器的结构形式分为：R 型（二级）、S 型（三级）、RS 型（二级安装形式、三级速比）三种（见图 3-66）。

减速器输入轴和输出轴共有 9 种装配形式，如图 3-67 所示。

减速器为三支点支承形式，如图 3-68 所示，Ⅰ、Ⅱ、Ⅲ为支承点；分卧式（W）和立式（L），也可以偏转一定的角度（ $\pm\alpha°$ ）安装。卧式减速器采用油浴润滑，立式减速器和大型卧式减速器采用喷油润滑（见图 3-69）。

高速轴端采用圆柱轴伸，平键联结；低速轴端有三种类型：P 型（圆柱轴伸，平键联结）、H 型（圆柱轴伸，花键联结）、C 型（齿轮轴端）（见图 3-70）。

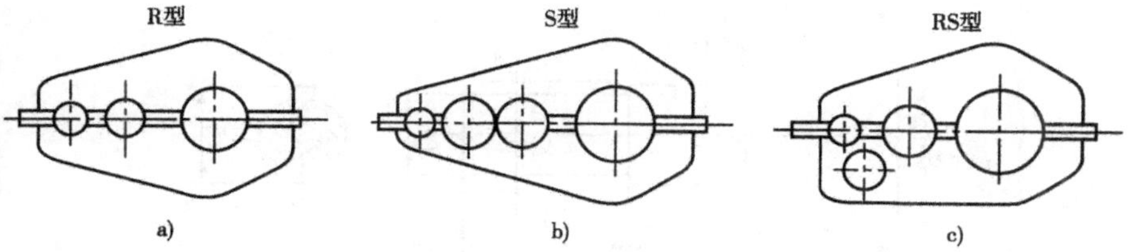

图 3-66　QJ 型减速器的结构形式

a) QJR 型；b) QJS 型；c) QJRS 型

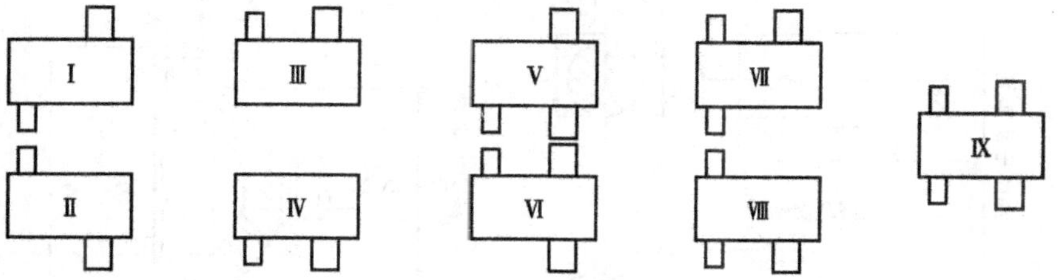

图 3-67　QJ 型减速器的装配形式

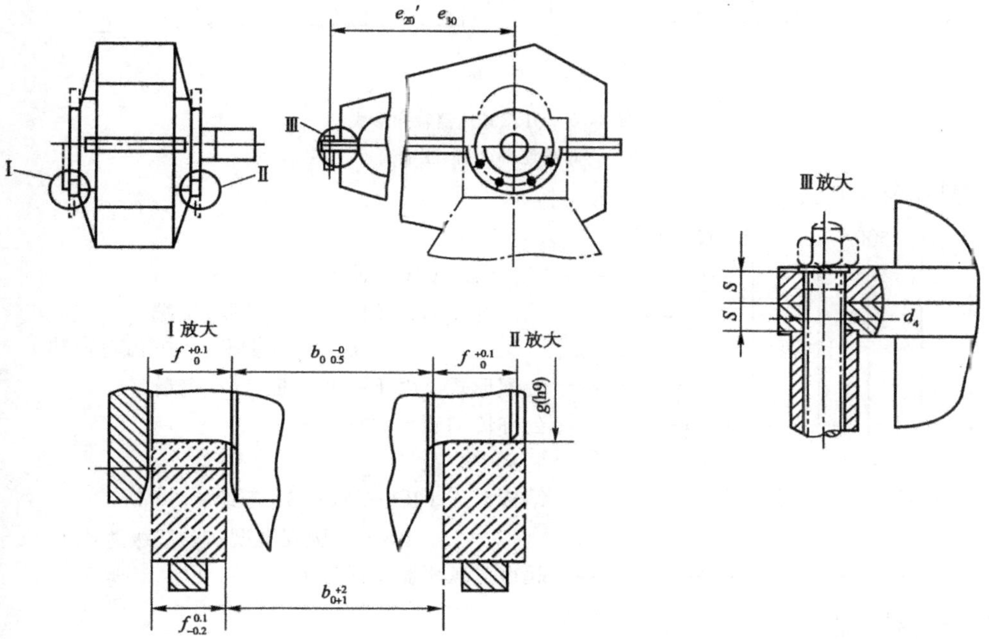

图 3-68　QJ 型减速器的三支点支承形式

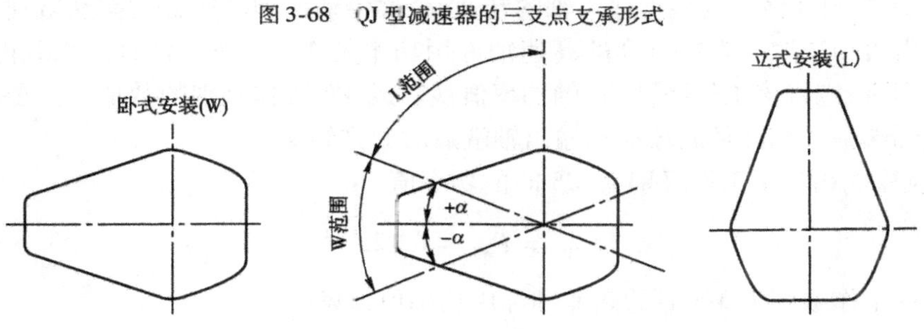

图 3-69　QJ 型减速器的安装形式

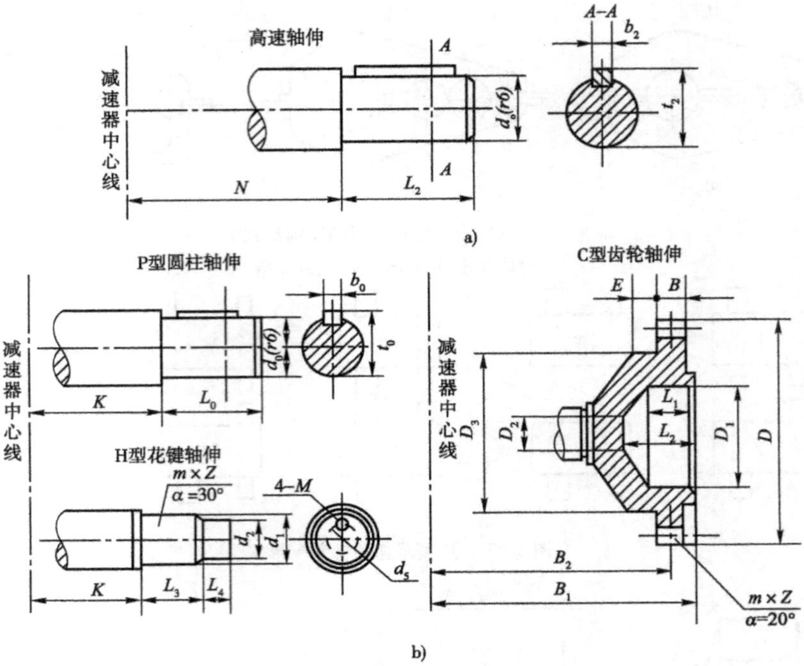

图 3-70　QJ 型减速器轴伸形式

a)高速轴;b)低速轴

2)型号表示方法

QJ　S　500—40　II　C　W

- W——安装形式（W—卧式；L—立式）
- C——输出轴端形式（P—平键，圆柱轴端；H—花键轴端；C—齿轮轴端）
- II——装配形式（以 Ⅰ 、Ⅱ 、Ⅲ 、　表示）
- 40——公称传动比
- 500——名义中心距
- S——结构形式（R—二级；S—三级；RS—二级安装型式，三级速比）
- QJ——起重机减速器（代号）

3)减速器的选用

QJ 型减速器的规格主要根据输入轴的转速、公称传动比和高速轴功率从减速器的技术参数和承载能力表中选取。表中所列的高速轴许用功率是 $M5$ 工作级别时的承载能力,若用于其他工作级别时,应将该工作级别 Mi 的功率值换算成 $M5$ 工作级别的数值。必要时还要验算减速器输出轴端最大允许径向载荷和输出轴端瞬时允许转矩。

将 P_{Mi} 换算成相当于工作级别为 $M5$ 时的功率值:

$$P_{M5} = P_{Mi} \times 1.12^{(i-5)}$$

式中:P_{M5}——工作级别为 $M5$ 时的高速轴许用功率值,kW;

P_{Mi}——工作级别为 Mi 时的高速轴许用功率值,kW;

i——工作级别数值 1 ~8。

2. QJ—D 型减速器

QJ—D 型减速器的齿轮参数与 QJ 型完全相同，只是采用带底座的铸铁箱体，因此减速器的刚性好，与传统的起重机用减速器的安装方式一样，正逐渐取代 ZQ 型减速器而推广使用。

QJ—D 型减速器高速轴轴伸形式及尺寸、低速轴轴伸形式及尺寸如图 3-70。QJ—D 型减速器的技术参数和承载能力、减速器输出轴最大允许径向载荷与 QJ 型减速器相同。

3. QJ—L 型、QJ—T 型减速器

QJ—L 型和 QJ—T 型减速器是起重机用立式减速器，QJ—L 型为底座式，QJ—T 型为套装式，主要用于桥架型起重机小车运行机构、门式起重机和门座起重机大车运行机构中。

1）QJ—L 型立式减速器

QJ—L 型减速器为三级传动的立式底座式减速器。共有 6 种装配形式，如图 3-71 所示。高速轴和低速轴都采用圆柱形轴伸，平键连接。

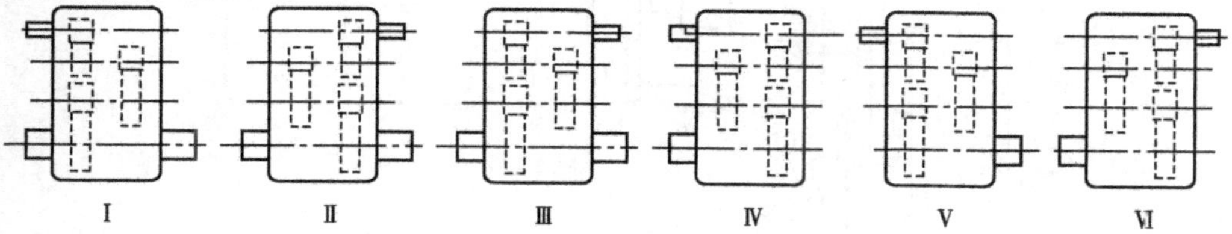

图 3-71　QJ—L 型减速器装配形式

型号表示方法：

QJ — L 200 — 25 IV

- IV：装配形式
- 25：公称传动比
- 200：名义中心距
- L：立式
- QJ：起重机减速器

2）QJ—T 型立式减速器

QJ—T 型减速器是三级传动的立式套装式减速器。共有 4 种装配形式，如图 3-72 所示。高速轴采用圆柱形轴伸，平键连接；低速轴采用空心式轴套，锥形轴孔，平键连接。

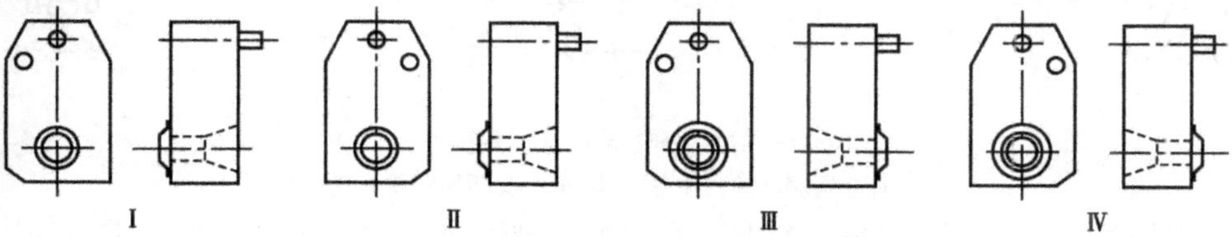

图 3-72　QJ—T 型减速器装配形式

型号表示方法：

QJ — T 236 — 45 II

- II：装配形式
- 45：公称传动比
- 236：名义中心距
- T：立式套装式
- QJ：起重机减速器

4. QS 型减速器

QS 型减速器与制动电动机组成“三合一”运行机构。减速器的输出轴孔套装在车轮轴上，箱体上的支点吊挂在起重机的端梁上。因此，减轻了在运行中因走台和主梁的振动对齿轮啮合带来的不良影响。这种“三合一”装置结构紧凑、重量轻、组装性好，在中、小型起重机运行机构中得到广泛使用。

1）形式

QS 型减速器是三级硬齿面圆柱齿轮减速器，全系列共有 06、08、10、12、16 五个基座号（见图 3-73）。

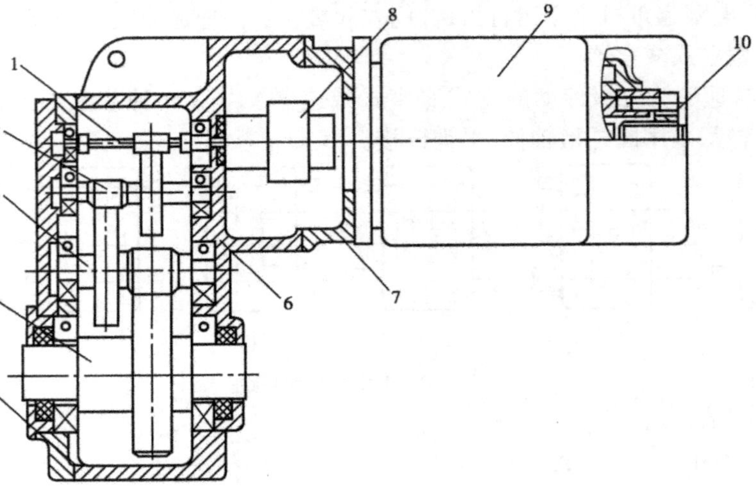

图 3-73　QS 型减速器结构图

1-高速轴总成；2-中间轴Ⅰ总成；3-中间轴Ⅱ总成；4-低速轴总成；5-箱盖；6-箱体；7-接圈；8-联轴器；9-电动机；10-制动片调节螺母

QS 型减速器用于分别驱动和集中驱动的运行机构中，安装形式如图 3-74 所示。

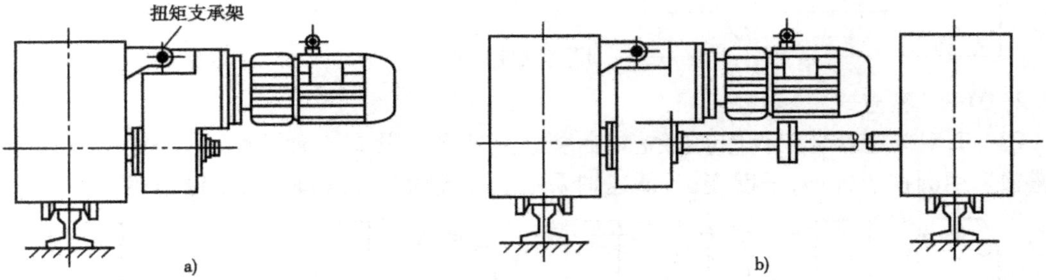

图 3-74　QS 型减速器安装形式

a）分别驱动的安装形式；b）集中驱动的安装形式

减速器的输出轴为花键轴套，套装在车轮的花键轴端上，连接形式如图 3-75 所示。

2）型号表示方法

QS　08　—20　（YZRE112—4）

- （YZRE112—4）—— 配套电动机型号特性（安装形式、防护等级、工作制）
- 20 —— 公称传动比
- 08 —— 机座代号
- QS —— 起重机“三合一”减速器

3）减速器选用

QS 型减速器的规格根据公称传动比、许用功率从减速器承载能力表中选取。表中所列的数值为输入轴为 1400r/min，工作级别 *M*6。用于其他工作级别时，应将该工作级别 *Mi* 的功率值换算成 *M*6 工作级别的数值。

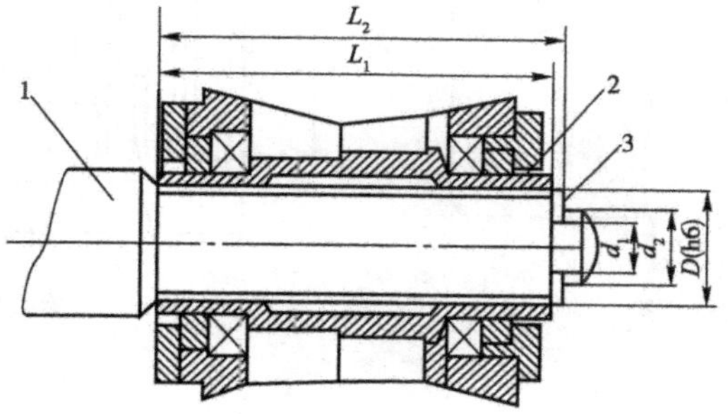

图 3-75　QS 型减速器输出轴花键连接

1-车轮轴；2-减速器花键套；3-卡簧

第六节　安全保护与辅助装置

为了保证起重机安全可靠地工作，在起重机上应该安装安全保护装置。当作用在起重机上的载荷超过允许值或机构的运动行程超出允许范围时，安全装置能及时发出警报或切断动力，使起重机或机构停止工作，从而保证作业安全，避免发生人身、设备损害。安全装置的种类很多，常用的有：缓冲器、防风装置、起重量限制器和起重力矩限制器、限位器和安全开关等。

一、缓冲器

缓冲器是一种吸收冲击能量的装置，它把冲击能量转换成其他形式的能量（如弹簧、橡胶的变形能）储存并缓慢释放或者转化成热能消耗掉。在起重机上缓冲器用来缓和起重机及其运动部件（如起重小车、臂架、活动对重等）运动到终点挡止器时或两台起重机相互碰撞时的冲击，减小冲击引起的动力载荷。

《起重机设计规范》（GB 3811/T—2008）中规定："在轨道上运行的起重机的运行机构、起重小车的运行机构及起重机的变幅机构等均应装设缓冲器或缓冲装置。"

起重机上采用的缓冲器主要有：橡胶缓冲器、聚氨酯泡沫塑料缓冲器、弹簧缓冲器和液压缓冲器。

1. 橡胶缓冲器

橡胶缓冲器可以用整块橡胶做成，也可以用多片橡胶板叠成。其构造简单、制造方便、成本低，但橡胶缓冲器的弹性变形量小，吸收动能有限，一般用于运动速度不超过 0.9m/s 的场合。橡胶缓冲器也不宜用于温度过高或过低的场所，适用的环境温度为 -30℃ ~ +50℃（见图 3-76）。

2. 聚氨酯泡沫塑料缓冲器

聚氨酯泡沫塑料缓冲器中的变形体是用聚氨酯材料经过适当的配方处理制成的，在缓冲过程中可以消耗 40% 的能量，反弹小；有良好的压缩性和回弹性，可压缩到 50% 以上，卸载 5min 后的恢复率不小于 95%；由于材料的微孔结构，使其缓冲容量随碰撞速度的增加而加大。

聚氨酯泡沫塑料缓冲器结构简单、工作时无噪声、体积小、寿命长、维护方便、适用的环境

温度为 -30℃ ~ +60℃,所以应用广泛。

JHQ 系列聚氨酯泡沫塑料缓冲器的缓冲容量为 0.265 ~ 32.154kN · m,缓冲行程是 60 ~ 300mm,缓冲力 28 ~ 675kN,其性能比橡胶缓冲器和弹簧缓冲器好(见图 3-77)。

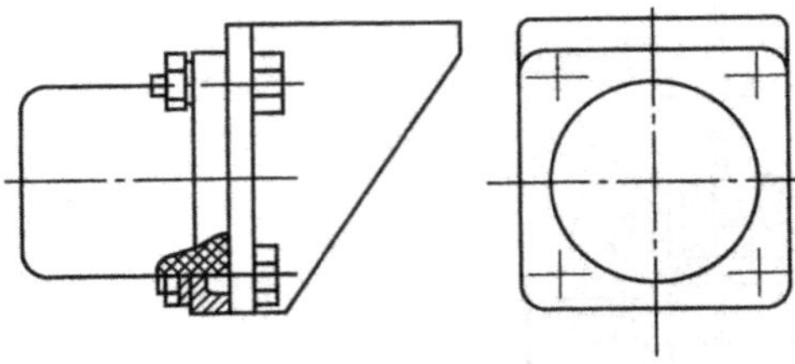

图 3-76　橡胶缓冲器

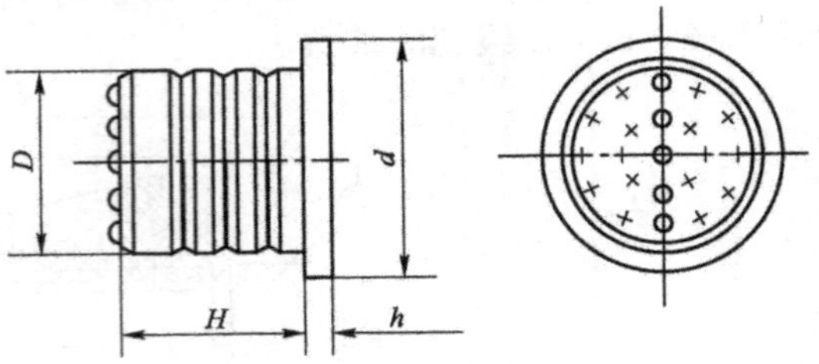

图 3-77　聚氨酯泡沫塑料缓冲器

3. 弹簧缓冲器

弹簧缓冲器的结构简单、吸收能量大、维护方便、对工作温度没有特殊要求,是目前使用较广的缓冲器。但弹簧缓冲器具有反弹作用,当缓冲过程完毕后,碰撞能量大部分储存在弹簧内部,在反弹时将能量送回给碰撞体,使碰撞体向相反方向运动。因此,一般用于运动速度不大于 2m/s 的情况下(见图 3-78)。

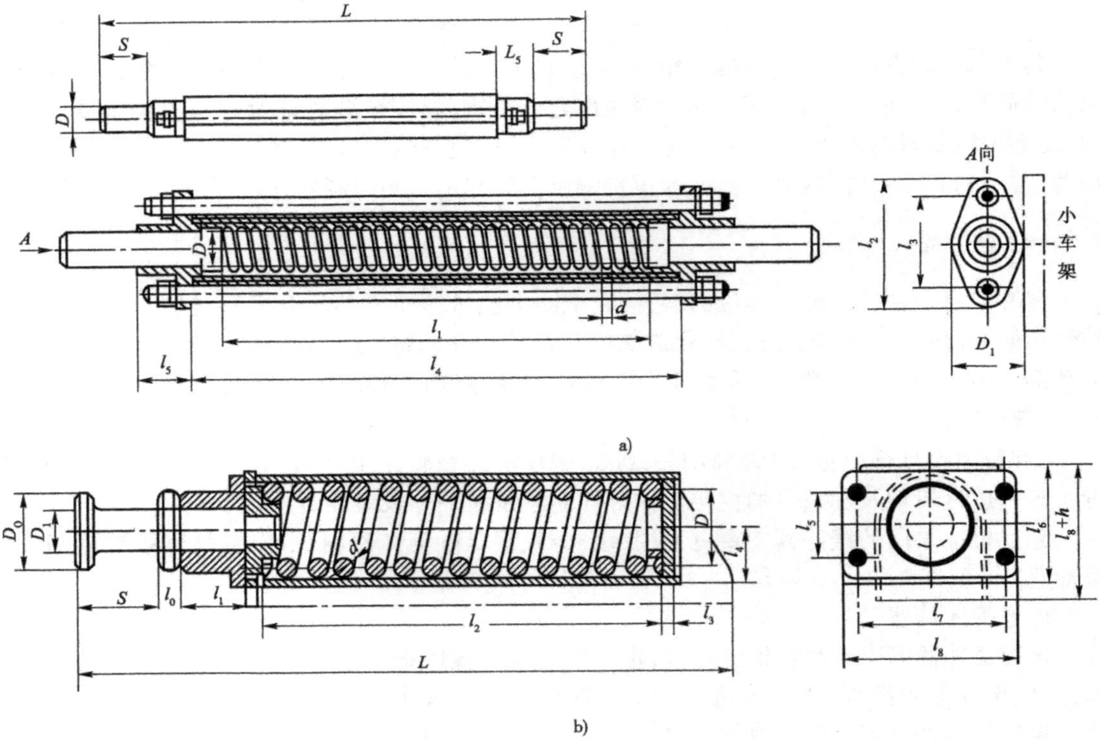

图 3-78　弹簧缓冲器

a)用于起重小车;b)用于起重机

图 3-79 所示的是弹簧摩擦缓冲器。这种结构的弹簧缓冲器由于弹簧相互接触部分的摩擦,可以将碰撞体中 60% ~70% 的动能转化成热能,大大减小了反弹的作用。弹簧摩擦缓冲器的缓冲能力也比普通的弹簧缓冲器大,但其结构比较复杂,需要良好的润滑和经常维护,弹簧间摩擦系数的变化也会影响使用性能。

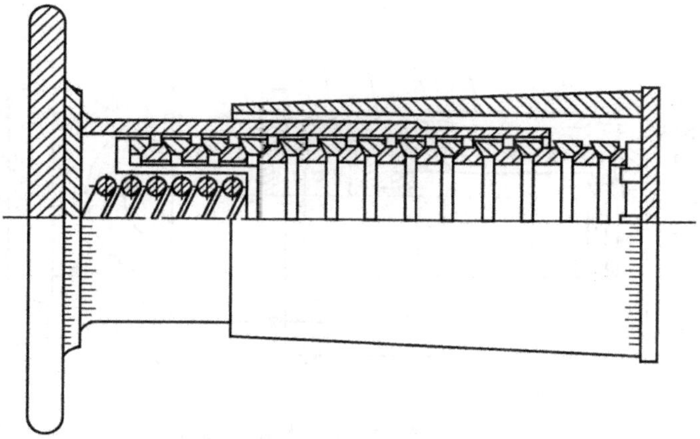

图 3-79　弹簧摩擦缓冲器

4. 液压缓冲器

图 3-80 是一种液压缓冲器。碰撞时，撞头 1 受到冲击，弹簧 2 首先吸收部分碰撞能量，使活塞 3 受到的碰撞能量降低。活塞 3 运动，又压缩油缸 6 中的油液，使油液经过心棒 4 和活塞 3 间的环形间隙流到储油腔。由于环形间隙的阻尼作用，运动质量的动能几乎全部转换成热能消耗掉，所以消除了反弹现象。

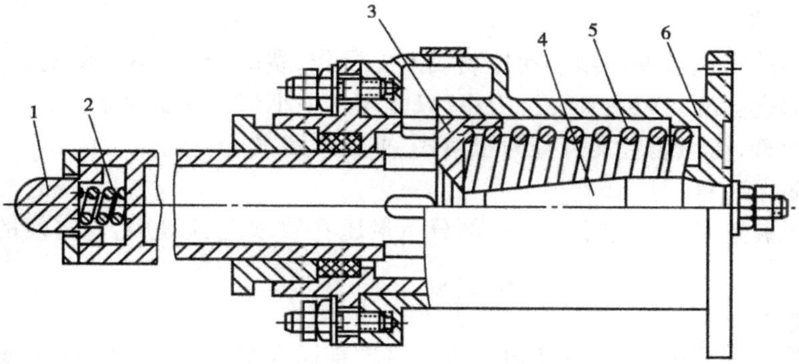

图 3-80　液压缓冲器（节流环式）

1-撞头；2-弹簧；3-活塞；4-心棒；5-弹簧；6-油缸

合理地设计心棒的形状，可以使油缸里的压力在缓冲过程中保持不变，达到匀减速缓冲，使运动质量在最短距离内停止。复位弹簧 5 的作用是使活塞在完成了缓冲作用后回复到原来的位置。

图 3-81 是另一种结构形式液压缓冲器。在缸套上开了一系列的小孔，由于小孔的节流作用，使运动质量的动能几乎全部转化成热能，并随着缓冲位移的增大，节流小孔的数目减小，从而达到匀减速缓冲。

液压缓冲器缓冲容量大、缓冲力恒定、缓冲行程短、不会产生反弹。但液压缓冲器结构较复杂、密封要求高、对环境温度变化敏感。适宜用于速度大于 2m/s 或质量较大的起重机及其运动部件上。

二、防风装置

室外工作的门座起重机、门式起重机等大型起重机都需要安装防风装置。防风装置能防止有轨运行的起重机遇到大风时，在没有驱动的情况下自行滑行，在非工作状态下遇到强风时不致翻倒。

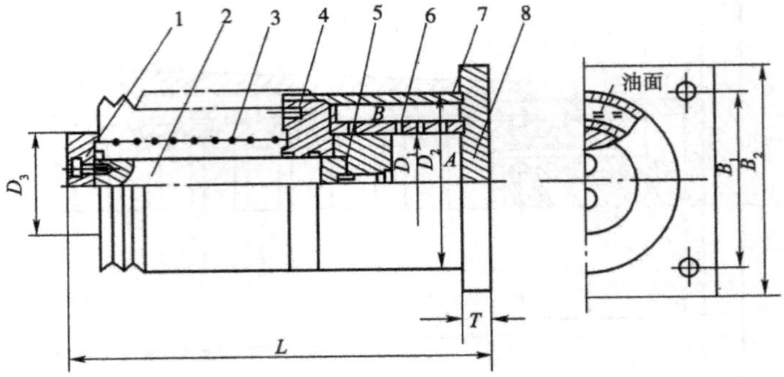

图 3-81　液压缓冲器(节流小孔式)

1-撞头;2-活塞杆;3-弹簧;4-缸盖;5-活塞;6-缸套;7-缸体;8-底板

根据防风装置的作用方式,可分为自动作用和非自动作用两大类。

自动作用的防风装置通常用于大型起重机,在起重机停止运行或断电时自动地将起重机止动,在突然遇到暴风的情况下起到保护作用。现代起重机的自动防风装置多配有风速仪,当风压达到规定值时发出音响警报,或自动使运行机构断电,并开动防风装置将起重机止动。自动防风装置有延时功能,当起重机经过制动停止运动后,防风装置才起作用,以免起重机突然止动,产生过大的惯性力。

非自动作用的防风装置是靠手动控制或人力操作,费时费力,不能应对突然发生的暴风。而且手动夹轨器之类的防风装置夹持力小,只能用在中小型的起重机上。

根据工作原理,防风装置又可分为压轨式、夹轨式和锚定装置。

1. 压轨式防风装置

压轨式防风装置是利用起重机的一部分重量压在轨顶上,通过它们之间的摩擦力使起重机止动。

1)手动铁鞋

手动铁鞋是一种简单、有效的防风工具。将铁鞋插入车轮与轨道之间,当起重机受到风力作用时,车轮滚上铁鞋,使车轮与轨道之间的滚动摩擦变成了铁鞋与轨道之间的滑动摩擦,运行阻力增大,阻止了起重机继续移动。

手动铁鞋需要用人力插入和拔出,使用不便;由于与运行机构没有电器连锁,有时会因误操作而造成事故。

2)电动铁鞋

电动铁鞋主要由主控器、动力箱、连接拉杆、弹簧板、铁鞋组成。每台起重机可装 4 个电动铁鞋,按起重机的运行方向,每侧安装两个。

接通运行电动机,主控器使动力箱克服弹簧板的压力,拉动拉杆将铁鞋提起,与轨道分离,起重机开始运行。当运行电动机断电,主控器使动力箱放下拉杆,在弹簧板的作用下,铁鞋插入车轮与轨道之间。起重机受到风力作用移动时,由于铁鞋满足楔块自锁条件,使车轮能滚上铁鞋,从而起到止动作用(见图 3-82)。

3)手动压轨器

图 3-83 所示的手动压轨器是一个装在起重机端梁上的螺旋千斤顶。这种压轨器的防风止动力很小,通常只用在露天工作的、迎风面积较小的桥式起重机上。

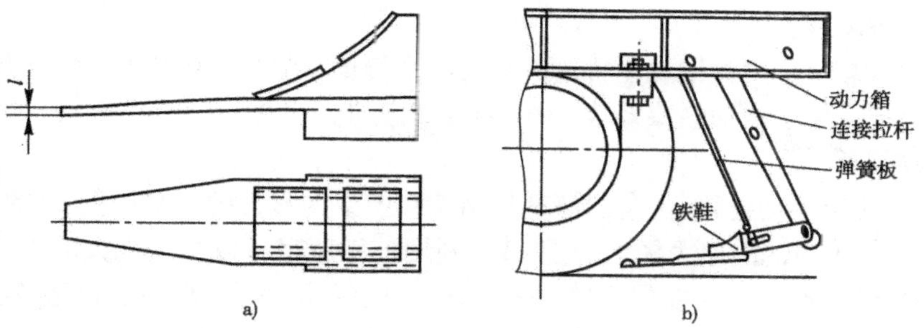

图 3-82 手动铁鞋与电动铁鞋

a）手动铁鞋；b）电动铁鞋

4）自动压轨器

图 3-84 是加压滚子式自动压轨器。防滑靴 1 的上表面是弧形面，下表面上覆盖摩擦衬料。

当运行机构断电时，防滑靴缓缓落到轨顶。若起重机在风力作用下滑行，放在轨道上的防滑靴楔入加压滚子 2 的下面，阻止起重机继续移动。在开动起重机运行机构时，先使起重机后退一小段距离，再接通电力液压推杆 5，提起防滑靴，然后开动运行机构使起重机运行。

图 3-85 是另一种形式的自动压轨器。用楔块加压头代替加压滚子，工作原理与加压滚子式自动压轨器相同。

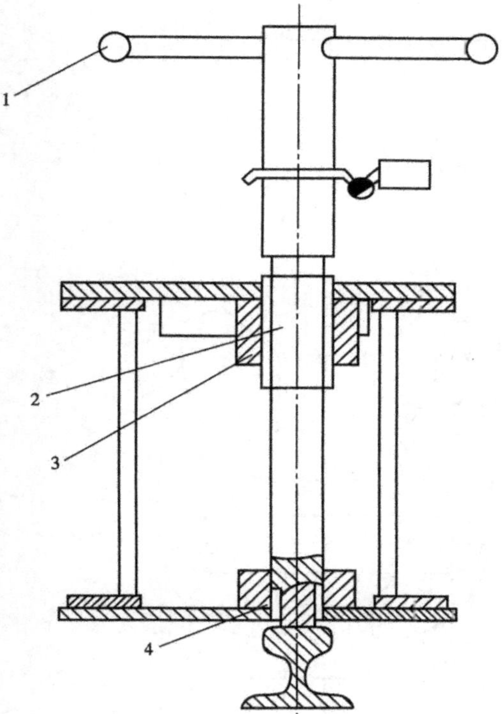

图 3-83 手动压轨器

1-手轮；2-螺杆；3-螺母；4-顶头

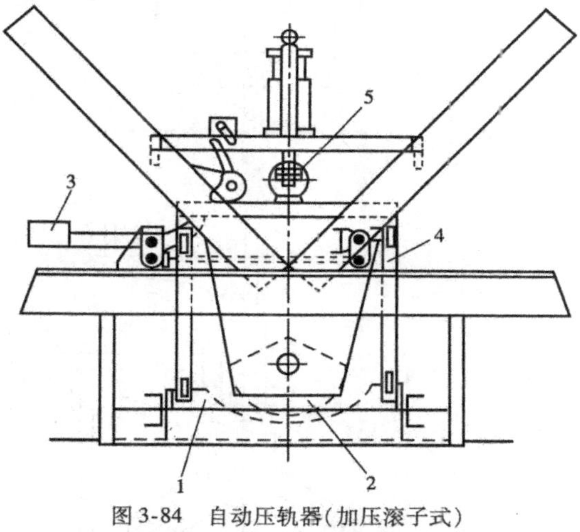

图 3-84 自动压轨器（加压滚子式）

1-防滑靴；2-加压滚子；3-对重；4-吊杆；5-电力液压推杆

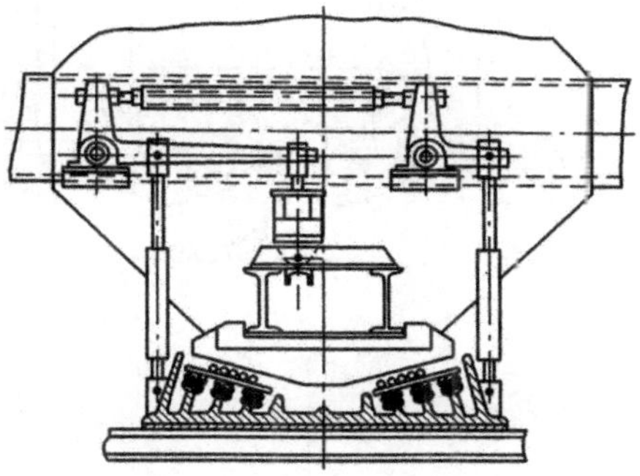

图 3-85 自动压轨器（楔块加压式）

2. 夹轨式防风装置

夹轨式防风装置是用夹钳夹住轨道头部的两个侧面，借助钳齿与轨道头部两侧的摩擦力防止起重机滑行。为了增加摩擦系数，钳口制成带齿的。

1）手动夹轨器

图 3-86 是几种手动夹轨器，它们都是利用丝杠产生夹紧力的。其中图 a）的夹紧力最小，但夹紧作用快。图 b）的夹紧力较大。图 c）是利用杠杆原理可以产生很大的夹紧力。另外钳口的闭合速度是变化的，即快速使钳口空载闭合，再以低速进行夹紧，从而产生较大的夹紧力。图 d）采用滑槽机构，滑槽曲线由两段组成：一段斜角较大，用来快速闭合；一段斜角较小，用来夹紧。

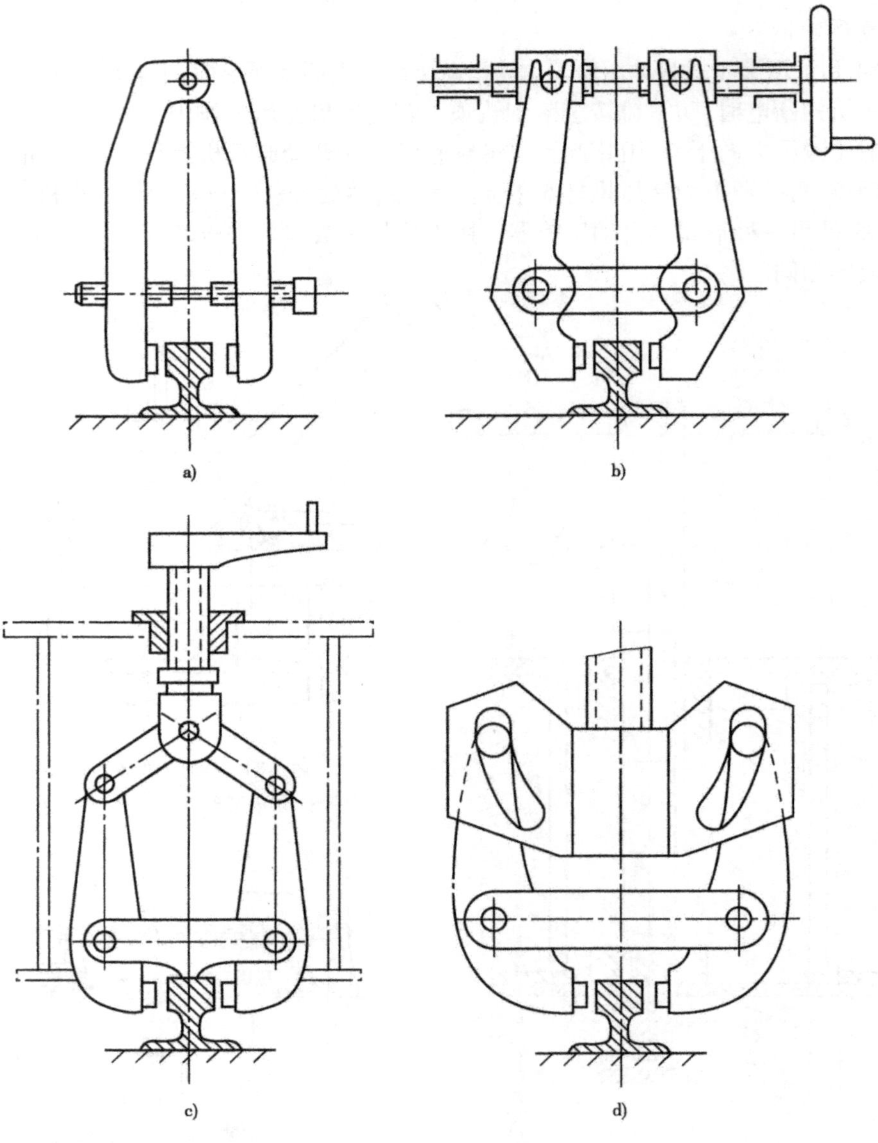

图 3-86　手动夹轨器

手动夹轨器构造简单、维护方便，但夹紧力较小、安全性差，仅适用于中小型起重机。

2）电动螺杆式夹轨器

电动螺杆式夹轨器如图3-87所示。当运行机构停止运动时，夹轨器的电动机2驱使螺杆4旋转，通过肘杆机构7使钳口8夹紧轨道头部的两侧。弹簧6又使钳口保持夹紧力，以免夹钳松弛。松开夹钳，螺母5退到一定行程时，触动终点开关3，运行机构通电运行。当电源发生故障时，可以用手轮1驱动螺杆，使钳口夹紧轨道。

这种夹轨器的夹紧力较大，操作方便，但夹轨器的钳口不易与轨道对中，钳口落不到规定的位置时会影响夹紧力。当突然停电时，钳口不能自动夹紧轨道，只能用手动的方式夹紧。

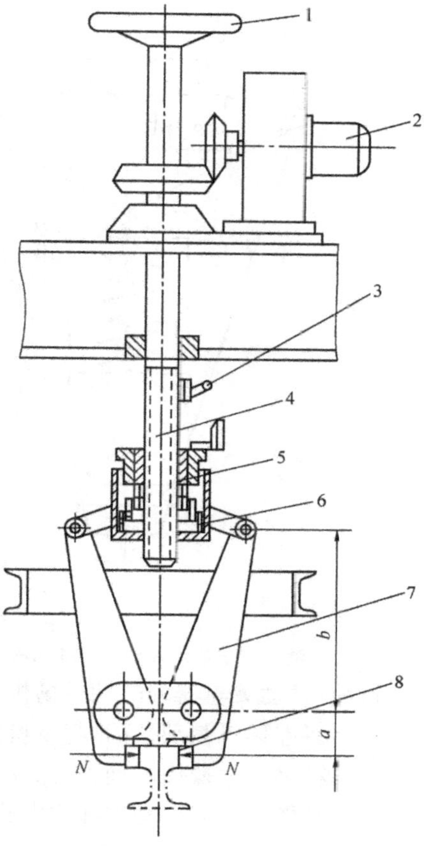

图3-87 电动螺杆式夹轨器

1-手轮；2-电动机；3-终点开关；4-螺杆；5-螺母；6-弹簧；7-肘杆机构；8-钳口

3）电动液压式夹轨器

图3-88和图3-89是电动液压式夹轨器及液压系统原理图。起重机断电后夹钳在弹簧力的作用下自动夹紧轨道头部；当压力油进入液压缸推动活塞，再通过肘杆机构，使夹轨器松钳。

首先接通油泵6的电源，压力油进入液压缸1的右端，压缩夹轨器的弹簧，使弹簧罩下移，撞杆碰到行程开关*A*时，油泵断电，夹轨器完全松开。在起重机的工作过程中，若发生油液泄漏，液压缸活塞右移，弹簧罩上移，当撞杆碰到行程开关*B*时，油泵开动向液压缸内补油，使夹钳始终保持一定的张开度。

起重机不工作时，油泵的电源被切断，换向阀9通电并换向，液压缸右腔中的油经换向阀流回油箱7。当撞杆

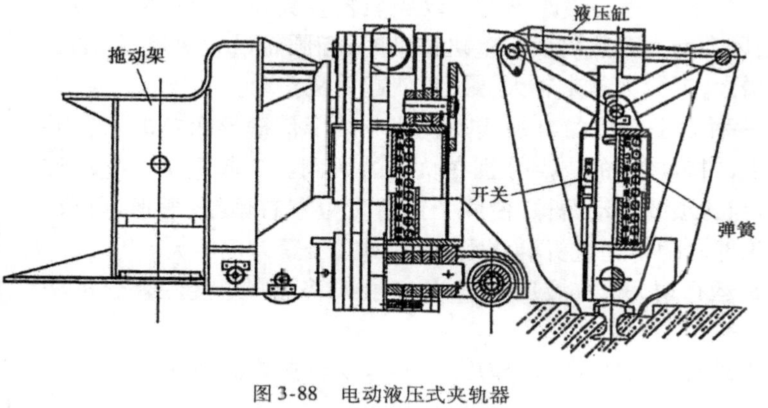

图3-88 电动液压式夹轨器

碰到行程开关*C*时，换向阀线圈失电，换向阀复位，使液压缸右腔内保持一定的油量，保证弹簧有一定的顶紧力将夹钳紧紧夹住轨道。

4）电动重锤式夹轨器

图3-90是电动重锤式夹轨器。起重机断电后，夹轨器卷扬机的制动器断电松闸，楔形重锤落下，依靠楔形重锤的重力克服弹簧力，迫使钳臂的上端分开，下端钳口夹紧轨道。起重机

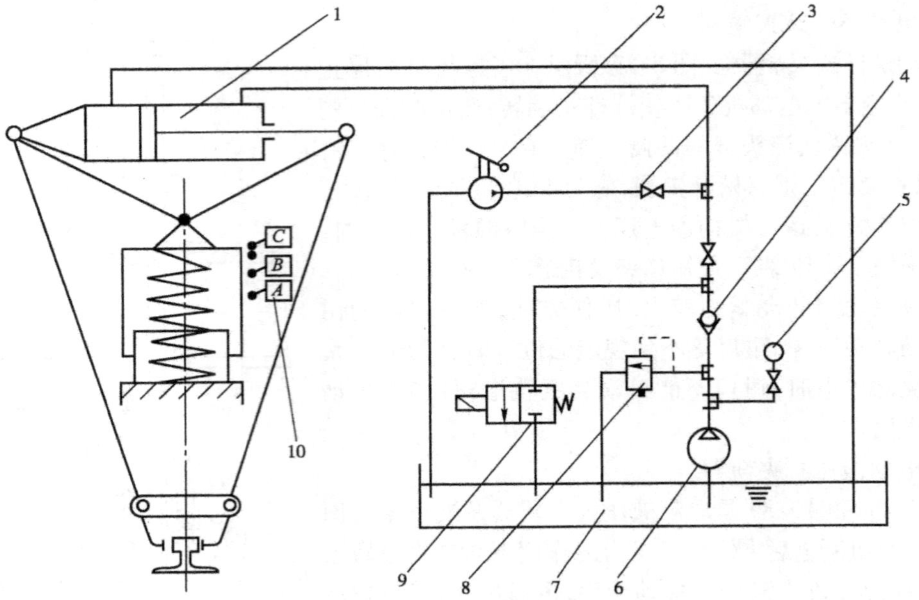

图 3-89　电动液压式夹轨器液压系统原理图

1-液压缸;2-油泵;3-截止阀;4-单向阀;5-压力表;6-油泵;7-油箱;8-溢流阀;9-换向阀;10-行程开关 A、B、C

运行前,开动夹轨器的电动卷扬机提起重锤,夹钳在弹簧作用下张开。然后,卷扬机停止运动,制动器将卷扬机制动,这时起重机的运行机构才可以动作。

这种夹轨器操作方便,在起重机遇到大风或不工作切断电源时,夹轨器便自动作用。但电动重锤式夹轨器自重较大,重锤的重量可达到起重机总重量的 2% ~3%,另外重锤与滚子的接触处易发生磨损。

5)自锁式夹轨器

自锁式夹轨器的夹紧力是由风力产生的,并随着风力的增大而增大。

图 3-91 表示一种利用自锁原理的手动夹轨器。夹轨器钳口的一边有一个椭圆轮,当风力增大到足以使起重机移动时,椭圆轮沿轨侧滚动,随着椭圆轮半径的增大,夹紧力越来越大,最后,使起重机止动。

图 3-92 是一种自动作用的自锁式夹轨器。两个带槽形钳口的钳臂并排平放在轨顶上,钳臂尾部的支点分别在轨道的两侧。当起重机发生滑移时,因槽形钳口与轨顶的滑动摩擦,使两个钳臂发生左右偏斜,槽形钳口牢牢地卡住轨道头部。随着起重机滑移距离的增加,卡紧力也增大。

起重机开始运行时,电力液压推杆通过吊架将钳臂提起,运行机构工作。

自锁式夹轨器的缺点是在大风作用后,不容易将夹轨器松开。

3. 锚定装置

锚定装置的主要有插销式、插板式、拉索式等形式。沿起重机轨道每隔一定的距离装一个锚定座(坑),在大风到来前,将起重机运行到附近的锚定座(坑)并予以锁定。

插销式锚定装置只需将插销插入起重机与锚定座上的销孔;插板式锚定装置要将转动架转到锚定位置,使插板落入锚定座内,即可将起重机锁

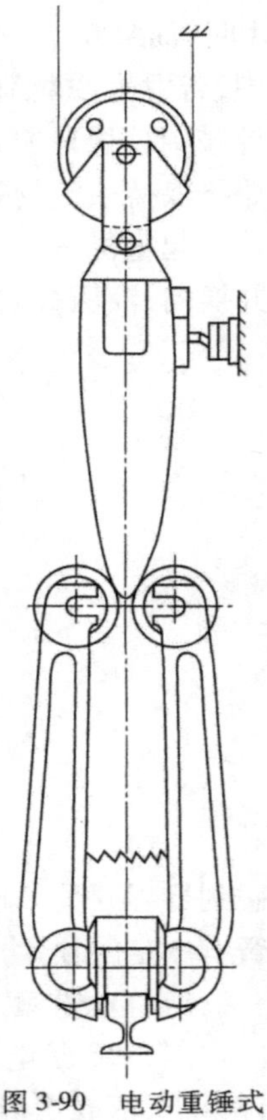

图 3-90　电动重锤式夹轨器

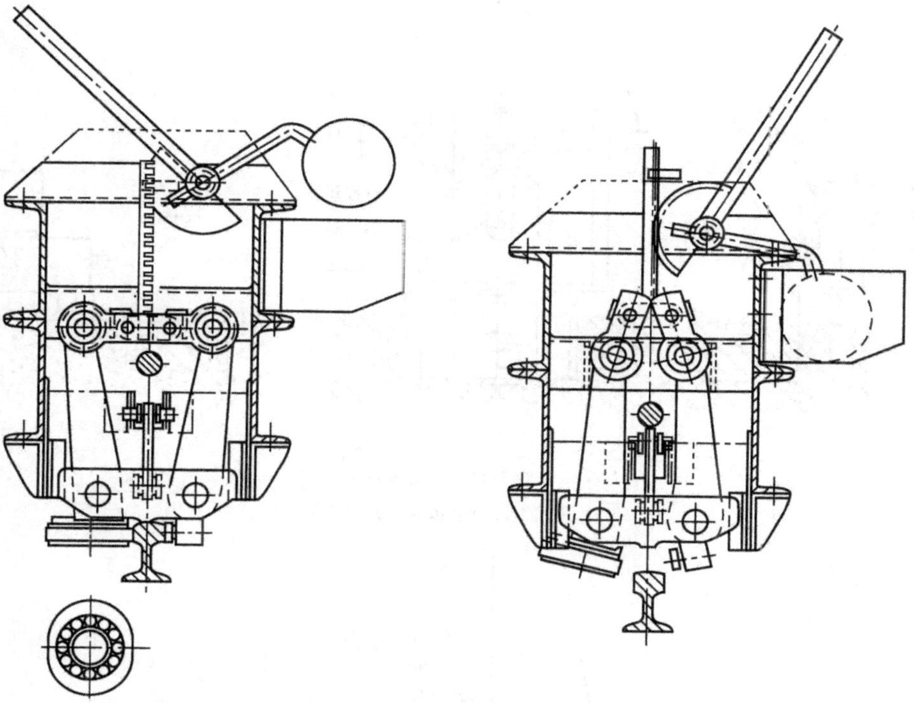

图 3-91　自锁式夹轨器(手动)

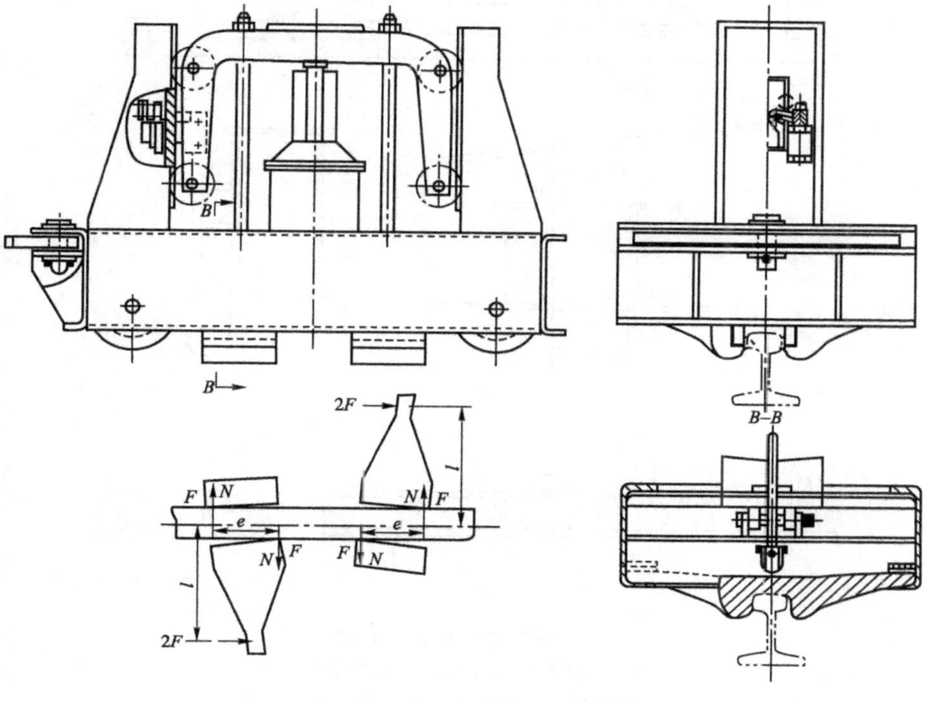

图 3-92　自锁式夹轨器(别轨器)

定;拉索式锚定装置的锚链带有左右螺纹的张紧装置,可将起重机牢牢地固定在基础上(图3-93)。

图 3-94 是防风自动地锚装置。带 T 形槽的锚定座 2 和缓冲器 5 装在轨道的尽头。起重

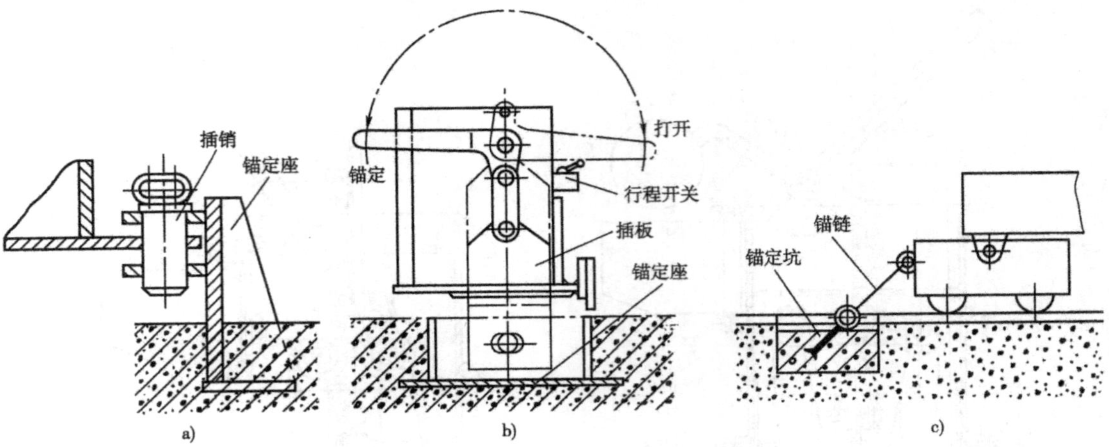

图 3-93　锚定装置

a）插销式；b）插板式；c）拉索式

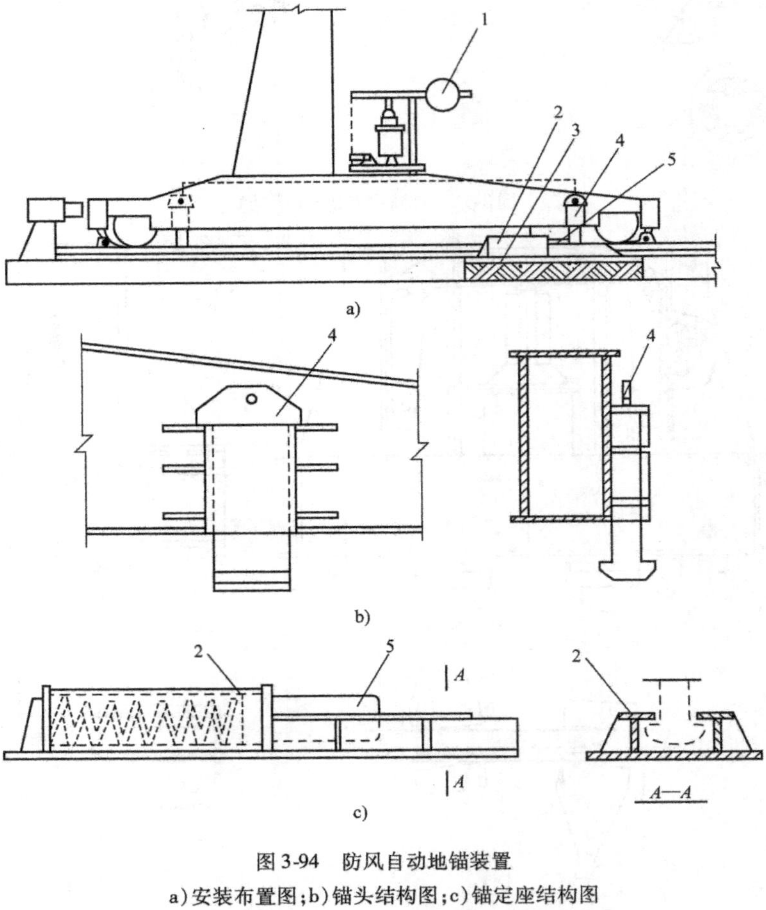

图 3-94　防风自动地锚装置

a）安装布置图；b）锚头结构图；c）锚定座结构图

1-提锚装置；2-锚定座；3-基础；4-锚头；5-缓冲器

机运行到轨道的尽头时，T 形锚头进入锚定座并撞击缓冲器，缓冲器吸收起重机的部分动能，使起重机安全停止而不致翻倒。起重机开始工作时，由液压推杆、杠杆、滑轮、钢丝绳组成的提锚装置 1 将 T 形锚头提起。

三、起重量限制器和起重力矩限制器

起重量限制器和起重力矩限制器是限制负荷超载的安全保护装置。

在《起重机安全规程》(GB 6067—85)中规定:额定起重量大于20t的桥式起重机和额定起重量大于10t的门式起重机应装起重量限制器;额定起重量20t以下的桥式起重机和额定起重量小于10t的门式起重机宜装起重量限制器。起重量等于或大于16t的汽车起重机、轮胎起重机、履带起重机以及起重能力等于或大于25t·m的塔式起重机应装起重力矩限制器;起重量小于16t的汽车起重机、轮胎起重机以及起重能力小于25t·m的塔式起重机宜装起重力矩限制器。

1. 起重量限制器

起重量限制器用在起重量与跨度或幅度无关的起重机械,如门式起重机、桥式起重机和单参数装卸用的门座起重机上。它是利用弹簧、重锤、液压或压力传感器等来限制钢丝绳的张力,当起升载荷超过允许值时能使起升机构自动停止工作,从而达到限制起升货物质量的目的。

1)杠杆式起重量限制器

图3-95所示的杠杆式起重量限制器是机械式起重量限制器。

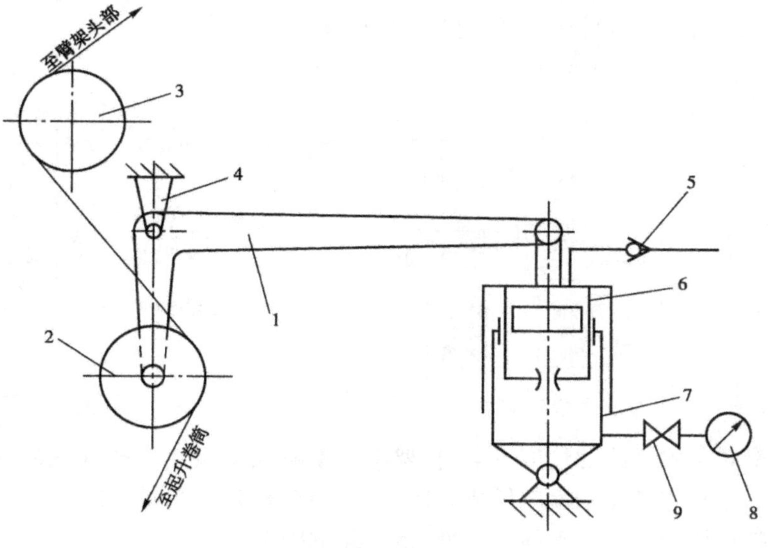

图3-95 杠杆式起重量限制器

1-平衡杆;2、3-滑轮;4-轴承座;5-进气单向阀;6-浮动活塞缸;7-缸体;8-电触点示载压力表;9-压力表开关

钢丝绳从起升卷筒放出,经过起重量限制器的导向滑轮2,以及人字架顶部的导向滑轮、象鼻架端点的导向滑轮与取物装置相连。由进气单向阀5将一定压力一定质量的氮气充入活塞缸6的上部,这使可变密封容积里的气体起着弹簧的作用。

工作原理是:在额定起重量范围内起升货物时,钢丝绳受力,通过杠杆系统使活塞缸下部油液受载,油压产生的力矩与负载力产生的力矩平衡,并通过电触点示载压力表显示载荷的大小。当起重机超载时,钢丝绳的张力增大,钢丝绳合力使平衡杆绕支点顺时针转动,推动活塞缸下移,油压升高,压力表显示的压力也增大,并发出警报,切断起升动力。

在活塞缸的下部有一阻尼器,油液经阻尼器在缸体与活塞缸之间流动,起阻尼缓冲作用,吸收振动冲击时产生的能量。这样使起重量限制器在额定起重量范围内,不会因起动、制动时的动载荷影响而起作用。

2)电气式起重量限制器

电气式起重量限制器由载荷传感器和控制装置两部分组成。适用于起重机使用的传感器主要有压磁式和电阻应变式两种。控制装置按其内部处理器的不同分为:集成电压比较器和单片机。

图3-96是常用的由运算放大器、比较器、模拟数字转换器、显示器等组成的起重量限制器的电路框图。

电阻应变式传感器产生与载荷成正比的电压信号送入控制装置,由运算放大器进行放大。放大后的信号一路经A/D转换,译码后用数字显示载荷重量。另一路分别送入三个比较器,三个比较器的比较基准分别设定在额定载荷的90%、100%~105%、110%。当载荷达到额定载荷的90%时,控制器发出声光报警信号。为了避免起动时附加载荷引起的瞬间虚假超载,在100%~105%的这一档设置延时1~2s的延时电路。在延时过程中,这路比较器的输出被封锁,待延时结束,才输出比较信号控制起升工作状态。若起重量达到额定起重量的110%,则相应比较器立即输出信号,发出声光警报,并使控制继电器动作,切断起升机构的起升工作回路。

图3-97是采用单片机的起重量限制器电路框图。

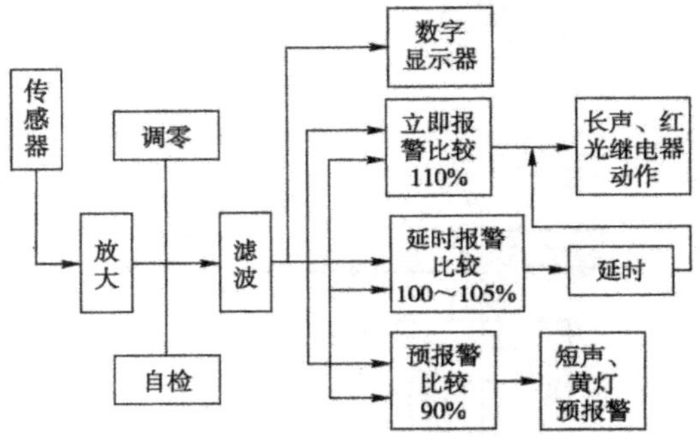

图3-96 起重量限制器电路框图

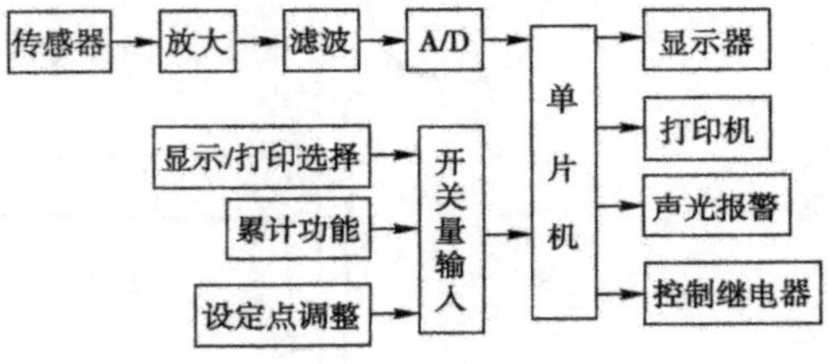

图3-97 DQX型起重量限制器电路框图

由于起重量限制器系统的精度不高,桥架型起重机大多采用一般精度的剪切梁式或柱式传感器。传感器可与卷筒的轴承座做成一体,一般装在卷筒的非减速器一侧(见图3-98)。传感器也可以安装在导向滑轮或平衡滑轮处、钢丝绳的固定端。

2. 起重力矩限制器

起重力矩限制器是用于额定起重量随工作幅度变化的起重机的超载保护装置。

1)模拟式起重力矩限制器

图3-99所示的是模拟式起重力矩限制器的电路框图。

工作原理是:将幅度传感器提供的幅度信号和载荷传感器提供的重量信号送入模拟乘法器相乘,其乘积电压即为模拟载荷力矩电压值,再与设定的值比较而得到报警值。

幅度传感器大多采用特殊的电位器。载荷传感器一般选用拉式或压式传感器,安装方法如图3-100,也可以如起重量限制器中载荷传感器的安装方法。

2)单片机起重力矩限制器

单片机起重力矩限制器用于臂架伸缩式的液压汽车起重机、轮胎起重机和铁路起重机。

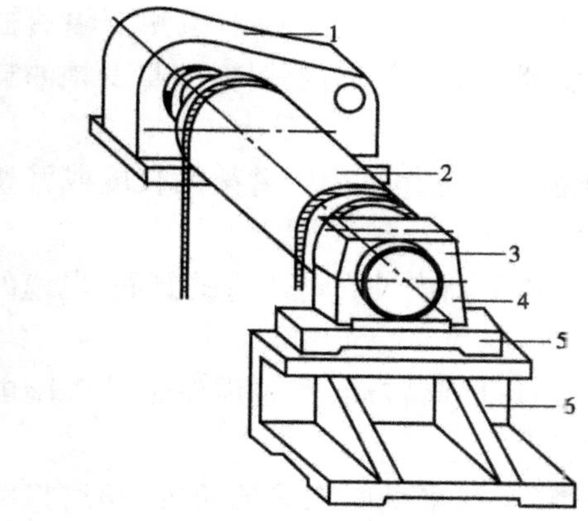

图 3-98　轴承座式安装形式

1-减速器；2-卷筒；3-轴承盖；4-轴承座；5-传感器；6-底座

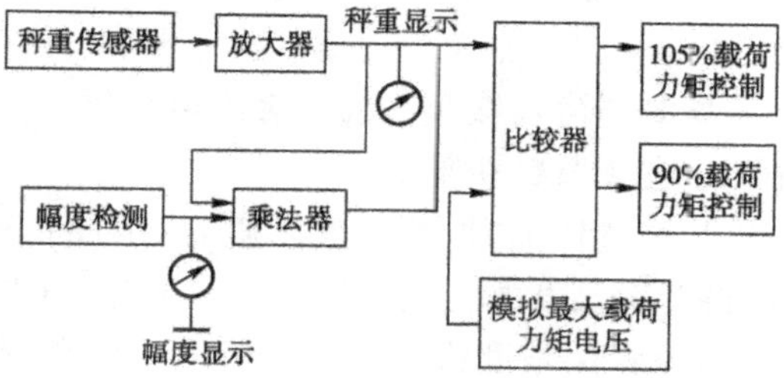

图 3-99　模拟式起重力矩限制器电路框图

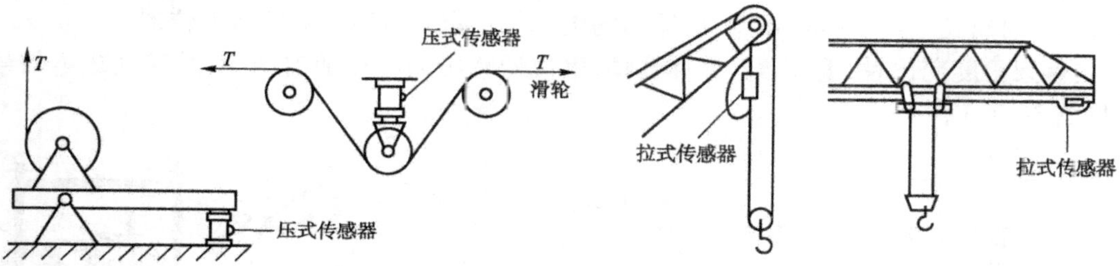

图 3-100　载荷传感器的安装方法

单片机起重力矩限制器由主机、载荷检测器、角度检测器、长度检测器和起重机工况检测系统组成。

(1)工作原理。将起重机有关信号(臂架长度、臂架角度等)输入单片机，算出当时的工作幅度，根据相应的“幅度—起重量特性由线”，算出允许的额定载荷力矩，同时，通过载荷传感器测出当时的起升载荷，计算出起升载荷的实际载荷力矩。当实际载荷力矩小于或等于额定载荷力矩时，起重机工作安全。当实际载荷力矩大于额定载荷力矩时，起重机处于危险工作状态，力矩限制器发出声光报警，并切断起重机向危险方向的运动(如上升卷扬、降臂增幅、臂架伸长)，但起重机可以继续进行回复到安全状态的运动(如下降卷扬、升臂减幅、臂架收缩)(见图 3-101)。

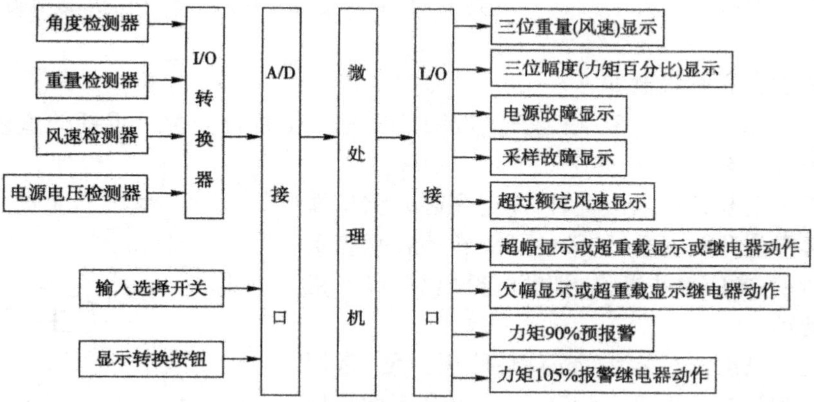

图 3-101　单片机力矩限制器工作原理框图

(2)载荷传感器。把压力传感器安装在变幅油缸的下腔,用压力传感器检测变幅油缸中的油压信号,使油压信号变成电信号。或把应变式传感器和活塞杆做成一体,测量变幅油缸活塞杆的应力,使活塞杆所受的力转变成电信号。

(3)臂架长度检测器。臂架长度检测器用来测量起重机工作过程中臂架的长度或臂架的节数。

检测器由卷线盘、齿轮、多圈电位器、电缆等组成。检测器安装在基本臂的侧面,电缆的一端固定在顶节臂头部。

当臂架伸缩时,卷线盘在扭力弹簧的作用下相应作正反向转动,通过齿轮带动多圈电位器,将臂架长度的变化转换成电信号输出(见图3-102)。

(4)臂架角度检测器。臂架角度检测器用来测量臂架与水平面之间的角度,角度检测器安装在长度检测器附近的臂架上。

角度检测器是一个密封的圆柱形金属盒。壳体内储有适量的硅油,重锤头部浸入油液中。这样,油液对重锤会产生阻尼作用,使输出的电信号稳定。重锤轴上装有电位器。

当臂架角度变化时,重锤相对壳体转动,电位器输出的电压随着变化,并转换成电信号输出(见图3-103)。

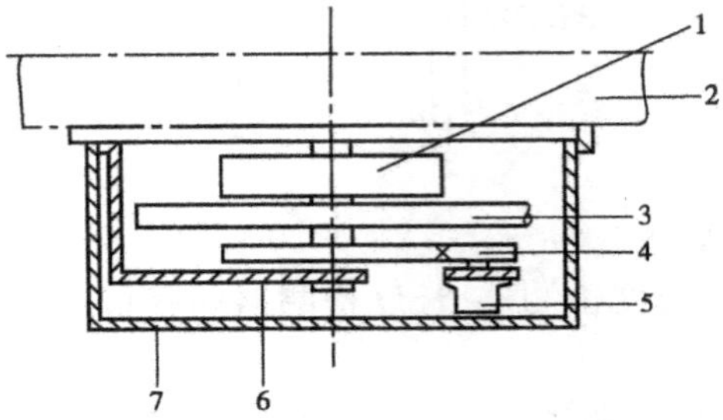

图3-102　臂架长度检测器构造图

1-发条盒;2-臂架;3-卷线盘;4-齿轮副;5-多圈电位器;6-支架;7-外壳

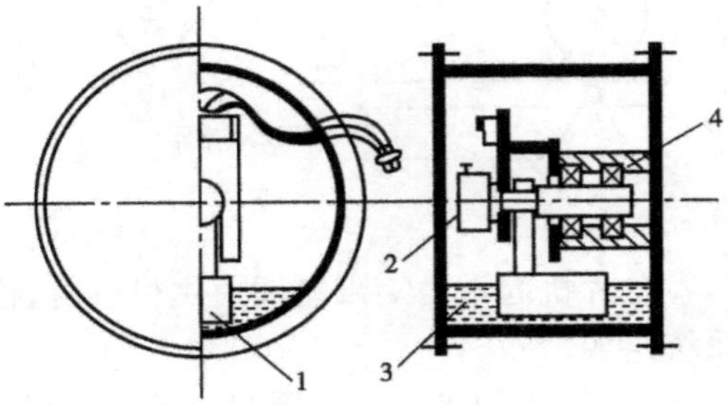

图3-103　臂架角度检测器构造图

1-重锤;2-电位器;3-硅油;4-轴承

四、限位器与安全开关

1. 起升高度限位器

为了防止因司机操作失误或其他原因而造成的起升钢丝绳过卷扬,在起重机上要安装起升高度限制器。当取物装置上升到一定高度时,它能自动切断起升电动机的电源,使电动机停止工作。

1)重锤式起升高度限制器

图3-104所示的LX10—31型起升高度限位器是一个杠杆开关。重锤的重量使限位开关的触头处于闭合状态。

当取物装置上升到极限位置时,固定在起升钢丝绳上的撞杆顶起限位开关的重锤,限位开关转柄在平衡重块的作用下转动,常闭触头断开,切断起升电源,起升机构停止起升运动。

重锤式起升高度限位器构造简单、使用方便,常用于桥式起重机和门式起重机,起着单方向起升高度限位的保护作用。

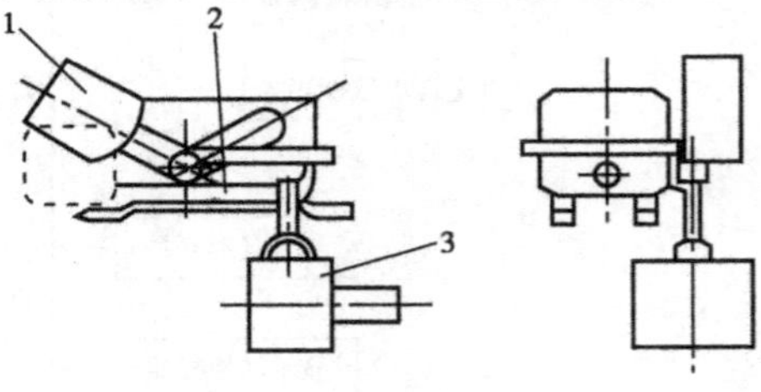

图3-104　LX10—31型起升高度限位器

1-平衡重块;2-开关转柄;3-重锤

2）螺杆式起升高度限位器

图 3-105 是螺杆式起升高度限位器结构图。螺杆式起升高度限位器由螺杆 2、移动螺母 4、固定导杆 3、螺栓 5、限位开关 6 和壳体 1 等组成。

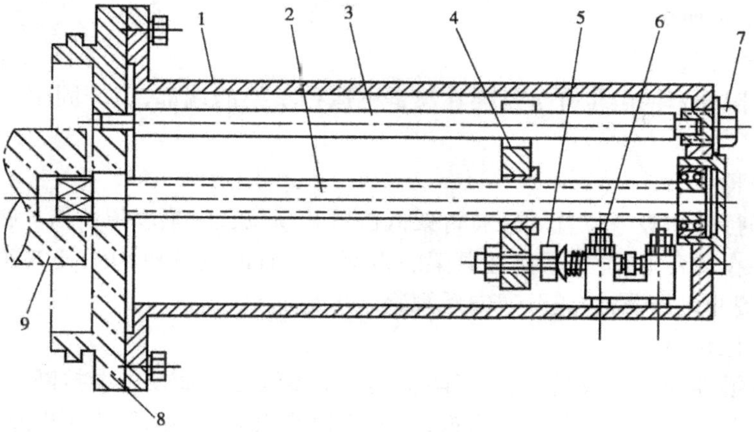

图 3-105　螺杆式起升高度限位器

1-外壳；2-方头螺杆；3-固定导杆；4-螺母；5-螺栓；6-限位开关；7-螺塞；8-卷筒端盖；9-卷筒轴

螺杆的方头套在卷筒轴端的方孔内，卷筒旋转时，螺杆 2 随着转动，与螺杆啮合的螺母 4 由于固定导杆 3 的导向作用，沿螺杆轴向移动。当卷筒卷入钢丝绳使取物装置上升到极限位置时，螺栓 5 与限位开关 6 接触，切断电源，达到控制起升高度的目的。

若在螺杆的左侧也装限位开关，则当取物装置下降到极限位置时，螺栓与左侧限位开关接触，同样切断电源，达到控制下降深度的目的。螺杆式起升高度限位器可起双向行程保护。

3）压绳式起升高度限位器

图 3-106 为压绳式起升高度限位器。起升绳 1 卡在小滑轮 2 的槽中，小滑轮套在光杆 3 上并能沿光杆轴向移动。在光杆两端安装着起升限位开关 4、下降限位开关 6。

当起升货物时，钢丝绳卷入卷筒并自左向右在卷筒上排列，同时拖动小滑轮沿光杆自左向右移动。当起升到极限位置时，小滑轮碰到起升限位开关 4 的推杆，使常闭触头打开，切断电源，电动机停止上升运动。

同样，当下降货物时，钢丝绳绕出卷筒并沿卷筒自右向左移动，同时拖动小滑轮沿光杆也自右向左移动。当下降到极限位置时，小滑轮碰到下降限位开关 6 的推杆，也使常闭触头打开，切断电源，电动机停止下降运动。压绳式起升高度限位器可以实现双向行程保护。

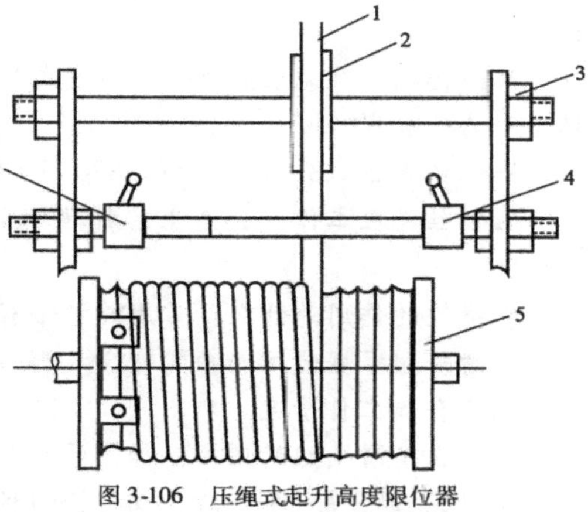

图 3-106　压绳式起升高度限位器

1-起升绳；2-小滑轮；3-光杆；4-起升限位开关；5-卷筒；6-下降限位开关

2. 行程限位器

行程限位器分接触式与非接触式两种。接触式行程限位器由限位开关与撞杆组成。当行程到达极限位置时，撞杆触动限位开关的转柄，转柄转动，切断电源，起重机或机构停止工作。接触式行程限位器在起重机中广泛使用。非接触式行程限位器由感应式、光电式、红外式等非接触的接近开关与相应的部件组成，可以在无接触的情况下实现对各种相对运动的控制和保护。

1)小车行程限位器

小车行程限位器常用于桥架型起重机起重小车的行程限位,行程开关常安装在桥架的两端,撞杆安装在小车架上。

2)起重机行程限位器

起重机行程限位器的限位开关常装在起重机运行车架的端部,撞杆固定在运行轨道尽头的止挡架上。

3)幅度限位器

在臂架俯仰行程的极限位置处应装臂架低位置和高位置的幅度限位器。幅度限位器的限位开关一般安装在转台上,撞杆固定在臂架的根部。也有的变幅机构安装减速和停止两级限位开关,并安装缓冲止挡器,防止臂架向后倾翻。

4)电缆收放限位器

当电缆从电缆卷筒全部放出后,为了防止起重机继续运行而使电缆拉断,要安装电缆收放限位器。限位开关一般装在电缆卷筒附近,当电缆快要放完时,触动限位开关,使运行机构停止运动。

3.安全开关

当起重机的司机室装在运动部分上时,进入司机室的门上应装安全开关,当门打开时,安全开关动作,自动切断电源,起重机运行机构不能起动。在司机室通往桥架走台的“舱口门”和通往端梁的栏杆门上也均装有安全开关。开启“舱口门”或栏杆门时,安全开关动作,自动切断电源,避免司机或维修人员上车触电。

复习思考题

1.同向捻钢丝绳和交互捻钢丝绳各有什么特点?如何识别与标记?适用于何种场合?为什么?

2.线接触钢丝绳主要有哪几种形式?它们各有什么特点?如何识别与标记?适用于何种场合?为什么?

3.钢丝绳 24 18×19S-WSC 1870 U SZ(GB 8918—2006)各项的含义是什么?

4.钢丝绳在工作中会产生何种破坏形式?如何正确地选用钢丝绳?如何提高钢丝绳的寿命?

5.滑轮的作用是什么?常用的滑轮有哪几种类型?各有什么特点及适用于何种场合?

6.滑轮组根据使用的功能可分成哪两种?根据结构形式又可分成哪两种?各举一例说明其使用场合和工作情况。

7.什么是滑轮组的倍率?如何计算滑轮组的倍率?滑轮组倍率选择的原则是什么?如何确定定滑轮、动滑轮、平衡滑轮及滑轮组种类?

8.在桥式起重机上常采用什么形式的卷筒?它常与什么类型的滑轮组相配?为什么?卷筒与减速器低速轴采用什么样的连接方式?有什么特点?

9.在计算起升卷筒卷绕长度时,如何确定最大起升高度?如何确定卷筒的总长?

10.钢丝绳是靠什么固定在卷筒上的?固定钢丝绳时要注意什么问题?常采用的固定装置有哪些?各有什么优点和缺点?

11. 短钩型吊钩组由哪几部分组成？其中吊钩是什么形式？适用于什么场合？

12. 双绳抓斗主要由哪几部分组成？阐述双绳抓斗的一个工作循环。

13. 双绳抓斗要保持一定的打开、闭合状态上升或下降，支持绳、闭合绳如何运动？双绳抓斗要打开、闭拢时，支持绳、闭合绳又是如何运动？

14. 如何提高抓斗的抓取能力？详细分析影响抓斗抓取性能的各种因素。

15. 能在图上指出块式制动器各部分结构的名称、详细阐述块式制动器的工作原理与工作过程。

16. 门座起重机起升机构和回转机构各采用何种形式的制动器？这些制动器采用什么形式的松闸器？为什么？

17. 按构造特点带式制动器有几种形式？流动式起重机的哪些机构可以使用带式制动器，安装在何处？

18. QJ 型减速器按结构形式可分成哪几种？如何标记？QJ 型与 QJ-D 型在性能参数和结构上有哪些不同？这两种减速器低速轴的轴伸有几种形式？如何与卷筒连接？

19. 减速器 QJS-D630-63ⅧC 各项的含义是什么？

20. 为什么要安装防风装置？何种起重机上要安装防风装置？阐述电动螺杆式夹轨器的结构、工作原理与使用特点。

21. 起重量限制器与起重力矩限制器的作用是什么？用在何种类型的起重机上，为什么？阐述杠杆式起重量限制器的组成和工作原理。

22. 在起重机上为什么要安装缓冲器？缓冲器安装在什么机构上？阐述一种典型起重机上安装的缓冲器类型和特点。

第四章　起 升 机 构

知识目标

1. 简要叙述电力驱动起升机构的典型布置方式；
2. 讲述起升机构计算的全过程，说明计算原则，分析各个计算步骤之间的联系。

能力目标

1. 确定起升机构的布置方案，绘制传动方案简图；
2. 正确进行起升机构设计计算；
3. 合理选择钢丝绳、电动机、减速器、联轴器、制动器等零部件。

第一节　概　　述

起升机构是起重机械中最重要、最基本的机构，其作用是提升或下降货物。

起升机构通常主要由取物装置、钢丝绳卷绕系统、制动装置、减速传动装置、驱动装置等组成。此外，起升机构还包括电气及液压等传动和操纵设备，支承台架、安全装置等辅助装置。

起重机上使用的取物装置有：吊钩、吊环、抓斗、电磁吸盘、吊具、挂梁等。应根据吊运货物的种类、性能和尺寸来合理地选用或设计合适的取物装置。钢丝绳卷绕系统包括：钢丝绳、滑轮与滑轮组、卷筒。起升高度限位器、下降深度限位器、超载限制器、超速保护开关等安全装置用来保证起升机构安全可靠地工作。

典型的起升机构构造如图 4-1 所示。

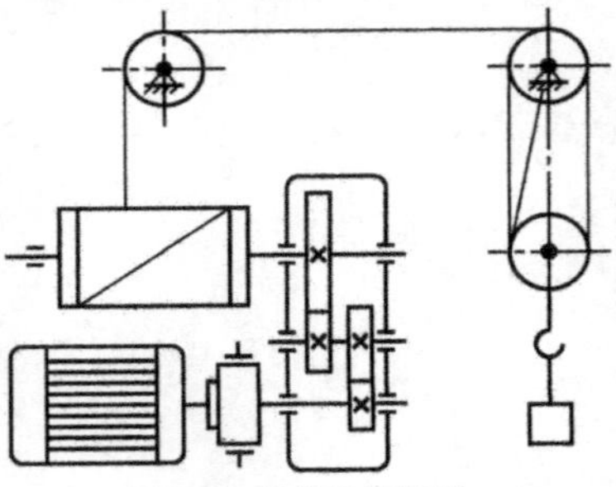

图 4-1　起升机构简图

电动机通过联轴器与减速器高速轴相连，减速器输出轴与卷筒轴连接，钢丝绳和滑轮组与吊钩连在一起。机构工作时，卷筒转动将钢丝绳卷入或放出，通过滑轮组系统、使吊钩与吊钩上的物品上升或下降；机构停止工作时，制动器使吊钩及货物悬挂在空中。吊钩的起升或下降是通过改变电动机的转向来实现的。

电动机轴和减速器高速轴之间，通常采用带制动轮的弹性套柱销联轴器或齿式联轴器。带制动轮的联轴器半体应当安装在减速器轴上，这样，可以减小联轴器的受力，并且即使联轴器损坏，制动器仍能起到制动作用，保证了工作的安全。

起升机构的制动器通常安装在高速轴上，采用与机构电动机连锁的常闭式块式制动器。高速轴转矩小、所需制动转矩小，从而使制动器的尺寸亦小。在内燃机集中驱动的起升机构、采用重力下降的起升机构及小型起重机的起升机构中，因构造和操作上的需要也可采用可操纵的带式制动器。

封闭式的标准圆柱齿轮减速器（两级或三级）在起升机构中普遍使用。一些新型的齿轮传动，如摆线行星齿轮传动、圆弧齿轮传动、渐开线少齿差行星齿轮传动和谐波传动被逐渐引用到起重机械上来。

起重量超过 10t 时，常设有两个起升机构：主起升机构与副起升机构。主起升机构的起重量大，用来起吊较重的货物；副起升机构的起重量小，用来起吊较轻的货物或作辅助性工作，但其起升速度较大，能提高起吊货物的生产率。这两个机构可以分别工作，也可以协同工作。副起升机构的起重量一般取为主起升机构起重量的 20% ~30% 。

第二节　起升机构布置方案

起升机构布置方案与起重机的驱动形式有关。

一、电力驱动起升机构布置方案

电力驱动起升机构布置方案通常分为两大类：平行轴线布置和同轴线布置。

1. 平行轴线布置

电动机轴与卷筒轴平行布置的方式应用最广。

1）吊钩起重机

在图 4-2a）所示的方案中，卷筒轴一端通过齿式联轴器与减速器的输出轴直接连接，使结构紧凑，制造、安装分组性好，卷筒轴受力静定。选用减速器时，减速器中心距应满足电动机和卷筒的平面布置尺寸。卷筒较长时，在减速器和电动机之间也可装一根浮动轴，以求得布置匀称并且增强补偿性能。

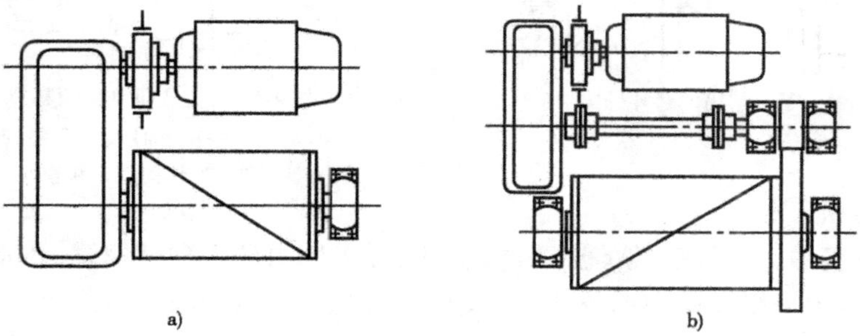

图 4-2　起升机构布置

a）卷筒与减速器直接连接；b）带有开式齿轮传动的起升机构

在图 4-2b）所示方案中，减速器与卷筒之间增加了一对开式齿轮传动，通过两个半联轴器和一根浮动轴连接。这种传动形式适用于标准减速器的功率和传动比不能满足要求的那些重载、低速的起升机构中。

图 4-3 是有主、副两个起升机构的布置方式，也有采用电动葫芦作为副起升机构，这样，使得布置更加紧凑。

在重载、低速，大起升高度的起升机构中，为了选用标准部件和获得较紧凑的布置方式，常用两台功率较小的电动机代替一台大功率的电动机，并采用两个单联卷筒，形成图 4-4 所示的布置方案。

在上述起升机构布置方案中，各部件（电动机、制动器、减速器、卷筒）都有各自的支座，而这些支座又分别固定在一

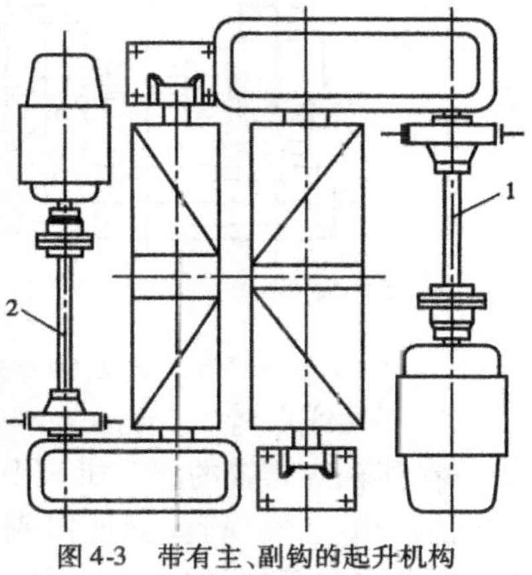

图 4-3　带有主、副钩的起升机构

1-主起升机构；2-副起升机构

个公共的底座上，形成一个多支点支承结构。为了保证这些部件的轴线相互对中，要求底座具有足够的刚度，从而使底座的自重增大。

近年来，随着高速电动机和减速器制造技术的发展，在国内外开发了起升机构三点支承结构形式（见图4-5）。在这种形式中，卷筒轴的一端为悬臂外伸花键轴，电动机和制动器直接安装在减速器的箱体上，减速器的低速轴制成一个内花键轴套，将其套装在卷筒的花键轴上，即减速器为悬挂式，通过渐开线花键将电动机的转矩传给卷筒轴。

卷筒支承在两个轴承座上，即为两个支点。为了防止反作用转矩使减速器绕低速轴旋转，在减速器高速轴一侧的箱体下方另设一个支承，从而形成了三点支承结构。在减速器的支承点还可安装测力传感器，用来检测起升载荷大小，实行超载保护。

在三点支承结构中，由于支承状态是理想的简支状态，改善了减速器箱体的受力；方便了各部件的安装、定位，以及减速器低速轴密封圈的更换；而且采用高速电动机后，电动机的性能得到了改善，外形尺寸与重量减小；另外，各部件的支座、底座的刚度要求降低，自重减小，使起升机构的重量也减轻了很多。

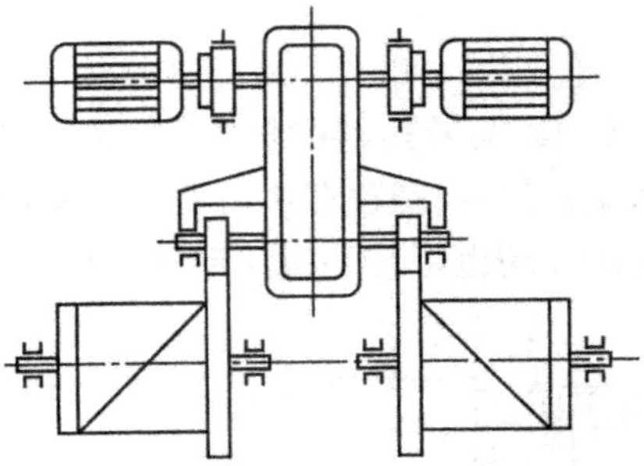

图4-4　带双卷筒的起升机构

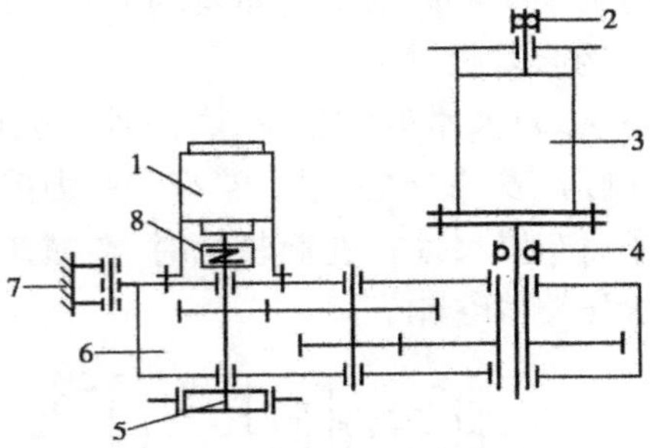

图4-5　三点支承结构的起升机构

1-电动机；2、4-卷筒轴承座；3-卷筒；5-制动器；6-减速器；7-支承点；8-联轴器

2）抓斗起重机

在抓斗起重机中，为了使用双绳（四绳）抓斗，常采用由两套独立驱动、传动装置组成的双卷筒起升机构，其中一组卷筒作抓斗开闭用，另一组作支持抓斗用。当两组卷筒协同工作时，可使抓斗上升、下降；当两组卷筒分别工作时，可实现抓斗的张开、闭拢，如图4-6所示。

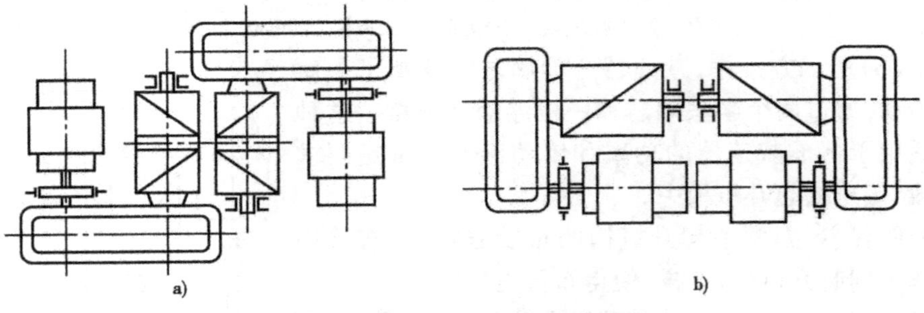

图4-6　抓斗起重机双卷筒起升机构

a）桥式起重机抓斗起升与开闭机构布置；b）门座起重机抓斗起升与开闭机构布置

2. 同轴线布置

在同轴线布置的起升机构中，电动机、减速器和卷筒成直线排列，电动机和卷筒分别布置在同轴线减速器（行星减速器或少齿差行星减速器）的两端，或者把减速器（或电动机和减速器）布置在卷筒内，如图4-7所示。同轴线布置的起升机构横向尺寸紧凑，但加工精度和安装

要求较高,维修稍为不便。

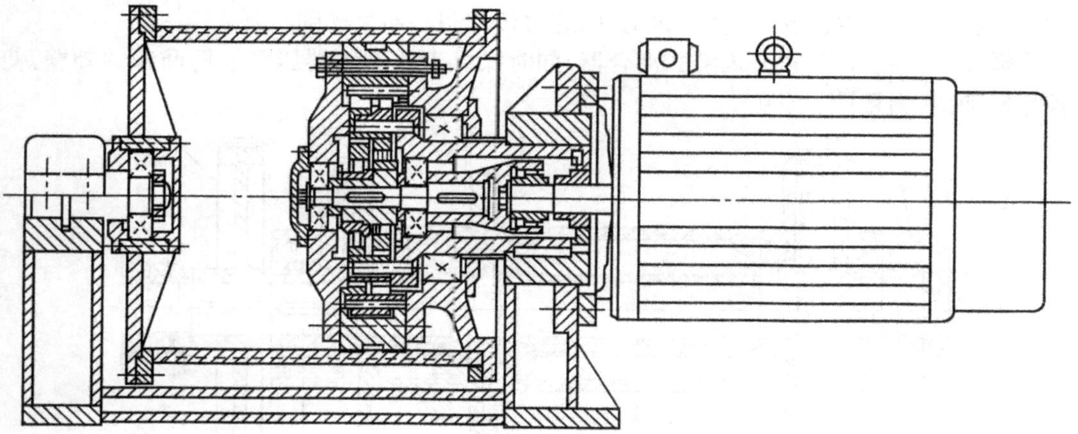

图4-7　同轴线布置的起升机构

电动葫芦是一种常用的轻小起重设备,广泛应用于仓库、车间。电动葫芦是电动机与卷筒同轴线布置的又一典型例子。如图4-8所示:装在卷筒3一端的电动机,通过弹性联轴器8与装在卷筒另一端的减速器1相连。锥形制动器6装在电动机尾端的风扇轴上。

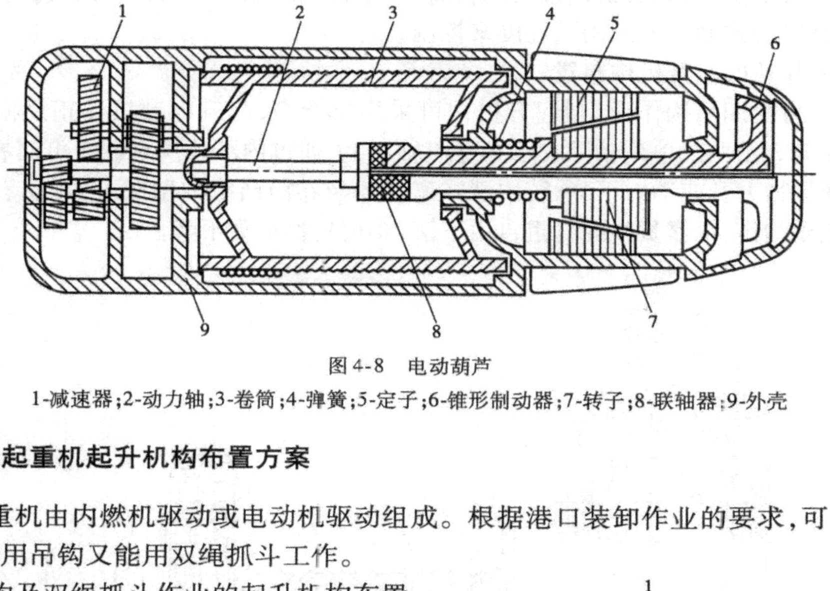

图4-8　电动葫芦

1-减速器;2-动力轴;3-卷筒;4-弹簧;5-定子;6-锥形制动器;7-转子;8-联轴器;9-外壳

二、轮胎起重机起升机构布置方案

轮胎起重机由内燃机驱动或电动机驱动组成。根据港口装卸作业的要求,可以用吊钩作业,也可既能用吊钩又能用双绳抓斗工作。

1. 用吊钩及双绳抓斗作业的起升机构布置

1)布置形式(见图4-9)

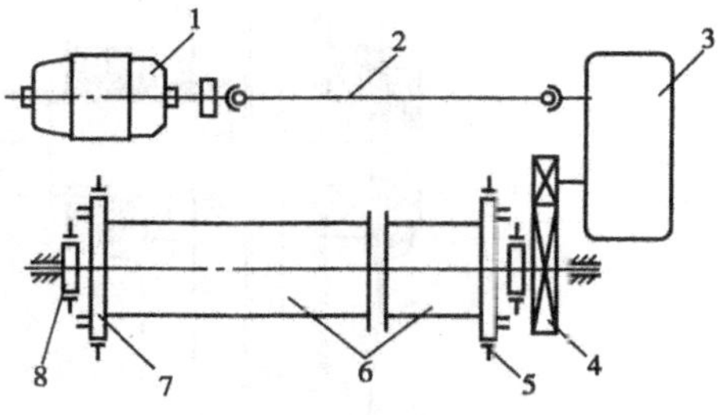

图4-9　Q161型轮胎起重机起升机构传动图

1-电动机;2-传动轴;3-减速器;4-开式齿轮传动;5-制动器;6-主、副卷筒;7-内涨式离合器;8-操纵离合器的小制动器

轮胎起重机起升机构由一台驱动装置通过减速器集中驱动。如图4-10所示:主卷筒3、副卷筒5分别通过滚动轴承4支承在同一根卷筒轴9上,卷筒的一端有摩擦凸缘,在摩擦凸缘的内、外面分别安装着内涨式离合器和带式制动器。通过内涨式离合器6,卷筒轴可带动卷筒一起转动,卷筒和卷筒轴也可以各自独立地转动。

2)工作原理

起升电动机只向一个方向转动,因此,卷筒轴只作货物起升方向旋转。要起升货物时，操纵内涨式离合器，使内涨式离合器张开并压紧卷筒凸缘的内壁，卷筒轴带动卷筒转动，使货物上升，这时带式制动器呈松闸状态。

当需要停止起升时，松开内涨式离合器，同时操纵带式制动器压紧卷筒凸缘的外壁，使卷筒停止转动，货物悬挂在空中。

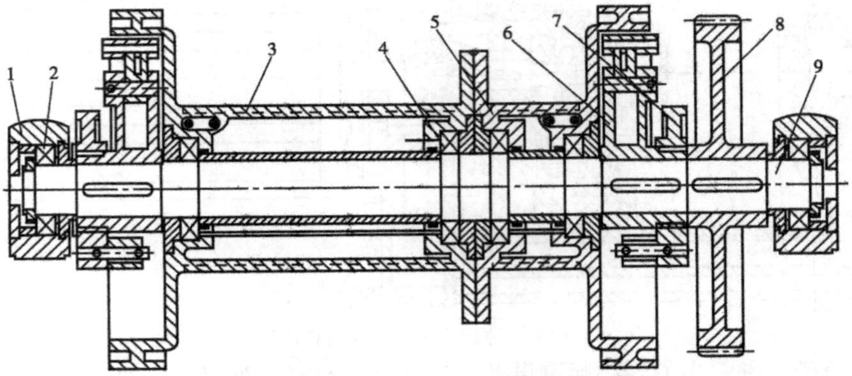

图 4-10　Q161 型轮胎起重机起升机构卷筒装配图

1-轴承座；2-轴承；3-主卷筒；4-轴承；5-副卷筒；6-内涨式离合器；7-小涨带轮；8-齿轮；9-卷筒轴

当货物需要下降时，只要松开带式制动器，由于自重的作用，货物即可自由下落，其下降的速度可通过操纵带式制动器的松紧程度来控制。

2. 用吊钩作业的起升机构布置

若轮胎起重机用吊钩作业，则起升机构可采用单卷筒，起升电动机作正反向旋转。如图 4-11 所示：卷筒 3 用两只单列轴承支承在卷筒轴 2 上，通过内涨式离合器 5 可使卷筒轴带动卷筒转动，实现货物上升或动力下降；若内涨式离合器与卷筒凸缘内壁脱开，可使卷筒轴与卷筒脱离，各自独立动作，依靠货物的自重自由下落，实现货物重力下降。

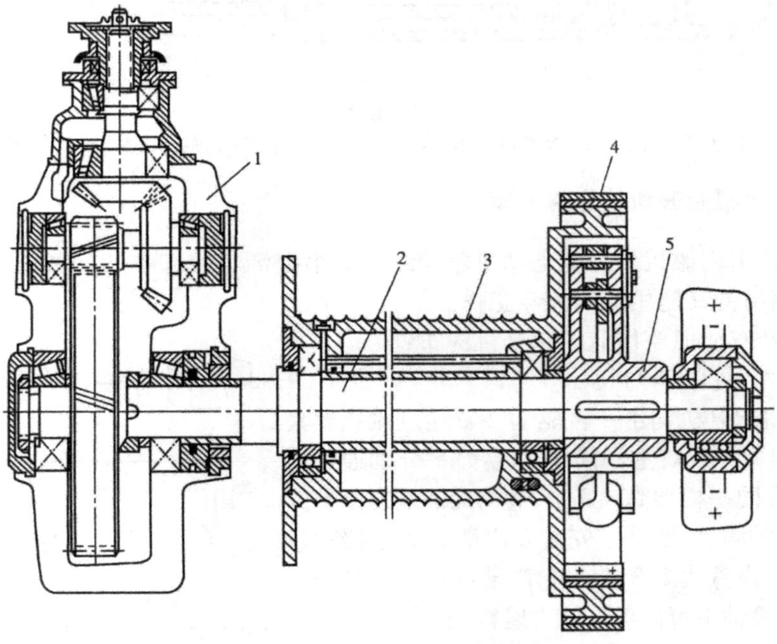

图 4-11　QL16B 轮胎起重机起升机构卷筒装配图

1-减速器；2-卷筒轴；3-卷筒；4-带式制动器；5-内涨式离合器

三、起升机构驱动装置的机械变速方法

某些起重机的起升机构要求有一定的调速范围，如大起升高度的装卸用起重机要求空钩能快速下降；有些起重机在不同的起重量时要有两种不同的速度；安装用起重机要有微速升降功能。要实现工作速度的变化，除了采用电气调速外，还可以用机械调速方法。

1. 变速齿轮箱变速

如图 4-12 所示：在电动机与减速器之间接入机械变速箱，通过手柄带动拨叉来改变传动比。这种变速方法适用于在同一个起升功率下起重机有两组起重量和起升速度的场合，并且速度转换只能在无载情况下进行。

2. 双电动机—行星减速器传动

采用两个电动机通过行星减速器带动起升卷筒。两个电动机同向旋转或反向旋转，或一个制动另一个转动，利用行星减速器的运动叠加，使卷筒获得四种转速，因此可得到四种不同的升降速度（见图 4-13）：

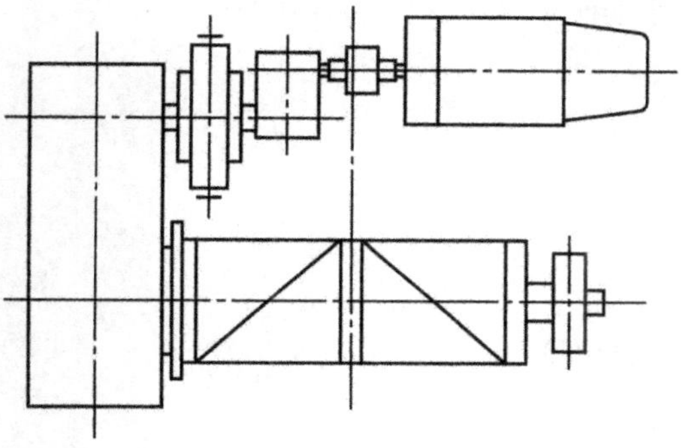

图 4-12　带变速齿轮箱机械换挡的起升机构

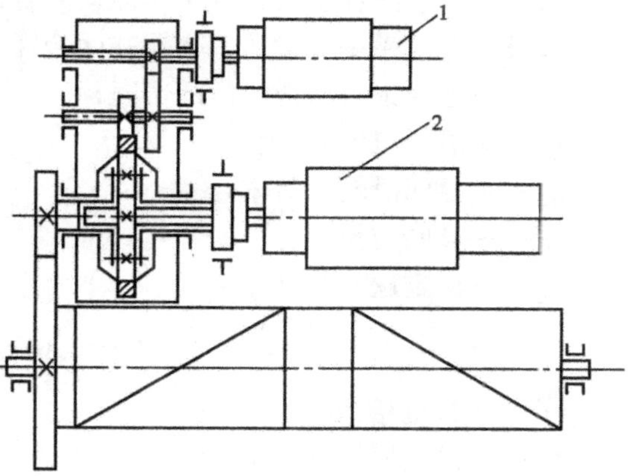

图 4-13　双电动机—行星减速器传动

1-电动机 1；2-电动机 2

(1) 电动机 1 工作，电动机 2 轴上的制动器制动，起升（或下降）速度为 v_1；

(2) 电动机 2 工作，电动机 1 轴上的制动器制动，起升（或下降）速度为 v_2；

(3) 电动机 1 与电动机 2 同向旋转，起升（或下降）速度为 $v_1 + v_2$；

(4) 电动机 1 与电动机 2 反向旋转，起升（或下降）速度为 $v_2 - v_1$。

第三节　起升机构的计算

给定的设计参数：起重量 G 或额定起重量 G_n，起升速度 v_q、起升高度 H、工作级别及 JC 值等。初步确定起升机构的布置方案并绘制传动方案简图。

一般的计算步骤如下。

一、钢丝绳选择

1. 确定起升滑轮组倍率

根据起重机的类型、起重量确定滑轮组种类、倍率。可参考表 3-6、表 3-7、表 3-8。

绘制钢丝绳卷绕系统简图。

2. 钢丝绳最大工作静拉力

$$S = \frac{xP_Q}{a\eta_Z\eta_D^{\alpha}} \quad (N) \tag{4-1}$$

式中：x——承载分支系数。

对吊钩：单联滑轮组 $x=1$；

双联滑轮组 $x=0.5$；

对双绳抓斗：如使用的系统能自动地且快速地使闭合绳和支持绳中的载荷平均分配或将两绳之间的载荷差异仅限制在闭斗末期或开始张开的一个极短时期内，则闭合绳和支持绳各取 $x=0.66$；

当采用直流调速或交流变频调速，并进行特殊设计，能保证抓斗离地时起升与闭合机构载荷准确协调共同承担，则闭合绳和支持绳各取 $x=0.55$；

如使用的系统在提升过程中不能使闭合绳和支持绳中的载荷平均分配，实际上在抓斗闭合及起升初期几乎全部载荷都作用在闭合绳上，则闭合绳 $x=1$，支持绳 $x=0.66$；

a——起升钢丝绳滑轮组的倍率；

η_Z——滑轮组效率，表 3-9；

η_D——导向滑轮的效率，见表 4-1；

α——导向滑轮数；

P_Q——额定起升载荷，N；

$$P_Q = (G + G_d)g \quad (N) \tag{4-2}$$

G——起重量，kg；

G_d——吊具质量，kg，见表 4-2。

当起升高度大于等于 50m 时，还需考虑钢丝绳质量。

导向滑轮效率 η_D 表 4-1

α°		15	45	90	180
η_D	滑动轴承	0.985	0.975	0.96	0.95
	滚动轴承	0.99	0.987	0.985	0.98

起重量与吊具质量的关系 表 4-2

起重量 G(t)	吊具质量 G_d(t)	起重量 G(t)	吊具质量 G_d(t)
3～8	2% G	80～125	3.5% G
12.5～20	2.5% G	160～250	4% G
32～50	3% G		

3. 选钢丝绳

(1) 根据钢丝绳的使用场合，选择钢丝绳结构形式，见表 3-1。

(2) 确定钢丝绳绳芯、钢丝绳级别、表面特性和捻制方式。

(3) 按式(3-1)或式(3-3)，计算钢丝绳直径。

(4)标注钢丝绳。按《钢丝绳 术语、标记和分类》(GB/T 8706—2006)标注钢丝绳型号。

二、滑轮和卷筒尺寸、卷筒转速计算

1. 滑轮计算

(1)滑轮直径按式(3-4)计算。

将滑轮槽底直径按滑轮直径标准系列圆整,并与钢丝绳直径匹配。

(2)滑轮材料。滑轮采用力学性能不低于HT200灰铸铁,工作繁忙的起重机及抓斗闭合滑轮组的滑轮选用ZG270—500铸钢铸造。

大直径滑轮宜采用低碳钢Q235焊接而成。轧制滑轮采用低碳钢Q235、16Mn等。

(3)滑轮绳槽及轮缘尺寸。滑轮绳槽与轮缘尺寸参见附表2-1。按比例画出滑轮绳槽断面图。

2. 卷筒计算

(1)卷筒直径按式(3-9)计算。

卷筒槽底直径一般采用表3-10的系列。

(2)确定卷筒的结构形式。

①卷筒一般为圆柱形,表面可以是光面的,也可以带螺旋槽。槽形分标准槽和深槽。

②卷筒绳槽尺寸参见附表3-1。按比例画出卷筒槽形图。

(3)卷筒材料。卷筒材料一般采用不低于HT200的灰铸铁,特殊需要时可用铸钢ZG270—500,大直径卷筒可用Q235—A钢板卷成筒状焊接而成。

(4)卷筒长度。根据卷筒的结构与卷绕方式,按式(3-10)、式(3-12)、式(3-15)计算。

(5)卷筒壁厚。根据制造卷筒的材料,按式(3-16)、式(3-17)计算。

(6)卷筒强度计算。当$L \leqslant 3D$时,按式(3-18)计算;当$L > 3D$时,按式(3-19)计算。

3. 卷筒转速

$$n_t = \frac{60 a v_q}{\pi D} \quad (\mathrm{r/min}) \tag{4-3}$$

式中:v_q——起升速度,m/s;

D——卷筒卷绕直径,m。

三、电动机选择

1. 电动机稳态起升功率

当起升机构用一台电动机驱动时:

$$P_N = \frac{P_Q v_q}{1000\eta} \quad (\mathrm{kW}) \tag{4-4}$$

式中:P_Q——额定起升载荷,N;

v_q——起升速度,m/s;

η——起升机构总效率,

$$\eta = \eta_z \cdot \eta_D^{\alpha} \cdot \eta_t \cdot \eta_{ch}$$

η_t——卷筒效率,$\eta_t = \eta_D$;

η_{ch}——传动机构的机械效率，与传动形式有关，见表4-3。

表4-3

传动效率 η_{ch}

常用传动形式	轴承形式	η_{ch}
闭式双级圆柱齿轮传动	滚动	0.94~0.96
闭式三级圆柱齿轮传动	滚动	0.92~0.94
开式一级圆柱齿轮传动	滚动	0.92~0.94
	滑动	0.90~0.92
闭式双级圆锥齿轮传动	滚动	0.88~0.92
	滑动	0.85~0.90
开式一级圆锥齿轮传动	滚动	0.90~0.92
	滑动	0.88~0.90
一级行星摆线针轮传动	滚动	0.85~0.90
蜗杆传动	单头	0.70~0.75
	双头	0.75~0.80
	三头	0.80~0.85

2. 初选电动机

(1)对能提供 CZ 值及相应计算数据的 YZR 系列异步电动机，所选电动机的功率为：

$$P_n \geqslant GP_N \tag{4-5}$$

式中：P_n——所选电动机在相应的 CZ 值和实际接电持续率 JC 值下的功率，kW；

P_N——电动机的稳态起升功率，kW；

G——稳态负载平均系数，见表4-4、表4-8。

表4-4

稳态负载平均系数 G

机构 \ 稳态负载平均系数			G_1	G_2	G_3	G_4
起升			0.70	0.80	0.90	1.00
运行	室内工作	小车	0.70	0.80	0.90	1.00
		大车	0.85	0.90	0.95	1.00
	室外工作	大、小车	0.75	0.80	0.85	0.90
回转	室内工作		0.80	0.85	0.90	1.00
	室外工作		0.50	0.60	0.70	0.80
变幅			0.70	0.75	0.80	0.85

(2)对未能提供 CZ 值及相应计算数据的电动机，但已知起升机构工作级别的，则根据电动机稳态起升功率 P_N 的值，按照起升机构工作级别，查出等效接电持续率 JC'后，从电动机产品样本中初选所需的电动机(见表4-5)。

(3)对抓斗起重机，如钢丝绳卷绕系统能使闭合绳和支持绳的载荷接近平均分配，则闭合绳机构和支持绳机构电动机功率各为总计算功率的66%；当采用直流调速或交流变频调速，能实时监控并保证抓斗闭合终止时支持绳与闭合绳的载荷准确相等，各机构电动机功率为总计算功率的55%。

机构工作级别与等效接电持续率 JC' 表 4-5

起升机构工作级别	电动机等效接电持续率 JC'(%)	起升机构工作级别	电动机等效接电持续率 JC'(%)
$M_1 \sim M_3$	15 ~ 25	M_6	40
$M_4 \sim M_5$	25	$M_7 \sim M_8$	60

四、减速器选择

1. 计算传动比

$$i_c = \frac{n}{n_t} \tag{4-6}$$

式中:n——电动机额定转速,r/min;

n_t——卷筒转速,r/min。

2. 确定减速器传动比

按所采用的传动方案,若起升机构的传动装置为标准减速器,则减速器的传动比为计算传动比 i_c;

若起升机构的传动装置为标准减速器与开式齿轮传动等,则要对计算传动比 i_c 进行传动比分配,使 $i_c = i_1 \cdot i_2$,其中 i_1 为减速器传动比,i_2 为开式齿轮传动比。

3. 选减速器

(1)根据减速器输入轴转速、减速器传动比 i_c(或 i_1)、高速轴功率、机构的 JC 值,从减速器的承载能力表上选合适的减速器。

(2)选择减速器的装配形式及低速轴形式。

(3)写出减速器型号及其技术性能参数。

(4)减速器验算

减速器的中心距等尺寸应满足起升机构布置的要求。

起升机构采用 QJ 系列起重机减速器时:

$$[P] \geqslant \frac{1}{2}(1 + \varphi_2) \times 1.12^{(i-5)} P_n \qquad (\text{kW}) \tag{4-7}$$

式中:$[P]$——减速器高速轴许用功率,kW;

φ_2——起升动载系数;

i——工作级别,$i = 1 \sim 8$;

其余符号意义同前。

采用起重机用减速器时,当所选用的减速器参数表上标注的工作级别与所设计的起升机构的工作级别不一致时,应引入减速器功率修正系数。

采用普通用途减速器时,用电动机的最大起动转矩验算减速器输入轴的强度,用额定起升载荷作用在减速器输出轴的短暂最大力矩和最大径向力验算减速器输出轴的强度。即

$$F_{max} \leqslant [F_r] \qquad (\text{N}) \tag{4-8}$$

式中:$[F_r]$——减速器输出轴允许的最大径向力,N;

F_{max}——轴端最大径向力,N,由钢丝绳最大静拉力、卷筒重力以及具体支承情况确定。

五、实际起升速度计算和校核

1. 实际起升速度

$$v'_q = \frac{n\pi D}{60ai} \qquad (\mathrm{m/s}) \tag{4-9}$$

式中：i——传动装置的实际传动比；

其余符号意义同前。

2. 实际起升速度应满足的条件

$$\left|\frac{v_q - v'_q}{v_q}\right| \times 100\% \leqslant 5\% \tag{4-10}$$

式中：v_q——设计参数中给定的起升速度，m/s；

v'_q——实际起升速度，m/s。

当误差 >5% 时，应重新选择减速器；根据计算传动比 i_c 设计传动装置或修正卷筒直径。

六、联轴器选择

1. 联轴器的计算转矩

$$M_L = kM'_L \qquad (\mathrm{N \cdot m}) \tag{4-11}$$

式中：k——系数，与工作级别、联轴器的重要性，所连接的轴有关，$k = 1.3 \sim 3.1$；起升机构和变幅机构取大值；

M'_L——联轴器所连接轴的传递转矩，N · m 。

2. 选联轴器

起重机上常用的联轴器有弹性套柱销联轴器、梅花型弹性联轴器、齿式联轴器和万向联轴器等。起升机构高速轴可采用弹性套柱销联轴器、梅花型弹性联轴器和齿式联轴器，低速轴一般采用齿式联轴器。

1）选择高速轴联轴器

（1）确定联轴器类型，按联轴器的计算转矩 M_L，被连接轴的尺寸（直径、长度），转速选具体的型号。满足：

$$M_L \leqslant [M_L] \qquad (\mathrm{N \cdot m}) \tag{4-12}$$

式中；$[M_L]$——联轴器的许用转矩，N · m。

（2）写出联轴器的型号。型号；轴孔形式；键槽形式；轴孔直径、长度等性能参数。

2）选择低速轴联轴器

（1）当减速器与卷筒采用非特种齿式联轴器时，按联轴器的计算转矩 M_L，被连接轴的尺寸（直径、长度），转速选具体的型号。满足：

$$M_L \leqslant [M_L]$$

并写出联轴器型号。

（2）当减速器与卷筒采用特种齿式联轴器时，按减速器低速轴端带有的齿式联轴器的外齿轮的模数和齿数，确定内齿圈的基本尺寸。

七、电动机验算

1. 起动时间验算

起重机是一种间歇动作的机械，工作有周期性，在每个工作循环中，起升机构被断续地开动和停止。在起动和制动时期，机构作变速运动，因此，有加速度和惯性力的作用。

机构起动时，电动机发出起动转矩。使机构由静止开始运动。起动转矩除克服稳态起升额定起升载荷的转矩外，还有一部分转矩使运动质量加速。

起动时间最长发生在满载上升的过程，故常常验算起升额定起升载荷时的起动时间。

电动机轴上转矩平衡方程式：

$$M_{dq} = M_N + M_g \qquad (N \cdot m) \tag{4-13}$$

式中：M_{dq}——电动机平均起动转矩，N·m；

M_N——稳态起升额定起升载荷的转矩，N·m，

$$M_N = \frac{P_Q D}{2ia\eta} \qquad (N \cdot m) \tag{4-14}$$

M_g——在加速过程中运动质量引起的惯性转矩，N·m；

$$M_g = M_{g1} + M_{g2} \qquad (N \cdot m)$$

M_{g1}——作直线运动部分质量加速时的惯性转矩，N·m；

$$M_{g1} = \frac{P_Q}{g} \cdot \frac{v_q}{t_q} \cdot \frac{D}{2ia\eta} = \frac{P_Q}{g} \cdot \frac{\pi Dn}{60iat_q} \cdot \frac{D}{2ia\pi} = \frac{P_Q D^2 n}{382i^2 a^2 \eta \cdot t_q} \qquad (N \cdot m) \tag{4-15}$$

M_{g2}——作回转运动部分的质量加速时的惯性转矩，N·m。回转运动部分包括从电动机轴到卷筒轴的所有传动零件。由于高速轴以外各轴的惯性转矩对高速轴的影响与它们到高速轴传动比平方成反比，一般只相当于高速轴的10%～20%，所以：

$$M_{g2} = kJ\varepsilon = kJ\frac{2\pi n}{60t_q} = kJ\frac{n}{9.55t_q} \qquad (N \cdot m) \tag{4-16}$$

J——高速轴上回转质量（包括电动机转子、带制动轮的联轴器）的转动惯量，kg·m²；

$$J = J_1 + J_2 \qquad (kg \cdot m^2)$$

J_1——电动机转子的转动惯量，kg·m²；

J_2——电动机轴上制动轮和联轴器的转动惯量，kg·m²；

k——其他传动件的转动惯量折算到电动机轴上的影响系数，$k = 1.05 \sim 1.20$；

其余符号意义同前。

起动时间：

$$t_q = \frac{n \cdot \sum J}{9.55(M_{dq} - M_N)} \qquad (s) \tag{4-17}$$

式中：n——电动机额定转速，r/min；

M_{dq}——电动机平均起动转矩，N·m，

$$M_{dq} = \lambda_{AS} M_n \tag{4-18}$$

λ_{AS}——电动机平均起动转矩倍数，见表4-6；

M_n——电动机额定转矩，N·m；

M_N——稳态起升额定起升载荷的转矩，N·m；

$\sum J$——机构总转动惯量，即折算到电动机轴上的机构旋转运动质量与直线运动质量转动惯量之和，kg·m²，

$$\sum J = k(J_1 + J_2) + \frac{P_Q D^2}{4ga^2 i^2 \eta} \qquad (kg \cdot m^2) \tag{4-19}$$

P_Q——额定起升载荷，N；

D——卷筒的卷绕直径，m；

a——起升钢丝绳滑轮组的倍率；

i——起升机构的总传动比(从电动机轴到卷筒轴)；

η——起升机构总的机械效率。

电动机平均起动转矩倍数值 表 4-6

电动机形式		λ_{AS}
起重用三相交流绕线式电动机		1.5~1.8
起重用三相笼型电动机	普通形式	电动机堵转转矩倍数
	变频器控制形式	1.5~1.8
并励直流电动机		1.7~1.8
串励直流电动机		1.8~2.0
复励直流电动机		1.8~1.9

起动时间依起升速度而定，对于一般起升速度不太大的起重机，$t_q=0.5\sim2s$；小起重量的起重机，起动时间可短些，起重量大的起重机，起动时间可稍长，见表 4-7。

起升机构起(制)动时间和平均升降加(减)速度值 表 4-7

起重机的用途及类型	起(制)动时间(s)	平均加(减)速度(m/s^2)
作精密安装用的起重机	1~3	≤0.01
吊运液态金属和危险品的起重机	3~5	≤0.07
通用桥式起重机和通用门式起重机	0.7~3	0.01~0.15
冶金工厂中生产率高的起重机	3~5	0.02~0.05
港口用门座起重机	1~3	0.3~0.7
岸边集装箱起重机	1.5~5	0.2~0.8
卸船机	1~5	0.5~2.2
塔式起重机	4~8	0.25~0.5
汽车起重机	3~5	0.15~0.5

起动时间是否合适，还可以根据平均加速度来判断，表 4-7。

$$a_q=\frac{v'_q}{t_q}\qquad (m/s^2) \tag{4-20}$$

式中：a_q——起动平均加速度，m/s^2；

其余符号意义同前。

起动时间过短，说明所选电机功率余量过大，则应选低一档的电动机或采用电气控制；起动时间过长，则是电动机容量不足，应改选高一档的电动机。

2. 电动机过载验算

由于起升机构电动机在工作中会有电压损失，最大转矩或堵转转矩有允差，并且要起升 1.25 倍的额定载荷作静载试验等，所以对起升机构电动机要进行过载验算。

$$P_N\geqslant\frac{H}{m\lambda_m}\cdot\frac{P_Qv'_q}{1000\eta}\qquad (kW) \tag{4-21}$$

式中：P_N——电动机的额定功率，kW；

λ_m——相对于 P_N 时的电动机最大转矩倍数(电动机制造商提供),对于直接全压起动的笼型电动机,堵转转矩倍数 $\lambda_m \geq 2.2$;

H——系数,按电压有损失(交流电动机 -15%。直流电动机和变频电动机不考虑)、最大转矩或堵转转矩有允差(绕线转子异步电动机 -10%,笼型异步电动机 -15%,直流电动机和变频电动机不考虑)、起升额定载荷等条件确定,绕线转子异步电动机和笼型异步电动机 $H=2.5$,变频异步电动机 $H=2.2$,直流电动机 $H=1.4$;

m——电动机台数;

其余符号意义同前。

3. 电动机的发热验算

起升机构的电动机由于起动电流较大、起动次数频繁而引起发热。若电动机温升过高,会使绕组的绝缘性能降低,严重时会损坏电动机,所以,需要对初选的电动机进行发热验算,以控制电动机的温升,使之在容许的范围之内。

桥式、门式、门座等类型的起重机采用 YZR 系列交流异步绕线转子电动机的发热验算:

(1)确定 JC 值、CZ 值、G 值。机构的接电持续率 JC 值、CZ 值、稳态负载平均系数 G 值,可根据实际载荷情况进行计算。如无法得到载荷情况的详细资料,则可根据起重机形式及其用途参考表 4-8 选取。

JC、CZ、G 值 表 4-8

起重机形式		用途	起升机构			副起升机构		
			JC%	CZ	G	JC%	CZ	G
桥式起重机	吊钩式	电站安装及检修用	15~25	150	G_2	15~25	150	G_1
		车间及仓库用	25	150	G_2	25	150	G_2
		繁重工作车间、仓库用	40	300	G_2	25	150	G_2
	抓斗式	间断装卸用	40	450	G_2			
门式起重机	吊钩式	一般用途	25	150	G_2	25	150	G_2
门座起重机	吊钩式	安装用	25	150	G_2	25	150	G_2
	吊钩式	装卸用	40	300	G_2			
	抓斗式		60	450	G_3			

起重机型式		小车运行机构			大车运行机构			回转机构			变幅机构		
		JC%	CZ	G	JC%	CZ	G	JC%	CZ	G	JC%	CZ	G
桥式起重机	吊钩式	15	300	G_1	15	600	G_1						
		25	300	G_2	25	600	G_2						
		25	600	G_2	40	1000	G_2						
	抓斗式	40	800	G_2	40	1500	G_2						
门式起重机	吊钩式	25	300	G_2	25	450	G_2						
门座起重机	吊钩式				25	150	G_2	25	300	G_2	25	150	G_2
	吊钩式				15	150	G_2	25	1000	G_2	25	600	G_2
	抓斗式				15	150	G_2	40	1000	G_2	40	600	G_2

CZ 值是起重机起动、制动影响电动机发热的重要参数,是惯量增加率 C 与折合的每小时全起动次数 Z 的乘积。

G 值为稳态负载平均系数,其值见表 4-4。

(2)根据电动机的型号、机构的 JC 值、CZ 值,查电动机在不同接电持续率 JC 值和不同 CZ 值时的允许输出容量表,得该电动机的允许输出功率 P_n。

(3)计算电动机的稳态平均功率。

$$P_s = G\frac{P_Q v'_q}{1000\eta} \quad (\text{kW}) \tag{4-22}$$

式中:G——稳态负载平均系数,见表 4-4;

其余符号意义同前。

(4)当 $P_n \geqslant P_s$ 时,电动机发热验算合格。

八、制动器的选择

1. 稳态下降额定载荷时作用在制动器轴上的转矩

$$M'_j = \frac{P_Q D\eta_{Q-Z}}{2ai_{Q-Z}} \quad (\text{N}\cdot\text{m}) \tag{4-23}$$

式中:P_Q——额定起升载荷,N;

η_{Q-Z}——额定起升载荷到制动轮轴的机械效率;

i_{Q-Z}——制动轮轴到卷筒轴的总传动比;

其余符号意义同前。

2. 支持制动器轴上的计算制动转矩

$$M_Z = K_Z M'_j \tag{4-24}$$

式中:K_Z——制动安全系数(每一个制动器的制动安全系数),见表 4-9;

其余符号意义同前。

制动安全系数 K_Z 表 4-9

起升机构工作级别和使用场合		K_Z
一般起升机构($M_1 \sim M_5$ 起升机构)		≥1.50
重要起升机构($M_6 \sim M_8$ 起升机构)		≥1.75
吊运液态金属和危险品的起升机构	在一套驱动装置中装两个支持制动器	≥1.25
	两套驱动装置,刚性相连,每套驱动装置装有两个支持制动器	≥1.10
	采用行星差动减速器传动,每套驱动装置装有两个支持制动器	≥1.75
液压传动起升机构		≥1.25

3. 选制动器

起升机构的每套独立的驱动装置至少要装设一个支持制动器。吊运液态金属或其他危险品的起升机构,每套独立的驱动装置至少应有两个支持制动器。

起升机构使用的支持制动器通常是常闭式的,制动轮(制动盘)应装在与传动机构刚性连接的轴上。

(1)根据作业的要求,确定制动器的类型,按制动器的计算制动转矩选择一个具体型号。

制动器的产品目录中标明的制动转矩是该型号的最大值,如所需的制动转矩小于标明的最大值时，可通过调整其制动弹簧行程来调整制动器的制动转矩。

(2)根据制动转矩设计制动器(如带式制动器)。

4. 制动时间验算

制动时间最长发生在满载下降制动时，因此常验算满载下降时的制动时间。

采用机械式制动器的制动时间：

$$t_Z=\frac{n'\sum J'}{9.55(M_Z-M'_j)} \quad (s) \tag{4-25}$$

式中：n'——满载下降且制动器投入有效转矩时的电动机转速，r/min，取 $n'=1.1n$；

M_Z——机械式制动器的制动转矩，N·m；

M'_j——稳态下降额定载荷时作用在制动器轴上的转矩(N·m)；

$\sum J'$——机构总转动惯量，即下降时折算到制动器轴上机构旋转质量与直线运动质量转动惯量之和，kg·m²，

$$\sum J' = k(J_1+J_2)i^2_{d-Z}\eta_{d-Z}+\frac{P_QD^2\eta_{Q-Z}}{4ga^2i^2_{t-Z}} \quad (kg\cdot m^2) \tag{4-26}$$

i_{d-Z}——电动机轴至制动轮轴的传动比；

η_{d-Z}——电动机轴至制动轮轴的传动效率；

i_{t-Z}——卷筒轴至制动轮轴的传动比；

η_{Q-Z}——额定起升载荷至制动轮轴的机械效率；

k——其他传动件的转动惯量折算到电动机轴上的影响系数，$k=1.05\sim1.20$；

其余符号意义同前。

制动时间是否合适，还可以根据制动平均减速度来判断，见表4-7。

$$a_Z=\frac{v''_q}{t_Z} \quad (m/s^2) \tag{4-27}$$

式中：a_Z——制动平均减速度，m/s²；

v''_q——满载下降且制动器开始有效制动时的下降速度，$v''_q=1.1v'_q$；

其余符号意义同前。

制动时间太短会使机构动载荷增加，太长又会引起“溜钩”现象。如果验算的制动时间太短(即平均减速度过大)，则表示制动转矩过大，可通过调节制动器的弹簧行程来调小制动转矩；若制动时间过长(即平均减速度过小)，则应重新选高一档的制动器。

第四节　起升机构计算实例

M10—33 门座起重机起升机构计算。

一、设计参数

1. 起重量

吊钩 $G=16t=16\ 000kg$

抓斗 $G=10t=10\ 000kg$

2. 起升速度

抓斗、吊钩(10t)$v_q = 60\text{m/min}$

吊钩(16t)$v_q = 40\text{m/min}$

3. 起升高度

吊钩 $H_上 = 25\text{m}, H_下 = 15\text{m}$

抓斗 $H_上 = 18\text{m}, H_下 = 15\text{m}$

4. 起升机构工作级别和 JC 值

吊钩 工作级别 M5, $JC = 40\%$

抓斗 工作级别 M6, $JC = 60\%$

二、起升机构传动方案简图(见图 4-14)

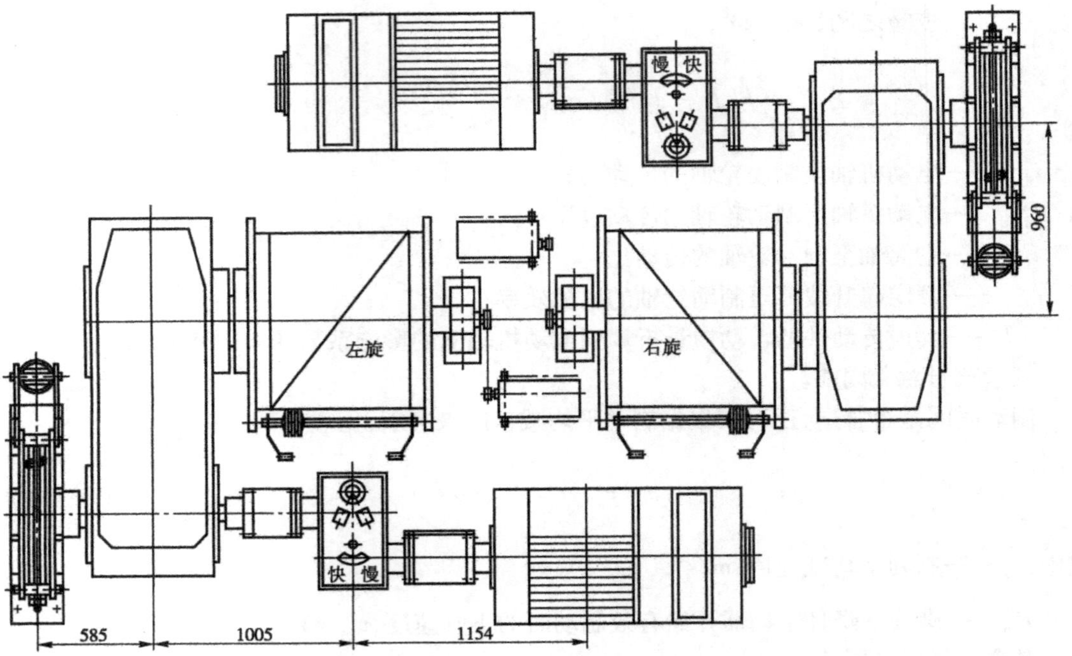

图 4-14　M10 - 33 门座起重机起升机构传动方案

三、设计计算

1. 钢丝绳选择

1)确定滑轮组倍率

根据起重量、查表 3-7 得 $a = 1$,承载分支数为 2。

2)计算钢丝绳的最大工作静拉力

用吊钩(16t)时：$$S = \frac{xP_Q}{a\eta_z\eta_D^\alpha} = \frac{0.5 \times 160\ 720}{1 \times 1 \times 0.98^3} = 85\ 381\text{N}$$

用抓斗(10t)时：$$S = \frac{xP_Q}{a\eta_z\eta_D^\alpha} = \frac{0.66 \times 98\ 000}{1 \times 1 \times 0.98^3} = 68\ 721\text{N}$$

式中：x——承载分支系数，吊钩：承载分支数 2，$x = 0.5$，双绳抓斗：能自动且快速地使闭合绳和支持绳中的载荷平均分配，$x = 0.66$；

a——起升滑轮组倍率，$a=1$；

η_z——滑轮组效率，见表3-9，$\eta_z=1$；

η_D——导向滑轮效率，滚动轴承，$\eta_D=0.98$；

α——导向滑轮数，$\alpha=3$；

P_Q——额定起升载荷。

用吊钩：　　$P_Q=(G+G_d)g=(16\,000+400)\times 9.8=160\,720\text{N}$

G_d——吊具质量，kg，见表4-2。

$$G_d=2.5\%G=2.5\%\times 16\,000=400\text{N}$$

用抓斗：　　$P_Q=G_g=10\,000\times 9.8=98\,000\text{N}$

3）选钢丝绳

（1）根据使用场合，选钢丝绳结构形式为6×19。

（2）室外工作的门座起重机，选用左、右旋交互捻钢丝绳各一根。

（3）钢丝绳直径。

用吊钩：　　$F_0=nS=4.5\times 85\,381=384\,215\text{N}$

用抓斗：　　$F_0=nS=5.6\times 68\,721=384\,838\text{N}$

式中：n——钢丝绳最小安全系数，查表3-2，M5，$n=4.5$，M6，$n=5.6$；

F_0——钢丝绳破断拉力。

$$d=28\text{mm},\sigma_b=1\,770\text{N/mm}^2,F_0=426\,000\text{N}$$

（4）钢丝绳的标注。

28　6×19－FC 1770 U SZ、28　6×19－FC 1770 U ZS各一根，每根长度110m。

2. 滑轮、卷筒尺寸，卷筒转速计算

1）滑轮

（1）滑轮的卷绕直径。

用吊钩：　　$D=hd=20\times 28=560\text{mm}$

用抓斗：　　$D=hd=22.4\times 28=627.2\text{mm}$

式中：h——滑轮的卷绕直径与钢丝绳直径的比值，查表3-5，M5，$h=20$，M6，$h=22.4$；

d——钢丝绳直径，$d=28\text{mm}$。

取滑轮的卷绕直径$D=750\text{mm}$，滑轮的槽底直径$D_0=722\text{mm}$。

（2）滑轮槽形状及尺寸见附表2-1。

2）卷筒

（1）卷筒卷绕直径。

用吊钩：　　$D=hd=18\times 28=504\text{mm}$

用抓斗：　　$D=hd=20\times 28=560\text{mm}$

式中：h——卷筒的卷绕直径与钢丝绳直径的比值，查表3-5，M5，$h=18$，M6，$h=20$。

适当放大卷筒直径，选卷筒卷绕直径$D=896\text{mm}$，卷筒的槽底直径$D_0=868\text{mm}$。

（2）卷筒绳槽尺寸。卷筒选取标准槽$d=28\text{mm}$，$p_1=31\text{mm}$，有关尺寸查附表3-1。

（3）卷筒长度。采用两只单联卷筒。

$L=L_0+2L_1+L_2=566.8+2\times 31+93=721.8\text{ mm}$

取$L=932\text{mm}$

式中：L_1——两端空余部分长度，$L_1=p_1=31\text{mm}$；

L_2——固定钢丝绳所需长度，$L_2=3p_1=3\times31=93$；

L_0——卷筒卷绕部分长度，

$$L_0=\left(\frac{aH}{\pi D}+n_0\right)p_1=\left(\frac{1\times43\ 000}{3.14\times896}+3\right)\times31=566.8\text{mm}$$

H——最大起升高度，$H=H_上+H_下+H'=18+15+10=43\text{m}$；

H'——抓斗闭合收绳长度，$H'=10\text{m}$；

n_0——安全圈数，$n_0=3$。

(4)卷筒壁厚与强度验算。

卷筒材料：Q235—A 钢板卷焊 $\delta=25\text{mm}$

$\because L<3D$

$$\therefore\ \sigma_y=A_1A_2\frac{S}{\delta p}=1\times0.75\times\frac{85\ 381}{25\times31}=82.6\leqslant[\sigma_y]=112.5\text{N/mm}^2$$

式中：A_1——卷绕层数系数，查表 3-11，$A_1=1$；

A_2——应力减小系数，$A_2=0.75$；

$[\sigma_y]$——许用压应力，

$$[\sigma_y]=\frac{\sigma_s}{2}=\frac{225}{2}=112.5\quad\text{N/mm}^2$$

σ_s——材料屈服极限，$\sigma_s=225\text{N/mm}^2$。

(5)卷筒转速

吊钩、抓斗(10t)： $$n_t=\frac{av_q}{\pi D}=\frac{1\times60}{3.14\times0.896}=21.33\text{r/min}$$

吊钩(16t)： $$n_t=\frac{av_q}{\pi D}=\frac{1\times40}{3.14\times0.896}=14.22\text{r/min}$$

3. 选电动机

1)电动机稳态起升功率

用吊钩(16t)： $$P_N=\frac{P_Qv_q}{1\ 000\eta}=\frac{160\ 720\times40}{2\times60\times1\ 000\times0.876}=61.2\text{ kW}$$

用抓斗(10t)： $$P_N=\frac{P_Qv_q}{1\ 000\eta}=\frac{0.66\times98\ 000\times60}{60\times1\ 000\times0.876}=73.8\text{ kW}$$

式中：P_Q——额定起升载荷，N；

v_q——起升速度，吊钩(16t)：$v_q=40\text{m/min}$，

抓斗、吊钩(10t)：$v_q=60\text{m/min}$；

η——起升机构总效率，

$$\eta=\eta_z\eta_D^{\alpha}\eta_t\eta_{ch}=1\times0.98^3\times0.98\times0.95=0.876$$

η_t——卷筒效率，$\eta_t=0.98$；

η_{ch}——传动效率，$\eta_{ch}=0.95$，见表 4-3。

2)初选电动机

$$P_n\geqslant GP_N=G_3P_N=0.9\times73.8=66.42\text{ kW}$$

式中：P_N——电动机的稳态起升功率，$P_N=73.8\text{kW}$；

G——稳态负载平均系数，见表 4-8，$G=G_3$，见表 4-4，$G_3=0.9$。

根据 $P_n=66.42\text{kW}$，$JC=60\%$，选 YZR355L_1—10 电动机两台，工作制度 S_3，其技术性能：

当 $JC=60\%$ 时，$P_n=90\text{kW}$，$n=585\text{r/min}$；

当 $JC=40\%$ 时，$P_n=110\text{kW}$，$n=582\text{r/min}$；

当 $JC=25\%$ 时，$P_n=132\text{kW}$，$n=578\text{r/min}$；

转子转动惯量 $J=17.08\text{kg}\cdot\text{m}^2$；

最大转矩倍数 $\varphi=3.1$；

电动机轴径 $d_1=110\text{mm}$，轴端长 $l_1=165\text{mm}$。

4. 减速器选择

1）计算传动比

吊钩、抓斗(10t)：$$i_c=\frac{n}{n_t}=\frac{585}{21.33}=27.43$$

吊钩(16t)：$$i_c=\frac{n}{n_t}=\frac{582}{14.22}=40.9$$

式中：n——电动机额定转速，$n_{60\%}=585\text{r/min}$，$n_{40\%}=582\text{r/min}$；

n_t——卷筒转速，吊钩、抓斗(10t)：$n_t=21.33\text{r/min}$，吊钩(16t)：$n_t=14.22\text{r/min}$。

2）QJ 型减速器选用

用吊钩(16t)：

$$[P]\geqslant\frac{1}{2}(1+\varphi_2)\times1.12^{(i-5)}\cdot P_N=\frac{1}{2}(1+1.16)\times1.12^{(5-5)}\times61.2=66.09\text{kW}$$

用抓斗(10t)：

$$[P]\geqslant\frac{1}{2}(1+\varphi_2)\times1.12^{(i-5)}\cdot P_N=\frac{1}{2}(1+1.44)\times1.12^{(6-5)}\times73.8=100.8\text{kW}$$

式中：$[P]$——减速器高速轴许用功率，kW；

φ_2——起升动载系数，见表 2-1、表 2-2

用吊钩(16t)：$$\varphi_2=\varphi_{2\min}+\beta_2v_q=1.05+0.17\times\frac{40}{60}=1.16$$

用抓斗(10t)：$$\varphi_2=\varphi_{2\min}+\beta_2v_q=1.1+0.34\times\frac{40}{60}=1.44$$

根据 $[P]=100.8\text{kW}$、$JC=60\%$、$i_c=27.43$、$n=585\text{r/min}$ 选择减速器 QJR-D560—31.5Ⅷ CW 两台。

传动比：$i=31.5$

高速轴圆柱形轴伸 $d_2=100\text{mm}$，$l_2=210\text{mm}$；

低速轴轴端带有外齿轮，$m=10\text{mm}$，$Z=48$；

当工作级别为 M5 时，高速轴许用功率 $[P]=112\text{kW}$，许用输出扭矩 $[M_n]=60\,000\text{N}\cdot\text{m}$；

当工作级别为 M6 时，高速轴许用功率 $[P]=100\text{kW}$。

3）减速器验算

减速器输出轴承受短暂最大转矩。

用吊钩(16t)：$M_{n\max}=\varphi_2M_n=1.16\times38\,250=44\,370\text{N}\cdot\text{m}<[M_n]=60\,000\text{N}\cdot\text{m}$

用抓斗(10t)：$M_{n\max}=\varphi_2M_n=1.44\times30\,787=44\,333\text{N}\cdot\text{m}<[M_n]=60\,000\text{N}\cdot\text{m}$

式中：M_n——钢丝绳最大静拉力在卷筒上产生的转矩。

用吊钩(16t)：$$M_n = \frac{S \times D}{2} = \frac{85\ 381 \times 0.896}{2} = 38\ 250\text{N} \cdot \text{m}$$

用抓斗(10t)：$$M_n = \frac{S \times D}{2} = \frac{68\ 721 \times 0.896}{2} = 30\ 787\text{N} \cdot \text{m}$$

5. 实际起升速度计算

1)实际起升速度

吊钩、抓斗(10t)：$$v'_q = \frac{n\pi D}{60aii_1} = \frac{585 \times 3.14 \times 0.896}{60 \times 1 \times 31.5 \times 0.887} = 0.982\text{m/s}$$

式中：i_1——变速器 10t 时的传动比，$i_1 = 0.887$。

2)实际起升速度满足的条件

$$\left|\frac{v_q - v'_q}{v_q}\right| \times 100\% = \left|\frac{60 - 0.982 \times 60}{60}\right| \times 100\% = 1.8\% < 5\%$$

吊钩(16t)：$$v'_q = \frac{n\pi D}{60aii_2} = \frac{582 \times 3.14 \times 0.896}{60 \times 1 \times 31.5 \times 1.326} = 0.653\text{m/s}$$

式中：i_2——变速器 16t 时的传动比，$i_2 = 1.326$。

实际起升速度满足的条件：

$$\left|\frac{v_q - v'_q}{v_q}\right| \times 100\% = \left|\frac{60 - 0.653 \times 60}{40}\right| \times 100\% = 2.05\% < 5\%$$

6. 选联轴器

1)高速轴

采用齿式联轴器。

$$M_L = kM'_L = 2 \times 1\ 469 = 2\ 938\text{N} \cdot \text{m}$$

式中：k——系数，起升机构 $n = 2$；

M'_L——联轴器所连接轴的传递转矩，

$$M'_L = 9\ 550 \times \frac{P_n}{n} = 9\ 550 \times \frac{90}{585} = 1\ 469\text{N} \cdot \text{m}$$

根据联轴器计算力矩 $M_L = 2\ 938\text{N} \cdot \text{m}$，减速器高速轴直径 $d_2 = 100\text{mm}$，$L_2 = 210\text{mm}$，圆柱形轴端，A 型键；电动机轴直径 $d_1 = 110\text{mm}$，$L_1 = 165\text{mm}$，圆锥形轴端，C 型键。

选联轴器：

电动机与变速器：GⅠCL9 齿式联轴器，$[M_n] = 18\ 000\text{N} \cdot \text{m}$，转动惯量 $J = 1.04\text{kg} \cdot \text{m}^2$；

变速器与减速器：GⅠCL9 齿式联轴器，$[M_n] = 18\ 000\text{N} \cdot \text{m}$，转动惯量 $J = 1.04\text{kg} \cdot \text{m}^2$。

2)低速轴

齿轮减速器 QJR-D560—31.5ⅧCW 的低速轴轴端是 C 型，带有齿式联轴器的外齿轮($m = 10\text{mm}$，$Z = 48$)，与其相啮合的内齿圈和卷筒的轮毂作成一体，模数和齿数相同。

7. 电动机验算

1)起动时间

$$t_q = \frac{n \cdot \sum J}{9.55(M_{dq} - M_N)}$$

式中：M_{dq}——电动机平均起动力矩，

$$M_{dq} = \lambda_{AS} M_n = (1.5 \sim 1.8) M_n = 1.5 \times 9\ 550 \times \frac{110}{582} = 2\ 707\text{N} \cdot \text{m}$$

M_N——稳态起升额定起升载荷的转矩，

用吊钩(16t)：$M_N = \dfrac{P_Q D}{2ii_2 a\eta} = \dfrac{160\ 720 \times 0.896}{2 \times 2 \times 31.5 \times 1.326 \times 1 \times 0.876} = 983.9\text{N} \cdot \text{m}$

用抓斗(10t)：$M_N = \dfrac{P_Q D}{2ii_1 a\eta} = \dfrac{0.66 \times 98\ 000 \times 0.896}{2 \times 31.5 \times 0.887 \times 1 \times 0.876} = 1\ 184\text{N} \cdot \text{m}$

$\sum J$——机构总转动惯量，即折算到电动机轴上的机构旋转质量与直线运动质量转动惯量之和。

用吊钩(16t)：

$$\sum J = k(J_1 + J_2) + \frac{P_Q D^2}{4ga^2 i^2 i_2^2 \eta}$$

$$= 1.15 \times (17.08 + 1.04 + 1.04 + 2) + \frac{160\ 720 \times 0.896^2}{2 \times 4 \times 9.8 \times 1^2 \times 31.5^2 \times 1.326^2 \times 0.876}$$

$$= 25.41\text{kg} \cdot \text{m}^2$$

用抓斗(10t)：

$$\sum J = k(J_1 + J_2) + \frac{P_Q D^2}{4ga^2 i^2 i_1^2 \eta}$$

$$= 1.15 \times (17.08 + 1.04 + 1.04 + 2) + \frac{0.66 \times 98\ 000 \times 0.896^2}{4 \times 9.8 \times 1^2 \times 31.5^2 \times 0.887^2 \times 0.876}$$

$$= 26.27\text{kg} \cdot \text{m}^2$$

式中：J_1——电动机转子的转动惯量，$\text{kg} \cdot \text{m}^2$，$J_1 = 17.08\text{kg} \cdot \text{m}^2$；

J_2——电动机轴上制动轮和联轴器的转动惯量，$\text{kg} \cdot \text{m}^2$，联轴器转动惯量 $J = (1.04 + 1.04)\text{kg} \cdot \text{m}^2$，制动轮转动惯量 $J = 2\text{kg} \cdot \text{m}^2$。

用吊钩(16t)：$t_q = \dfrac{582 \times 25.41}{9.55 \times (2\ 707 - 983.9)} = 0.9\text{s}$

用抓斗(10t)：$t_q = \dfrac{585 \times 26.27}{9.55 \times (2\ 707 - 1\ 184)} = 1.06\text{s}$

平均起动加速度

用吊钩(16t)：$a_q = \dfrac{v'_q}{t_q} = \dfrac{0.653}{0.9} = 0.73\text{m/s}^2$

用抓斗(10t)：$a_q = \dfrac{v'_q}{t_q} = \dfrac{0.982}{1.06} = 0.92\text{m/s}^2$

查表 4-7，港口用门座起重机 $a_p = 0.3 \sim 0.7\text{m/s}^2$，$t_q = 1 \sim 3\text{m/s}$。

∴ 起动时间验算基本合格。

2）电动机过载验算

用吊钩(16t)：

$$P_N \geqslant \frac{H}{m\lambda_m} \frac{P_Q v'_q}{1\ 000\eta} = \frac{2.5}{3.1} \times \frac{160\ 720 \times 0.653}{2 \times 1\ 000 \times 0.876} = 48.31\text{kW} < P_n = 110\text{kW}$$

用抓斗(10t)：

$$P_N \geqslant \frac{H}{m\lambda_m} \frac{P_Q v'_q}{1\ 000\eta} = \frac{2.5}{3.1} \times \frac{0.66 \times 98\ 000 \times 0.982}{1\ 000 \times 0.876} = 58.47\text{kW} < P_n = 90\text{kW}$$

∴ 过载验算合格。

3)电动机发热验算

(1)吊钩门座起重机参考表4-8取 $JC=40\%$，$CZ=300$，$G=G_2$；查表4-4，$G_2=0.8$；

抓斗门座起重机参考表4-8取 $JC=60\%$，$CZ=300$，$G=G_3$；查表4-4，$G_3=0.9$。

(2)查电动机目录，$YZR355L_1$—10电动机。

在 $JC=40\%$、$CZ=300$ 时允许输出功率 $P_n=80.4kW$，

在 $JC=60\%$、$CZ=300$ 时允许输出功率 $P_n=69.3kW$。

(3)电动机的稳态平均功率。

用吊钩(16t)：

$$P_S = G\frac{P_Q v'_q}{1\ 000\eta} = 0.8 \times \frac{160\ 720 \times 0.653}{2 \times 1\ 000 \times 0.876} = 47.92kW < P_n = 80.4kW$$

用抓斗(10t)：

$$P_S = G\frac{P_Q v'_q}{1\ 000\eta} = 0.9 \times \frac{0.66 \times 98\ 000 \times 0.982}{1\ 000 \times 0.876} = 65.26kW < P_n = 69.3kW$$

∴ 发热验算合格。

8. 制动器的选择

1)稳态下降额定载荷时作用在制动轮轴上的转矩

用吊钩(16t)：

$$M'_j = \frac{P_Q D\eta_{Q\text{-}Z}}{2a \cdot i_{Q\text{-}Z}} = \frac{160\ 720 \times 0.896 \times 0.876}{2 \times 2 \times 1 \times 31.5 \times 1.326} = 755N \cdot m$$

用抓斗(10t)：

$$M'_j = \frac{P_Q D\eta_{Q\text{-}Z}}{2a \cdot i_{Q\text{-}Z}} = \frac{0.66 \times 98\ 000 \times 0.896 \times 0.876}{2 \times 1 \times 31.5 \times 0.887} = 908.5N \cdot m$$

2)制动轮轴上的计算制动转矩

用吊钩(16t)：

$$M_Z = K_Z M'_j = 1.75 \times 755 = 1\ 321.3N \cdot m$$

用抓斗(10t)：

$$M_Z = K_Z M'_j = 1.75 \times 908.5 = 1\ 589.9N \cdot m$$

式中：K_z——制动安全系数，见表4-9，对重要起升机构 $K_z=1.75$。

3)选制动器

根据制动力矩 M_z、查制动器产品目录，选择电力液压块式制动器 $YWZ_9500/121$ 两台，配液压推杆 $YTD_5 1\ 250/60$，制动力矩 $M_z=1\ 120 \sim 2\ 240N \cdot m$。

4)制动时间验算

用吊钩(16t)：

$$t_Z = \frac{n'\sum J'}{9.55(M_Z - M'_j)} = \frac{1.1 \times 582 \times 25.16}{9.55 \times (2\ 240 - 755)} = 1.135s$$

用抓斗(10t)：

$$t_Z = \frac{n'\sum J'}{9.55(M_Z - M'_j)} = \frac{1.1 \times 585 \times 25.82}{9.55 \times (2\ 240 - 908.5)} = 1.32s$$

式中：$\sum J'$——机构总转动惯量，即下降时折算到制动轮轴上机构旋转质量与直线运动质量转动惯量之和。

用吊钩(16t)：

$$\sum J' = k(J_1 + J_2)i_{d-Z}^2\eta_{d-Z} + \frac{P_Q D^2 \eta_{Q-Z}}{4ga^2 i_{t-Z}^2}$$

$$= 1.15 \times (17.08 + 1.04 + 1.04 + 2) + \frac{160\ 720 \times 0.896^2 \times 0.876}{2 \times 4 \times 9.8 \times 1^2 \times 31.5^2 \times 1.326^2}$$

$$= 25.16\text{kg} \cdot \text{m}^2$$

用抓斗(10t)：

$$\sum J' = k(J_1 + J_2)i_{d-Z}^2\eta_{d-Z} + \frac{P_Q D^2 \eta_{Q-Z}}{4ga^2 i_{t-Z}^2}$$

$$= 1.15 \times (17.08 + 1.04 + 1.04 + 2) + \frac{0.66 \times 98\ 000 \times 0.896^2}{4 \times 9.8 \times 1^2 \times 31.5^2 \times 0.887^2} \times 0.876$$

$$= 25.82\text{kg} \cdot \text{m}^2$$

平均制动加速度

用吊钩(16t)：

$$a_Z = \frac{v''_q}{t_Z} = \frac{1.1 \times 0.653}{1.135} = 0.633\text{m/s}^2$$

用抓斗(10t)：

$$a_Z = \frac{v''_q}{t_Z} = \frac{1.1 \times 0.982}{1.32} = 0.81\text{m/s}^2$$

查表 4-7，港口用门座起重机 $a_Z = 0.3 \sim 0.7\text{m/s}^2$，$t_Z = 1 \sim 3\text{m/s}$。

∴ 制动时间验算基本合格。

复习思考题

1. 起升机构是由哪几部分组成的？常用何种形式的制动器？制动器安装在什么位置？为什么？

2. 桥式起重机、门座起重机起升机构采用双卷筒时的布置方式有何异同点？为什么？

3. QL16B 轮胎起重机起升机构的布置形式、工作过程和工作特点是怎样的？

4. 起升机构中常安装哪些安全装置？阐述其中一种安全装置的作用、工作原理。

5. 如何计算钢丝绳的最大工作静拉力？在使用吊钩或双绳抓斗作为取物装置时，钢丝绳最大静拉力计算要注意些什么？为什么？

6. 如何选择起升机构的电动机？电动机初选后，为什么要进行起动时间验算和发热验算？

7. 起升机构上常采用什么类型的减速器？如何选择减速器？

8. 起升机构支持制动器的制动转矩是如何计算的？计算哪种工况下的制动转矩？为什么？如何选择制动器的(包括制动器的类型、型号、数量)？

9. 验算起升机构什么工况下的制动时间？为什么？如果制动时间不满足要求，如何处理？

10. 为什么要计算实际起升速度？实际起升速度与设计参数中的起升速度之间要满足什么关系？若不满足，则是什么原因引起的？如何处理？

第五章　运行机构

知识目标

1. 简要叙述有轨运行支承装置中车轮的结构形式、轨道的选用依据、台车的作用和结构形式；

2. 阐述主动轮布置的方式与特点、运行机构典型的传动方案及其优缺点；

3. 概要讲述运行机构的设计步骤和计算方法。

能力目标

1. 进行车轮校核计算、运行阻力计算；

2. 分析起重机或起重小车通常会发生打滑的工况；打滑发生的位置；主动轮不发生打滑的条件；若主动轮发生打滑应采取的措施。

第一节　概　　述

运行式起重机或起重小车都有运行机构，它使起重机或起重小车作水平运动。

运行机构按照工作特点分为工作性和非工作性两种。工作性运行机构可带载运行，用来水平搬运货物；而非工作性运行机构一般空载运行，用来调整、改变起重机的工作位置。桥式起重机大车和起重小车运行机构、某些门式起重机的运行机构属于工作性运行机构；门座起重机、汽车起重机、轮胎起重机、履带起重机的运行机构属于非工作性运行机构。

运行机构按照支承装置的结构形式分为有轨运行机构和无轨运行机构。无轨运行机构采用轮胎或履带在平坦的或带坡度的路面上运行，其机动性好，可以根据需要方便地变更工作地点。轮胎起重机、汽车起重机、履带起重机等流动式起重机常用这种运行形式。有轨运行机构采用钢质车轮在专门铺设的轨道上行走，承载能力大，运行阻力小，但工作范围受到一定的限制。因此，广泛地用于门座起重机、桥架型起重机、塔式起重机等沿固定线路工作的大型起重设备上。

运行机构按照驱动装置的工作原理又可分为自行式运行机构或牵引式运行机构。自行式运行机构的驱动装置安装在运行部分上，驱动装置的动力传给主动轮，依靠主动轮在轨面或路面上的滚动实现运行。牵引式运行机构的驱动装置安装在运行部分以外，用钢丝绳牵引运动部分沿轨道运行。起重机大车运行机构一般采用自行式，只有在运行质量受到限制的情况下，如悬臂长度较大的门式起重机与塔式起重机的起重小车，才采用牵引式运行。

运行机构一般由运行支承装置和运行驱动装置两大部分组成（图 5-1）。

运行支承装置用来支承起重机或起重小车的自重和外载荷，并将所有的载荷传给基础建筑。对于有轨运行起重机，支承装置是车轮、轨道和台车；对于无轨运行起重机，支承装置包括车架、车桥、轮胎或履带装置。

运行驱动装置用来驱使起重机大车或起重小车克服运行阻力，在专门铺设的轨道上或路面上行走。它包括原动机(电动机或内燃机)、减速传动装置、制动装置、无轨运行起重机的转向装置等。

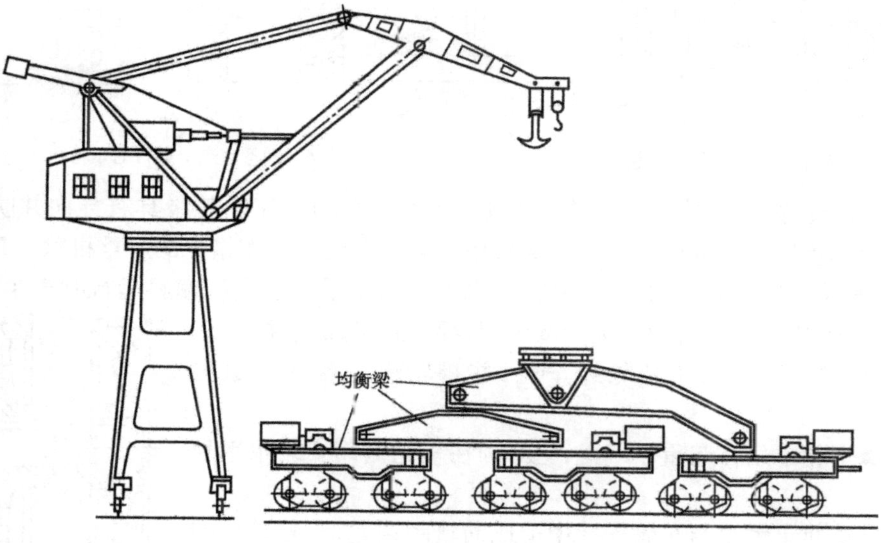

图 5-1 门座起重机及运行机构简图

为了保证起重机大车或起重小车的安全行驶还要设置运行安全装置。它包括缓冲器、行程限位器、防风装置(压轨器、夹轨器、锚定装置)、偏斜装置等。

第二节 有轨运行支承装置

一、车轮及其计算

1. 车轮的类型、构造和材料

车轮用来支承起重机或起重小车的自重和外载荷,并使它们沿轨道运行。

1)车轮的类型与构造

车轮踏面的形状分为:圆柱形、圆锥形、鼓形三种。起重机大车和起重小车一般采用圆柱形车轮。集中驱动的桥式起重机大车运行机构常采用圆锥形车轮,锥度 1:10,大端安装在轨道的内侧。当起重机运行偏斜时,可以自动消除跑偏,恢复直线运行(见图 5-2)。

悬挂式起重机、电动葫芦的运行小车采用圆弧踏面的鼓形车轮沿工字钢的下翼缘运行(见图 5-3b),避免了采用圆锥车轮时,因车轮大、小端的圆周速度的不同而产生的附加摩擦和磨损(见图 5-3a)。

在圆形轨道上运行时,要采用圆锥踏面的车轮来保证车轮在轨道上纯滚动,轨道顶面应加工成相应的锥面(见图 5-4)。当轨道直径较大、车轮较窄时,也可以采用圆柱形踏面的车轮在平顶的圆形轨道上运行,这时产生的摩擦阻力和磨损较小。采用平顶轨道与鼓形踏面的车轮或采用凸顶轨道与圆柱踏面的车轮相匹配,都可避免附加摩擦和磨损。

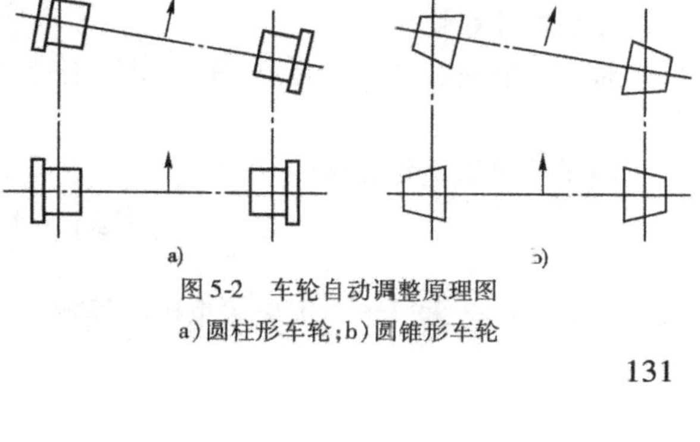

图 5-2 车轮自动调整原理图
a)圆柱形车轮;b)圆锥形车轮

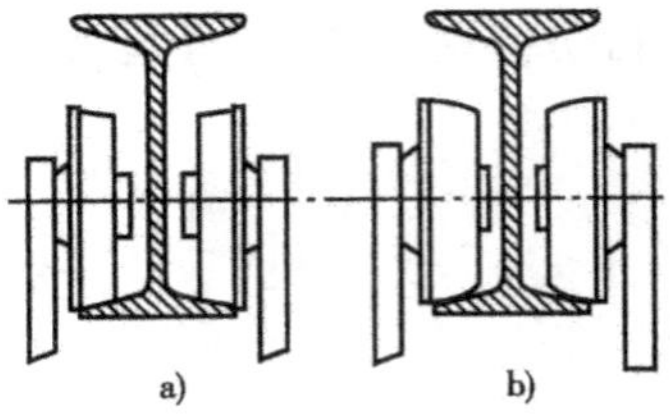

图 5-3　工字钢下翼缘运行的车轮

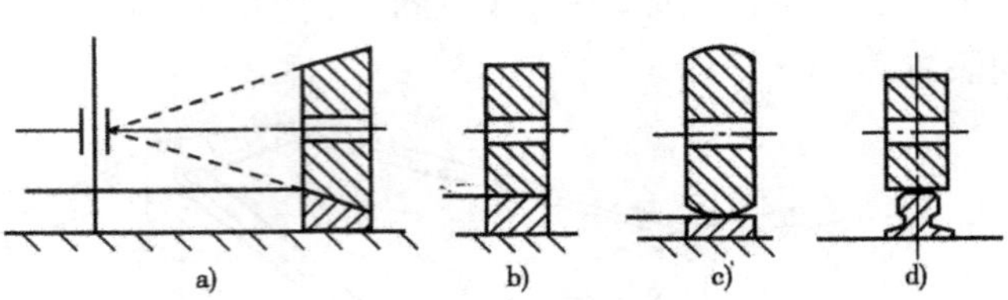

图 5-4　圆形轨道上运行的车轮

车轮有双轮缘、单轮缘和无轮缘三种形式(见图 5-5)。车轮轮缘具有导向并防止脱轨的作用。目前起重机大车运行机构上主要采用双轮缘车轮。工作繁忙的起重机除了采用双轮缘车轮外,在车轮旁还加装了水平导向轮,由水平导向轮承受起重机偏斜运行时产生的侧向力。避免车轮轮缘与轨道侧面接触,大大减轻了轮缘与轨道的磨损。

起重小车广泛地采用单轮缘车轮,并将轮缘安装在轨道的外侧。

无轮缘车轮也用在起重小车上,但必须在车轮侧面安装水平导向轮。

为了补偿轨道铺设与车轮安装中造成的轨距误差,车轮踏面的宽度 B 应比轨顶宽度 b 稍大。对于双轮缘车轮,$B = b + (20 - 30)$ mm;集中驱动的圆锥车轮,$B = b + 40$mm;单轮缘车轮的踏面应当更宽些。

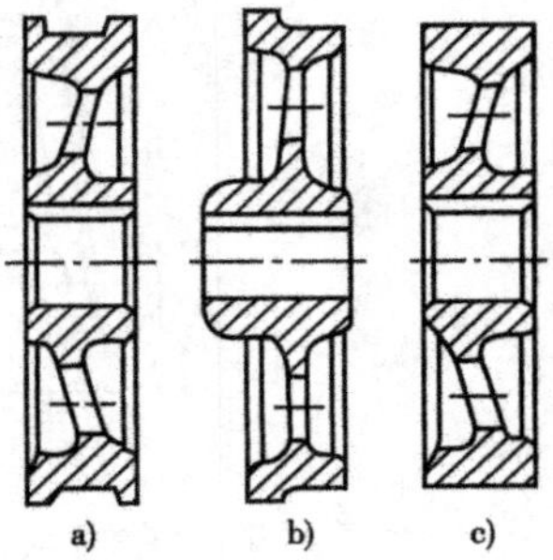

图 5-5　车轮形式

a)双轮缘;b)单轮缘;c)无轮缘

2)车轮的材料

铸造车轮一般用不低于 ZG340—640 的铸钢,踏面硬度 HB300—380;工作繁忙、轮压大的车轮宜用 ZG65Mn、ZG50MnMo、ZG35CrMnSi 等合金铸钢制造。中小规格的车轮也可以采用锻钢制造,踏面直径不大于 400mm 的车轮,应采用不低于 45 钢,直径大于 400mm,应不低于 55 钢。采用 60 号以上优质钢轧制的轮箍套在普通轮辐上,能大大节省优质钢材,是具有发展前景的车轮形式。

2. 车轮组

考虑到制造、安装和维修的方便以及系列化生产的要求,通常把车轮、轴、轴承等组装成车轮组。根据车轮轴的构造特点,车轮组分成转轴式和定轴式两种;按照车轮组的功能,车轮组又可分成主动车轮组和从动车轮组(见图 5-6)。

车轮轴承应优先选用能自动调心的球面滚子轴承,这种轴承可容许有一定的安装误差和车架变形。也可以采用圆锥滚子轴承。

桥式起重机大车和起重小车的车轮一般装在角型轴承箱中。采用这种轴承箱,在端梁或小车架上不用进行机械加工,只要将车轮调整好,再将定位板焊好即可(见图 5-7)。

3. 车轮计算

对于轨道安装与维护良好、车轮调整正确、车轮踏面的直径不超过 1000mm 的车轮,计算如下:

1)车轮等效工作轮压

$$P_{\text{mean I、II}} = \frac{P_{\text{min I、II}} + 2P_{\text{max I、II}}}{3} \quad (\text{N}) \qquad (5\text{-}1)$$

式中:$P_{\text{mean I}}$——无风正常工作起重机的等效工作轮压,N;

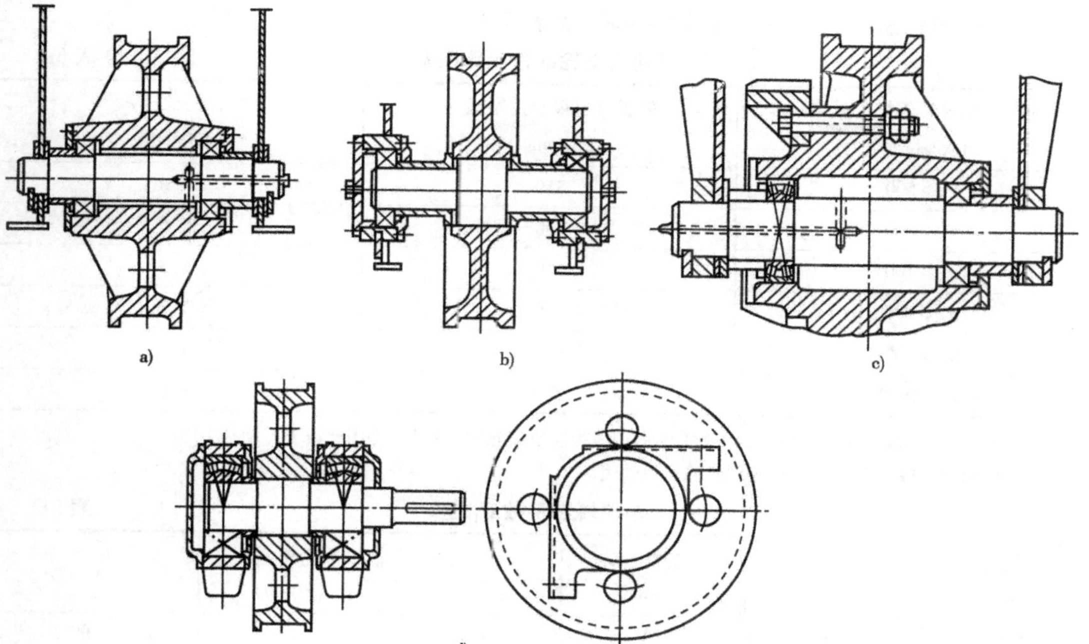

a)　　b)　　c)　　d)

图 5-6　车轮组结构形式

a)定轴式从动车轮组;b)转轴式从动车轮组;c)定轴式主动车轮组;d)转轴式主动车轮组

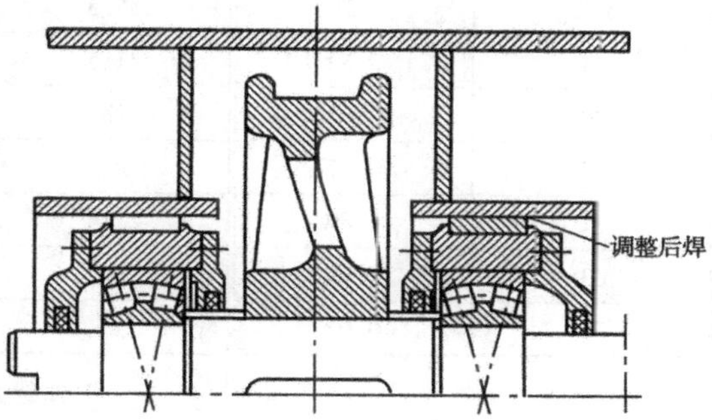

图 5-7　角型轴承座的定位

$P_{\text{mean II}}$——有风正常工作起重机的等效工作轮压,N;

$P_{\text{min I、II}}$——无风正常工作的载荷组合或有风正常工作的载荷组合,起重机空载确定的所验算车轮的最小轮压,N;

$P_{\text{max I、II}}$——无风正常工作的载荷组合或有风正常工作的载荷组合,起重机满载确定的所验算车轮的最大轮压,N;

确定 $P_{\max}$、$P_{\min}$时,起升冲击系数 φ_1、起升动载系数 φ_2、突然卸载冲击系数 φ_3、运行冲击系数 φ_4 均取为 1。

2)车轮允许轮压

$$P_L \leqslant kDlC \qquad (\text{N}) \tag{5-2}$$

式中:P_L——正常工作起重机车轮或滚轮的允许轮压,N;

k——车轮或滚轮的许用比压,N/mm²,钢质车轮或滚轮的 k,见表 5-1;

D——车轮或滚轮的踏面直径,mm;

l——车轮或滚轮与轨道承压面的有效接触宽度,mm;

C——计算系数,进行车轮或滚轮踏面疲劳验算时,$C = C_1C_2$,进行车轮或滚轮强度验算时,$C = C_{\max}$,$C_{\max} = C_{1\max}C_{2\max}$,取 $C_{\max} = 1.9$;

C_1——转速系数,见表 5-2;

C_2——车轮所在机构的工作级别系数,见表5-3。

车轮与滚轮的许用比压 k 表5-1

车轮与滚轮材料的抗拉强度 σ_b (N/mm^2)	轨道材料最小抗拉强度 (N/mm^2)	许用比压 k (N/mm^2)
$\sigma_b > 500$	350	5.0
$\sigma_b > 600$	350	5.6
$\sigma_b > 700$	510	6.5
$\sigma_b > 800$	510	7.2
$\sigma_b > 900$	600	7.8
$\sigma_b > 1000$	700	8.5

注:1. 对于具有凸起承压面的轨道或车轮(滚轮),因为能改善轮轨的接触,许用比压 k 可增加10%。

2. σ_b 为车轮或滚轮材料未热处理时的抗拉强度。

车轮转速系数 C_1 值 表5-2

车轮转速 n (r/min)	C_1	车轮转速 n (r/min)	C_1	车轮转速 n (r/min)	C_1
200	0.66	50	0.94	16	1.09
160	0.72	45	0.96	14	1.10
125	0.77	40	0.97	12.5	1.11
112	0.79	35.5	0.99	11.2	1.12
100	0.82	31.5	1.00	10	1.13
90	0.84	28	1.02	8	1.14
80	0.87	25	1.03	6.3	1.15
71	0.89	22.4	1.04	5.6	1.16
63	0.91	20	1.06	5	1.17
56	0.92	18	1.07		

工作级别系数 C_2 值 表5-3

车轮所在机构工作级别	C_2	车轮所在机构工作级别	C_2
M_1、M_2	1.25	M_6	0.90
M_3、M_4	1.12	M_7、M_8	0.80
M_5	1.00		

3)车轮或滚轮的疲劳强度验算

$$P_{mean} \leqslant P_L \quad (N) \tag{5-3}$$

式中:P_{mean}——取式(5-1)中计算得 $P_{mean\,I}$、$P_{mean\,II}$ 两者中的大者,N;

其余符号意义同前 。

4)车轮或滚轮的静强度验算

$$P_{max} \leqslant 1.9kDl \quad (N) \tag{5-4}$$

式中:P_{max}——最大轮压(载荷情况Ⅰ、Ⅱ、Ⅲ中最不利状态和位置下最大轮压中的较大者,包括动载试验或静载试验的载荷),N;

其余符号意义同前 。

二、轨道及其选用

1. 概述

轨道用来承受起重机或起重小车的轮压，并使车轮在其上面滚动。轨道还将轮压传递到支承的基础上。起重机和起重小车的运行轨道要符合车轮的要求，轨道顶面要能承受车轮的挤压；底面要有足够的宽度，以减小对基础的压应力；断面也要有良好的抗弯强度。

起重机和起重小车的轨道大多选用标准的钢轨或型钢。轨道顶面有平顶和凸顶两种。圆柱形踏面的车轮与平顶轨道呈直线接触（实际是一个狭长的矩形面），圆柱或圆锥踏面的车轮与凸顶轨道呈点接触（实际是一个小的椭圆面），如图 5-8 所示。

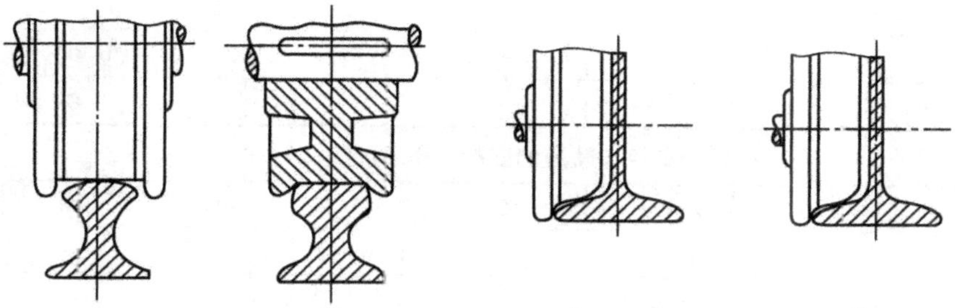

图 5-8　车轮踏面与轨顶的接触情况

a)、d)点接触；b)、c)线接触

理论上，采用平顶轨道时，轨道受到的挤压应力小，但由于实际存在的制造、安装误差和承载后起重机结构件的变形会引起车轮的偏斜，使车轮与轨道的接触情况变差。有时甚至只接触在轨道边缘上的一点，因而产生很大的挤压应力，使车轮和轨道产生不均匀磨损（见图 5-9）。

凸顶轨道能适应车轮在一定范围内的倾斜，车轮接触情况反而较好。这样，采用凸顶轨道的车轮比采用平顶轨道的车轮使用寿命长，因此，轨道大多制成凸顶。

2. 型号

起重机的运行轨道大量采用铁路钢轨，轨顶是凸的。轮压大的大型起重机运行轨道采用起重机钢轨。与铁路钢轨相比，其腹部较宽而高度较小，抗弯强度较大。其顶面也是凸的，但曲率半径比铁路钢轨大。

用作轨道的方钢或扁钢，轨顶是平的，带有圆角或倒角，底面较窄，抗弯能力低，耐磨性差。一般使用在小型、工作不繁忙的起重机或起重小车上，如图 5-10 所示。

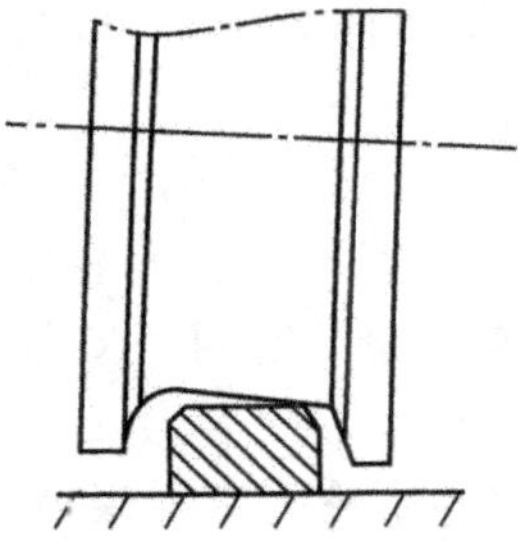

图 5-9　车轮踏面与轨顶偏斜的线接触

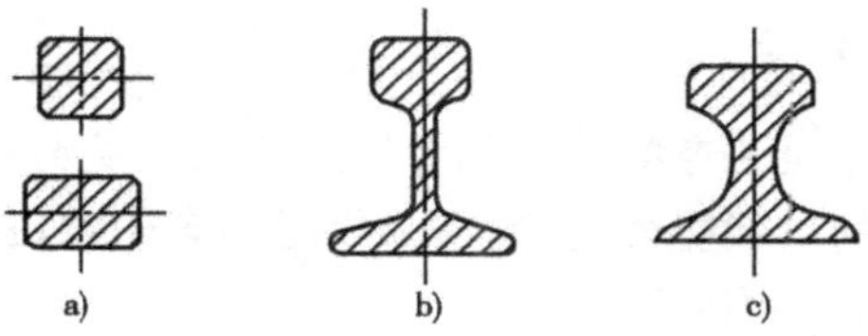

图 5-10　轨道

a)方钢与扁钢；b)铁路钢轨；c)起重机钢轨

钢轨的选用参考表 5-4、表 5-5。

双轮缘车轮与轨道的匹配(JB/T 6392.1—1992)　　表 5-4

<table>
<tr><td>车轮直径(mm)</td><td>160</td><td>200</td><td>250</td><td>315</td><td>400</td><td>500</td><td>630</td><td>710</td><td>800</td><td>900</td></tr>
<tr><td rowspan="9">轨道</td><td colspan="3">9 kg/m</td><td>15 kg/m</td><td>—</td><td>—</td><td>—</td><td>—</td><td>—</td><td>—</td></tr>
<tr><td colspan="3">12 kg/m</td><td colspan="3">22 kg/m</td><td>—</td><td>—</td><td>—</td><td>—</td></tr>
<tr><td>—</td><td>—</td><td>15 kg/m</td><td colspan="4">30 kg/m</td><td>—</td><td>—</td><td>—</td></tr>
<tr><td>—</td><td>—</td><td>—</td><td colspan="5">38 kg/m</td><td>—</td><td>—</td></tr>
<tr><td>—</td><td>—</td><td>—</td><td colspan="6">43 kg/m</td><td>—</td></tr>
<tr><td>—</td><td>—</td><td>—</td><td colspan="7">50 kg/m</td></tr>
<tr><td>—</td><td>—</td><td>—</td><td colspan="7">QU 80</td></tr>
<tr><td>—</td><td>—</td><td>—</td><td>—</td><td>—</td><td colspan="5">QU 100</td></tr>
<tr><td>—</td><td>—</td><td>—</td><td>—</td><td>—</td><td>—</td><td colspan="4">QU 120</td></tr>
</table>

单轮缘车轮与轨道的匹配(JB/T 6392.1—1992)　　表 5-5

<table>
<tr><td>车轮直径(mm)</td><td>160</td><td>200</td><td>250</td><td>315</td><td>400</td><td>500</td><td>630</td></tr>
<tr><td rowspan="6">轨道</td><td colspan="3">9 kg/m</td><td>15 kg/m</td><td>—</td><td>—</td><td>—</td></tr>
<tr><td colspan="3">12 kg/m</td><td colspan="2">22 kg/m</td><td>—</td><td>—</td></tr>
<tr><td>—</td><td>—</td><td>15 kg/m</td><td>—</td><td colspan="3">30 kg/m</td></tr>
<tr><td>—</td><td>—</td><td>—</td><td>—</td><td colspan="3">38 kg/m</td></tr>
<tr><td>—</td><td>—</td><td>—</td><td>—</td><td colspan="3">43 kg/m</td></tr>
<tr><td>—</td><td>—</td><td>—</td><td>—</td><td colspan="3">50 kg/m</td></tr>
</table>

注:1. 轻轨的尺寸规格(GB/T 11264—1989):9、12、15、22、30;

2. 起重机钢轨尺寸规格(YB/T 5055—1993):QU70、QU80、QU100、QU120;

3. 起重机钢轨用 U71Mn,抗拉强度不小于 900 N/mm^2;

4. 钢轨的标准长度,9m、9.5m、10m、10.5m、11m、11.5m、12m、12.5m。

3. 钢轨的固定

图 5-11 是钢轨固定的几种方法。图 a) 为不可拆卸的固定方法,用连续的焊缝将钢轨与钢轨梁焊在一起。这种固定适合于起重机工作级别低,轨道磨损不严重的场合。图 b) 是我国常用的固定方法。固定钢轨压板的间距大约为 700mm,轨道安装方便。但拆卸轨道时,要用铲除焊缝方法而不能用气割的方法去掉压板。图 c) 是钢轨可拆卸的固定方法,适用于工作级别高的场合。对于无法采用螺栓的地方,采用 d)、e)形式。为了减小冲击与噪声,可以采用 f) 所示的方法,在轨道下面垫厚度 3 ~ 6mm 的橡胶板,并用螺钉压紧。圆形轨道的固定方法如图 g) 所示。图 h) 是运行轨道固定在起重机金属轨道梁上的方法。

三、台车

车轮对轨道的压力称为轮压。轮压受到基础承载能力大小的限制。当轮压过大而超过轨道基础的承载能力时,通常采用增加车轮数目来降低轮压值。为了使同一支点下各个车轮受力均匀而采用台车。

台车装有车轮或滚轮,并具有铰接件,运用杠杆原理,使各车轮的轮压相等。

图 5-12 是两轮、三轮、四轮、五轮、六轮、八轮台车的原理图。

对于车轮数目特别多的特大型起重机,为了缩短一个支点下车轮排列长度,常常采用双线

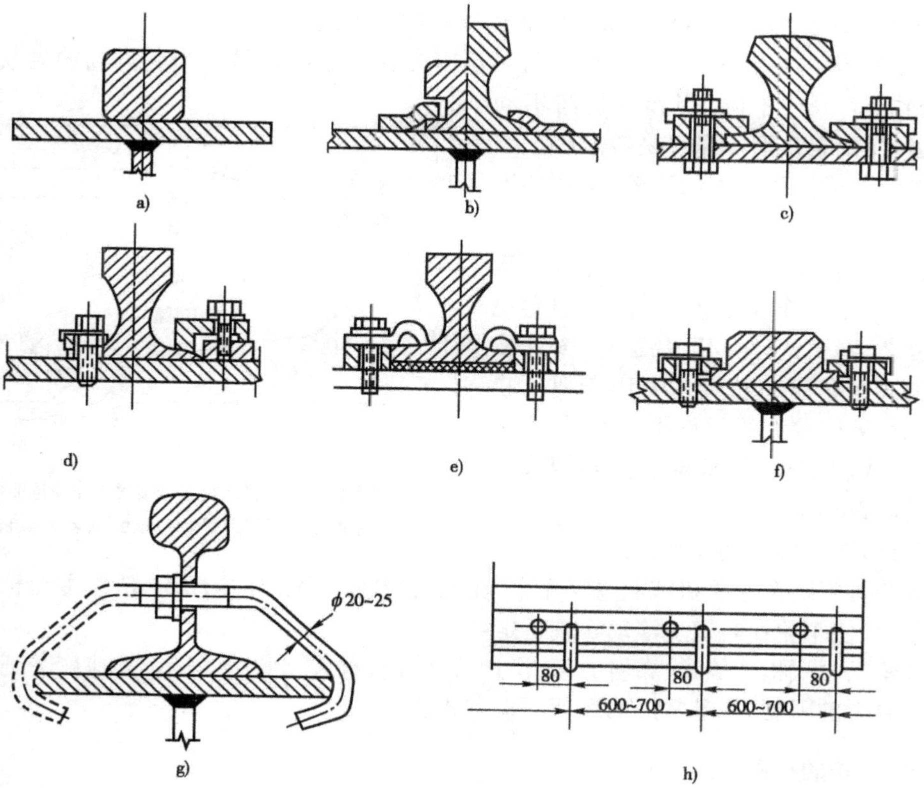

图 5-11　钢轨的固定

轨道。这样，一个台车下装有两排车轮，并将圆柱铰改为球铰，如图 5-13 所示。

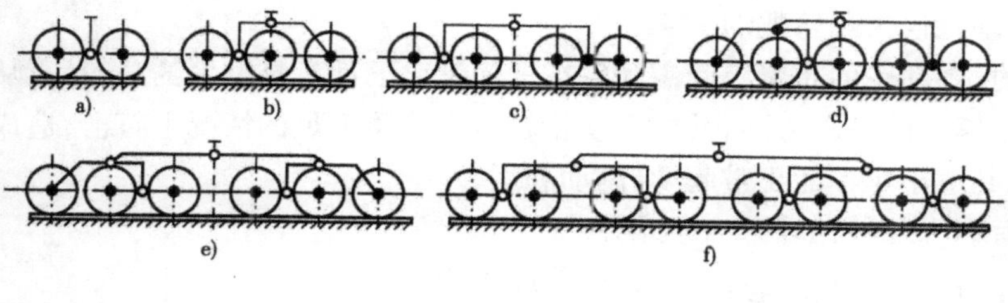

图 5-12　台车

a) 双轮车轮组；b) 三轮车轮组；c) 四轮车轮组；d) 五轮车轮组；e) 六轮车轮组；f) 八轮车轮组

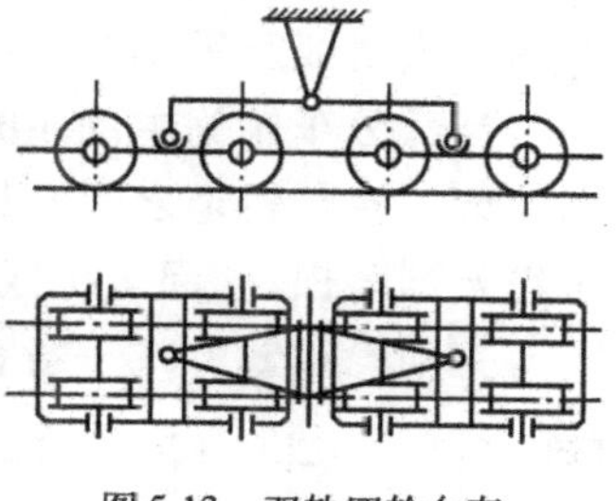

图 5-13　双轨四轮台车

第三节　有轨运行驱动装置的构造

一、运行驱动的工作原理

起重机或起重小车的运行驱动装置按工作原理可以分为自行式和牵引式两种。

1. 牵引式有轨运行驱动装置

驱动装置安装在起重机或起重小车运行部分以外，依靠钢丝绳的牵引实现行走。

图 5-14 是塔式起重机起重小车牵引式运行驱动装置工作原理简图。

牵引卷筒是个摩擦卷筒，当一支钢丝绳绕入卷筒时，另一支钢丝绳则绕出卷筒，钢丝绳就牵引着起重小车沿塔式起重机悬臂上的轨道从一端行走到另一端。

起升钢丝绳的一端固定在卷筒上，另一端固定在臂架的顶端。当起升卷筒卷绕时，吊钩(连同货物)上升或下降；当起升卷筒不动而小车运行时，起升钢丝绳只是绕过小车上的导向滑轮与吊钩装置中的滑轮，吊钩并不升降。

牵引式运行驱动装置的运行部分自重轻，运行中起重小车不会发生打滑，但卷绕系统较复杂，牵引钢丝绳长、易磨损、寿命较短。牵引式运行驱动装置主要用于要求自重轻或运行坡度较大的起重小车上，如缆索起重机、塔式起重机、长悬臂的抓斗门式起重机等的起重小车。

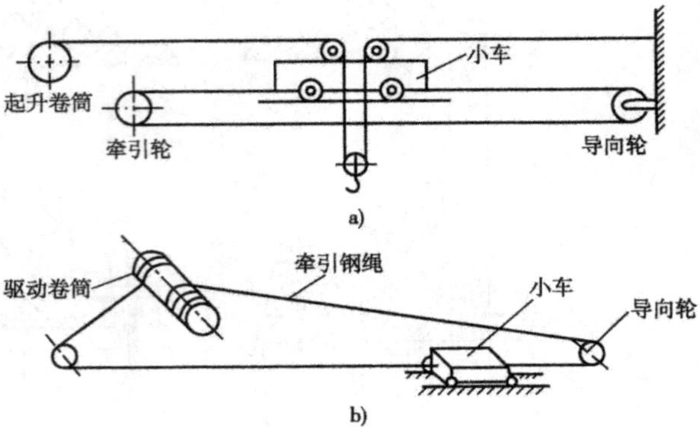

图 5-14　牵引式运行驱动装置工作原理简图

a)小车的起升、运行机构；b)牵引钢丝绳卷绕简图

2. 自行式有轨运行驱动装置

驱动装置安装在起重机或起重小车上，驱动装置将动力传给主动轮，依靠主动轮与轨道之间的黏着力，使车轮在轨道上滚动实现行走。

这种驱动方式构造简单、布置方便，但运行部分自重大，驱动力、运行加速度受到车轮与轨道之间黏着力的限制，是最常用的运行驱动方式。

二、主动轮的布置方式

为了保证足够大的驱动力，起重机或起重小车要有足够数量的主动轮。大多数情况下，主动轮数是总轮数的一半；运行速度高的起重机或起重小车的全部车轮都是主动轮；而运行速度低的起重机或起重小车，主动轮仅为总轮数的1/4。

当部分车轮为主动轮时，主动轮的布置应使主动轮在任何情况下都有足够大的总轮压，从而保证车轮与轨道之间有足够大的黏着力。否则，主动轮就会在轮压不足的情况下打滑，造成车轮剧烈磨损，使起重机或起重小车不能正常起动、制动和运行。

主动轮布置方式一般有以下几种，如图 5-15 所示。

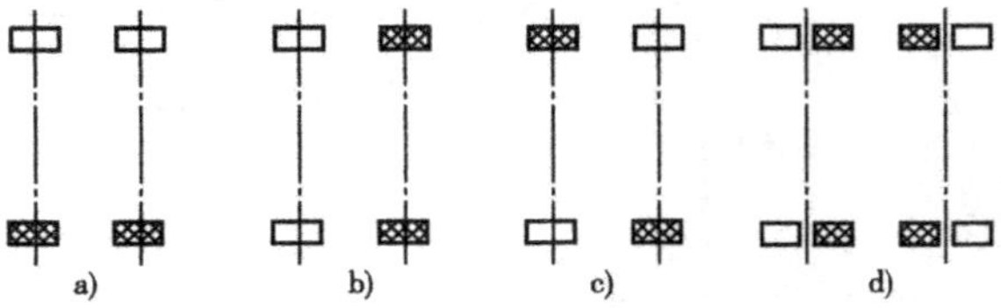

图 5-15　主动轮的布置方式

a)单边布置；b)对面布置；c)对角布置；d)四角布置

1. 单边布置

这种布置方式的驱动力不对称，只用于轮压本身不对称的起重机。如半门座起重机、半门式起重机等。

2. 对面布置

起重小车沿桥架运行时，起重机大车各个主动轮的轮压发生变化，但主动轮的总轮压不变。这种布置方式适用于桥架型起重机，能保证起重小车在不同位置时，起重机大车主动轮都有足够大的总轮压。

3. 对角布置

起重机回转时，各个主动轮的轮压改变，但主动轮的总轮压基本不变。这种布置方式适用于中、小型的臂架型起重机，能满足起重机臂架在不同位置时，起重机大车主动轮都有足够大总轮压的要求。

4. 四角布置

用于大、中型的桥架型起重机和臂架型起重机中。这种布置方式能保证起重小车或臂架在不同的位置时，起重机大车主动轮的轮压之和足够大。

三、主动轮的驱动方式

主动轮的驱动方式有集中驱动和分别驱动两种。

1. 集中驱动

由一台电动机通过传动轴带动两边轨道上的主动轮。这种驱动方式可以减少电动机、减速传动装置的数量，但增加了复杂的传动轴系统（包括传动轴、轴承、联轴器等），给安装、维修带来不便。当金属结构变形时，还会对运行传动产生不利影响。起重机跨度越大，这种不利影响越突出。另外，当两边主动轮直径相差较大时，起重机会偏斜运行，造成车轮轮缘与轨道侧面接触，发生啃轨。因此，集中驱动主要用于小车运行机构、小跨度的桥式起重机大车运行机构中。

2. 分别驱动

每个支点上的一个或一组主动轮由一套电动机、减速传动装置驱动。这种驱动方式分组性好，安装与维修方便，但增加了电动机、减速传动装置的数量。由于电动机、减速器的布置位置靠近车轮，金属结构的变形对传动的影响小。

分别驱动时，由于两边主动轮直径的加工、车轮组的装配和轨道的安装误差以及电动机转速不同步等原因，会使两侧轨道上的车轮不同步运行，引起车轮的跑偏、啃轨，加剧车轮与轨道的磨损，增大运行阻力，严重时会影响起重机安全工作。

对于金属结构刚度较大的门座起重机、桥式起重机和小跨度门式起重机，基本上可以实现强制性同步运行；而对于跨度大、结构刚度较小的起重机应装设运行偏斜指示器和偏斜运行限制器来保证车轮的同步运行。

分别驱动在目前起重机运行机构中得到广泛的运用。

四、运行机构的传动方案

1. 集中驱动的传动方案

1）桥式起重机大车运行机构集中驱动

图 5-16a）是桥式起重机低速轴集中驱动的传动简图。电动机、减速器安装在桥架的中央，减速器输出轴通过较长的低速传动轴带动两边的主动轮转动。这种传动方案虽然传动轴所受到的扭矩较大，传动轴和联轴器等的重量也大，但对传动轴系统的加工、安装的精度要求低，所以在跨度 $<16.5m$ 的桥式起重机上应用。

图 5-16d）高速轴集中驱动的传动方案中因为传动轴转速太高，对传动轴系统的加工、安装要求高，工作可靠性差，目前很少采用。

图 5-16b）中间轴集中驱动的传动方案中还采用了开式齿轮传动，使传动系统复杂，维修保养麻烦，寿命较短，目前很少采用。

图 5-16c）中间轴集中驱动因要用三个减速器，传动装置复杂，因此目前也很少采用。

2）小车运行机构集中驱动

图 5-17 是通用桥式起重机小车运行机构驱动装置。电动机通过联轴器、固定在小车架上的立式减速器、低速轴联轴器和传动轴驱动两侧的车轮。根据结构的需要，立式减速器也可以安装在小车架的一侧。

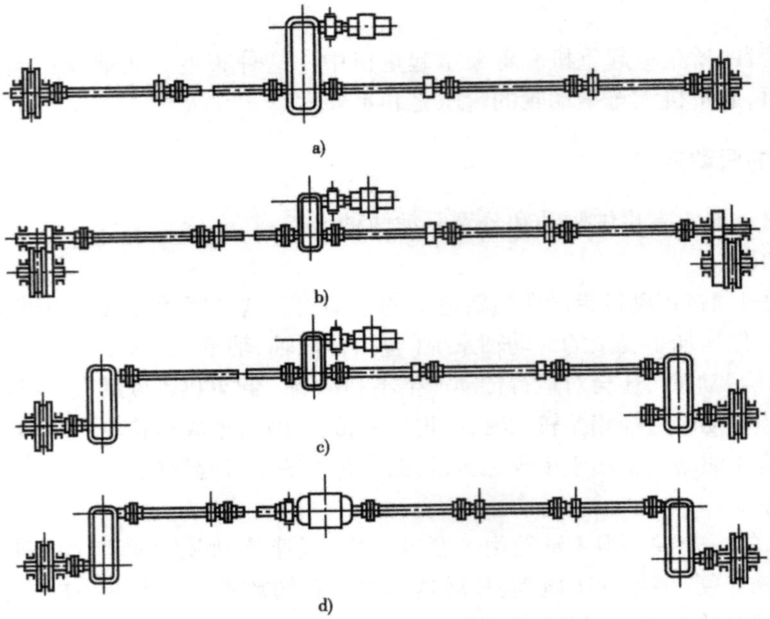

图 5-16　集中驱动布置方式

a) 低速轴集中驱动；b)、c) 中间轴集中驱动；d) 高速轴集中驱动

2. 分别驱动的传动方案

1) 桥式起重机大车运行机构的传动形式

桥式起重机大车运行机构常采用分别驱动的方式，如图 5-18 所示。其中 a)、b)、c) 三种布置方案之间的差别是电动机、减速器和车轮之间的连接方式不同。在图 5-18a) 中，为了补偿电动机与减速器、减速器与车轮之间的安装误差，采用了两根较长的浮动轴。图 5-18c) 是无浮动轴的布

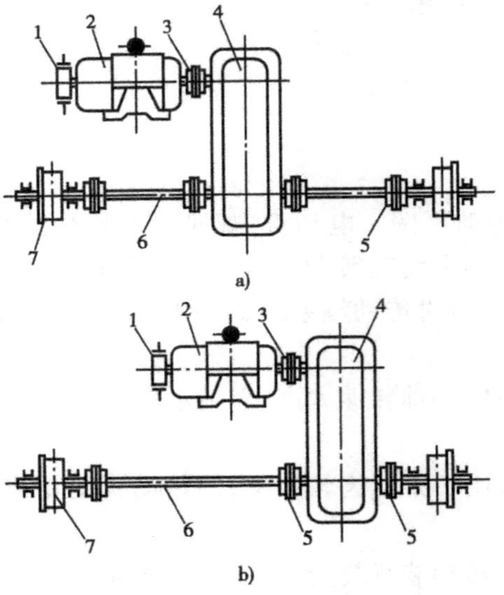

图 5-17　小车运行机构驱动装置

a) 立式减速器在小车架中间；b) 立式减速器在小车架一侧

1-制动器；2-电动机；3-高速轴联轴器；4-减速器；5-低速轴联轴器；6-传动轴；7-车轮

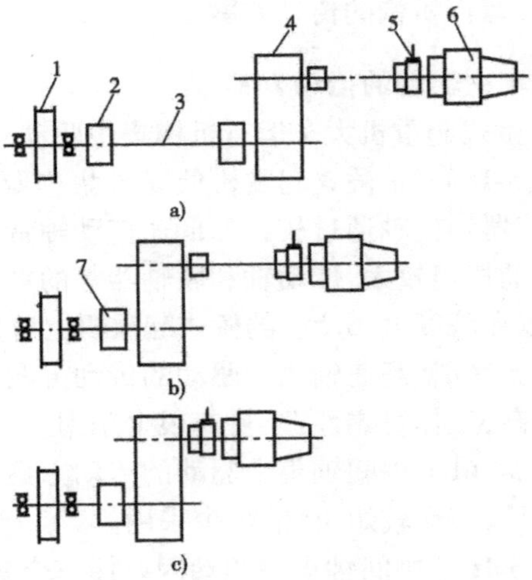

图 5-18　分别驱动布置方式

a) 两根浮动轴；b) 一根浮动轴；c) 无浮动轴

1-车轮；2-CLZ 型齿式联轴器；3-浮动轴；4-卧式减速器；5-制动器；6-电动机；7-CL 型齿轮联轴器

置方式，结构紧凑，但安装精度要求高。图 5-18b）设置了一根浮动轴，具有一定的安装误差补偿作用，结构也较紧凑，是目前应用较多的方式。

在中、小型桥式起重机大车运行机构中已经相当广泛地采用将电动机、制动器和减速器三者合为一体的“三合一”驱动装置，如图 5-19。这种装置结构紧凑、质量小、组装性好、不受桥架走台变形的影响，维修时可整台更换，是一种有发展前景的驱动装置。

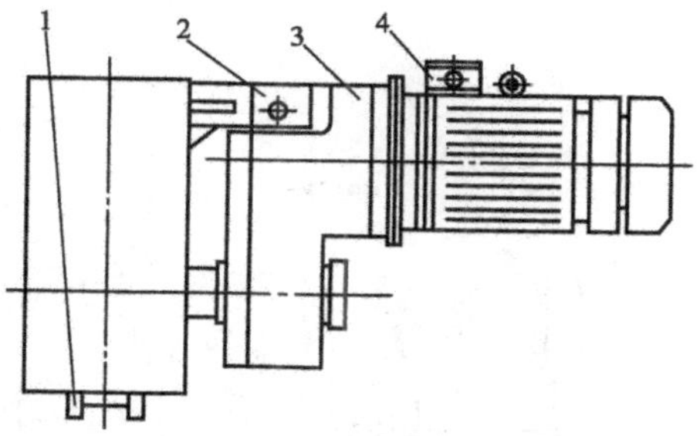

图 5-19　桥式起重机运行机构的“三合一”驱动装置
1-车轮；2-连接架；3-减速器；4-带制动器的电动机

2）采用立式减速器的起重机大车运行机构传动形式

图 5-20 是卧式电动机——立式减速器的传动方案。电动机、制动器安装在门架支腿下部的横梁上，立式减速器的中心距满足电动机与车轮之间的高度差要求。若采用图 5-20b）立式套装式减速器，则减少了车轮与减速器轴之间的齿式联轴器，结构更加紧凑。若为了安装位置的需要或为了补偿安装的误差，还可以采用图 5-20c）高速轴用浮动轴的立式套装减速器。

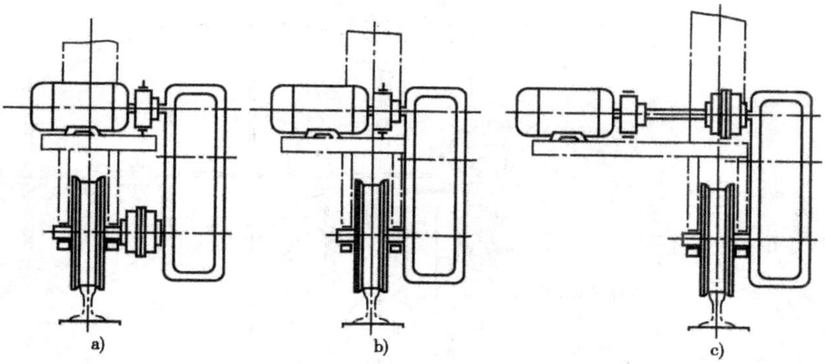

图 5-20　采用立式减速器的驱动装置
a）普通立式减速器；b）立式套装减速器；c）高速轴用浮动轴的立式套装减速器

3）带开式齿轮的起重机大车运行机构传动形式

图 5-21 是卧式电动机——蜗杆减速器——开式齿轮传动方式。这是一种常用的传动方案，可以采用普通的卧式电动机、蜗杆减速器，但传动元件较多，传动效率较低。以上两种运行传动形式在门座起重机、门式起重机中应用较多。

4）采用“三合一”驱动装置的起重机大车运行机构传动形式

中、小型通用门式起重机大车运行机构中日益广泛地采用“三合一”驱动装置，如图 5-22 所示。这种装置采用立式电动机，通过带垂直轴的减速器驱动车轮转动。整个组件直接安装在下横梁下面，因此安装方便，又不受下横梁结构的限制。

5）带独立组件的起重机大车运行机构传动形式

大型起重机大车运行驱动装置采用独立组件。根据驱动轮的数目，选择若干台独立组件（称为台车）。电动机、制动器、立式减速器都安装在一个平台上，平台通过铰轴与车架铰接。减速器低速轴是根空心轴，车轮轴直接插入减速器低速轴孔内，如图 5-23 所示。这种独立组件结构紧凑、传动效率高，尤其是组件与车轮、组件与车架的安装方便，是驱动装置的发展方向。

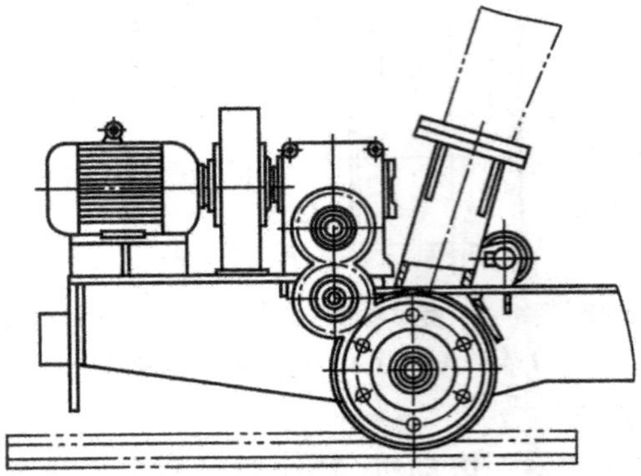

图 5-21　蜗杆减速器—开式齿轮传动的驱动装置

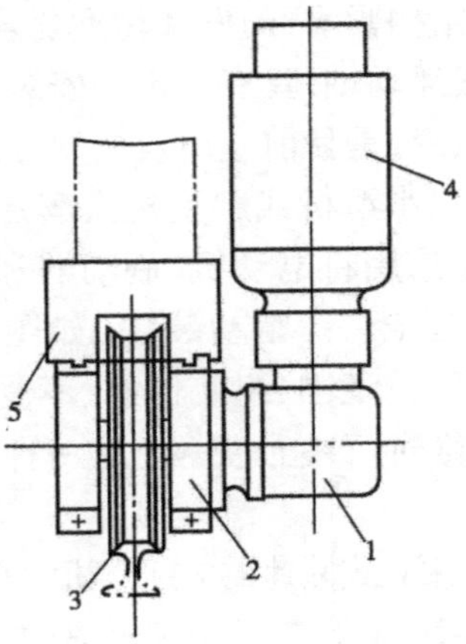

图 5-22　采用“三合一”驱动装置

1-垂直轴减速器；2-轴承箱；3-车轮；4-立式电动机；5-下横梁

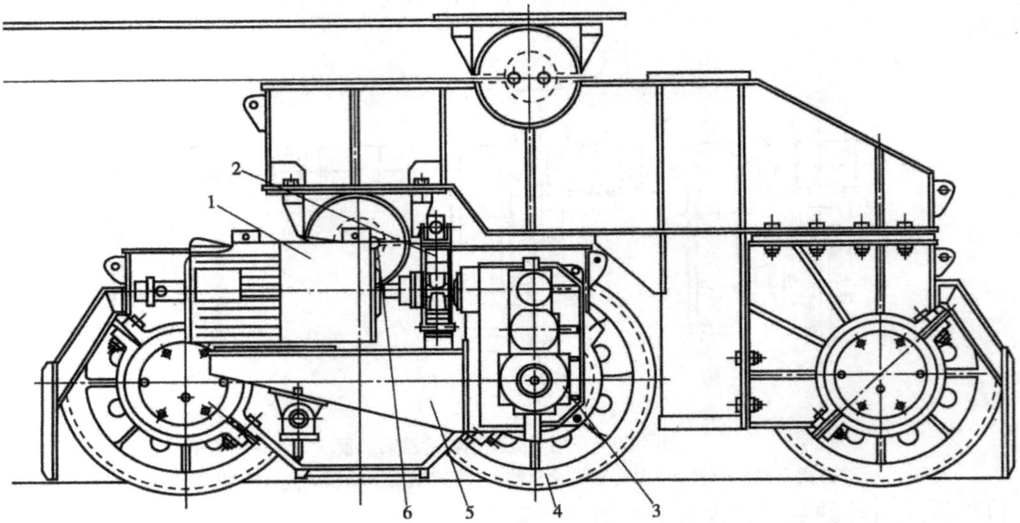

图 5-23　带独立组件的驱动装置

1-电动机；2-制动器；3-立式减速器；4-车轮；5-平台；6-铰轴

第四节　有轨运行机构的计算

一、运行阻力计算

在起重机或起重小车稳定运行时，电动机应克服的稳态运行阻力包括：摩擦阻力、坡道阻力和风阻力。对于室内作业的自行式起重机稳态运行阻力主要是摩擦阻力；而对于室外作业的自行式起重机还要考虑风阻力和坡道阻力。在钢丝绳牵引的运行机构中，还要计算小车运行时，起升机构和运行机构的钢丝绳绕过导向滑轮产生的阻力。

1. 摩擦阻力 P_m

起重机或起重小车直线运行时的摩擦阻力包括：车轮踏面的滚动摩擦阻力、车轮轴承内的摩擦阻力、车轮轮缘与轨顶侧面摩擦等的附加摩擦阻力。

1)车轮踏面的滚动摩擦阻力

车轮在载荷作用下沿轨道滚动时,由于车轮与轨道的接触处产生弹性变形而引起的车轮滚动摩擦阻力。

$$P_1 = \frac{(P_Q + P_G)f_k}{\frac{D}{2}} \quad (N) \tag{5-5}$$

式中:P_Q——额定起升载荷,N;

P_G——起重机或起重小车自重,N;

f_k——车轮沿轨道的滚动摩擦系数,mm,表5-6;

D——车轮踏面直径,mm。

2)车轮轴承的摩擦阻力

车轮轴承中的摩擦阻力矩$(P_Q+P_G)\cdot \mu d/2$换算到车轮踏面上的阻力为(图5-24):

$$P_2 = \frac{(P_Q + P_G)\cdot \mu d}{D} \quad (N) \tag{5-6}$$

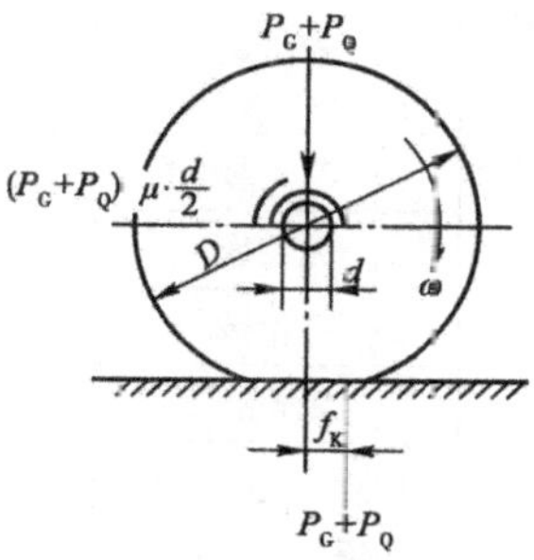

图5-24 车轮摩擦阻力计算图

式中:d——车轮轴直径,mm;

μ——车轮轴承摩擦阻力系数,见表5-7;

其余符号意义同前。

车轮滚动摩擦系数f_k(mm) 表5-6

车轮材料	钢轨形式	车轮踏面直径(mm)					
		100,160	200,250,315	400,500	630,710	800	900,1000
钢	平顶	0.25	0.30	0.50	0.60	0.70	0.70
	凸顶	0.30	0.40	0.60	0.80	1.00	1.20
铸铁	平顶		0.40	0.60	0.80	0.90	0.90
	凸顶		0.50	0.70	0.90	1.20	1.40

车轮轴承摩擦系数μ 表5-7

轴承型式	滑动轴承		滚动轴承		
轴承结构	开式	稀油润滑	滚珠或滚柱式	锥形滚子式	调心滚子式
μ	0.10	0.08	0.015	0.02	0.004

3)总摩擦阻力

由于车轮轮缘与轨顶侧面摩擦等的附加摩擦阻力不易计算,通常是将上述两项摩擦阻力之和乘以附加摩擦阻力系数来考虑。

总摩擦阻力:

$$P_m = P_1 + P_2 + P_3 = (P_Q + P_G)\frac{(\mu d + 2f_k)}{D}\cdot C_f \quad (N) \tag{5-7}$$

式中:C_f——附加摩擦阻力系数(考虑车轮轮缘与轨顶侧面摩擦或牵引供电电缆及集电器摩擦等),见表5-8;

其余符号意义同前。

附加摩擦阻力系数 C_f 表 5-8

车轮形状		机构		驱动形式	C_f
圆柱车轮	有轮缘	桥式、门式和门座起重机大车运行机构		分别驱动	1.5
	无轮缘（有水平滚轮）			分别驱动	1.1
	有轮缘	具有柔性支腿的装卸桥、门式起重机大车运行机构		分别驱动	1.3
	有轮缘	双梁桥式、门式起重机的小车运行机构	滑线导电	集中驱动	1.6
			电缆导电	集中驱动	1.3
	有轮缘	受偏心载荷的单主梁小车运行机构	滑线导电		1.6
	无轮缘				1.5
	有轮缘		电缆导电		1.3
	无轮缘				1.2
圆锥车轮（单轮缘）		悬挂在工字梁或箱形梁下翼缘上的小车运行机构		单边驱动	1.5
				双边驱动	2.0

2. 风阻力 P_W

室外作业的起重机或起重小车受到风阻力，其大小与迎风面积 A、计算风压 p、风力系数 C、风力高度变化系数 K_h 有关，按式(2-7)计算。

$$P_{WI} = CK_h p_I A \quad (N)$$

式中：A——起重机或起重小车与物品的总迎风面积，m^2；

K_h——风压高度变化系数，$K_h = 1$。

3. 坡道阻力 P_α

起重机或起重小车沿水平轨道运行时不存在坡道阻力。由于轨道安装误差或桥架变形下挠，会使轨道产生坡度。起重机或起重小车在上坡运行时，就受到坡道阻力。它是起重机或起重小车的自重和额定起升载荷沿坡面的分力，并与运行方向相反。

$$p_\alpha = (P_Q + P_G)\sin\alpha = (P_Q + P_G) \cdot m_c \quad (N) \tag{5-8}$$

式中：α——运行轨道坡度角，°；

m_c——坡度阻力系数，见表 5-9。

轨道式起重机，当轨道坡度不超过 0.5 ‰ 时不计坡道载荷，否则按实际坡度计算坡道阻力。

稳态运行阻力：

$$P_j = P_m + P_\alpha + P_{W1} \quad (N) \tag{5-9}$$

坡道阻力系数 m_c 表 5-9

桥式起重机大车	桥架型起重机小车	门式、门座、船台起重机大车	铁路起重机	建筑塔式起重机
0.001	0.002	0.003	0.004	0.005

二、电动机选择

1. 稳态运行功率

$$P_N = \frac{P_j v_y}{1\,000\eta m} \quad (kW) \tag{5-10}$$

式中：P_j——起重机或起重小车的稳态运行阻力，N；

v_y——起重机（起重小车）运行速度，m/s；

η——运行机构总传动效率；

m——运行机构电动机台数。

2. 初选电动机

$$P_n = kP_N \tag{5-11}$$

式中：k——系数，室外作业的起重机：$k = 1.1 \sim 1.3$，室内作业的起重机及室外作业的装卸桥小车：$k = 1.2 \sim 2.6$，运行速度高的取大值。

根据运行机构电动机的功率 P_n 从电动机的产品样本中选用电动机。

三、减速器选择

1. 计算传动比

$$i_c = \frac{n}{n_1} \tag{5-12}$$

式中：n——电动机额定转速，r/min；

n_1——主动轮的转速，r/min，

$$n_1 = \frac{60v_y}{\pi D} \quad (\text{r/min}) \tag{5-13}$$

其中：v_y——运行速度，m/s；

D——车轮踏面直径，m。

2. 减速器输入功率

由于运行机构，特别是起重机大车运行机构在起动、制动时的惯性载荷大，所以在选用或设计减速器时，输入功率要按起动工况确定。

减速器的计算输入功率：

$$P_N = \frac{1}{m} \cdot \frac{(P_j + P_g)v_y}{1000\eta} \quad (\text{kW}) \tag{5-14}$$

式中：m——运行机构中减速器台数；

P_j——稳态运行阻力，N；

P_g——运行起动时的惯性阻力，N，

$$P_g = \lambda \frac{(P_Q + P_G)}{g} \cdot a_y \quad (\text{N}) \tag{5-15}$$

其中：λ——机构中旋转质量的惯性力增大系数，$\lambda = 1.1 \sim 1.3$；

a_y——运行机构平均加速度，m/s^2，见表 5-10；

其余符号意义同前。

3. 选减速器

若运行机构的传动装置为标准减速器，则减速器的传动比就是计算传动比 i_c；

若运行机构的传动装置为标准减速器与开式齿轮传动，则要对计算传动比 i_c 进行传动比分配，使 $i_c = i_1 \times i_2$，其中 i_1 为减速器传动比，i_2 为开式齿轮传动比。

根据减速器的输入功率、减速器传动比、减速器高速轴转速以及机构 JC 值，再按照运行

机构传动方案，从各标准减速器的承载能力表上选合适的减速器。

当所选用的减速器参数表上标注的工作级别与运行机构的工作级别不一致时，应引入减速器功率修正系数。

运行机构起（制）动加（减）速度及相应加（减）速时间的推荐表 表5-10

运行速度（m/s）	低速和中速长距离运行		正常使用的中速和高速运行		高加速度、高速运行	
	加（减）速时间 s	加（减）速度 m/s^2	加（减）速时间 s	加（减）速度 m/s^2	加（减）速时间 s	加（减）速度 m/s^2
4.00			8.0	0.50	6.0	0.67
3.15			7.1	0.44	5.4	0.58
2.50			6.3	0.39	4.8	0.52
2.00	9.1	0.22	5.6	0.35	4.2	0.47
1.60	8.3	0.19	5.0	0.32	3.7	0.43
1.00	6.6	0.15	4.0	0.25	3.0	0.33
0.63	5.2	0.12	3.2	0.19		
0.40	4.1	0.098	2.5	0.16		
0.25	3.2	0.078				
0.16	2.5	0.064				

四、实际运行速度计算与校核

1. 实际运行速度

$$v'_y = \frac{n\pi D}{60i} \quad (m/s) \tag{5-16}$$

式中：i——传动装置的实际传动比。

2. 实际运行速度应满足

$$\left|\frac{v_y - v'_y}{v_y}\right| \times 100\% \leqslant 10\% \tag{5-17}$$

式中：v_y——设计参数中给定的运行速度，m/s。

五、电动机验算

1. 起动时间验算

运行机构的电动机起动时间最长发生在满载、上坡、迎风运行的过程，所以验算这种工况下的起动时间。

$$t_q = \frac{n \cdot \sum J}{9.55(mM_{dq} - M_{dj})} \quad (s) \tag{5-18}$$

式中：n——电动机额定转速，r/min；

m——运行机构电动机台数；

M_{dq}——电动机平均起动转矩，N·m，同式(4-17)；

M_{dj}——满载、上坡、迎风时作用于电动机轴上的稳态运行阻力矩，N·m，

$$M_{dj} = \frac{P_j D}{2i\eta} \quad (N \cdot m) \tag{5-19}$$

P_j——稳态运行阻力，N；

D——车轮踏面直径，m；

i——运行机构传动比；

η——运行机构总传动效率；

$\sum J$——机构总转动惯量，即折算到电动机轴上的机构旋转运动质量与直线运动质量转动惯量之和，kg·m²，

$$\sum J = k(J_1 + J_2)m + \frac{(P_G + P_Q)D^2}{4gi^2\eta} \quad (\text{kg}\cdot\text{m}^2) \tag{5-20}$$

J_1——电动机转子转动惯量，kg·m²；

J_2——电动机轴上制动轮和联轴器的转动惯量，kg·m²；

k——其他传动件的转动惯量折算到电动机轴上的影响系数，$k = 1.05 \sim 1.20$；

P_Q——额定起升载荷，N；

P_G——起重机或起重小车自重，N；

其余符号意义同前。

起动时间是否合适，还可以根据平均起动加速度来判断，见表5-10。

$$a_y = \frac{v'_y}{t_q} \quad (\text{m/s}^2) \tag{5-21}$$

式中：v'_y——实际运行速度，m/s；

a_y——平均起动加速度，m/s²；

t_q——运行起动时间，s，见表5-10。

2. 电动机过载验算

室外作业的起重机或起重小车的电动机在工作状态最大载荷作用下应能正常工作，所以要校核电动机的过载能力。

$$P_N = \frac{1}{m\lambda_{as}}\left(\frac{P_{jII}\cdot v'_y}{1\,000\eta} + \frac{\sum J\cdot n^2}{91\,280t_q}\right) \quad (\text{kW}) \tag{5-22}$$

式中：P_N——电动机的额定功率，kW；

λ_{aS}——相对于 P_N 平均起动转矩倍数，其值应根据所选电动机的 λ_m 值及其控制系统方案确定，通常情况下，对绕线转子异步电动机取1.7，采用频敏变阻器时取1，笼型异步电动机取 $0.9\lambda_m$（λ_m 为相对于 P_N 时的电动机最大转矩倍数），串励直流电动机取1.9，复励直流电动机取1.8，他励直流电动机取1.7，变频调速电动机取1.7；

P_{jII}——稳态运行阻力，N，风阻力按工作状态最大计算风压 p_{II} 计算，$P_{jII} = P_m + P_\alpha + P_{wII}$，N；

$\sum J$——机构总转动惯量，即折算到电动机轴上的机构旋转运动质量与直线运动质量转动惯量之和，kg·m²，见式(5-20)；

n——电动机额定转速，r/min；

v'_y——实际运行速度，m/s；

其余符号意义同前。

3. 电动机发热验算

对于工作频繁的工作性运行机构，为避免电动机过热损坏，需要对初选的电动机进行发热验算。

运行机构电动机发热验算方法参考第四章第三节起升机构中的计算。

电动机稳态平均功率：

$$P_S = G\frac{P_{jI}v'_y}{1000m\eta} \quad (kW) \tag{5-23}$$

式中：G——稳态负载平均系数，先查表4-8，再按表4-4选取；

P_{jI}——稳态运行阻力，N，风阻力按工作状态正常的计算风压P_I计算；

其余符号意义同前。

六、制动器选择

1. 制动转矩计算

与起升机构按照作用在制动器轴上的静转矩确定制动器的方法不同，选用运行机构制动器时要考虑惯性载荷的影响。对于室外工作的起重机，其运行机构机械式制动器的制动转矩要满足在满载、顺风、下坡的情况下，使起重机或起重小车可靠地停住。

(1) 在满载、顺风、下坡时的制动转矩为：

$$M_Z = \frac{1}{m'}(M'_{dj} + M_g) = \frac{1}{m'}\left[(P_{WII} + P_\alpha - P_{m1})\frac{D\eta}{2i} + \frac{n\sum J'}{9.55t_Z}\right] \quad (N\cdot m) \tag{5-24}$$

式中：m'——制动器台数；

t_Z——制动时间，s，表5-10；

M'_j——换算到制动器轴上的静转矩，N·m，

$$M'_{dj} = \frac{(P_{WII} + P_\alpha - P_{m1})D\eta}{2i} \quad (N\cdot m)$$

P_{m1}——不计附加摩擦的满载摩擦阻力，N，

$$P_{m1} = (P_Q + P_G)\frac{(\mu d + 2f_k)}{D} \quad (N) \tag{5-25}$$

P_{WII}——风阻力，N，按工作状态最大计算风压p_{II}计算；

M_g——换算到制动器轴上的惯性转矩，N·m，

$$M_g = \frac{n\cdot\sum J'}{9.55t_Z} \quad (N\cdot m)$$

$\sum J'$——机构总转动惯量，即制动时折算到电动机轴上的机构旋转运动质量和直线运动质量转动惯量之和，kg·m²，

$$\sum J' = k(J_1 + J_2)m + \frac{(P_Q + P_G)D^2\eta}{4gi^2} \quad (kg\cdot m^2) \tag{5-26}$$

m——电动机台数，一般$m = m'$；

其余符号意义同前。

(2) 对于露天工作的起重小车（其驱动轮与轨道之间有足够大的黏着力）或没有采用自动作用夹轨器的起重机，按式(8-2)计算在满载、顺风、下坡时制动器产生的制动力能否抵抗风的吹袭，防止起重机滑行。

2. 选制动器

按照作业要求，确定制动器的种类，再按所需要的制动转矩选定制动器的型号，满足：

$$M_Z \leqslant [M_Z] \quad (N\cdot m) \tag{5-27}$$

式中：$[M_Z]$——制动器参数表中的制动转矩。

3. 制动时间验算

1）满载、顺风、下坡工况

$$t_{z\max}=\frac{n\cdot\sum J'}{9.55(m'M_Z-M'_{dj})}\leqslant[t_{z\max}]\qquad(s)\tag{5-28}$$

式中：M_Z——制动器的制动转矩，N·m；

$[t_{z\max}]$——许用最长制动时间，s，起重机$[t_{z\max}]\leqslant 6\sim 8s$，起重小车$[t_{z\max}]\leqslant 3\sim 4s$；

其余符号意义同前。

2）空载、无风、无坡工况

$$t_{z\min}=\frac{n\cdot\sum J''}{9.55(m'M_z+M_{m2})}\geqslant[t_{z\min}]\qquad(s)\tag{5-29}$$

式中：M_{m2}——不计附加摩擦的空载摩擦阻力矩，N·m，

$$M_{m2}=\frac{P_G(\mu d+2f_k)\eta}{2i}\qquad(N\cdot m)\tag{5-30}$$

$\sum J''$——机构总转动惯量，即制动时折算到电动机轴上的机构旋转运动质量和直线运动质量转动惯量之和，kg·m²，

$$\sum J''=k(J_1+J_2)m+\frac{P_GD^2\eta}{4gi^2}\qquad(kg\cdot m^2)\tag{5-31}$$

$[t_{z\min}]$——许用最短制动时间，$[t_{z\min}]\geqslant 1.0\sim 1.5s$；

其余符号意义同前。

如果$t_{z\min}$太小，应采用双级制动，并利用时间继电器，合理调整第二级制动器的制动时间；或采用可操纵的制动器，以便司机按制动转矩调整制动力的大小。

室内工作的桥式起重机，按空载时不产生制动打滑的条件来选择制动器（最大制动减速度可取为$0.55m/s^2$）。

七、主动轮打滑验算

起重机或起重小车运行时，当作用在主动轮的牵引力小于主动轮与轨道接触处的最大黏着力，则主动轮在轨道上作纯滚动；当牵引力达到或超过最大黏着力时，主动轮在轨道上不再作纯滚动，而是连滚带滑，甚至只滑不滚，即主动轮在轨道上打滑。主动轮出现了打滑现象，会影响起重机或起重小车正常运行，同时会加剧车轮的磨损。

主动轮的打滑通常出现在起重机或起重小车运行起动或制动的过程中，并容易发生在最小轮压处。

主动轮打滑验算的工况是：小车运行机构空载运行时；无悬臂的桥架型起重机大车运行机构，当空载小车位于桥架一端时；带悬臂的桥架型起重机大车运行机构，当满载小车位于悬臂端时；臂架型起重机运行机构，当满载臂架位于与支承平面对角线垂直方位时。

打滑验算可以从驱动方面验算，也可以从从动方面验算。从驱动方面验算能同时适用于集中驱动和分别驱动方式，并能确定哪一个（那一组）车轮发生了打滑，所以常常采用从驱动方面出发进行验算的方法。

1. 起动时的打滑验算

$$\left(\frac{\varphi}{K}+\frac{\mu d}{D}\right)P_{\min}\geqslant\frac{2i\eta}{D}\left[M_{dq}-\frac{2k(J_1+J_2)\cdot i}{D}a_y\right]\qquad(N)\tag{5-32}$$

式中：P_{min}——主动轮最小轮压，N，按打滑验算工况确定；

φ——车轮与轨道之间的黏着系数，室外工作的起重机，$\varphi=0.12$（下雨时 $\varphi=0.08$），室内工作的起重机，$\varphi=0.14$，钢轨上撒砂，$\varphi=0.2\sim0.25$；

K——黏着安全系数，室外工作的起重机，$K=1.02\sim1.05$；室内工作的起重机，$K=1.1\sim1.2$；

其余符号意义同前。

2. 制动时的打滑验算

$$\left(\frac{\varphi}{K'}-\frac{\mu d}{D}\right)P_{min}\geqslant\frac{2i}{\eta D}\left[M_Z-\frac{2k(J_1+J_2)\cdot i}{D}a_Z\right]\quad(\text{N})\tag{5-33}$$

式中：K'——制动时黏着安全系数，$K'=1.2$；

a_Z——平均制动减速度，m/s^2，

$$a_Z=\frac{v'_y}{t_Z}\quad(\text{m/s}^2)\tag{5-34}$$

其余符号意义同前。

3. 避免打滑的措施

若起动或制动时不能满足不打滑要求，则可采取以下措施：

(1)调整电动机功率(或调整起动性能)，调整制动器的制动转矩。

(2)增加主动轮的数量，必要时全部车轮都作为主动轮。

(3)调整各个部件布置位置，改变主动轮的轮压分配。

(4)减小平均加速度、减速度，延长起动、制动的时间。

(5)增设撒砂装置，以增加车轮与轨道之间的黏着系数。

复习思考题

1. 有轨运行起重机的运行支承装置由哪几部分组成的？为什么要采用台车？其工作原理是什么？

2. 在桥式起重机大车、起重小车，门座起重机中采用何种形式的车轮、轨道及台车？为什么？

3. 牵引式有轨运行与自行式有轨运行各有什么特点？使用在什么场合？为什么？

4. 门式起重机、桥式起重机、门座起重机的主动轮采用何种布置方式？为什么？采用何种驱动方式？为什么？

5. 起重小车运行机构采用何种驱动形式？阐述这种驱动形式的传动过程、传动特点。

6. 阐述卧式电动机—立式减速器传动、卧式电动机—蜗杆减速器传动的传动过程、传动特点，这两种传动方式适用何种类型的起重机？

7. 运行机构电动机是如何选择的？稳态运行阻力包括哪几个方面？

8. 运行机构机械式制动器与起升机构支持制动器的选择有何不同？为什么？

9. 初选后的运行机构电动机为什么要进行过载验算？在电动机过载验算时，如何确定运行阻力？

10. 为什么要进行起重机或起重小车的打滑验算？打滑通常发生在什么工况下？发生在何处？主动轮不发生打滑的条件是什么？若发生打滑应采取的措施是什么？请详细分析。

第六章　变幅机构

知识目标

1. 简要叙述滑轮组补偿法、连杆—滑轮组补偿法、卷筒补偿法的组成、工作原理和工作特点，以及它们共同的优缺点；

2. 简要叙述杠杆—摆动对重平衡方式的工作原理、使用场合；

3. 讲述绳索滑轮组、齿条、螺杆、液压缸等变幅驱动装置的组成、安装位置、传动过程、适用的起重机械。

能力目标

1. 分析绳索补偿法和组合臂架法在实行载重水平位移中的特点以及所适用的起重机；

2. 分析工作性变幅机构、非工作性变幅机构中采用的变幅驱动装置形式与特点。

第一节　概　　述

变幅机构是起重机用来改变幅度的机构。

根据工作要求的不同，变幅机构的主要作用是：

(1)通过改变幅度来改变取物装置的工作位置，以调整起重机的起重能力；或者适应装卸路线的需要；或者提高非工作状态下的起重机通过能力。

(2)通过改变幅度使吊载的物品以起重机回转中心线为中心作径向水平移动，扩大起重机的作业范围，提高工作的机动性。

变幅机构按工作性质分为非工作性和工作性两种。

非工作性变幅机构(又称调整性变幅机构)只在起重机空载时改变幅度，使取物装置调整到适合吊运物品的作业位置，在装卸过程中，幅度不再改变。因此，其变幅次数少，变幅时间对起重机的生产率影响小，一般采用较低的变幅速度。由于是不带载变幅，变幅阻力和变幅驱动功率的消耗也都比较小。

工作性变幅机构是在带载条件下变幅，实现物品的搬运。变幅过程是起重机每一个工作循环中的主要工序之一，所以变幅频繁，变幅时间对起重机的生产率有直接影响，一般采用较高的变幅速度。由于是带载变幅，变幅阻力及变幅驱动功率的消耗都较大。为了降低变幅驱动功率，改善工作性能，工作性变幅机构常采用多种方法实现载重水平位移和臂架自重平衡。

变幅机构按变幅方法分为运行小车式和摆动臂架式两种。

运行小车式变幅机构是在具有水平臂架的起重机上，依靠小车沿臂架弦杆运行来改变起重机的幅度。运行小车有自行式和绳索牵引式两种。绳索牵引式小车自重轻，可减轻臂架的受载，减小臂架的结构尺寸，应用较广。运行小车式的变幅速度均匀，变幅时，物品偏摆小，并能实现严格的水平移动。但臂架受到较大的弯矩，使臂架的结构尺寸和自重较大。运行小车式变幅机构主要用于工作性变幅，建筑用塔式起重机常采用这种变幅方式。

摆动臂架式变幅机构是通过臂架在垂直平面内绕其铰轴摆动来改变起重机的幅度。这种变幅机构的臂架受力情况较好，自重较轻，容易实现多台起重机协同工作。但变幅时物品偏摆大，变幅速度不均匀，很难获得较小的最小幅度。这种变幅形式广泛应用于各种类型的回转起重机，实现工作性变幅或非工作性变幅。

变幅机构按臂架结构分为普通臂架变幅和平衡臂架变幅两种。

普通臂架变幅机构主要有摆动臂架式和运行小车式（见图 6-1）。

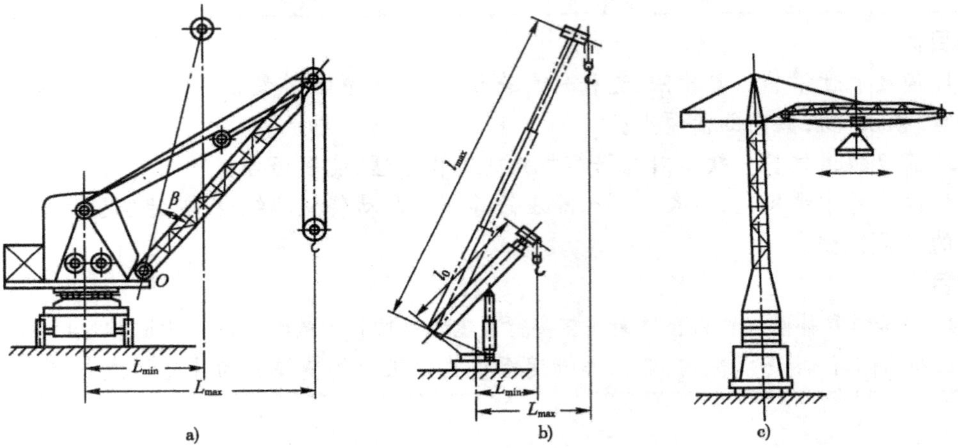

图 6-1　普通臂架变幅机构

a）臂架摆动式（定长臂）；b）臂架摆动式（伸缩臂）；c）运行小车式

摆动臂架式变幅机构通常采用直臂架。在变幅过程中，臂架的重心和取物装置及其所载的物品会随着幅度的改变而发生不必要的升降，这样增加了变幅驱动功率，也对装卸工作带来了不便。因此，这种变幅方式主要用于调整性变幅。在非工作性变幅或不经常带载变幅的汽车起重机、轮胎起重机、履带起重机、铁路起重机和桅杆起重机上广泛使用（见图 6-2）。

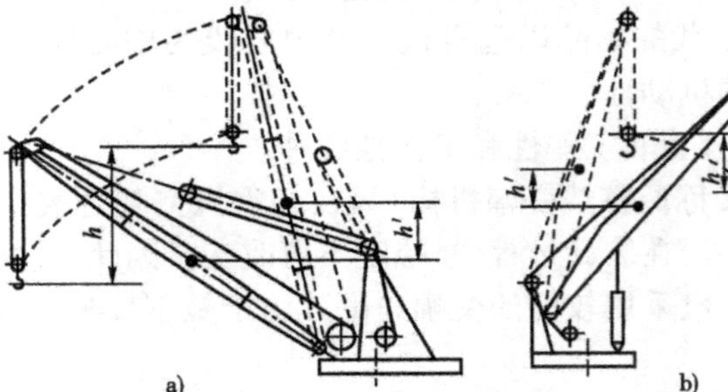

图 6-2　臂架摆动式变幅时物品和臂架重心变化图

a）钢丝绳滑轮组变幅；b）液压缸变幅

臂架摆动式变幅机构采用定长臂架或伸缩臂架。定长臂架的结构有箱形和桁架形。通常采用钢丝绳滑轮组作为变幅驱动装置，也可用液压缸变幅。伸缩式臂架采用箱形结构，由基本臂和若干节伸缩臂组成。伸缩臂式起重机采用液压缸变幅。臂架伸缩时，虽然幅度随之改变，但伸缩臂架的主要目的是使流动式起重机在作业时伸出臂架以取得较大的起升高度；在行驶时收回臂架以得到较小的外形尺寸，所以一般不作变幅使用。

平衡臂架变幅机构采用各种载重升降补偿方法和臂架平衡系统，使变幅过程中物品重心沿水平线或近似水平线的轨迹移动，臂架系统的合成重心高度不变或变化很小。这样，减小了变幅机构的驱动功率，但臂架结构复杂。平衡臂架变幅适用于工作性变幅。

第二节　载重水平位移

在利用臂架摆动进行变幅的工作性变幅机构中，为了使物品在变幅过程中沿着水平线或近以水平线的轨迹移动，要采用物品升降补偿装置。实现载重水平位移的方法有多种，但归纳起来有两种类型：绳索补偿法和组合臂架法。

一、绳索补偿法

绳索补偿法的特点是：在变幅过程中，臂架摆动引起的物品升降依靠起升绳卷绕系统中及时放出或收进一定长度的起升绳来进行补偿，从而使物品在变幅过程中能沿着水平线或近似水平线的轨迹移动。常用的绳索补偿法有：滑轮组补偿法、滑轮补偿法、连杆—滑轮组补偿法、卷筒补偿法等。

1. 滑轮组补偿法

图 6-3 表示利用补偿滑轮组使物品水平变幅的工作原理。在起升绳卷绕系统中增设了一个补偿滑轮组。当臂架从位置Ⅰ摆动到位置Ⅱ时，物品和取物装置随着臂架端点的升高而上升 H；又由于补偿滑轮组内每根钢丝绳长度从 l_1 缩短到 l_2，则经过臂架端点的导向滑轮放出起升绳 $(l_1-l_2)a_b$，使物品和取物装置下降。如果在变幅过程中的各个位置处，由于臂架端点升高而引起的物品上升值等于或大致等于因补偿滑轮组内钢丝绳缩短而引起的物品下降值，则物品将沿着水平线或近似水平线的轨迹移动。

采用滑轮组补偿时，实现物品水平变幅应满足的条件式：

$$Ha = (l_1 - l_2)a_b \tag{6-1}$$

式中：a——起升滑轮组倍率，通常 $a \leqslant 2$；

a_b——补偿滑轮组倍率，通常 $a_b = 3$。

滑轮组补偿法的优点是：采用直臂架，构造简单，臂架受力比较有利；容易获得较小的最小幅度。缺点是：起升绳总长度长，绕过的滑轮数目多，钢丝绳磨损快；小幅度时因起升绳悬挂长度长，使得物品偏摆大；并且物品只能沿着近似的水平线移动。这种补偿形式主要用于小起重量的起重机。

2. 滑轮补偿法

图 6-4 表示利用补偿滑轮使物品实现水平变幅的工作原理。从起升卷筒引出的起升绳，

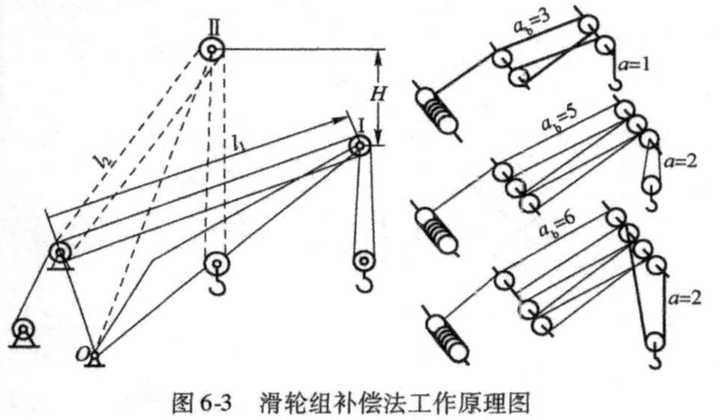

图 6-3　滑轮组补偿法工作原理图

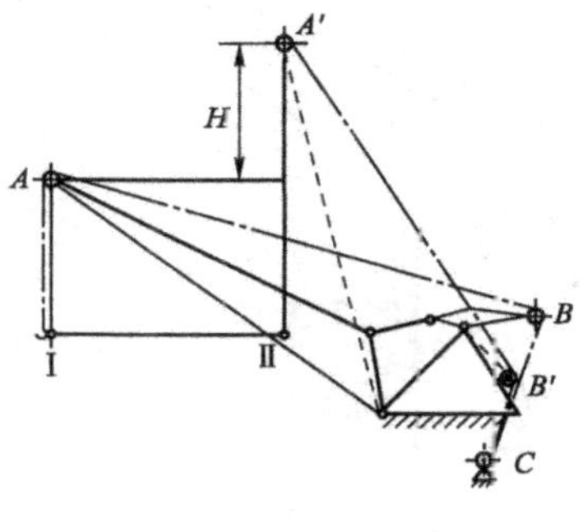

图 6-4　滑轮补偿法工作原理图

经过装在摆动杠杆上的导向滑轮 B,再通过臂架端点滑轮 A 与取物装置相连。摆动杠杆通过拉杆和臂架连接。在变幅过程中,若臂架端点由 A 移动到 A',升高 H,导向滑轮则由 B 移动到 B',如果满足条件式:

$$(\overline{AB} + \overline{BC}) - (\overline{A'B'} + \overline{B'C}) = H \tag{6-2}$$

即由于补偿导向滑轮位置的改变,引起卷筒到臂架端点之间的起升绳长度的变化,能补偿物品随着臂架端点的移动引起的升降,则物品就沿着水平线移动。

与滑轮组补偿法相比,滑轮补偿法的起升绳总长度短,绕过的滑轮数目少,起升绳磨损小;但臂架受到较大的弯矩,并且导向滑轮 B 与卷筒 C 之间要有足够的距离,才能起到理想的补偿作用。这种补偿方法可以用在吊钩起重机和抓斗起重机上。近年来,在较大起重量的起重机上应用日益增多。

3. 连杆—滑轮组补偿法

如图 6-5 所示,补偿滑轮组沿着垂直导轨移动,连杆连接补偿滑轮组的动滑轮与臂架尾部,连杆的长度与臂架的尾长相等。在变幅过程中,保持:$\frac{H_1}{H_2} = \frac{l_1}{2l_2}$

如果采用连杆—滑轮组补偿时,满足下列条件式:

$$aH_1 = a_b H_2$$

即:

$$\frac{a_b}{a} = \frac{H_1}{H_2} = \frac{l_1}{2l_2} \tag{6-3}$$

则物品沿水平线移动。

在转柱式回转支承装置中,把补偿滑轮组布置在转柱内,由液压缸推动补偿滑轮组的动滑轮垂直移动,使臂架摆动变幅。若将动滑轮与臂架平衡对重布置在一起,则变幅机构的结构很紧凑。并且臂架铰点位于回转中心线上,因此能得到较小的最小幅度,多用在安装用的门座起重机上。

4. 卷筒补偿法

如图 6-6 所示,补偿卷筒与变幅卷筒同轴,并一起转动(有时不同轴而通过齿轮或链轮传动)。起升绳一端固定在起升卷筒上,另一端固定在补偿卷筒上。在变幅过程中,若变幅卷筒

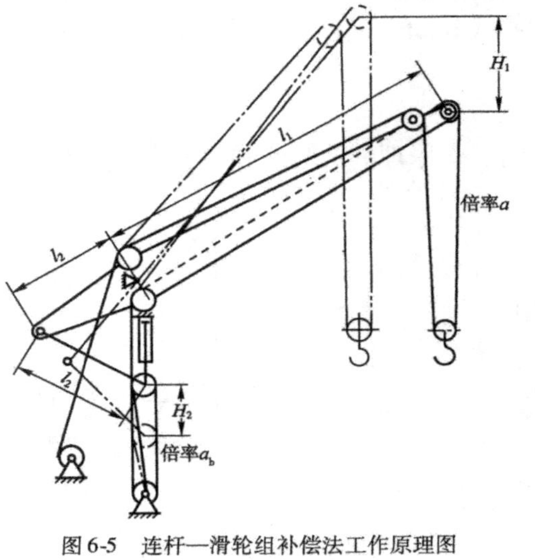

图 6-5　连杆—滑轮组补偿法工作原理图

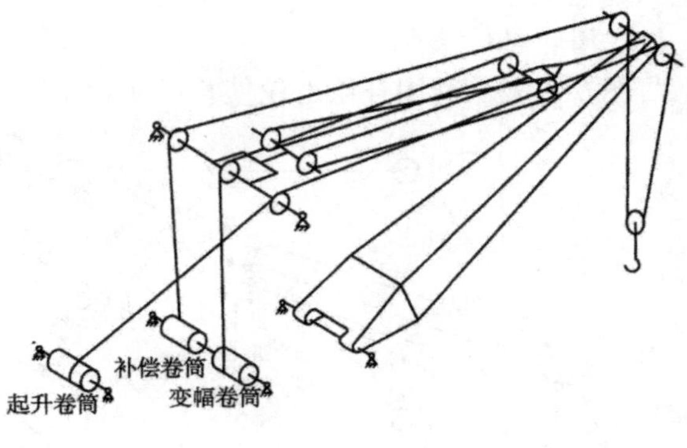

图 6-6　卷筒补偿法绕绳系统

收进(放出)钢丝绳使臂架端点升高(下降),则补偿卷筒放出(收进)一定长度的起升绳,补偿因臂架摆动引起的物品上升(下降)。如果采用恰当设计的曲线形补偿卷筒,则物品可沿水平线移动。从制造工艺方面考虑,补偿卷筒常制成圆锥形或鼓形,可以使物品沿近似的水平线移动。

如上所述,各种绳索补偿法的共同缺点是:起升绳长,绕过的滑轮数多,加速了钢丝绳的磨损;小幅度时物品悬挂长度长,偏摆也大。优点是:采用直臂架,结构简单,重量轻。

二、组合臂架法

组合臂架法的特点是:在变幅过程中,依靠组合臂架端点沿水平线或近似水平线的轨迹移动,从而使物品在变幅时不发生升降或升降很小。常用的组合臂架法有四连杆式组合臂架、平行四边形组合臂架。

1. 四连杆式组合臂架

图 6-7 表示采用刚性拉杆的四连杆式组合臂架的工作原理。臂架系统由臂架、直线象鼻梁和刚性拉杆三部分组成,连同机架构成一个平面四杆机构。

在四连杆机构中,臂架摆动时,象鼻梁端点的运动轨迹是一条双叶曲线。如果臂架系统的尺寸选择得合适,则在有效幅度 $L_{max} \sim L_{min}$ 范围内,双叶曲线可以接近于一条水平线,即在变幅过程中,象鼻梁端点将沿接近水平线的轨迹移动。当起升绳平行于拉杆或臂架及象鼻梁的轴线布置,并从象鼻梁端点引出时,则可实现物品的水平变幅。

四连杆式组合臂架系统的刚性好;起升绳悬挂长度短,物品偏摆现象减轻;起升绳长度和磨损减小;起升滑轮组倍率的大小对补偿没有影响;臂架下的有效空间大。主要缺点是:臂架结构复杂、自重大;变幅时物品不能严格地沿水平线的轨迹移动。

这种方案在港口和造船用的门座起重机上应用最多。

2. 平行四边形组合臂架

图 6-8 表示的是平行四边形组合臂架的工作原理。臂架、象鼻梁、拉杆和连杆组成平行四边形。刚性拉杆与象鼻梁的长度相等,连杆与臂架下部分的长度相等。刚性拉杆的支点与臂架下铰点在一条垂直线上,臂架下铰点又可沿垂直导轨上下移动。这样,可保证象鼻梁端点在变幅过程中沿水平线移动。如果将起升绳沿臂架系统构件的轴线布置,并从象鼻梁的端点引出,则理论上可实现物品严格地沿水平线的轨迹移动。

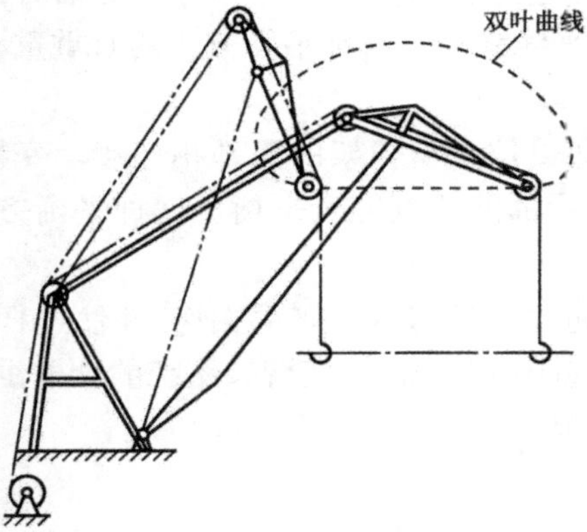

图 6-7　四连杆式组合臂架工作原理图

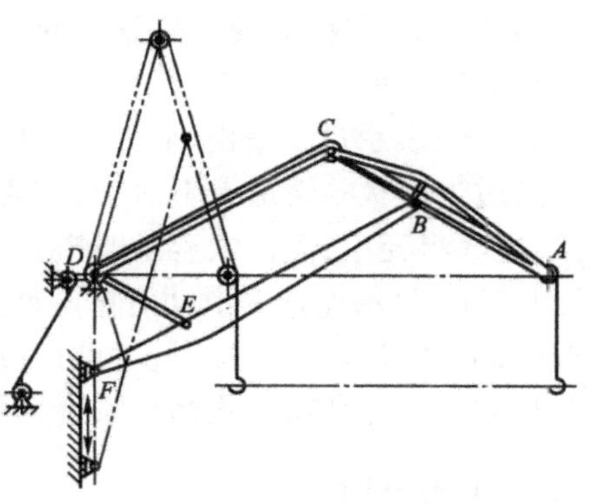

图 6-8　平行四边形组合臂架工作原理图

平行四边形组合臂架的主要缺点是臂架系统结构复杂，臂架受到较大的弯矩。在带斗门座起重机上采用这种形式的组合臂架。

第三节　臂架自重平衡

在利用臂架摆动进行变幅的工作性变幅机构中，为了在变幅过程中使臂架的重心不发生升降或升降很小，通常采用臂架系统自重平衡的方法，臂架系统的自重要用对重加以平衡。对重或是直接装在臂架的尾部，或是通过杠杆系统或挠性件与臂架连接。

一、尾重平衡法

将对重直接布置在臂架尾部的延长端上，臂架重力 P_b 和对重重力 P_d 的合成重心在臂架铰轴点 O 上，如图 6-9 所示，即满足：

$$P_b \cdot r_1 = P_d \cdot r_2 \tag{6-4}$$

当臂架摆动时，对重随着升降，但臂架系统的合成重心不发生升降并始终位于臂架铰轴点上，所以在理论上达到自重完全平衡，但对整个回转部分的平衡不利。另外，对重力臂的长度受到起重机整体布置的限制，因而对重重量大；对重的布置也对起重机整体抗倾覆稳定性和回转部分的抗倾覆稳定性不利。这种方法目前应用较少。

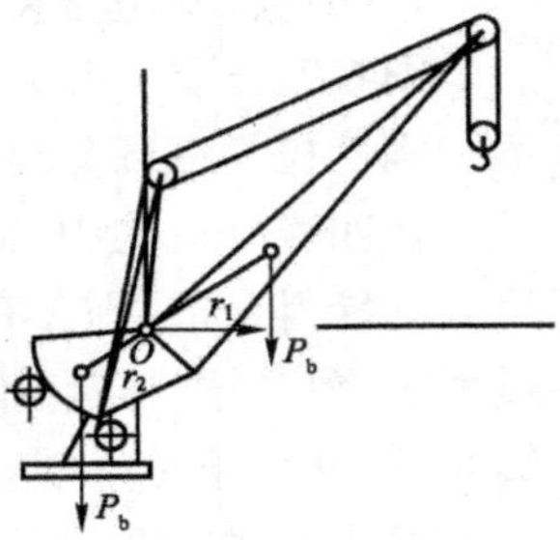

图 6-9　尾重式臂架平衡原理

二、移动重心平衡法

图 6-10a）表示杠杆—摆动对重平衡法的工作原理。对重与臂架分离，采用杠杆联系，组成非平行四边形 OO_1BA 的四杆机构。根据臂架系统自重对杠杆铰点 O_1 的力矩等于摆动对重重力对杠杆铰点 O_1 的力矩这一基本原理设计，所以在变幅过程中，臂架系统的合成重心沿水平线的轨迹移动。

由于采用了杠杆系统，在臂架摆动角度不变时，对重臂的摆角显著增大，从而增加了对重的升降高度，减轻了对重的重量；对重又布置在机房的后部，这样有利于提高起重机的整体抗倾覆稳定性；并且这种方案在总体布置上也比尾重法方便，因此在目前应用最普遍。但是在变幅过程中，合成重心不能严格地沿水平线的轨迹移动，很难达到自重完全平衡。

图 6-10b）表示杠杆—滑动对重平衡方式。对重通过连杆与摆动杠杆相连。变幅时，对重沿倾斜的轨道上下移动，使臂架系统的合成重心沿水平线移动。这种平衡方式的对重重心低，起重机尾部尺寸小。

图 6-10c）表示拉索—滑动对重平衡方式。对重通过拉索与臂架的头部相连接。变幅时，若对重沿适当形状的轨道上下滑动，在变幅的各个位置都能达到完全平衡。这种平衡方式构造简单，尾部半径小，但拉索容易磨损。

图 6-10d）表示连杆—滑动对重平衡方式。对重通过连杆与臂架尾部相连，并使连杆长度与臂架尾部长度相等。变幅时，对重在转柱的垂直导轨中上下滑动，使臂架系统的合成重心沿水平线移动。这种平衡方式结构紧凑，但构造比较复杂。

三、无对重平衡法

图 6-11 是自重平衡的臂架系统。其中图 6-11a）是单臂架，臂架下铰点为一台小车，可沿

着垂直的导轨上下移动。利用椭圆规原理,在变幅过程中,臂架重心沿水平线或近似水平线的轨迹移动而不需要平衡对重,大大减轻了起重机回转部分的重量。

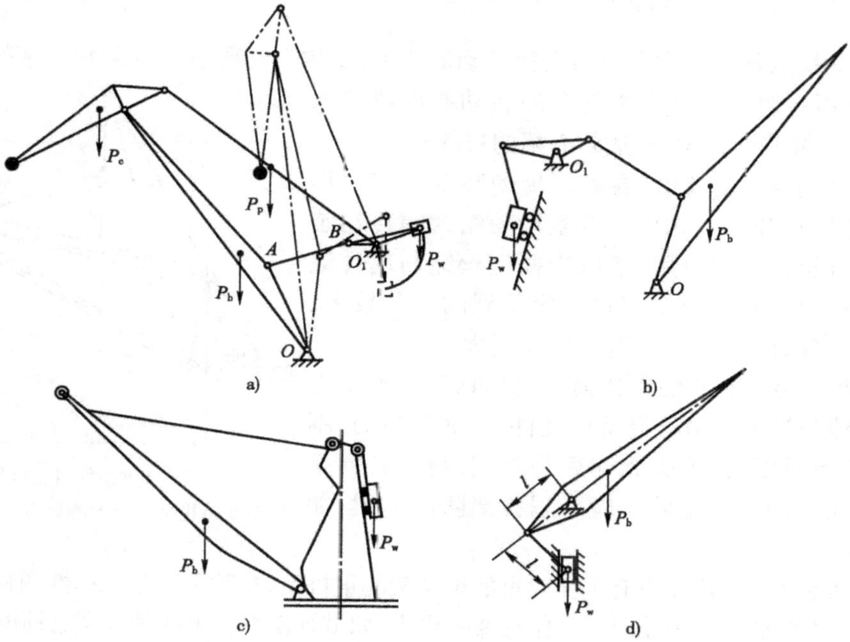

图 6-10　移动重心平衡原理

a)杠杆—摆动对重平衡方式;b)杠杆—滑动对重平衡方式;c)拉索—滑动对重平衡方式;d)连杆—滑动对重平衡方式

图 6-11b)是平行四边形组合臂架。臂架、象鼻梁、拉杆和连杆组成一个平行四边形,臂架下铰点也为一台小车,可沿着垂直导轨上下移动。变幅时,拉杆的重心 P 和连杆的重心 T 做圆周运动,臂架的重心 M 和象鼻梁的重心 N 作椭圆运动,这四个杆件的合成重心沿水平线 OD 移动。因此,这个系统也不需要平衡对重。但是这种臂架系统构造复杂,臂架受力情况不好,一般很少应用。

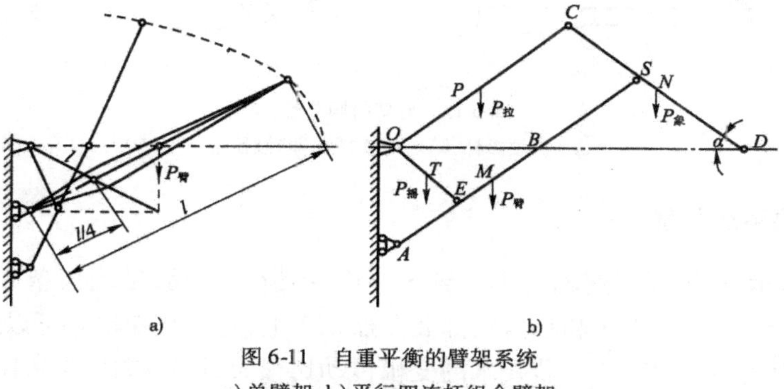

图 6-11　自重平衡的臂架系统

a)单臂架;b)平行四连杆组合臂架

第四节　变幅驱动装置

变幅驱动装置是用来驱动臂架系统摆动,实现起重机幅度的改变。为了适应各种起重机的变幅特性和要求,变幅驱动装置有多种形式。常用的变幅驱动装置是:绳索滑轮组、齿轮齿条、螺杆螺母、液压缸等。

一、绳索滑轮组变幅驱动装置

在图 6-12 所表示的绳索滑轮组变幅传动形式中，变幅钢丝绳通过臂架和人字架之间的滑轮组，引入变幅卷筒。依靠变幅卷筒的转动放出或卷入钢丝绳，使臂架绕其铰轴摆动，达到变幅的目的。

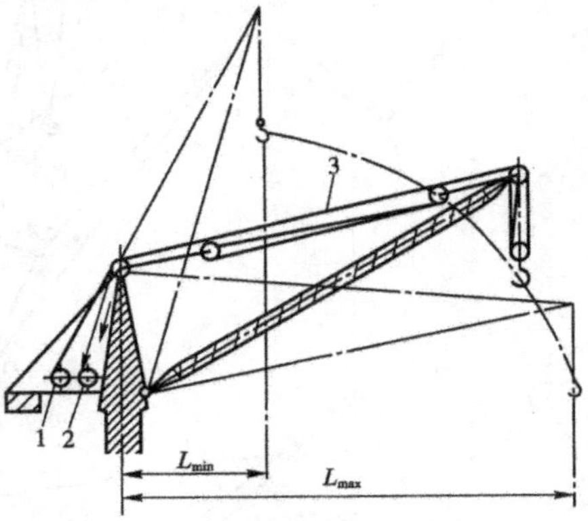

图 6-12　绳索滑轮组变幅驱动装置

1-变幅卷筒；2-起升卷筒；3-变幅滑轮组

电动机、减速器、制动器、卷筒等传动装置放在机房内，布置方式与起升机构相似。绳索滑轮组变幅传动装置的零部件与起升机构通用，常取变幅钢丝绳与起升绳的规格型号相同。但是变幅钢丝绳所受到的载荷较大，所以变幅滑轮组的倍率通常比起升滑轮组大。

绳索滑轮组传动装置的结构简单、自重轻、臂架受力好。但由于传动件中的钢丝绳是挠性件，只能受拉力，不能受压力，在小幅度时，若受到向后的外载荷作用，臂架有可能发生向后倾倒的危险。应采用臂架防倾装置，如图 6-13 所示。

这种传动形式一般用于没有平衡对重的单臂架起重机上，多数用于非工作性变幅，也可用于在变幅过程中不会产生双向受力的工作性变幅机构，如带补偿滑轮组或带补偿卷筒的变幅机构。

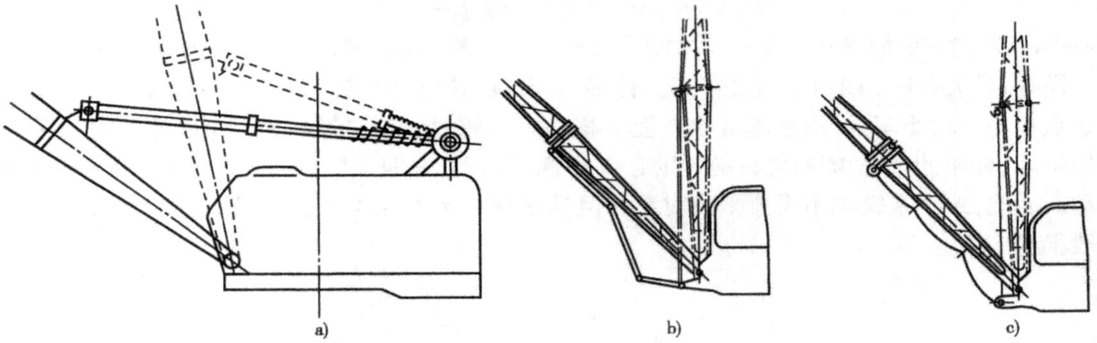

图 6-13　臂架防倾装置

a）防倾撑杆；b）防倾连杆；c）防倾拉索

二、齿条变幅驱动装置

如图 6-14 所示，减速器低速轴与小齿轮 5 相连，小齿轮转动，带动齿条 3 前后移动，从而推动臂架摆动。上、下压轮 1、4 和小齿轮都装在摇架 2 上，并且在变幅时可以绕摇架的轴线摆动，保证齿轮与齿条很好地啮合。若要求的变幅传动比很大时，在减速器与小齿轮之间再加一级开式齿轮传动。

大型起重机变幅齿条的模数很大，当渐开线齿形加工有困难时，常制成针齿条，小齿轮也改为摆线齿轮。当变幅推动力很大时，可采用双齿条，并通过均衡装置与臂架连接。

齿条驱动的效率高，结构紧凑，安装方便，能承受双向载荷。但齿条的工作条件差，易磨损；在起动、制动时有冲击，运行不平稳，所以在齿条与臂架连接的一端装缓冲器，在传动装置中可采用双级制动。为了限制臂架的变幅行程，防止发生臂架超程坠落，要安装终点开关及弹性缓冲止挡器。这种传动形式在工作性变幅机构中广泛应用。

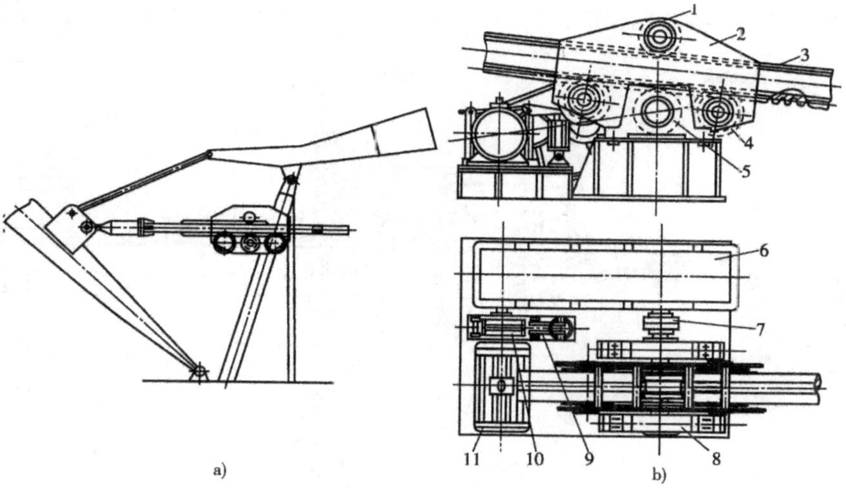

图 6-14 齿条变幅驱动装置

1-上压轮;2-摇架;3-齿条;4-下压轮;5-小齿轮;6-减速器;7-联轴器;8-支座;9-制动器;10-制动轮;11-电动机

三、螺杆变幅驱动装置

图 6-15 是螺杆变幅驱动简图。电动机通过减速器和传动齿轮带动螺母套筒 4 转动,促使螺杆前后移动,再由螺杆推动臂架摆动,改变起重机的幅度。

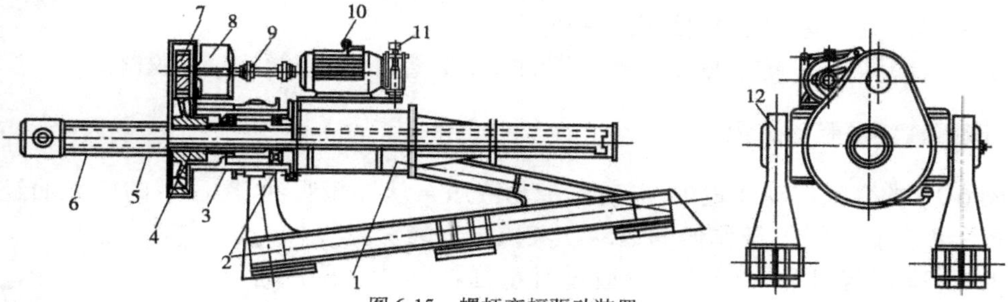

图 6-15 螺杆变幅驱动装置

1-电动机座;2-支架;3-轴承座;4-螺母套筒;5-螺杆;6-伸缩套;7-传动齿轮;8-减速器;9-联轴器;10-电动机;11-制动器;12-支架

螺母连同其传动装置和电动机布置在能绕水平和垂直轴线摆动的支架上,以适应变幅过程中螺杆的摆动,补偿螺杆的变形、螺杆螺母传动的间隙和安装误差,使螺杆螺母很好地啮合,避免螺杆受到额外的弯曲。螺杆的螺纹可以是单头、双头或多头。单头螺纹的螺杆结构紧凑,但传动效率低,一般用于非工作性变幅。为了提高传动效率,在工作性变幅机构中,大多采用双头螺纹的螺杆传动。

螺杆螺母传动可以获得较大的传动比,因此在所有的机械式驱动结构中,螺杆传动装置的外形最小,重量最轻;螺母与螺杆轴向间隙极小,传动均匀准确,变幅运动最平稳。但是螺杆传动的效率低,加工精度要求较高,对润滑要求也高,螺母的螺纹磨损后不易检查。为了改善润滑条件,在螺杆的外面安装可以伸缩的密封套筒,采用强制油润滑,并防止润滑油的泄漏。为了提高传动效率,也可以采用滚珠螺杆替代普通的螺杆。

如图 6-16 所示,当螺杆、螺母相对运动时,滚珠沿着滚道和螺母上的回珠孔循环运动,以滚动摩擦代替普通螺杆螺母传动中的滑动摩擦,传动效率大大提高,因此滚珠螺杆多采用单头螺纹。但由于滚珠螺杆、螺母的滚道都必须经过淬火处理，而且起重机上用的螺杆长度又长，所以因螺杆材料选择、热处理和加工的技术的局限，滚珠螺杆的质量难以保证，目前使用较少。

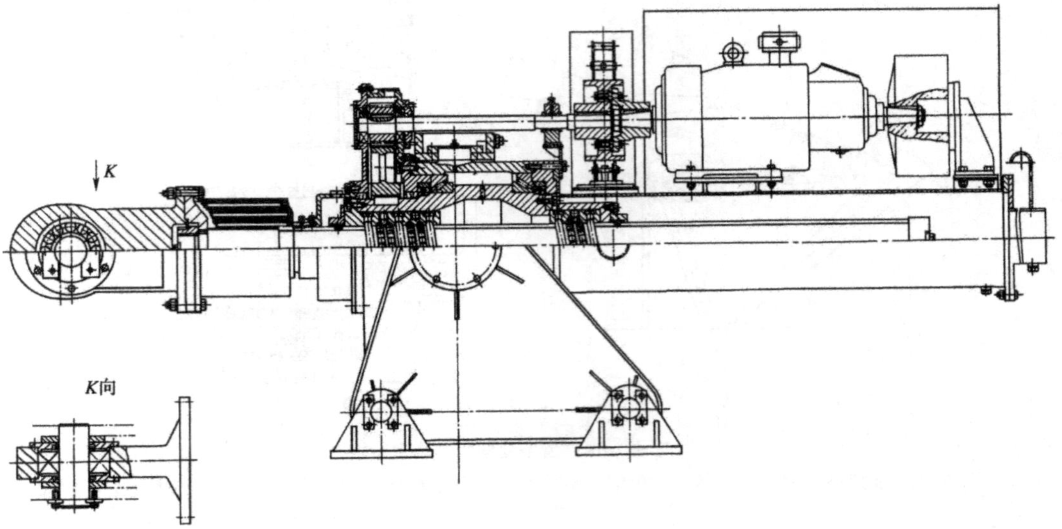

图 6-16　滚珠螺杆变幅驱动装置

近年来，随着与国外技术交流的增加，吸收和引进了许多国外的先进技术，使普通螺杆传动的设计和制造技术不断提高。在我国自行设计的各种型号的门座起重机和带斗门座起重机上多次采用螺杆传动变幅机构，使用效果很好。

为了安全起见，螺杆传动也要设置可靠的安全装置，以防止臂架超程脱落。

四、液压缸变幅驱动装置

在图 6-17 的变幅传动装置中，电动机带动液压泵从油箱吸油，增压后的压力油经过管路和阀来控制液压缸的活塞杆作伸缩运动。液压缸安装在机座上，活塞杆与对重杠杆铰接。通过对重杠杆和连杆带动臂架摆动，实现变幅。

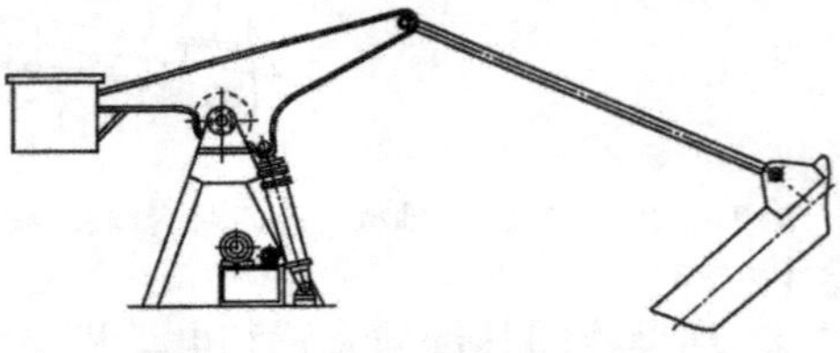

图 6-17　液压缸变幅驱动装置

由于活塞的行程有限，液压缸只能布置在靠近对重杠杆铰点处，所以活塞杆对对重杠杆铰点的作用力臂小，活塞杆受力大。为了满足在工作性变幅机构中传动件能双向受力的要求，液压系统要保证活塞杆可能交替承受拉力和推力。

液压缸变幅驱动装置的结构最紧凑，自重最轻，布置方便，运动平稳，而且可以实现无级调速。但液压元件的制造精度和密封防漏的要求高。由于液压元件的内部泄露，要使臂架长时间地保持在某一个幅度位置，还必须安装闭锁装置。

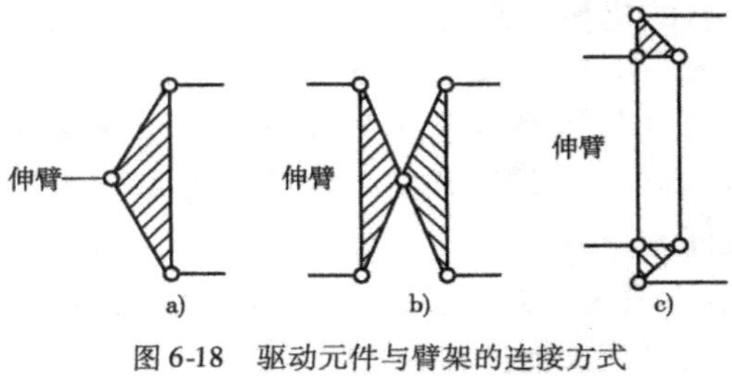

图 6-18　驱动元件与臂架的连接方式

以上各种驱动装置，常常制成双联推动方式，以减小推动元件的尺寸，这时应考虑采用均衡装置。如果推动元件仅与臂架上的一点连接，则按图 6-18a) 的布置方式；如果推动元件与臂架上的两点连接，则采用图 6-18b)、c) 的布置方式。

复习思考题

1. 变幅机构的主要作用是什么？汽车起重机、塔式起重机各采用什么方法来改变幅度？从工作性质上它们又是属于何种变幅机构？有什么特点？

2. 轮胎起重机变幅的作用是什么？为什么轮胎起重机一般不带载变幅？

3. 轮胎起重机和门座起重机的臂架形式有什么不同？为什么？阐述门座起重机刚性拉杆的四连杆式组合臂架的结构组成、工作原理、工作特点。

4. 小型起重机要实现工作性变幅，可以采用何种载荷升降补偿的方法？试分析其组成、工作过程，使用中要注意的问题。

5. 为什么在 M16—33 门座起重机上要安装杠杆—摆动对重？阐述杠杆—摆动对重平衡方式的结构、工作原理、工作过程。

6. 轮胎起重机的变幅机构为什么可以采用绳索滑轮组驱动装置？试分析其组成、工作过程及在使用中应注意的问题。

7. 齿条变幅驱动装置用于什么类型的起重机上？为什么？分析齿条传动的工作过程、传动特点及传动过程中应采取的安全措施。

8. 在 M10—25 门座起重机上为什么可采用液压缸变幅驱动装置？分析液压缸传动的工作过程、传动特点及传动过程中应注意的问题。

第七章　回转机构

知识目标

1. 详细阐述滚动轴承式回转支承装置的结构和承载，能与滚轮式和滚子式回转支承装置进行分析比较；

2. 简要讲述回转机构几种主要的传动方法、传动特点、适用的起重机；

3. 简要讲述极限力矩联轴器的作用、构造、工作原理及安装位置；

4. 叙述回转机构制动器的形式、制动方式和安装位置。

能力目标

1. 分析滚动轴承式回转支承装置与转柱式回转支承装置在结构、承载方面的特点以及适用的起重机械；

2. 分析极限力矩联轴器对回转机构安全工作起的作用以及存在的不足。

第一节　概　　述

回转机构是起重机的主要工作机构之一。它的作用是绕起重机的回转中心线在水平平面内沿圆弧弧线运移物品，当与起升、变幅、运行机构配合动作时，能将货物运送到起重机工作空间范围内的任何地方。

起重机的回转运动，是指回转部分相对于不回转部分的运动。要使起重机作回转运动，必须有一套能承受回转部分重量，保证回转部分稳定，并使回转部分相对于不回转部分作回转运动的装置，而这装置是由两个部分组成的：a）产生动力并传递动力的驱动传动系统；b）支承回转部分的重量，防止回转部分倾覆，连接回转部分与不回转部分的支承装置。任何起重机要作回转运动都必须具有这两个部分，所不同的仅仅是结构形式。

图 7-1 为 QL16B 轮胎起重机。其回转部分由：臂架、人字架、机器房、司机室等组成（转台以上），不回转部分由轮胎、底盘、支腿组成。回转部分和不回转部分的连接、对中、防止回转部分的倾覆及支承回转部分的重量都是由一个交叉滚子轴承实现，它是回转支承装置；机器房内的柴油机经直流发电机、直流电动机将动力传给回转传动装置，驱使行星齿轮沿大齿圈作行星转动，使起重机作回转运动，这种动力传动装置是回转驱动传动装置。

图 7-2 为 M10－33 门座起重机。它的回转部分由：机器房、转柱、臂架、人字架等组成；不回转部分由门架、运行台车等组成。由装在机器房里的立式电动机，通过行星齿轮减速器，驱动行星小齿轮。小齿轮与固定在支承圆环外侧的大齿圈相啮合，并使小齿轮沿大齿圈作行星转动，从而实现回转部分的回转运动。

门架的结构形式为交叉式门架，是由两片箱形截面的刚架交叉组成的空间结构。其顶部是一个箱形截面的支承圆环，圆环的内侧装有环形轨道，用来支承安装在转柱上的水平滚轮，

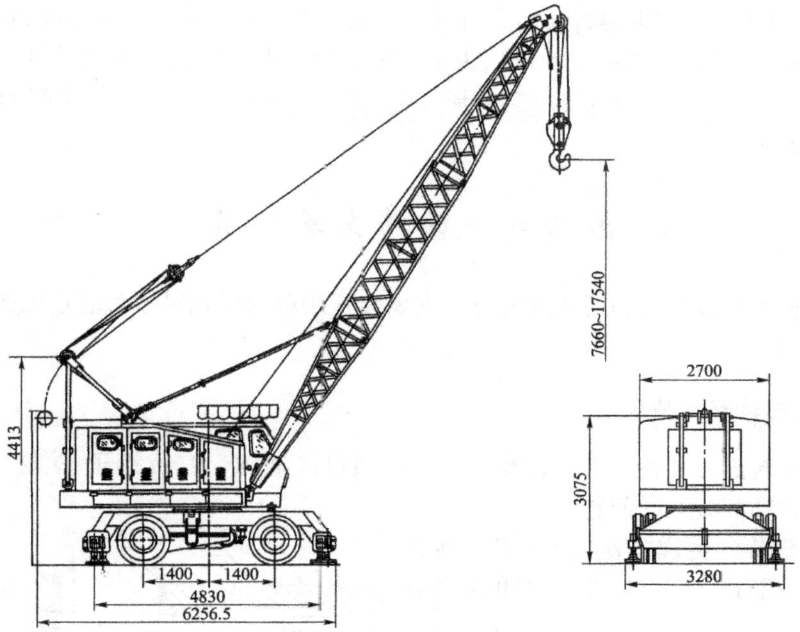

图 7-1　QL16B 轮胎起重机

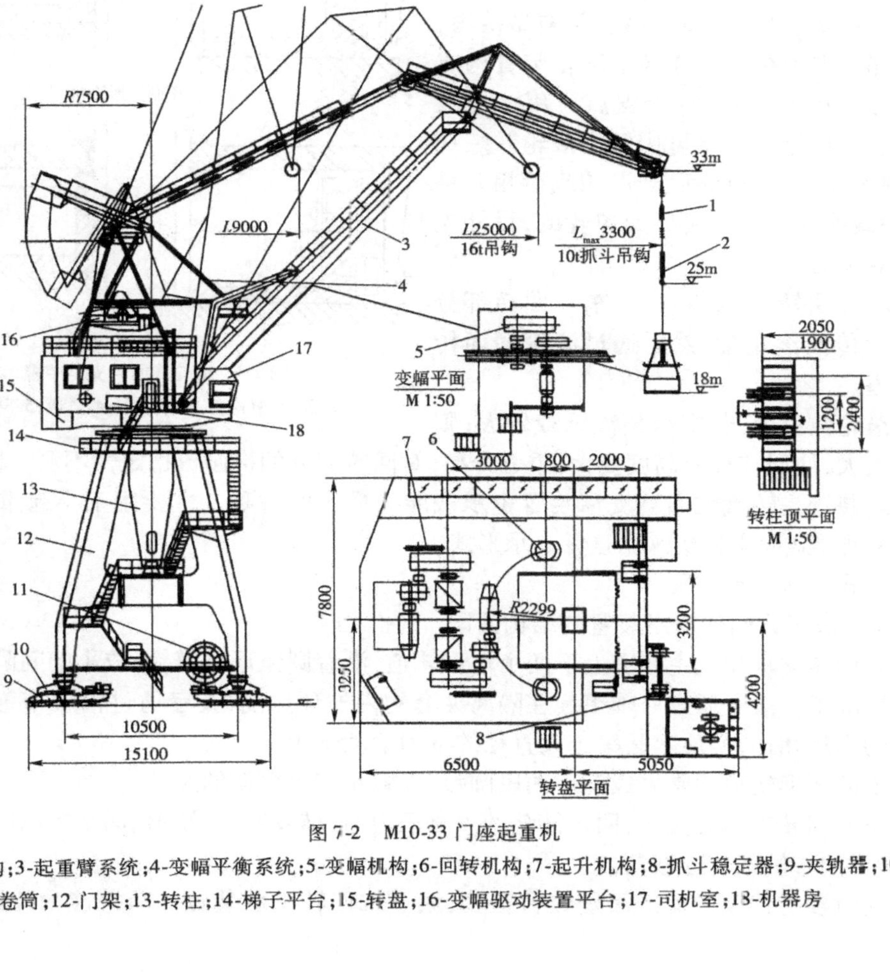

图 7-2　M10-33 门座起重机

1-吊具;2-吊钩;3-起重臂系统;4-变幅平衡系统;5-变幅机构;6-回转机构;7-起升机构;8-抓斗稳定器;9-夹轨器;10-五轮行走机构;11-电缆卷筒;12-门架;13-转柱;14-梯子平台;15-转盘;16-变幅驱动装置平台;17-司机室;18-机器房

为上支承装置;圆环的外侧则装有回转大齿圈。门架的中部有一个水平十字梁,安装径向轴承和推力轴承(或推力向心球面滚子轴承),为下支承装置。由转柱、上、下支承组成门座起重机的回转支承装置。门座起重机的支承装置形式与轮胎起重机的不一样,但所起的作用与交叉滚子轴承完全相同。

第二节 回转支承装置

回转支承装置分转盘式和柱式两大类。支承装置所取的形式对整台起重机的结构情况具有实质性的影响。

一、转盘式回转支承装置

起重机的回转部分装在一个大转盘上。转盘通过滚动体(滚轮、滚子、滚珠等)支承在环形轨道上并与转动部分一起回转。

按照转盘载荷的传递方法,转盘式回转支承装置分为三种形式:滚轮式、滚子式和滚动轴承式。

1. 滚轮式回转支承装置

图 7-3 为滚轮式回转支承装置的典型结构。

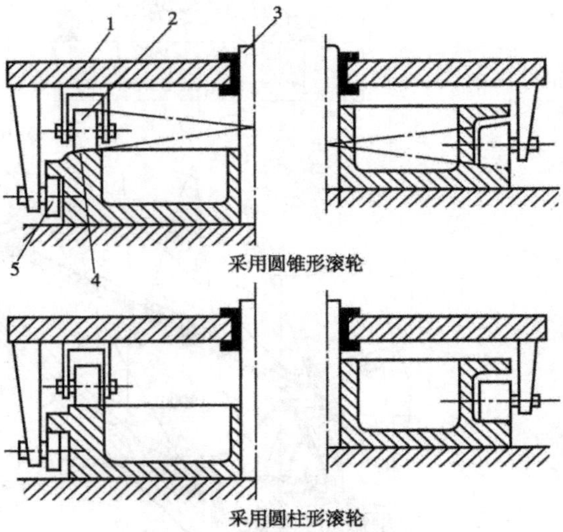

图 7-3 滚轮式回转支承装置

1-转盘;2-滚轮;3-中心轴枢;4-轨道;5-反滚轮

回转部分支承在三个或四个滚轮装置构成的支点上。载荷不大时,每个支点可用一个滚轮,载荷较大时,每个支点可用两个滚轮并装在台车上(见图 7-4)。当前后支点的载荷相差悬殊时,其中载荷轻的支点可做成单轮的,另外支点可做成双轮的。

在滚轮式回转支承装置中,来自回转部分的垂直压力传给滚轮轴,然后通过滚轮踏面传给圆弧轨道。

由于滚轮数目少,若支承装置承载较大,则滚轮直径增大,使回转部分高度变大,重心升高,对回转部分的抗倾覆稳定性不利。因此,滚轮式回转支承装置是转盘式回转支承装置中承载能力最小的一种。主要用于小起重量的起重机,如 3-18 型浮式起重机中采用这种支承形式。

2. 滚子式回转支承装置

图 7-5 是滚子式回转支承装置的结构简图。

滚子式回转支承装置主要有上下两个环形轨道,沿着圆弧形轨道,以较小的间隔排列着圆锥或圆柱形滚子。滚子通过心轴组装在隔离夹套的内外环之间,夹套通过幅状布置的拉杆与中心轴枢的套环相连,实质上是一个大直径的推力滚动轴承。

转盘下的环形轨道通常做成前后两段圆弧,以缩小转盘框架的尺寸。

在滚子式回转支承装置中,回转部分的垂直压力通过转动的上轨道、滚子传给固定的环形下轨道,滚子的心轴不传递载荷。

由于同时参与传递载荷的滚子数目很多,滚子式回转支承装置的承载能力比滚轮式大。

当受到相同的倾覆力矩时，滚子式回转支承装置所需轨道直径较小，因而结构比较紧凑（见图7-6）。

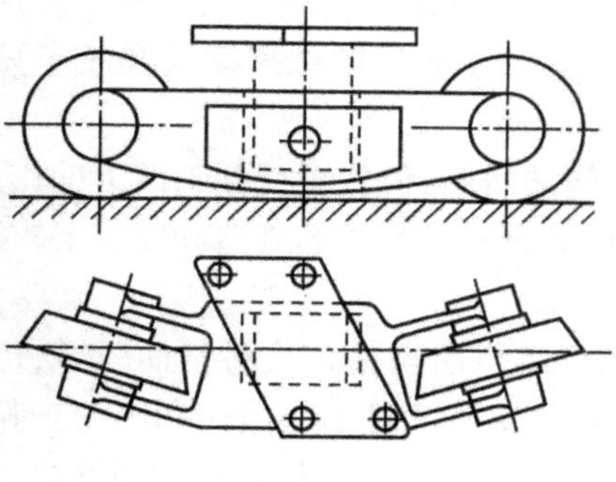

图7-4 装在台车上的滚轮

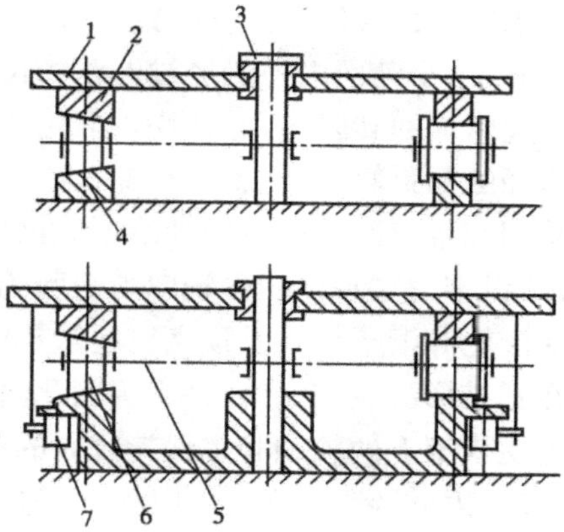

图7-5 滚子式回转支承装置结构
1-转盘；2-转动轨道；3-中心轴枢；4-固定轨道；5-拉杆；6-滚子；7-反滚轮

滚轮式与滚子式回转支承装置一般都装有中心轴枢，使转盘运转时与回转中心线对中，同时承受所有作用于回转部分的水平力。

中心轴枢一般做成空心的，中间可穿导线。中心轴枢上方可固定于转盘，随转盘转动，下方插入装在固定部分的滑动轴承；也可以是中心轴枢下方固定于固定部分，其是不动的，上方支承在滑动轴承里（见图7-7）。

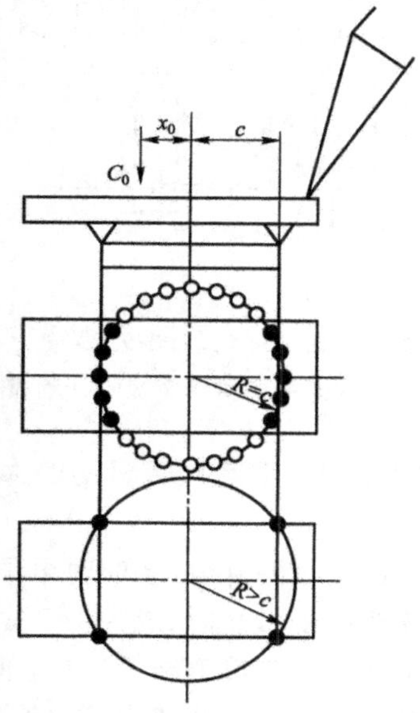

图7-6 滚子式与滚轮式轨道直径比较

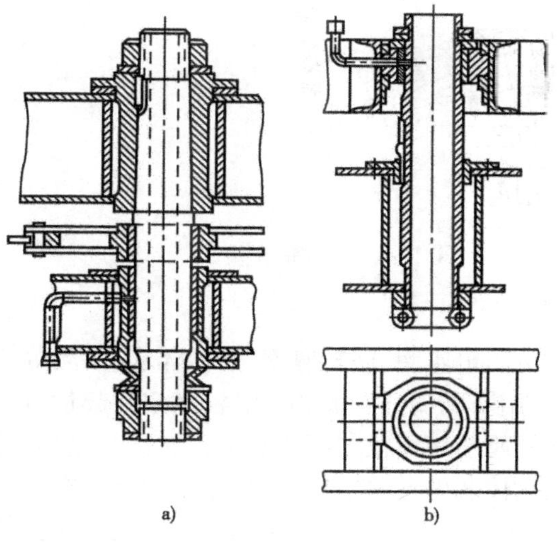

图7-7 中心轴枢
a）中心轴枢固定在上方；b）中心轴枢固定在下方

回转部分的抗倾覆稳定性是靠装在转盘上的对重以及专门的稳定装置来达到的。例如，在中心轴枢上装压紧螺母（见图7-7）或在转盘下装设反滚轮（见图7-3），即可作为稳定装置。装有压紧螺母的中心轴枢结构简单，但它只有在非工作状态风载荷作用下起重机不回转时，才可作为稳定装置。也可在圆弧轨道内装设三、四个反滚轮作为稳定装置。当承受载荷较大时，每个支承点采用双轮台车的结构形式。

支承装置的滚轮和滚子的踏面可制成圆柱形或圆锥形的。圆柱形的滚轮和滚子沿圆弧轨道滚动时，由于踏面内外侧经过的路线长度有差异，会产生滚动踏面与轨道间的滑动。这种滑动将引起附加回转阻力，并加快了滚轮、滚子与轨道间的磨损，所以圆柱形滚轮和滚子只适用于大直径的圆弧轨道。

采用圆锥形踏面的滚轮和滚子能消除踏面与轨道间的滑动，但轮子受到轴向力的作用，因此，应装设推力轴承以减少轴向力引起的摩擦。圆锥形的滚轮和滚子的制造和安装要求高，并要确保滚轮和滚子的圆锥顶点在起重机的回转中心线上。

在圆锥形滚轮支承装置中，为简化轨道的制造，仍可用平面轨道来代替锥面轨道，但安装在滚轮支承架上的轮轴必须保持倾斜的位置(见图7-8)。由于圆柱形的滚轮和滚子工作时会产生滑动，因此要对滚轮、滚子的踏面进行淬火，使踏面达到足够的硬度，轨道的顶面也须具有抗磨性能，同时还必须对轨面进行有效的润滑。

3. 滚动轴承式回转支承装置

1)滚动轴承式回转支承装置构造和承载

滚动轴承式回转支承装置构造如图7-9，以图示双排球轴承为例。

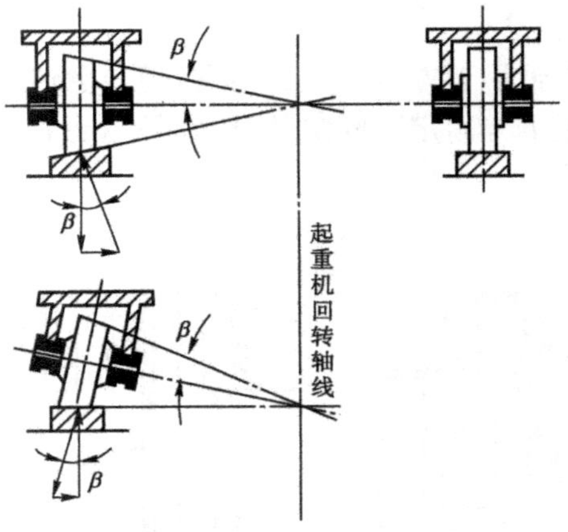

图7-8　支承滚轮结构

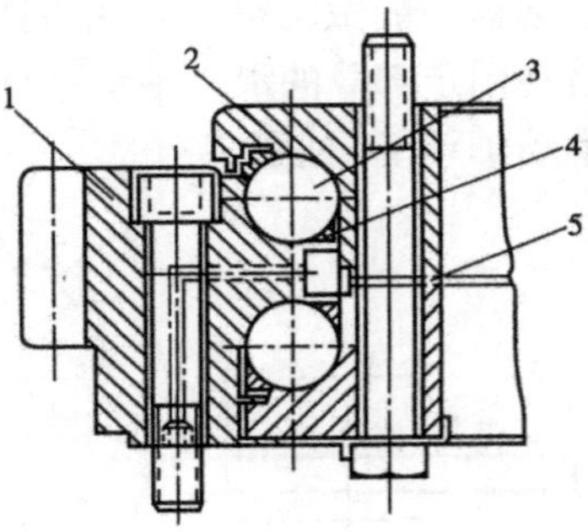

图7-9　滚动轴承式回转支承装置

1-固定座圈；2-回转座圈；3-滚动体；4-隔离圈；5-调整垫片

它由固定座圈、回转座圈、滚动体、隔离圈等组成。固定座圈一般与回转机构的大齿圈做成一体，用沿圆周分布的许多螺栓固定在起重机的底座上。

回转座圈用螺栓与起重机的回转部分固接。回转座圈分上、下两部分，装配时可预先将座圈与滚动体装好，用少量螺栓将轴承回转座圈上下两部分连接起来，使轴承成为一个完整的部件，运到现场安装。为保证滚动体转动灵活及受热膨胀时不致发生与滚道卡死现象，轴承应留有一定的轴向间隙。为调整滚动体与滚道磨损后的间隙，在上下座圈之间放有调整垫片。

为防止杂质、水分等进入滚道，损坏滚道面和滚动体，必须有密封润滑装置，比较多的是采用橡胶密封条。润滑剂采用优质润滑脂或二硫化铝与润滑脂的混合剂，约50～100小时加一次油，从油嘴打入。

滚动轴承式回转支承装置是一个大型滚动轴承，能承受水平载荷、垂直载荷及倾覆力矩。

2)滚动轴承式回转支承装置形式

为适应不同的使用要求，滚动轴承式回转支承装置有多种形式。主要有：双排球轴承、双排滚子轴承、交叉滚子轴承、单排四点接触球轴承、三排滚子轴承等（见图7-10）。

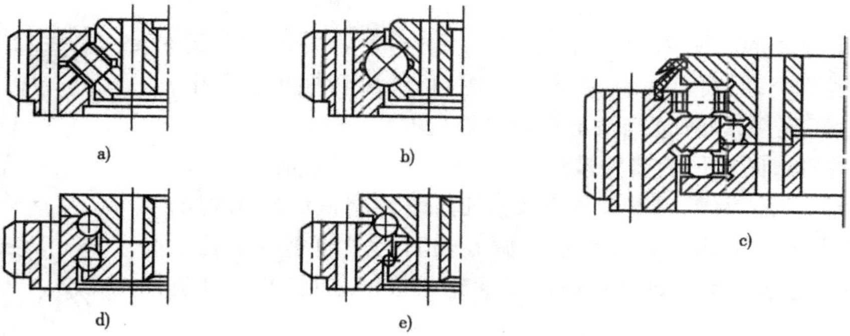

图7-10　滚动轴承式回转支承装置结构

a）交叉滚子轴承；b）单排球轴承；c）三排滚子轴承；d）双排球轴承；e）双排异径球轴承

（1）单排交叉滚子式回转支承。该回转支承相邻滚子的轴线交叉排列，接触压力角为45°。滚子与滚道呈线接触，承载能力大于单排球式。为了保证滚子与滚道有足够的接触长度，对与座圈相连接的支承构件的刚度要求较高，安装精度要求也较高，适用于中小型起重机。

（2）单排四点接触球式回转支承。该回转支承内外座圈滚道是两个对称的圆弧面，球与圆弧面滚道呈四点接触，接触压力角60°～70°。其结构紧凑，高度尺寸小，承载能力较大，在中小起重量的流动式起重机中较多使用。

（3）双排球式回转支承。该回转支承有三个座圈，采用开式装配，球和调整垫片可直接放入上下滚道。上下两排球可采用不同直径以适应受力状况的差异。接触压力角较大（60°～90°），能承受较大的轴向载荷和倾覆力矩，适用于中型的塔式起重机、汽车起重机等。

（4）三排滚子式回转支承。该回转支承有三个座圈，上下及径向滚道各自分开。上下两排滚子水平平行排列，承受轴向载荷和倾覆力矩，在径向滚道垂直排列的滚子承受径向载荷。它是以上常用的滚动轴承式回转支承中承载能力最大的一种，适用于大起重量的起重机。

采用滚动轴承式回转支承装置有很多优点，与其他转盘式回转支承装置比较，省去了中心轴枢与反滚轮防倾装置，不用考虑回转部分的局部稳定，并且安装、调整方便、维护简单。回转摩擦阻力小、工作平稳、寿命长。但它对材料和加工精度要求高，损坏后修理不便，并对固定轴承座圈的机架有一定的刚度要求，否则，如果机架变形，则滚动体与滚道接触不良，磨损增加，严重时还会使轴承卡死或破坏滚动体与滚道。随着我国工业技术的不断发展，滚动轴承式回转支承装置在各类起重机中越来越广泛地被采用。

二、柱式回转支承装置

柱式回转支承装置主要由一个柱体和上下支承组成。根据柱体是固定的或旋转的，柱式回转支承装置分为定柱式和转柱式两种。

1. 转柱式回转支承装置

采用转柱式回转支承装置的起重机具有一个与回转部分装成一体的转柱。转柱插入固定部分，依靠上、下支承，与起重机转动部分一起回转。

转柱式起重机中，回转部分（包括物品）的全部重量，通过转柱传给下支承，回转部分的倾覆力矩由上、下支承处的水平支承反力形成的力矩来平衡。因此，上支承的作用相当于一个径向轴承,下支承的作用则相当于推力兼径向轴承(见图 7-11)。

上支承由于尺寸较大,较少采用大直径的径向滚动轴承,一般都在转柱上装设水平滚轮,在门架上方支承圆环的内侧装有环形滚道。根据上支承所受的水平力大小,滚轮常取 3 ~ 8 个。用 3 个滚轮时,臂架方向装两个,后面装一个;用 8 个滚轮时,每个转柱角装两个,每 2 个要用台车连接,以保证与滚道接触良好(见图 7-12)。

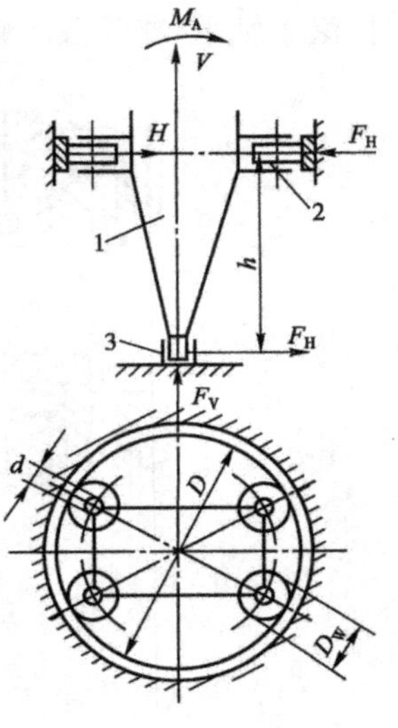

图 7-11　转柱式回转支承装置
1-转柱;2-上支承;3-下支承

滚轮可做成圆柱形的或腰鼓形的,后者与滚道的接触情况较好,也便于安装。为了调整因安装误差及滚道、滚轮磨损后所出现的间隙,通常将水平滚轮的滚动轴承套在偏心轴套上。轴套与滚轮的心轴用键连接,通过转动心轴就可以调整滚轮与滚道之间的间隙(见图 7-13)。

下支承由于承受垂直力和水平力,可采用推力向心球面滚子轴承(见图 7-14)或采用组合轴承,即由一个推力轴承和一个径向轴承组成(见图 7-15)。为了补偿制造、安装的误差以及工作中的变形,确保支座的调位作用,两个轴承应有共同的调位中心,一般采用可调位的推力轴承和球面径向轴承,即推力轴承安装在球面垫支承上,当转柱稍许偏斜时,它能自行调位,不致被卡死。

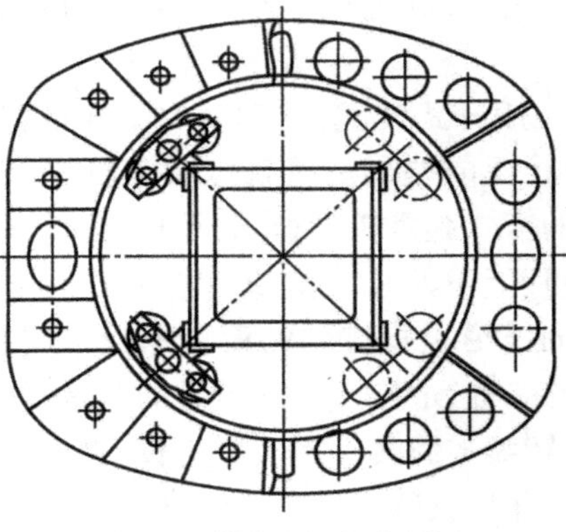
图 7-12　带台车的水平滚轮组

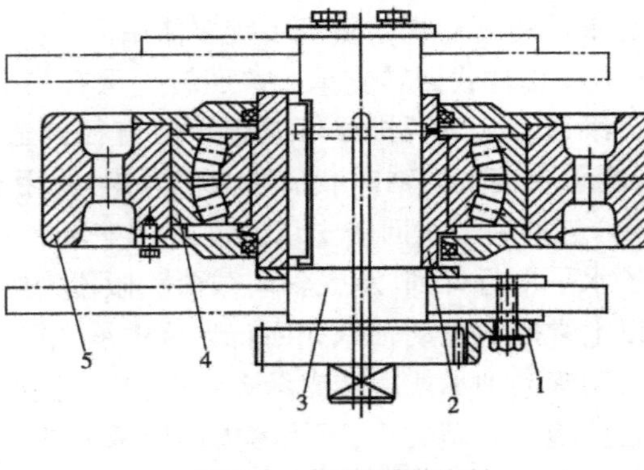

图 7-13　水平滚轮结构图
1-防转齿块;2-偏心衬套;3-水平滚轮轴;4-滚动轴承;5-水平滚轮

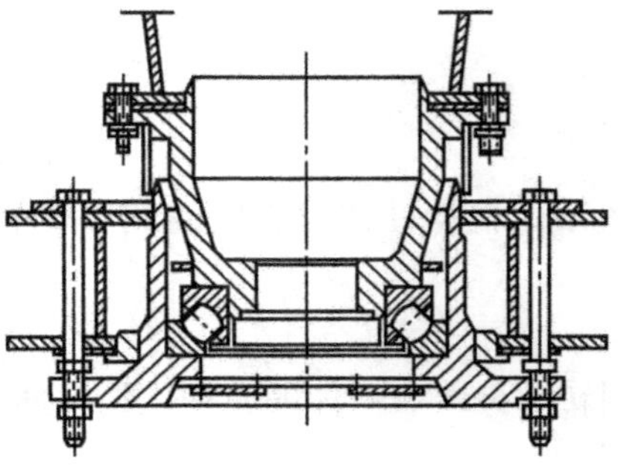
图 7-14　转柱式下支承(推力向心球面滚子轴承)

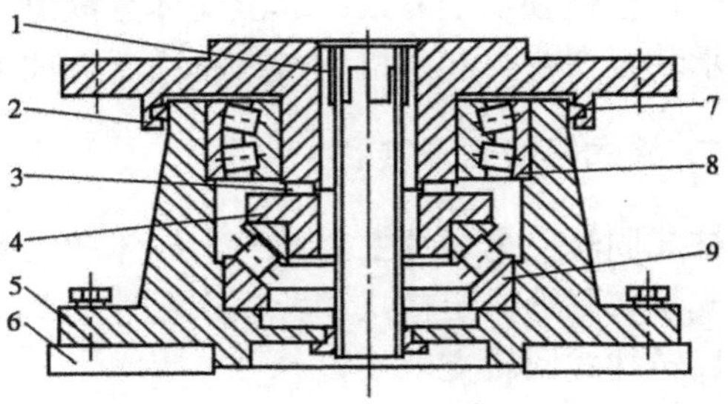

图 7-15　转柱式下支承(组合轴承)
1-下接管;2-上压盖;3-摩擦圈;4-下压块;5-下支承座;6-支承垫圈;7-防尘圈;8-径向轴承;9-推力轴承

支座应有可靠的密封润滑装置以保证轴承有良好的工作条件。构造上还应保证在不拆除起重机回转部分的情况下，对上、下支承能进行装拆和维修。

转柱式回转支承装置还可以把滚轮装在支承圆环内侧，滚道装在转柱上。此外，上支承的滚轮也可用滚珠代替，转柱回转时，滚珠在转柱和圆弧滚道上滚动，下支承仅用一个径向球面轴承。这样，上支承的滚珠承受水平力和垂直力，下支承的径向轴承仅受水平力（见图 7-16）。

2. 定柱式回转支承装置

起重机转动部分有一个大"钟罩"，带有起重臂的起重机转动部分通过空心的钟形罩套装在定柱上，定柱牢固地安装在非回转部分上（如门架、浮船和码头结构）。在定柱的上、下端分别装有上支承和下支承，并通过驱动装置转动钟罩使起重机作回转运动（见图 7-17）。

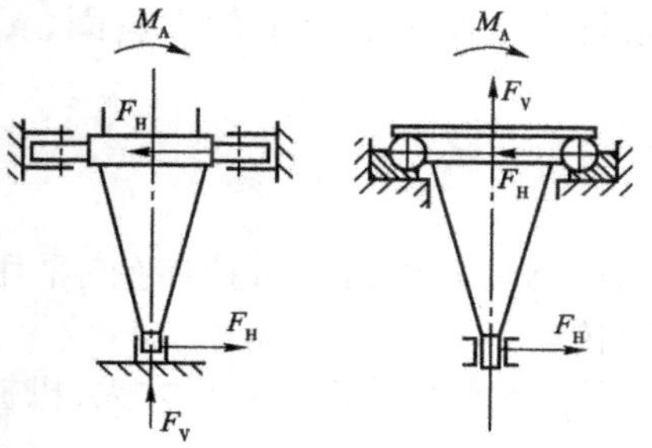

图 7-16　转柱式回转支承装置其他形式

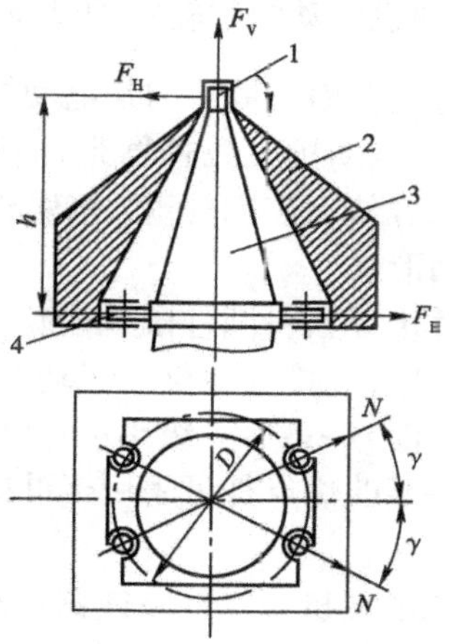

图 7-17　定柱式回转支承装置

1-上支承；2-回转部分；3-定柱；4-下支承

定柱式回转支承装置上、下支承的结构形式基本上与转柱式的下支承和上支承相同。

图 7-18a）所示的定柱式上支承采用推力轴承与球面径向轴承。推力轴承球面垫的球心应与径向轴承的球心重合。图 7-18b）定柱式上支承采用推力向心球面滚子轴承。

下支承通常采用水平滚轮形式。滚轮装在转动部分上，滚轮的布置要适应倾覆力矩的方向。当受到的向前、向后倾覆力矩不等时，采用图 7-19 的布置方式。当受到的支承力较大时，每个支点有 2 个滚轮，并将 2 个滚轮装在台车上。

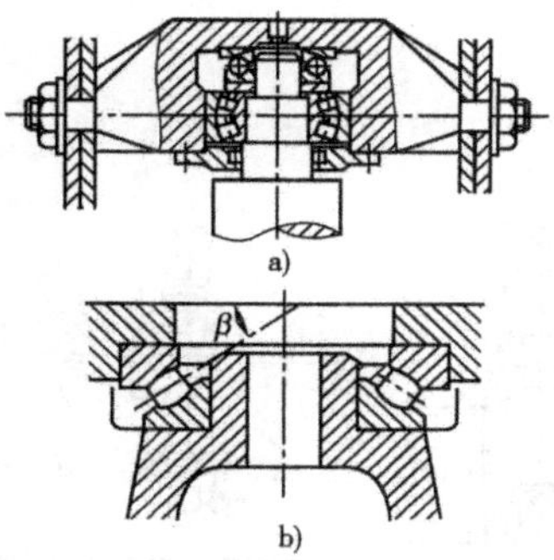

图 7-18　定柱式回转支承装置的上支承结构

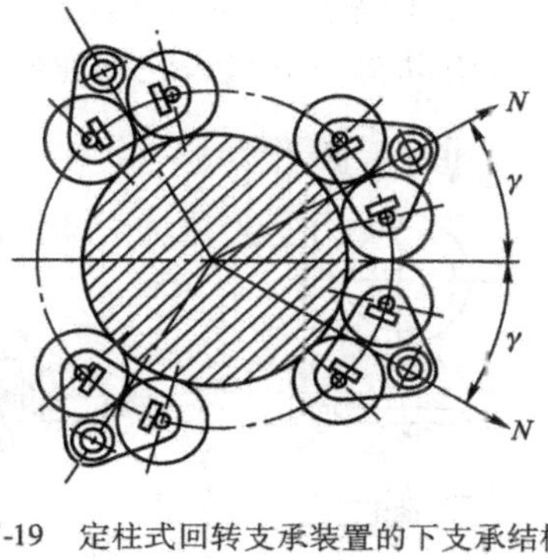

图 7-19　定柱式回转支承装置的下支承结构

柱式回转支承装置与转盘式回转支承装置相比，能承受较大的倾覆力矩。转柱式回转支承装置适用于起升高度和工作幅度较大，而对起重机高度没有严格限制的起重机上（在原门座起重机上使用较多)。定柱式回转支承装置如果布置得恰当,可以使整台起重机的重心降低,但"钟罩"占了相当大的空间,使回转部分的平面尺寸变大。

第三节　回转驱动装置

驱动装置是产生回转运动的动力传动装置,并由它来保证起重机回转运动的各种要求,如起重机要求低速回转、能正反向回转;能制动停止;保证正常安全地进行回转运动等。驱动装置的形式,主要是根据起重机的用途、工作特点、起重量大小来确定。港口起重机常用的是电力驱动和内燃机驱动的回转驱动装置。

一、电动机驱动的回转驱动装置

在起重机上用得最多的是电动机驱动的机械传动方案。通常回转驱动装置是装在起重机回转部分上,电动机经减速器带动行星小齿轮,小齿轮与装在固定部分上的大齿圈(或针齿圈)相啮合,并绕大齿圈转动,实现起重机回转。

1. 传动形式

1)卧式电动机—圆柱圆锥齿轮传动(见图7-20a)

传动顺序;卧式电动机—制动器—极限力矩联轴器—圆柱圆锥齿轮减速器(或采用开式圆锥齿轮传动)—最后一级小齿轮绕大齿圈(或针齿圈)传动。

这种方案的优点是可采用标准减速器,传动效率较高。缺点是平面布置尺寸大,机械安装要求高。

2)卧式电动机—蜗杆减速器传动(见图7-20b)

传动顺序:卧式电动机—带制动轮的联轴器—制动器—带极限力矩联轴器的蜗杆减速器—最后一级小齿轮绕大齿圈(或针齿圈)传动。

这种方案的优点是结构紧凑,传动比大,工作平稳,但传动效率低,一般用于中小型回转起重机。

3)立式电动机—立式圆柱齿轮减速器传动(见图7-20c)

传动顺序:立式电动机—联轴器—水平安置的制动器—轴线垂直布置的立式齿轮减速器(有时带极限力矩联轴器)—最后一级小齿轮绕大齿圈(或外齿圈)传动。

其优点是平面尺寸紧凑,传动效率高,但竖向尺寸较大,一般用于功率较大,布置要求十分紧凑的起重机,门座起重机常采用这种传动形式。

4)立式电动机—行星齿轮减速器传动(见图7-20d)

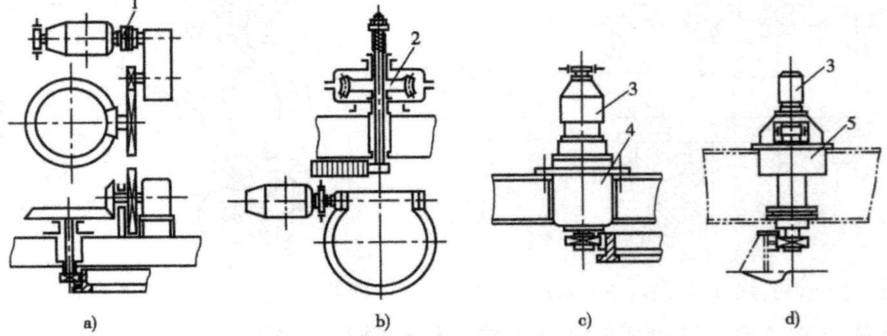

图7-20　常用的回转驱动装置传动方案

1-极限力矩联轴器;2-带极限力矩联轴器的蜗杆减速器;3-立式电动机;4-立式减速器;5-行星减速器

行星齿轮传动可以是立式行星齿轮传动、摆线针轮传动、渐开线少齿差传动(图7-21),谐波传动等。这些传动的结构都很紧凑、传动比大,是回转机构比较理想的传动形式。

2. 极限力矩联轴器

回转部分受到的惯性载荷和风载荷较大,为了防止回转驱动装置偶尔过载,保护电动机、金属结构及传动零部件免遭损坏,通常在蜗杆传动或齿轮传动系统中装一个靠摩擦传递载荷的部件,即极限力矩联轴器(见图7-22,图7-23)。

极限力矩联轴器是一个圆锥形或圆盘形的摩擦式联轴器,摩擦面间用弹簧压紧,弹簧压紧所产生的摩擦力矩应为所在传动轴的起动转矩的110%。

图7-22中,带蜗轮的圆锥形摩擦盘空套在回转小齿轮低速轴上,而上锥形摩擦盘则用平键连接在回转小齿轮低速轴上。正常工作时,蜗杆的转矩通过蜗轮的圆锥形摩擦盘与上锥形摩擦盘间的摩擦力矩传给小齿轮轴,带动小齿轮转动;当需传递的转矩超过极限力矩联轴器所能传递的转矩时,上下两个锥形摩擦盘间开始打滑,以此来限制所要传递的转矩,起到安全保护作用。

为了保持锥形摩擦面间摩擦系数的稳定,应给摩擦面以充分良好的润滑,最好浸在油里,否则应附设一个柱塞泵,由轴上的凸轮带动,对摩擦表面注油润滑(见图7-23)。

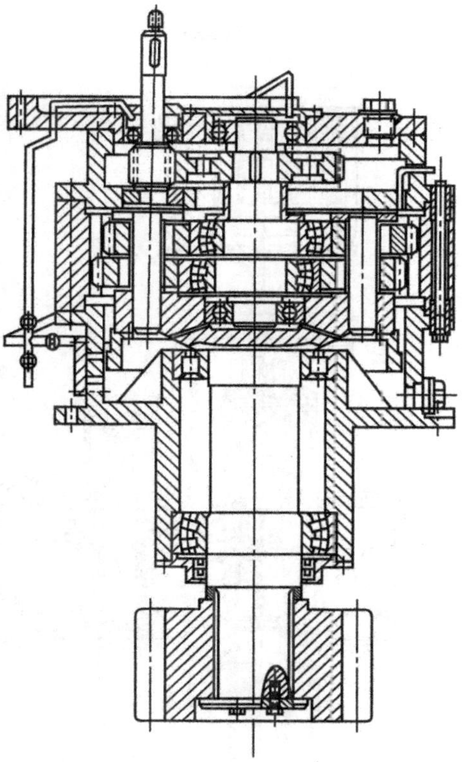

图7-21 回转机构用渐开线少齿差齿轮减速器

靠弹簧压力来调节摩擦力矩不易准确做到,而且摩擦系数还随着许多因素而变化,所以这种极限力矩联轴器工作不一定可靠,故有的电力驱动的起重机用电气保护措施来防止回转机构过载。

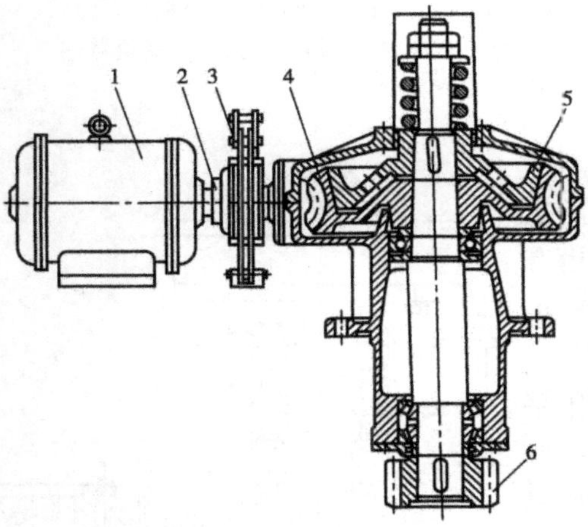

图7-22 采用蜗杆减速器的回转驱动装置
1-电动机;2-联轴器;3-制动器;4-蜗杆减速器;5-极限力矩联轴器的上锥形摩擦盘;6-行星齿轮

二、内燃机驱动的回转驱动装置

1. 内燃机—机械传动(见图7-24)

由动力分配箱输出轴、联轴器、换向器(由换向轴、离合器、伞齿轮组成)、制动器、减速器、行星齿轮组成。

动力从输出轴2经联轴器1传给换向轴3,接合图示离合器4时,动力从伞齿轮5传到减速器8,使小齿轮正向转动;当接合联轴器另一端的离合器时(通过联动装置使远离联轴器一端的离合器松开),动力从另一边伞齿轮传给减速器,使小齿轮作反向转动,达到起重机作正、反两个方向回转的目的。在伞齿轮轴上装有制动器7,使回转运动在所需的位置正确停止。当两端的离合器都松开,换向伞齿轮都不转,此时换向轴空转。

这种驱动方式结构较复杂；传动件多、操作维修麻烦；但它不需要外界提供能源，因此起重机的机动性好。

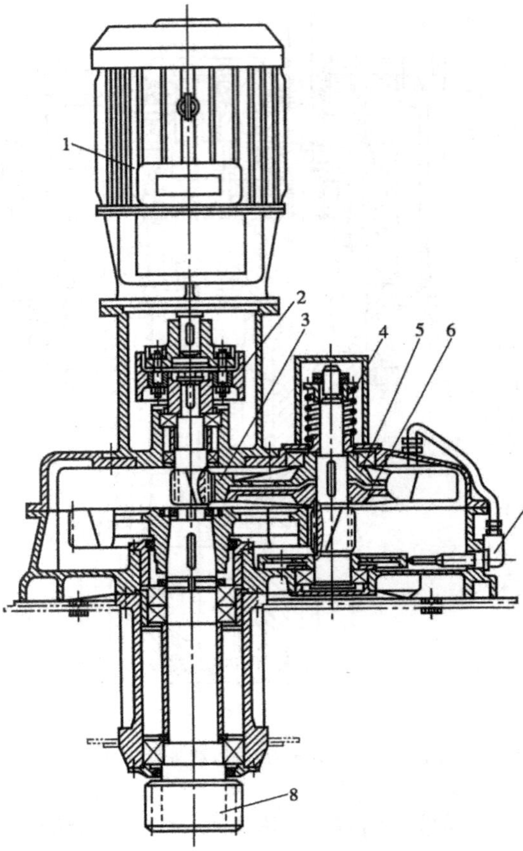

图7-23　采用立式电动机的回转驱动装置

1-立式电动机；2-带制动轮的联轴器；3-极限力矩联轴器的齿圈；4-压紧弹簧；5、6-极限力矩联轴器的上、下锥体；7-柱塞油泵；8-小齿轮

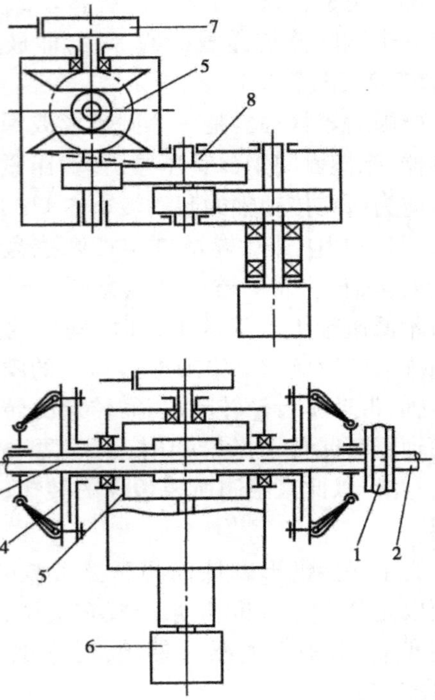

图7-24　内燃机—机械驱动

1-联轴器；2-动力箱输出轴；3-换向轴；4-离合器；5-换向伞齿轮；6-回转小齿轮；7-制动器；8-圆柱齿轮减速器

2. 内燃机—液压传动(见图7-25)

由内燃机驱动油泵，油泵输出高压油驱使液压马达回转。若采用高速液压马达，还需采用减速器减速；也有采用低速大转矩液压马达直接驱动与大齿圈相啮合的小齿轮，实现起重机回转运动。

与机械传动相比，这种传动方式结构紧凑、工作平稳、能无级调速。采用低速大转矩液压马达可以省去或减少减速装置，因此机构更紧凑。但低速大转矩液压马达成本高，使用可靠性不如高速液压马达，并且可以采用结构紧凑、传动比大的行星齿轮传动装置，所以高速液压马达在起重机回转机构中使用广泛。

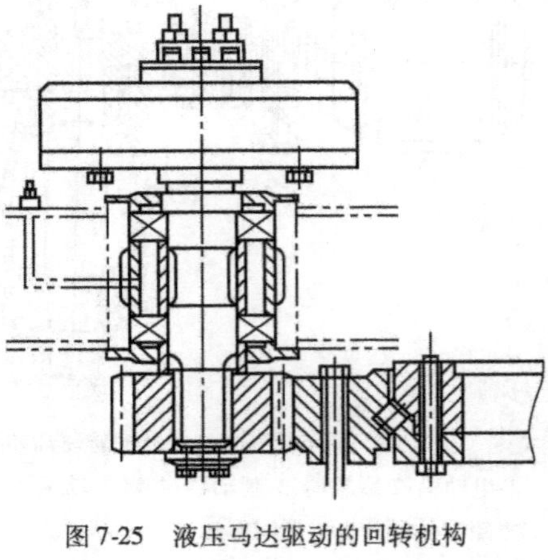

图7-25　液压马达驱动的回转机构

3. 内燃机—电力传动(见图 1-20)

内燃机带动直流发电机发电,再供回转机构的直流电动机工作,其传动形式与前面所述的电力驱动相似。

三、制动装置

回转机构常采用常开式可操纵的制动器,当风载荷和回转部分的惯性运动所引起的载荷剧烈变化时,仍能使回转机构获得平稳地制动;当遇到强风时,回转部分能自动回到顺风位置,减小倾覆的危险。

制动器应按工作状态受最大风力,臂架处于最不利位置,悬挂的物品有最大偏角的条件进行计算。在装有极限力矩联轴器的情况下,制动器应按极限力矩计算,并考虑电动机到极限力矩联轴器传动区段的惯性载荷。制动器一般装在电动机与极限力矩联轴器之间。

常开式制动器一般采用脚踏操纵,并通过钢丝绳、杠杆、液压或气压等传动方式实现上闸制动。人力驱动的制动器脚踏板上施加的压力一般不宜超过 100N。工作繁忙或需要在脚踏板上施加的压力大时,可用气力助力器。

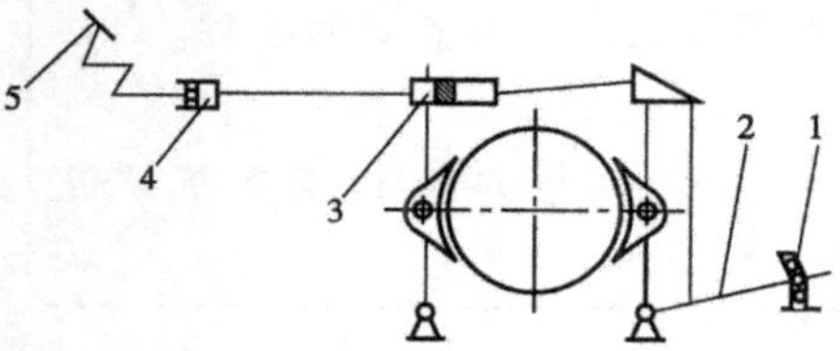

图 7-26　常开式可操纵制动器

1-支架;2-杠杆;3-工作缸;4-压力缸;5-脚踏板

在停车时,为防止起重机在外力作用下自行回转,制动器的操纵装置上备有锁紧装置(见图 7-26)。

中小起重量的起重机回转机构一般采用一套驱动装置,大起重量的起重机因为驱动功率大,则采用两套独立的驱动装置同时驱动,这样不会使驱动机构部件的尺寸过大。回转驱动装置的布置方式要从起重机总体方案中综合考虑来决定。

复习思考题

1. 起重机回转支承装置起什么作用?又是如何起作用的?试举一个实例详细分析。

2. QL16B 轮胎起重机采用什么样的回转支承装置?详细分析为什么采用这种回转支承装置。

3. M10—33 门座起重机回转机构通常采用什么样的回转支承形式?它是由哪几部分组成的?又是如何承载的?

4. 为什么在流动式起重机上滚动轴承式回转支承装置逐渐替代滚轮式、滚子式回转支承装置?

5. 中小型回转起重机的回转机构可采用什么样的传动方式?采用什么样的回转安全装置,其结构形式是怎样的?又是如何起安全作用的?

6. M16—33 门座起重机回转机构采用什么样的传动方式?阐述其传动过程和传动特点。为什么采用两套独立的驱动装置同时驱动?

7. 起重机回转机构常采用何种形式的制动器?为什么?一般采用什么样的操纵方式?为了保证在工作时和非工作时都可靠制动,还应采取什么措施?

第八章　起重机整体抗倾覆稳定性和抗风防滑安全性

知识目标

1. 详细讲述在货场上进行装卸作业的流动式起重机最易发生倾覆的工况、倾覆边的位置；

2. 详细讲述在码头前沿用于装卸船舶的门座起重机最易发生倾覆的工况、倾覆边的位置；

3. 简要叙述门式起重机在正常工作情况、非工作情况下抗风防滑要满足的条件。

能力目标

正确分析起重机的受载情况，引起起重机倾覆的原因、发生倾覆的情况、具有抗倾覆稳定性的条件，防倾覆能够采取的措施。

第一节　起重机整体抗倾覆稳定性

支承在轨道上或路面上的起重机由于起重量超载、受到过大的风力、过大的动载荷（起升、变幅、运行、回转机构起动或制动时的惯性力，回转时的离心力等）等原因可能翻倒。起重机一旦翻倒，将造成重大的设备和人员事故，因此，在设计和制造工作中必须保证起重机具有足够的抗倾覆稳定性。

起重机整体抗倾覆稳定性是指起重机在自重和外载荷的作用下抵抗倾覆的能力。《起重机设计规范》（GB/T 3811—2008）规定：对在工作或非工作时有可能发生整体倾覆的起重机必须校核整体抗倾覆稳定性。

由于起重机种类繁多，不同类型起重机的结构、外形和工作条件各不相同，对它们的整体抗倾覆稳定性的要求也不同。

一、流动式起重机整体抗倾覆稳定性

流动式起重机是一种工作场所经常变换，能在带载或空载情况下沿无轨路面运行，并依靠自重保持稳定的臂架型起重机，所以流动式起重机必须校核无风试验或运行、有风工作或运行、向后倾翻、非工作状态风力作用时的抗倾覆稳定性。

1. 无风试验或运行时的整体抗倾覆稳定性

在风速≤8.3m/s 的风载荷作用下，流动式起重机作稳定性试验：起重机静止不动，但在试验载荷作用下作升降、变幅、回转和臂架伸缩等动作；起重机带载运行，但不作起升、变幅、回转和臂架伸缩等动作。

2. 有风工作或运行时的整体抗倾覆稳定性

在工作状态最大风力作用下，流动式起重机不运行，但作起升、变幅、回转和臂架伸缩等动作；起重机带载运行，但不作起升、变幅、回转和臂架伸缩等动作。

在上述两种情况下，起重机上作用的计算载荷如表 8-1 所示。

流动式起重机整体抗倾覆稳定性校核的计算载荷　　表 8-1

起重机的状态和计算条件	载荷性质	计算载荷①③	
		无风试验或运行	有风工作或运行
轮胎起重机、汽车起重机支腿伸出②或履带起重机	作用载荷	$1.25P_Q+0.1F$	$1.1P_Q$
	风载荷	0	$P_{W\text{II}}$
	惯性力	0	P_D
轮胎起重机、汽车起重机支腿收回②	作用载荷	$1.33P_Q+0.1F$	$1.17P_Q$
	风载荷	0	$P_{W\text{II}}$
	惯性力	0	P_D
轮胎起重机、汽车起重机或履带起重机运行④最大运行速度不大于 0.4m/s	作用载荷	$1.33P_Q+0.1F$	$1.17P_Q$
	风载荷	0	$P_{W\text{II}}$
	惯性力	0	P_D
轮胎起重机、汽车起重机或履带起重机运行④最大运行速度大于 0.4m/s	作用载荷	$1.5P_Q+0.1F$	$1.33P_Q$
	风载荷	0	$P_{W\text{II}}$
	惯性力	0	P_D

注：表中① P_Q 是在不同幅度下起重机的最大起升载荷。F 是将主臂质量 G（作用在质心上）或副臂质量 g（作用在质心上）按力矩相等原理换算到主臂端部或副臂端部的质量的重力。

P_D 是由于起升、变幅、回转、臂架伸缩或运行等机构驱动产生的惯性力。对于分级变速控制的起重机，P_D 是产生的实际惯性力值；对于无级变速控制的起重机 $P_D=0$；

$P_{W\text{II}}$ 是工作状态下的最大风载荷。

②无风试验或运行的条件是：起重机静止不动，但作升降、变幅、回转和臂架伸缩等动作的载荷试验；有风工作或运行的条件是：起重机不运行，但作起升、变幅、臂架伸缩和回转等动作。

③无风试验或运行的"计算载荷"与≤8.3m/s 的试验风速相对应的。

④无风试验或运行的条件是：起重机带载运行，但不作起升、变幅、回转和臂架伸缩等动作；

有风工作或运行的条件是：起重机带载运行，但不作起升、变幅、臂架伸缩和回转等动作。

3. 抗后倾覆稳定性

流动式起重机应配置平衡重来提高试验时和工作时起重机整体抗倾覆稳定性，改善起重性能。但平衡重的配置必须合理，满足在下述各种情况下，起重机回转到最不稳定位置时，都不会发生向后倾翻。

抗后倾覆稳定性验算工况：起重机放置在坚实、水平的地面上；装有规定的最短臂架、最长臂架或最长主臂与副臂的组合结构，臂架处于最小幅度位置；吊钩组或其他取物装置放置在地面上；外伸支腿脱离支承面，起重机支承在车轮（轮胎）上；工作状态最大风从臂架吹向平衡重。

4. 非工作状态风载荷作用下的整体抗倾覆稳定性

臂架处于最小幅度位置，有前高后低的最大允许坡度，非工作状态的最大风力朝臂架后吹。

工况 1、2、3 都是起重机工作状态稳定性校核；工况 4 是校核起重机非工作状态下受暴风吹袭时的抗倾覆稳定性。

二、起重机整体抗倾覆稳定性

起重机(除流动式、塔式和浮式起重机以外)必须校核静载试验时、正常作业情况、工作时突然卸载、非工作状态风力作用时的抗倾覆稳定性。

1. 风载荷的作用

在校核起重机整体抗倾覆稳定性时,风载荷按最不利方向进行作用:起重机正常作业时,臂架处于最大幅度,工作状态最大风力沿臂架方向由后向前吹;当臂架处于最小幅度,起重机突然卸载,而工作状态最大风力朝臂架方向由前向后吹。

非工作状态下,臂架处于最小幅度,若起重机不能随风自由回转,则非工作状态的最大风力朝臂架方向由前向后吹,作用在整台起重机上;若起重机可随风自由回转,则非工作状态的最大风力朝臂架方向由前向后吹,作用在起重机下部结构上,并按设计的预期方向作用在起重机的上部回转结构上。

2. 工作状态的抗后倾覆稳定性

当起重机臂架处于最小幅度,所有可移动的工作部件都位于最靠近向后倾覆线位置时,突然卸载,并且工作状态最大风力朝臂架方向由前向后吹,起重机可能发生向后倾覆,因此应校核抗后倾覆稳定性。

三、抗倾覆稳定性校核

《起重机设计规范》(GB 3811/T—2008)中推荐采用“力矩法”来进行起重机整体抗倾覆稳定性校核。对于一台具体的起重机,首先应确定它属于哪一类型,然后分别计算表 8-1 或表 8-2 中的各种验算工况。对于每一种工况可计算自重载荷和计算载荷对起重机支承平面上倾覆线的力矩。若这些力矩的代数和满足下式条件:

$$\sum M = M_G + M_F + M_D + M_W \geqslant 0 \qquad (\mathrm{N \cdot m}) \tag{8-1}$$

式中:M_G、M_F、M_D、M_W——分别为起重机自重载荷、作用载荷、惯性力、风力对倾覆线的力矩,N·m。

起重机整体抗倾覆稳定性校核的计算载荷 表 8-2

计算条件	载荷性质	计算载荷
Ⅰ.基本稳定性 (无风时起升静载试验载荷)	作用载荷	$1.5P_Q$
	风载荷	0
	惯性力	0
Ⅱ.动态稳定性 (有风工作时起升正常工作载荷)	作用载荷	$1.3P_Q$
	风载荷	$P_{W\text{Ⅱ}}$
	惯性力	P_D
Ⅲ.非工作时最大风载荷	作用载荷	0
	风载荷	$1.2P_{W\text{Ⅲ}}$
	惯性力	0
Ⅳ.突然卸载	作用载荷	$-0.2P_{\text{Ⅰ}}$
	风载荷	$P_{W\text{Ⅱ}}$
	惯性力	0

注:1. 表 8-2 中的起重机是指除流动式、塔式和浮式起重机以外的起重机。

2. $P_{\text{Ⅰ}}$ 是起重机的有效载荷,但不包括起重机在工作状态中作为永久性起升附件的重力。

当起重机处于突然卸载状态，取90%的由起重机自重载荷产生的稳定力矩。则认为起重机是稳定的。计算时规定：对起重机起稳定作用的力矩为正，起倾覆作用的力矩为负。

四、倾覆线的确定

倾覆线是指起重机发生倾翻时绕其翻转的轴线。倾覆线与起重机的构造、验算工况和臂架位置有关。抗倾覆稳定性校核应按最危险的情况，即力矩代数和 $\sum M$ 为最小的倾覆线（危险倾覆线）进行计算。

1. 轮胎起重机和汽车起重机

在使用外伸支腿作业时，倾覆线为外伸支腿中心的连线，见图 8-1。

若除外伸支腿外，还有车轮（充气轮胎）共同参与支承，则倾覆线如图 8-2。

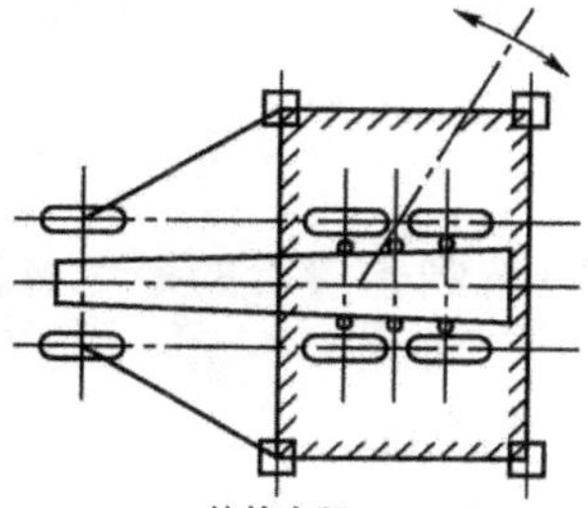

图 8-1 使用外伸支腿作业时的倾覆线

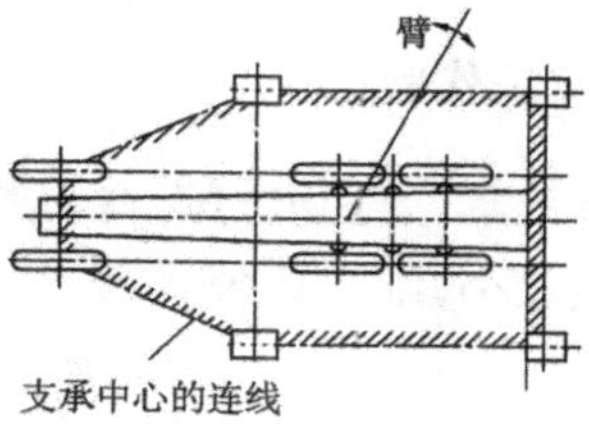

图 8-2 使用外伸支腿、车轮作业时的倾覆线

不使用支腿作业时，根据作业规程的要求，悬架装置必须锁定，防止起重机作业时车体倾斜，避免弹簧过载折断。此时横向倾覆线为前后轮胎着地点的连线（见图 8-3，后桥为双轮胎时取外轮胎着地点）。纵向倾覆线则决定于有否平衡梁以及平衡梁是否锁定。若平衡梁锁定，则纵向倾覆线为后桥后侧轮胎着地点的连线；若平衡梁未被锁定，则纵向倾覆线为平衡梁铰接轴的轴线（见图 8-4）。

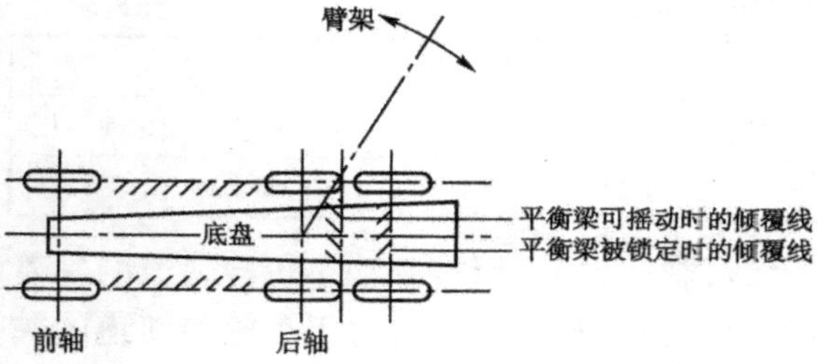

图 8-3 不用支腿作业时的倾覆线

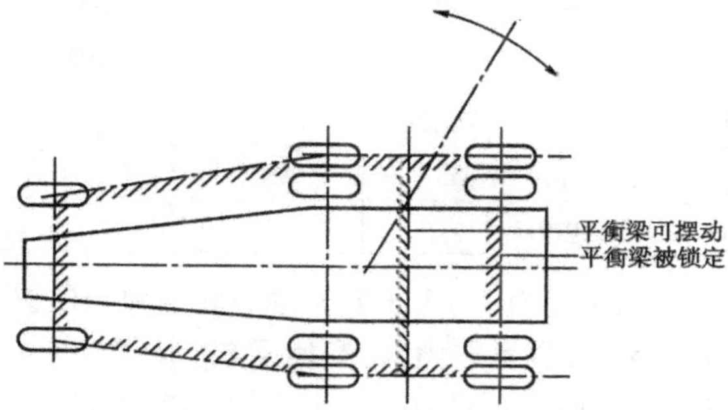

图 8-4 双排轮胎的轮胎起重机的倾覆线

2. 门座起重机和塔式起重机

一般取轨距和轴距中数值较小者为倾覆方向。因此，危险倾覆线或是一侧轨道（轨距小于轴距或门座在轨道方向的跨距时），或是左右车轮中心线的连线（轨距大于轴距或门座在轨道方向的跨距时）。

3. 桥架型起重机

（1）不论有无悬臂，校核沿大车运行轨道方向的横向抗倾覆稳定性，倾覆线为左右车轮中心的连线。车架为平衡梁时，倾覆线为左右平衡梁中心销连线。

(2)有悬臂时,校核垂直于大车运行轨道方向的纵向抗倾覆稳定性,倾覆线为大车一侧轨道中心线。

第二节　起重机抗风防滑安全性

抗风防滑安全性是指起重机在工作状态和非工作状态下抵抗因风力作用而发生滑行的能力。为保证露天作业在轨道上运行的起重机安全可靠地工作,必须使起重机具有足够的抗风防滑安全性。

在正常工作情况下,抗风防滑安全性通常用制动装置产生的制动力来保证;在非工作情况下,抗风防滑安全性一般由压轨器、夹轨器、锚定装置等来保证。

在轨道上运行的起重机(除塔式起重机外)抗风防滑安全性:

一、正常工作状态

起重机带载,受到沿行走方向的工作状态最大风力作用,有利于滑行的最大坡度,并且运行摩擦阻力最小,则验算公式为:

$$P_{Z1} \geqslant 1.1P_{w\mathrm{II}} + P_{\alpha} + P_{D} - P_{m} \qquad (\mathrm{N}) \tag{8-2}$$

式中:P_{Z1}——运行机构制动器在车轮踏面上产生的制动力,N;

$P_{w\mathrm{II}}$——起重机受到沿运行方向的工作状态最大风力,N;

P_{α}——起重机自重载荷与额定起升载荷沿坡道方向产生的滑行力,N;

P_{D}——起重机运行减速停车惯性力,取 $\varphi_5 = 1$,N;

P_{m}——起重机运行摩擦阻力,N,

$$P_{m} = P_{\Sigma}\omega$$

P_{Σ}——运行部分所有质量的重力,N;

ω——运行摩擦阻力系数,见表 8-3。

运行摩擦阻力系数和静摩擦系数　　表 8-3

运行摩擦阻力系数 ω		静摩擦系数 f	
装滑动轴承的车轮	装减摩(滚动)轴承的车轮	轨道与制动车轮之间	轨道与夹轨钳之间
0.015	0.006	0.14	0.25

当制动力 P_{Z1} 大于被制动车轮与轨道的黏着力时,制动力 P_{Z1} 用被制动车轮与轨道的黏着力代替,计算黏着力时,摩擦系数 f 按表 8-3 选取。仅有部分车轮制动力大于车轮与轨道的黏着力时,则按不同情况的车轮分别进行计算。

二、非工作状态

起重机受到沿运行方向的非工作状态最大风力作用,有利于滑行的最大坡度,运行摩擦阻力最小,起重机的防风装置和锚定装置处于工作状态,则验算公式为:

$$P_{Z2} \geqslant 1.1P_{w\mathrm{III}} + P_{\alpha G} - P_{m} \qquad (\mathrm{N}) \tag{8-3}$$

式中:P_{Z2}——由制动器与夹轨器、锚定装置或防风拉索等沿轨道方向产生的抗风防滑阻力,N,夹轨器单独作用时:$P_{Z2} = Pf$;

P——夹轨器对轨道产生的夹持力,N;

f——静摩擦系数,见表8-3;

$P_{w\mathrm{III}}$——起重机在非工作状态下受到沿运行方向的最大风力,N;

$P_{\alpha G}$——起重机自重载荷沿坡道方向产生的滑行力,N;

P_m——非工作状态下阻止起重机滑行的摩擦阻力,N,

$$P_m = P_G f$$

其余符号意义同前。

当制动力等抗风阻力 P_{Z2} 大于被制动车轮与轨道的黏着力时,制动力 P_{Z2} 用被制动车轮与轨道的黏着力代替,计算黏着力时,摩擦系数 f 按表8-3选取。仅有部分车轮制动力大于车轮与轨道的黏着力时,则按不同情况的车轮分别进行计算。

手工操作夹轨器时,手动的最大操作力不得大于200N。

复习思考题

1. 在货场上进行装卸作业的轮胎起重机要不要验算起重机整体抗倾覆稳定性?为什么?验算何种工况下的抗倾覆稳定性?为什么?

2. 在码头前沿用于装卸船舶的门座起重机要不要验算起重机整体抗倾覆稳定性?为什么?分析在工作情况下,起重机最易发生倾覆的工况、倾覆边的位置、防倾覆能够采取的措施。

3. 在码头前沿用于装卸船舶的门座起重机在不工作情况下要不要验算起重机整体抗倾覆稳定性?为什么?分析在非工作情况下,起重机最易发生倾覆的工况、倾覆边的位置、防倾覆能够采取的措施。

4. 门式起重机、桥式起重机要不要验算抗风防滑安全性?为什么?验算何种工况下的抗风防滑安全性?为什么?

5. 为什么突然减载也会引起起重机倾覆?在什么样的情况下发生倾覆?最可能向何处倾覆?

第九章　典型港口起重机

知识目标

1. 简要叙述 5～50/10t 吊钩桥式起重机构造、起升机构、小车运行机构的组成、传动布置和工作过程；

2. 简要叙述 M16—33 门座起重机的总体构造；

3. 正确讲述 M16—33 门座起重机的回转支承装置的结构、安装方式；

4. 详细阐述 QL16B 轮胎起重机的制动系统及其制动过程。

第一节　5t～50/10t 吊钩桥式起重机

一、概述

吊钩桥式起重机的桥架两端通过运行装置直接支承在建筑物两边或露天货场上空的高架轨道上，并能沿轨道行走。起重小车在桥架主梁上，可沿桥架上的轨道运行。依靠起重机沿高架轨道的纵向移动，起重小车的横向移动和吊钩的升降运动，就能在空间运移货物。

在港口，吊钩桥式起重机通常用于仓库的装卸作业、修理车间的吊运作业，也可在露天堆场上进行堆料、取料作业。

1. 起重机构造

起重机由桥架、起重小车、大车运行机构等组成，起升机构、小车运行机构均安装在起重小车架上，如图 9-1 所示。

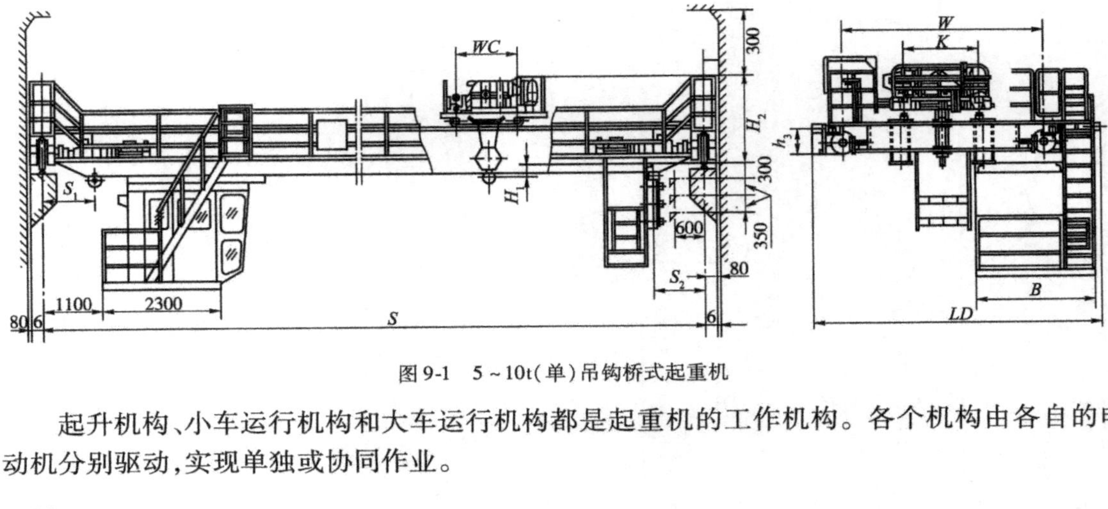

图 9-1　5～10t(单)吊钩桥式起重机

起升机构、小车运行机构和大车运行机构都是起重机的工作机构。各个机构由各自的电动机分别驱动，实现单独或协同作业。

起重量为5t、10t的是单吊钩桥式起重机，仅有一套起升机构。起重量16/3.2t～50/10t的是双吊钩桥式起重机，有主、副两套独立的起升机构。主钩的起重量大，用来起吊重的货物；副钩的起重量小，除了用来起吊较轻的货物外，在其额定起重量范围内也可协同主钩做倾转或翻倒工件等辅助性工作。但决不允许两个吊钩同时提升两个物品。当两个吊钩一起工作时，物品的质量不允许超过主钩起重量。

2. 主要性能参数(见表9-1)

二、桥架

桥架是由两根箱形主梁、两根箱形端梁和主梁两侧的走台组成。在主梁的上翼缘板上铺设轨道，供起重小车行走。与主梁连接的一侧走台上安装起重机大车运行机构，另一侧走台安装起重小车的供电滑线。走台的外侧装有栏杆，保障检修人员的工作安全。

新型5t～10t(单)吊钩桥式起重机主参考表 表9-1

起重量(t)			5								10							
跨度(m)			10.5	13.5	16.5	19.5	22.5	25.5	28.5	31.5	10.5	13.5	16.5	19.5	22.5	25.5	28.5	31.5
最大起升高度(m)	主		16								16							
	副		18								18							
速度(m/min)	起升	M5	12.2								10.4							
		M6	15.6								13.2							
	小车运行		42.5								40.1							
	大车运行	M5	89.1					91.3			89.1			91.3		93		
		M6	116.9					118.1			118.1					116.9		
电动机功率(kW)	起升	M5	11								15							
		M6	15								30							
	小车运行		1.5								2.2							
	大车运行	M5	3.7×2					5.5×2			3.7×2			5.5×2		7.5×2		
		M6	5.5×2					7.5×2			7.5×2					11×2		
质量(t)	小车	M5	2.617								4.084							
		M6	2.762								4.234							
	总质量	A5	13.6	15.1	17.4	19.4	21.4	25.2	28.1	30.9	15.7	17.5	19.4	21.7	23.9	28.7	31.6	34.6
		A6	13.9	15.3	17.6	19.6	21.7	25.6	28.4	31.2	16.1	17.9	19.9	22.1	24.3	29.3	32.2	35.2
最大轮压(kN)		A5 / A6	65	70	76	82	89	98	110	118	103	109	112	120	130	140	150	162
荐用钢轨			38kg/m								43kg/m							
电源			三相交流 50Hz380V															

主梁与端梁可以采用焊接或用高强度螺栓连接。采用焊接时，把端梁分成两段，中间用螺栓连接起来。这样，整个桥架可以拆开成两半，便于运输和安装。主梁与端梁采用螺栓连接时，端梁可不分段，到现场进行主梁与端梁的拼装。

在起重机两根端梁的两端装有弹簧缓冲器，用来缓和同一跨内的两台起重机可能发生的相互碰撞；也用来减轻起重机行驶到极限位置时，与运行轨道两端安装的终点止挡器发生的冲击。另外，在起重机端梁的两端还安装着大车行程开关，当起重机运行到达极限位置时，行程开关动作，切断电源，起重机停止行走。

对在室外作业的桥式起重机，为了防止被大风吹动，当运行机构制动力不足时，必须安装防滑装置。

为了防止起重小车行驶到极限位置时，吊钩或钢丝绳与高压电源相碰，在桥架的两根主梁下面近电源的一端安装了导电线挡架。

导电架安装在桥架主梁的底部，通过装在导电架上的三套集电拖，供给整台起重机电源。

三、大车运行机构

1. 运行支承装置

起重量较小的桥式起重机大车运行机构的行走车轮，安装在两根端梁的两端，其中一半是主动轮，一半是从动轮。大起重量的桥式起重机端梁下装有台车，使每一端的各个车轮的轮压大致相等，主动轮数可取总轮数的1/4。

起重机车轮通常采用圆柱形踏面双轮缘车轮，以防止起重机运行时脱轨。主动轮与从动轮都支承在角型轴承箱中，形成一个车轮组件，便于装拆和维修。

2. 运行驱动装置

大车运行机构采用分别驱动的形式，两套独立的驱动装置分别安装在走台的两端。电动机通过齿轮减速器、齿式联轴器，驱使主动轮运转，使起重机沿高架轨道作纵向水平运动。在电动机轴上安装块式制动器，如图9-2所示。

四、起重小车

桥式起重机的起重小车包括小车架、小车运行机构和起升机构。

1. 小车架

小车架由钢板焊接而成，上面安装着起升机构和小车运行机构。在小车架沿运行轨道的两端装有弹簧缓冲器和行程限位器。当起重小车运行到桥架两端的极限位置时，弹簧缓冲器撞击桥架主梁顶端的止挡器，以降低起重小车的冲击影响；并且装在车架上的撞杆使安装在主梁端部的行程开关动作，切断电源，使起重小车停止运动。

2. 小车运行机构

起重小车大多采用圆柱形踏面单轮缘车轮，并将有轮缘侧装在小车轨道的外侧。为了便于安装与调整，小车车轮支承在角型轴承箱中，并安装在小车架的两端。

小车运行机构常采用集中驱动方式，如图9-3所示。由电动机通过联轴器、固定在小车架上的立式减速器、低速轴联轴器和传动轴驱动装在小车架两端的两个主动轮，使两个主动轮同速运转。电动机为两端出轴，轴的另一端装着块式制动器。根据结构需要，立式减速器可以安装在小车架的中间，也可以偏于小车架的一侧。

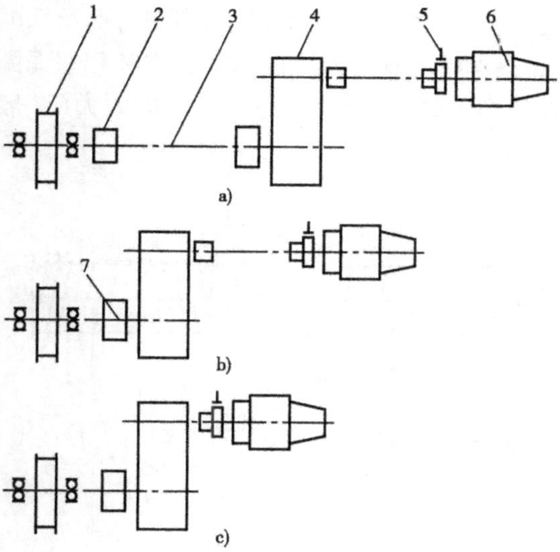

图 9-2　大车运行机构分别驱动

a)两根浮动轴；b)一根浮动轴；c)无浮动轴

1-车轮；2-CLZ 型齿式联轴器；3-浮动轴；4-卧式减速器；5-制动器；6-电动机；7-CL 型齿式联轴器

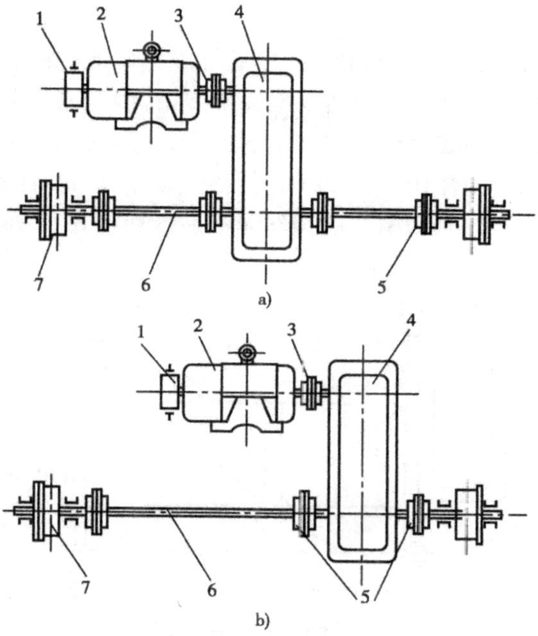

图 9-3　小车运行机构集中驱动

a)立式减速器在小车架中间；b)立式减速器在小车架一侧

1-制动器；2-电动机；3-高速轴联轴器；4-减速器；5-低速轴联轴器；6-传动轴；7-车轮

小起重量的桥式起重机小车运行机构有一套驱动装置，此时，有两个主动轮，两个从动轮。起重量大时，有两套对称布置的驱动装置，起重小车的四个车轮都是主动轮，由两套运行驱动装置分别驱动前、后两根行走车轮轴。

3. 起升机构

1)传动布置和工作原理

在小车架的上部安装着起升机构。单吊钩时为一套独立的驱动装置(见图 9-4)；当有主、副两个吊钩时，就安装两套各自独立驱动的起升机构(见图 9-5)。

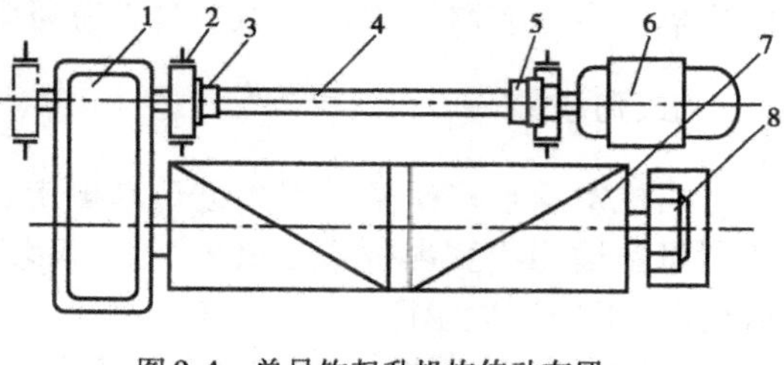

图 9-4　单吊钩起升机构传动布置

1-减速器；2-制动器；3-带制动轮的联轴器；4-浮动轴；5-联轴器；6-电动机；7-卷筒；8-卷筒支架

起升机构传动布置如图 9-4 所示，当吊运液态金属和其他危险品时，必须采用两个制动器。由电动机通过联轴器带动 QJ 型齿轮减速器，减速器低速轴又带动卷绕着钢丝绳的卷筒。控制电动机的正、反转，就能使卷筒上的钢丝绳卷进或放出，实现取物装置和货物的上升或下降；切断电动机的电源，依靠安装在减速器高速轴上的电力液压块式制动器制动，使取物装置和货物停止运动。

2)钢丝绳卷绕系统

为了在货物升降的过程中不产生水平方向的位移，桥式起重机的卷绕系统采用双联滑轮组配以双联卷筒。定滑轮安装在小车架上，动滑轮与吊钩一起组成吊钩装置。

当起升高度不大时，采用单层卷绕的方式。当主钩的起升高度大于 28m，副钩的起升高度大于 32m 时，若还是采用单层卷绕，则应加大卷筒直径或长度。但加大卷筒直径会增加稳态起升额定起升载荷的转矩，卷筒过长又会导致钢丝绳对滑轮和卷筒绳槽偏角的增大，加剧绳槽磨损，甚至引起滑轮绳槽破坏或钢丝绳跳槽。因此，这种方法具有局限性。

图 9-6 是普通双层卷绕方式，钢丝绳两个绳头固定在双联卷筒的中部。起升时，钢丝绳顺着卷筒螺旋槽从中间绕向两端，绕满碰到端壁后，靠钢丝绳的偏角产生的水平分力和相邻绳圈的导向作用，再向中间返回绕第二层。这种卷绕方式构造简单，但钢丝绳偏角不能太大（一般 <3°），否则第二层钢丝绳不易排列整齐。

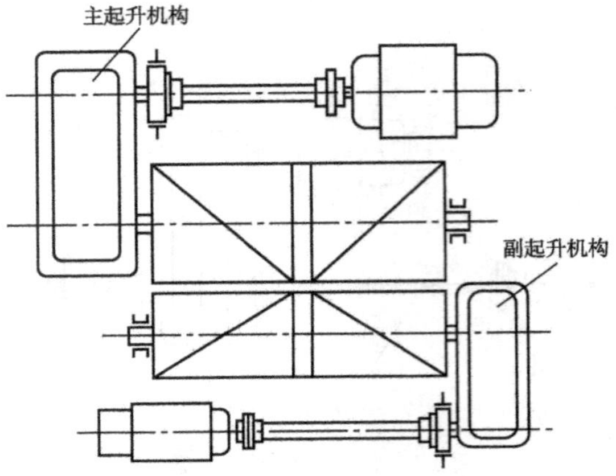

图 9-5　双吊钩起升机构传动布置

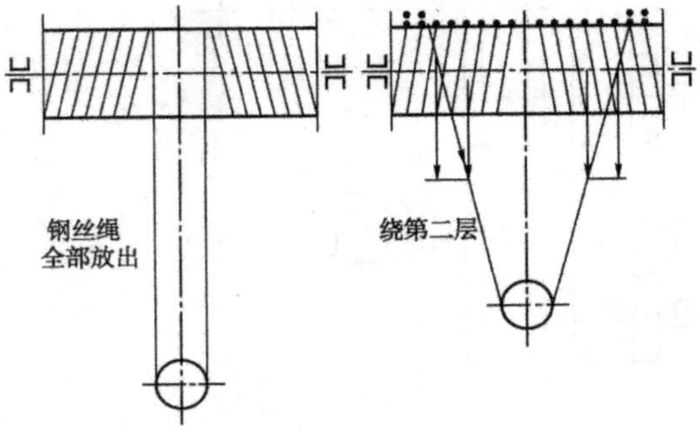

图 9-6　普通双层卷绕方式

3）安全装置

为了保证起升机构工作的安全和可靠，在支承卷筒一端的轴承座上装有螺杆式起升高度限位器。在平衡滑轮或钢丝绳端装起重量限制器。

五、司机室

司机室悬挂在桥架端梁附近传动侧走台的下面。司机室分为敞开式、封闭式两种。敞开式司机室适用于室内桥式起重机，工作环境温度为 10 ~ 30℃；封闭式司机室适用于室内外一般情况，工作环境温度为 5 ~ 35℃。

起重机各个机构的运转，均在司机室内进行操作。司机室必须有良好的视野，水平视野不小于 230°。司机室还要有合理的照度。为了防止在作业时司机受到过强的振动，必要时司机室或司机座椅装减振装置。司机室内装有各种控制设备，如主令控制器、保护配电盘、紧急开关、电铃按钮等。操纵设备的布置应便于司机安全操作，不易产生疲劳。

当起重机的司机室装在运动部分上时，进入司机室的门上应装安全开关。当门打开时，安全开关动作，自动切断电源，起重机运行机构不能起动。在司机室通往桥架走台的“舱口门”和通往端梁的栏杆门上也均装有安全开关。开启“舱口门”或栏杆门时，安全开关动作，自动切断电源，避免司机或维修人员上桥架时触电。

第二节　M16—33 门座起重机

一、概述

M16—33 门座起重机是适用于海港及内河港口通用码头上进行船舶和车辆装卸、转载作业的机械。具有起升、变幅、回转、运行四大机构，即可以完成货物的升降，起重机行走、带载作任意角度的回转以及带载变幅等动作。起升、变幅、回转三个工作机构是由各自的电动机分别驱动，可以单独或联合作业，这样就能在一个环状圆柱形空间运移货物，再加上运行机构的动作，进一步扩大了作业范围。

1. 起重机构造

如图9-7所示，M16—33门座起重机采用刚性拉杆的四连杆式组合臂架，变幅时货物可以作近似水平移动；利用杠杆—摆动对重使臂架系统自重平衡。变幅机构采用单齿条传动系统。

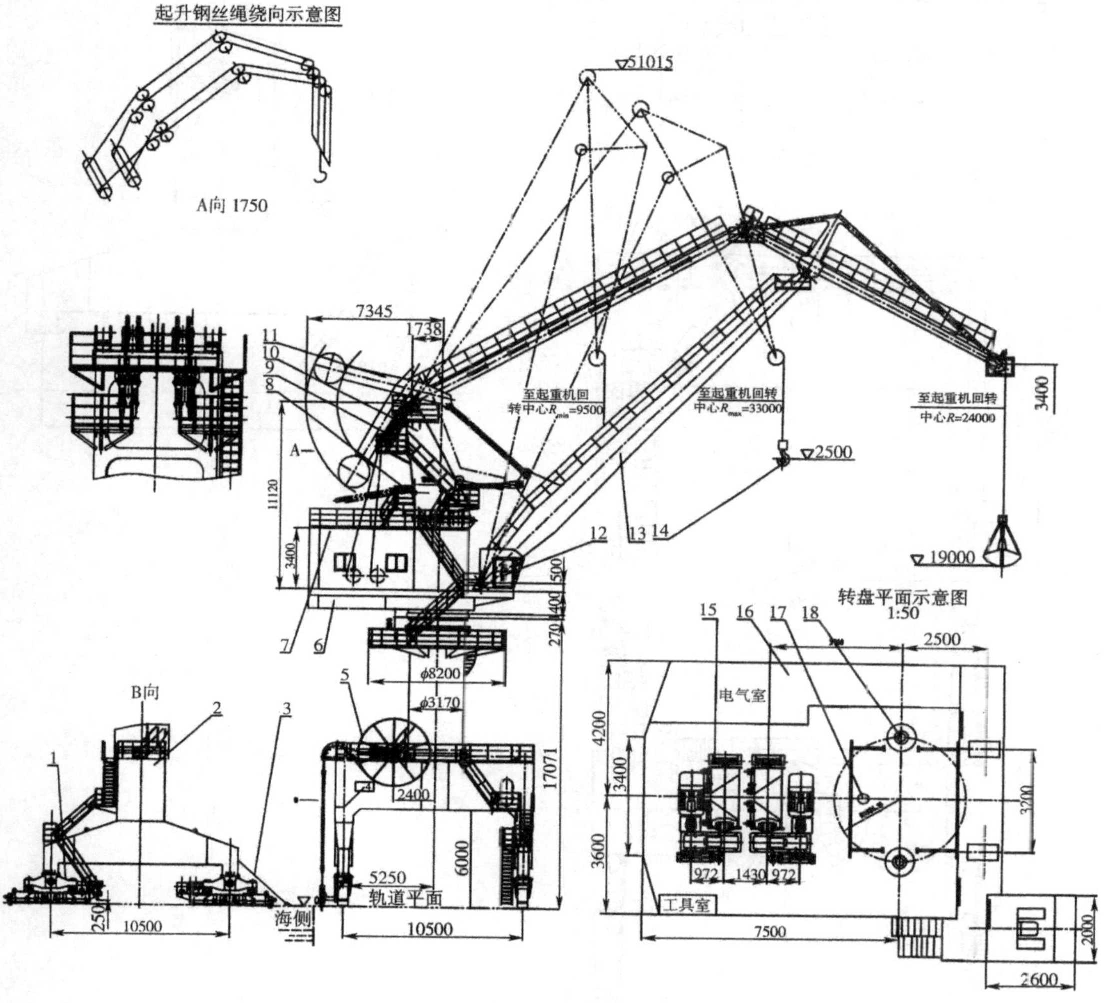

图9-7 M16—33门座起重机

1-行走机构；2-门架总成；3-防风装置；4-铭牌；5-电缆卷筒系统；6-转盘；7-机器房；8-变幅机构；9-超负荷装置；10-上转柱总成；11-平衡系统；12-司机室；13-臂架系统；14-吊钩；15-起升机构；16-电气部分；17-旋转锚定装置；18-回转机构

起重机采用滚动轴承式转盘回转支承装置。臂架系统、平衡梁系统、上转柱总成、机器房、司机室等安装在转盘上，滚动轴承为三排滚子轴承。这样装在门架上部的回转部分可以相对于门架做360°的回转运动。

起重机的上转柱由两片板梁结构组成，其顶部的横梁上装有平衡梁、拉杆以及导向滑轮等的支座。中部的横梁上连接安装变幅机构驱动装置的平台，上转柱下部与转盘平面直接焊接或用螺栓连接。

门架由圆筒体、主横梁和端梁组成。圆筒式门架的圆筒体顶部是一个圆环形法兰盘，上面安装回转滚动轴承，滚动轴承外圈的外侧做成回转机构的大齿圈。门架的中部是一个直圆筒，筒内有直梯，直圆筒有足够的刚度。为了保证门架下部的净空高度，下门架通常由门架主横梁和两片门架端梁构成。圆筒体下端插入门架主横梁内部并与主横梁焊成一体。圆筒式门架自重较轻，风阻力小，外形美观(见图 9-8)。

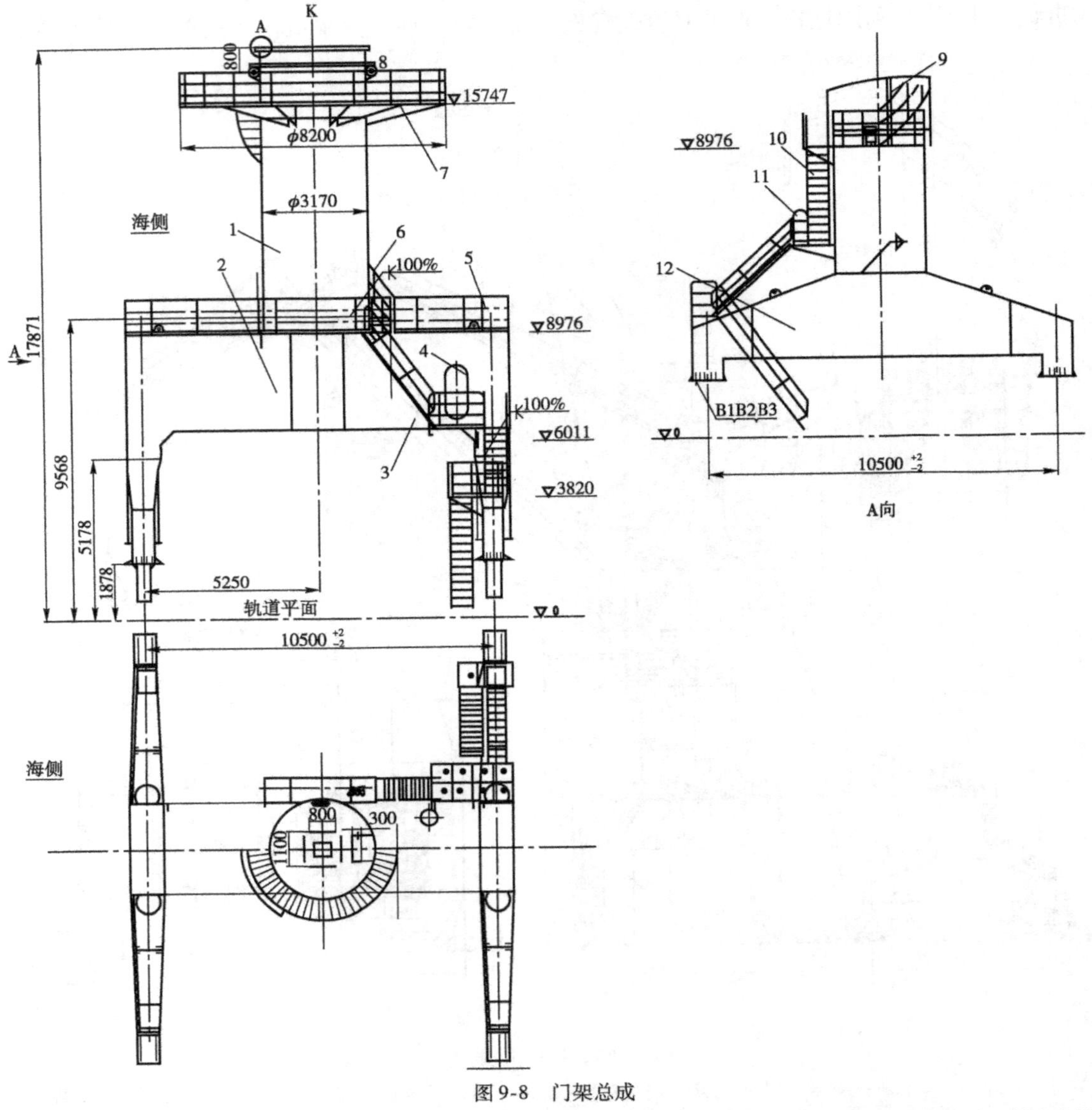

图 9-8　门架总成

1-筒体结构；2-门架横梁；3-行走柜电气平台；4-门；5-门架横梁平台栏杆；6-螺旋梯；7-圆平台；8-门架总装吊耳；9-筒内直梯；10-斜梯；11-平台；12-门架端梁

门架底部装有运行台车，使起重机车轮能够沿着铺设于地面上的轨道行走，作为起重机移动泊位、舱口之用。当起重机工作完毕后，用运行台车上的四个夹轨器夹住钢轨，防爬锲插入车轮与轨道之间，以免起重机被大风吹动。

门架的底部可以通行车辆，门架下面的净空大于 6m，轨距为 10.5m。

司机室安装在转盘前端的右侧，安装的高度足以保证司机有良好的视野，能够看清装卸作业区域的情况和货物的吊装过程。

门座起重机的各个主要构件都是箱形结构，刚度大。

起重机采用电力驱动，动力回路的电源为交流380V,50Hz三相四线；照明、控制及信号回路电源为交流220V,50Hz单相，用船用电缆与电源插座连接，通过电缆卷筒由电缆将电源送到中心集电器上。

磁滞式电缆卷筒装在主横梁靠近海侧端梁的一侧，电缆卷绕装置具有足够的卷绕力和恒定的张力，能够使电缆始终处于张紧状态。电缆的长度保证门座起重机能以码头接电箱为中心向两个方向各行走50m。

电气控制部分集中在电气房和司机室中，电阻箱布置在机器房内。起升机构、变幅机构、运行机构都采用变频调速、PLC控制；具有故障显示、故障检测功能。为了保证起重机安全工作，各个机构都安装了所需要的安全装置。

2. 主要性能参数

1）起重机性能（见表9-2）

起重机性能　　表9-2

名　称		数　值
起重量(t)	吊钩	25
	抓斗	16
幅度(m)	最大	24(吊钩)33(抓斗)
	最小	9.5
起升高度(m)	轨上	25(吊钩)19(抓斗)
	轨下	15
工作速度	起升(m/min)	35(吊钩25t)60(抓斗16t)
	变幅(m/min)	50
	回转(r/min)	1.5
	运行(m/min)	25
车轮	车轮直径(mm)	550
	车轮数　主动轮/总轮数(个)	12/24
最大轮压(t)		≤25
轨距(m)		10.5
基距(m)		10.5
装机总容量(kW)		461
起重机总高(最小幅度)(m)		51

2）各机构性能（见表9-3）

各机构性能　　表9-3

项目＼机构名称		起升机构	变幅机构	回转机构	运行机构
电动机	型号	YZP_2355M_1—8	YZP_2250M—8	$YZR250M_1$—8	YZP_2160L—6
	功率	160kW×2	37kW	30kW×2	11kW×4
	转速	745r/min	730r/min	735r/min	970r/min

续上表

项目		机构名称	起升机构	变幅机构	回转机构	运行机构
制动器		型号	$YWZ_{13}600/201$	$YWZ_{13}400/121$	TYWZ400	QGZ-P-03
制动器		轮径	600mm	400mm	400mm	
制动器		制动力矩	2500 ~ 3700N · m	1000 ~ 2000N · m	673 ~ 784N · m	
制动器		操纵形式	液压推杆 Ed201/6	液压推杆 Ed121/6	脚踏液压式	
传动部分	减速器	型号	M3PSF90-31.5-123/124 各 1 台	M3PSF70-80-13 1 台	行星减速器 2 台	圆锥圆柱齿轮 减速器 4 台
传动部分	减速器	传动比	31.5	80	43.66	20.24
传动部分	齿轮传动	模数		22	22	9
传动部分	齿轮传动	齿数		$Z_1=13$ 齿条 $Z_2=70$	$Z_1=15Z_2=158$	$Z_1=16Z_2=49$ $Z_3=36$(惰轮)
传动部分	齿轮传动	中心距			1903mm	
传动部分	齿轮传动	传动比			10.53	3.06
传动部分	总传动比				459.74	61.93
卷筒		直径	828mm			
卷筒		长度	1 894mm			
卷筒		节距	31mm			

二、起升机构

1. 传动布置

M16—33 门座起重机是在港口用来装卸散状物料和成件物品的,因此,应既能使用抓斗又能使用吊钩进行作业。起升机构具有两套独立的驱动装置,布置在起重机的机器房内,传动布置如图 9-9 所示。

齿轮减速器的高速轴两端出轴,一端采用 LM 型梅花型弹性联轴器与电动机轴连接,另一端安装电力液压块式制动器。无长轴卷筒一端与减速器低速轴悬臂铰接,另一端的卷筒短轴通过轴承支承在轴承座上。

卷筒由钢板卷成筒状焊接,其外表面和绳槽处经过车削加工而成。起升钢丝绳在卷筒上采用单层卷绕的形式,有利于提高钢丝绳的使用寿命,便于检查、维护和更换钢丝绳。

两个双联卷筒上车有左、右旋绳槽,通常将有右旋绳槽的卷筒用左旋钢丝绳;将有左旋绳槽的卷筒用右旋钢丝绳。

使用四绳抓斗作业时,支持绳绕在一个卷筒上,闭合绳绕在另一个卷筒上,其中一套驱动装置作闭合抓斗用,另一套作抓斗开闭时支持抓斗用,当两套驱动装置协同工作时,抓斗上升或下降,支持绳与闭合绳各有两根。

使用吊钩作业时,两个卷筒上的四根钢丝绳一起绕入或绕出卷筒,通过导向滑轮与吊钩装置连接,使吊钩上升或下降(见图 9-7)。

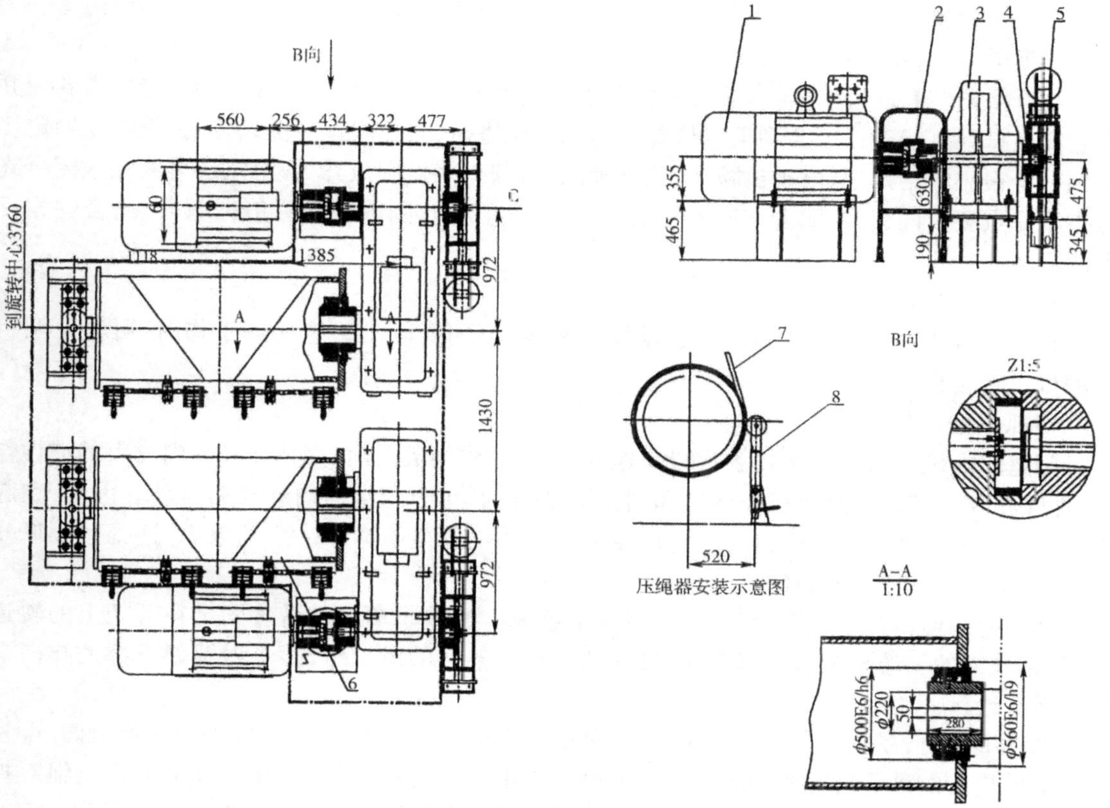

图 9-9 起升机构传动布置

1-电动机;2-梅花型弹性联轴器;3-减速器;4-制动轮;5-制动器;6-双联卷筒总成;7-钢丝绳;8-压绳器

起升钢丝绳采用 28 $6\times25F_i-FC$ 1670U SZ、28 $6\times25F_i-FC$ 1670 U ZS 各两根。

2. 工作原理

电动机经过梅花型弹性联轴器带动齿轮减速器,齿轮减速器低速轴又带动绕有钢丝绳的双联卷筒。控制电动机的正、反转,就能使卷筒上的钢丝绳卷进或放出,实现取物装置和货物的上升或下降;切断电动机的电源,依靠安装在减速器高速轴上的电力液压块式制动器制动,使取物装置和货物停止运动。

起升机构采用变频电动机,具有高速/低速两种运转状态,高速/低速运转的切换通过高速/低速转换开关来实现,这样能高速或低速升降物品。

起升机构变频器采用闭环矢量控制方式。在电动机尾部有脉冲编码器,编码器信号通过屏蔽电缆连接到变频器和 PLC 计数器模块。

起升机构采用动力制动(又称能耗制动)调速系统,可在下降重物时获得调速特性。在装卸贵重易碎物品时,通过控制器,能慢速下降。

3. 安全装置

1)起重量限制器

上转柱的滑轮支座上装有 4 个导向滑轮,其下方装 4 个载荷传感器。起升钢丝绳从起升卷筒引出,经过上转柱滑轮支座上的导向滑轮、拉杆端部滑轮、象鼻架端点的导向滑轮与取物装置相连。起升货物时,载荷传感器产生与起升载荷成正比的电压信号并送入控制装置。当载荷达到额定起升载荷的 90% 时,指示灯发光显示;当达到额定起升载荷的 110% 时,控制器同时发出声光报警，并控制继电器动作，切断起升工作回路，则货物只能下降不能上升。

2）起升/闭合限位器

起升机构装有起升/闭合多功能限位开关。当起升货物或抓斗闭合时，钢丝绳卷入卷筒并在卷筒上排列。起升或闭合到极限位置前的减速位置时，减速限位开关动作，变频器主给定切换到一个很小的给定值，电动机减速；到达极限位置时，终点限位开关动作，起升终点或闭合终点指示灯点亮。向起升/闭合方向变频器主给定保持为0，则电动机只能向起升/闭合的相反方向运转。

3）自动同步程序

在起升机构PLC程序中设置了自动同步程序，当两套驱动装置协同工作时，可保证两台电动机运转时自动同步。

4）抓斗稳定器

门座起重机配备抓斗进行散货装卸作业，当抓斗离地起升时，因抓斗和斗内物料的惯性作用，抓斗将左右转动。起重机作变幅和回转运动时，抓斗会产生周向和径向摆动。因此，在起重机上通常要安装抓斗稳定器。通过抓斗稳定器的钢丝绳给抓斗一个约束力，达到减小抓斗转动、摆动和稳定抓斗的目的。

抓斗稳定器由配重小车、钢丝绳和滑轮组组成。配重小车可以沿着固定在臂架上的轨道运行，钢丝绳的一端与配重小车连接，另一端绕过臂架上的滑轮组，再经过臂架下部的导向滑轮与抓斗连接。

抓斗下降时，在抓斗重力的作用下，配重小车沿臂架上的轨道向上运动；抓斗起升时，配重小车借助自身的重量沿臂架上的轨道向下滑行。由于配重的作用，连在抓斗上的钢丝绳对抓斗有向里的拉力，减小了抓斗的转动。当收幅制动时，由于钢丝绳拉力对抓斗摆动起到一定的阻止作用，抓斗摆幅减小，使抓斗很快地稳定。

三、变幅机构

M16—33门座起重机采用摆动臂架式变幅并实现工作性带载变幅。为了尽可能降低变幅机构的驱动功率和提高机构的操作性能，采用刚性拉杆的四连杆式组合臂架，使货物在变幅过程中沿近似水平线的轨迹运动。利用杠杆—摆动对重，使臂架系统合成重心的高度在变幅过程中变化很小。

平衡梁由一根叉口式平衡拉杆和平衡配重箱组成。为了使臂架系统在变幅过程中的不平衡力矩较小，平衡配重箱内要装有一定重量的重块。

变幅机构采用单齿条传动。

1. 传动布置

变幅驱动装置由电动机、三级圆柱齿轮减速器、一级齿轮齿条、联轴器、制动器等组成。整个驱动装置安装在上转柱中部的变幅平台上。

上压轮2、下托轮4和小齿轮都装在摇架3上，并且在变幅时可以绕摇架的轴线摆动，保证齿轮与齿条很好地啮合。上压轮、下托轮都装在偏心轴上，便于调节小齿轮与齿条的啮合间隙，使小齿轮与齿条有良好的接触。齿条与臂架的铰轴处装一个调心轴承9，使得变幅过程中齿条与小齿轮能正常啮合（见图9-10）。

2. 工作原理

电动机经联轴器带动齿轮减速器，齿轮减速器低速轴驱动小齿轮转动，再由小齿轮推动齿

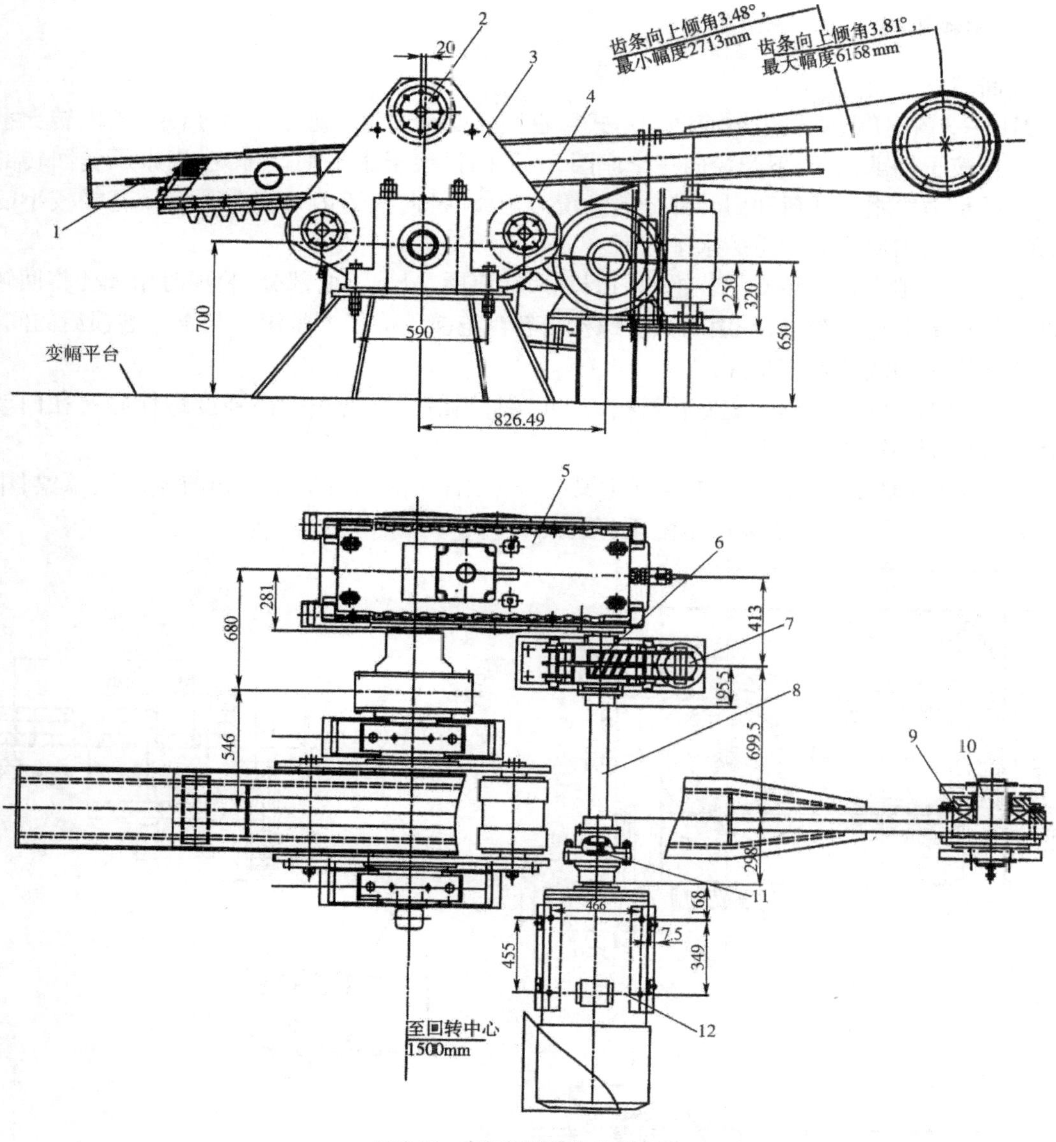

图 9-10 变幅机构齿轮传动装置

1-齿条；2-上压轮；3-摇架；4-下托轮；5-减速器；6-制动轮、联轴器；7-制动器；8-传动轴；9-轴承；10-轴；11-齿式联轴器；12-电动机

条前后移动，并拉动臂架俯仰改变幅度。

变幅机构减速器高速轴上安装一个制动轮直径为 $\phi400$ 的电力液压块式制动器，使制动时平稳无冲击。

3. 安全装置

为限制臂架的变幅行程，在臂架下铰轴处安装终点保护开关，应调整和校核其动作，使变幅机构在正常的区段工作。安装使起重臂到达正常最大幅度前自动减速限位开关；起重臂到达正常最小幅度前自动减速限位开关。在齿条两端安装弹性止挡器，当齿条超过行程或终点保护开关失灵时，止挡器撞击摇架的加强面而使变幅运动停止。

四、回转机构

1. 回转支承装置

M16—33 门座起重机采用滚动轴承式转盘回转支承装置。如图 7-10 所示，该回转支承装置是三排滚子轴承，有上下及径向三个座圈，上下两排滚子水平平行排列，用来承受回转部分和货物的重力等垂直载荷和回转部分的倾覆力矩；在径向滚道内垂直排列一排直径较小的滚子，承受风、货物偏摆等产生的水平载荷。

三排滚子轴承式回转支承装置的内圈是回转座圈，分上下两部分，装配时用螺栓将回转座圈的上下两部分连接起来，并用高强度螺栓与转盘连接。为了调整滚子与滚道磨损后的间隙，在上下座圈之间放置调整垫片。

滚动轴承外圈的外侧做成回转机构的大齿圈，用沿圆周均布的高强度螺栓固定在门架圆筒体顶部的圆环形法兰盘上。

转盘是由 Q345B 钢板焊成工字型主梁的框架结构，前端右侧伸出司机室的支承梁，中间安装臂架支座，后部箱体内装固定配重（见图 9-11）。

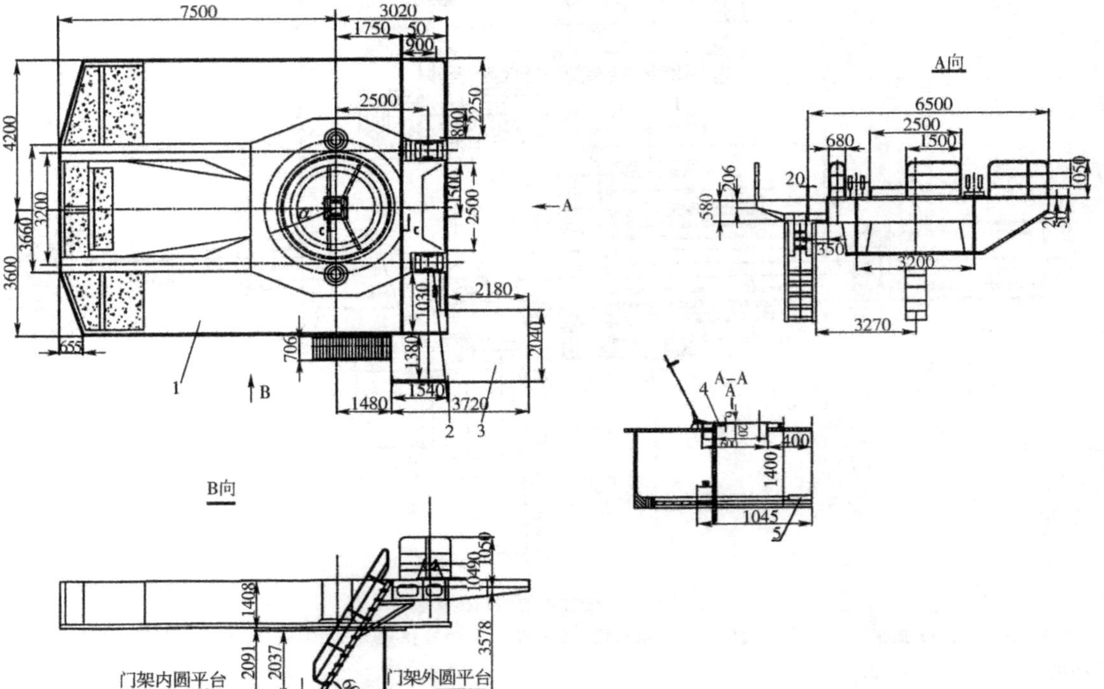

图 9-11 转盘

1-转盘结构；2-臂架支座；3-司机房托架；4-人孔盖；5-中心集电器装配

2. 回转驱动装置

回转驱动装置有两套，装在机器房内的两侧。回转机构采用两级立式行星齿轮减速器，带制动轮的极限力矩联轴器装在它的上部。

立式行星减速器通过上定位圈和下定位圈连接在转盘上，输出轴端安装小齿轮。

如图 9-12 所示，立式电动机 1 通过带极限力矩联轴器 2 的立式行星齿轮减速器 4，驱动小齿轮，小齿轮绕装在圆筒体顶部圆环形法兰盘上的回转大齿圈转动，推动起重机转盘作回转运动。

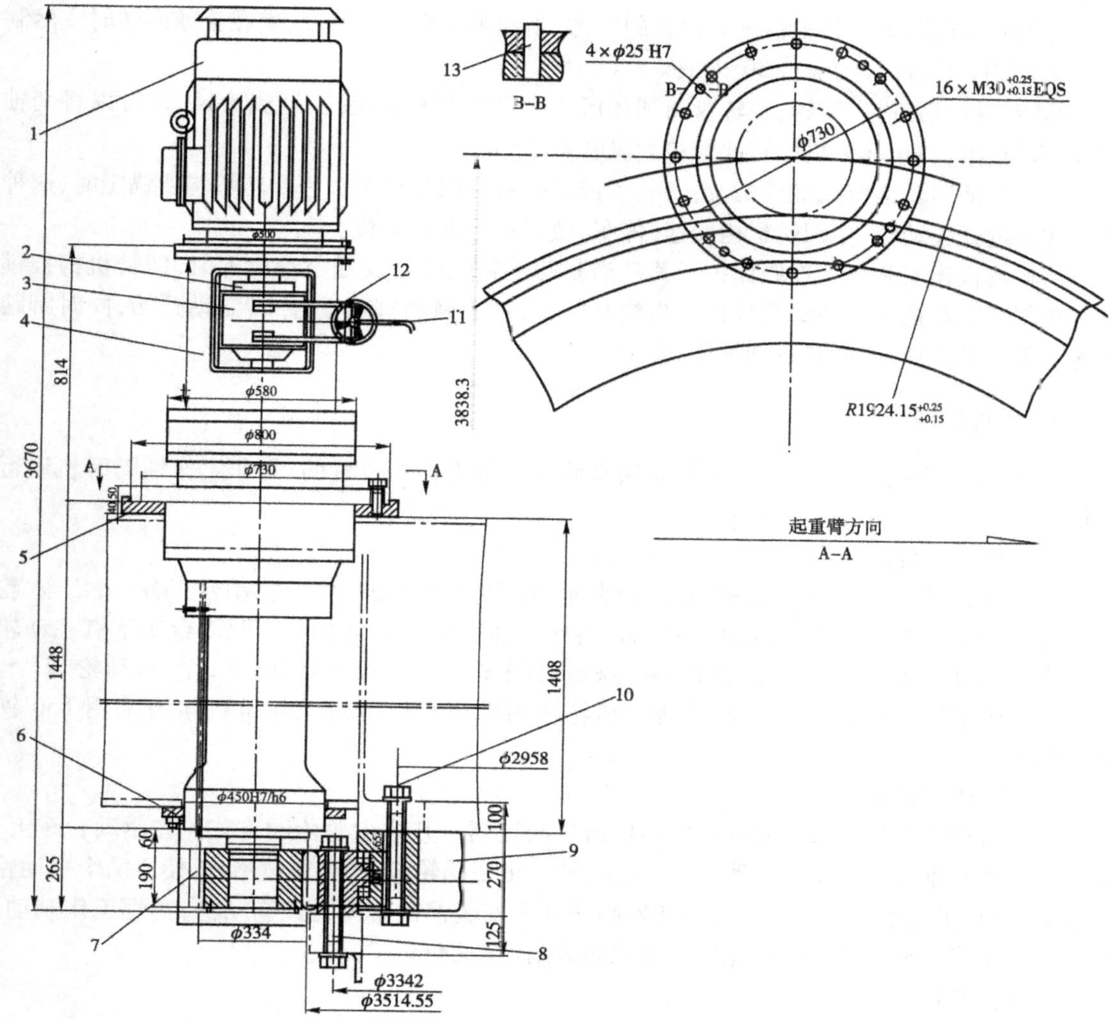

图 9-12　回转机构传动布置

1-立式电动机;2-极限力矩联轴器;3-制动器;4-立式行星减速器;5-上定位圈;6-下定位圈;7-小齿轮;8-螺栓;9-回转支承装置;10-螺栓;11-制动脚踏板;12-限位开关;13-定位销

回转机构采用脚踏液压常开式制动器,司机脚踏力量的大小,可以控制回转机构制动的快慢。制动时,司机踩下脚踏板,推动压力缸内活塞运动,将压力油通过导管送到工作缸,使制动臂收拢,制动瓦块压紧制动轮实行制动。

制动器上装有锁紧装置,司机离开起重机时,必须将制动器上的手轮拧紧,使制动瓦块压紧制动轮,防止起重机回转部分在大风作用下自行转动。作业前,先将手轮松开,两个制动瓦块与制动轮间的间隙应相同,一般控制在 2mm 之内。

3. 安全装置

极限力矩联轴器是行星减速器的一部分,它靠弹簧压紧的摩擦片之间的摩擦力矩传递转矩,并且限制外载荷转矩大小。当回转机构正常运转时,摩擦片之间没有相对滑动;当起重机回转机构急剧起动、制动或因操作不当使臂架碰到障碍物时,外载荷转矩增大,超过极限力矩联轴器所能传递的转矩时,摩擦片之间就打滑,避免了部件、结构件的损坏。

适当调节极限力矩联轴器压紧弹簧的压力,当起重机在最大幅度、满载全速回转时突然制动,使起重机回转部分约滑行30°左右。

回转机构设置锚定装置,在转盘与圆环形法兰盘上都有锚定孔,遇到大风时,可以将销轴插入锚定孔内,防止起重机回转部分被大风吹着转动。

为了保证回转锚定孔准确对位,安装了锚定孔对中限位开关。当回转机构要锚定时,这种感应式接近开关动作,使回转机构减速、停车,使锚定孔准确对位。

回转机构还安装各种连锁保护开关。当制动手轮未拧开及锚定销放下时,回转机构被锁定。在制动脚踏板处安装脚踏板连锁限位开关,当踩下制动脚踏板,回转制动开始,同时脚踏板连锁限位开关接通,回转运动被锁定。

五、运行机构

M16—33 门座起重机的运行机构是用来调整起重机工作位置的,是非工作性的有轨运行机构。

1. 运行支承装置

起重机的门架端梁的两端各装有六轮台车,其中包括驱动台车与从动台车各一台。六轮台车与门架端梁采用铰轴连接,使每一端的各个车轮的轮压大致相等。驱动台车下有主动轮3个,从动台车下有从动轮3个,因此,起重机共有车轮24个,其中主动轮12个,从动轮12个。

起重机采用双轮缘车轮。车轮踏面和轮缘内侧进行热处理。起重机轨道采用P50铁路钢轨。

2. 运行驱动装置

运行机构采用卧式电动机—圆锥圆柱齿轮减速器—开式齿轮传动方式。在驱动台车上,电动机通过圆锥圆柱齿轮减速器、开式齿轮、使一个主动轮滚动,再通过惰轮,使另两个主动轮也滚动,起重机则沿轨道行走。在减速器高速轴上安装惯性常闭盘式制动器,实现工作制动;在作业遭受阵风突然袭击时也能实现动态防风制动(见图9-13)。

3. 安全装置

台车架沿运行轨道的外侧安装橡胶缓冲器,用来减小起重机与外界碰撞时的冲击力。为了防止两台起重机行走时相碰或为了保持起重机之间的最小间隙,在两台起重机运行机构相对的两侧装有防碰撞的停车限位开关。在起重机台车架沿同一条运行轨道的外侧还安装终点行程开关,当起重机运行到极限位置时,终点行程开关动作,切断电源,起重机停止行走。行走车轮的最外侧装有轨道清扫器,以便起重机行走时自动清除轨道面上的障碍物,确保起重机运行安全。

为了防止起重机超程运行时输电电缆被拉断,电缆卷绕装置中装有终点连锁保护和电缆导向装置,当电缆终点开关动作切断运行机构电动机的电源后,在电缆卷筒上至少保留两圈电缆。

风速仪安装在起重机固定结构最高处1.5m的杆子上,风速达到15m/s时,灯光显示;风速达到20m/s时,声音报警,并延时2~3min后切断电源,起重机各个机构停止工作。

门座起重机每条门腿上都装有夹轨器、防爬楔,来抵御突发性大风的影响。起重机还装有两套手动式锚定装置及防风系缆装置。当起重机长时间不使用或在得到强风暴警报时,通过门腿陆侧位置上设置的起重机低速运行控制装置,将起重机开到锚定位置,缓慢对准锚定坑,

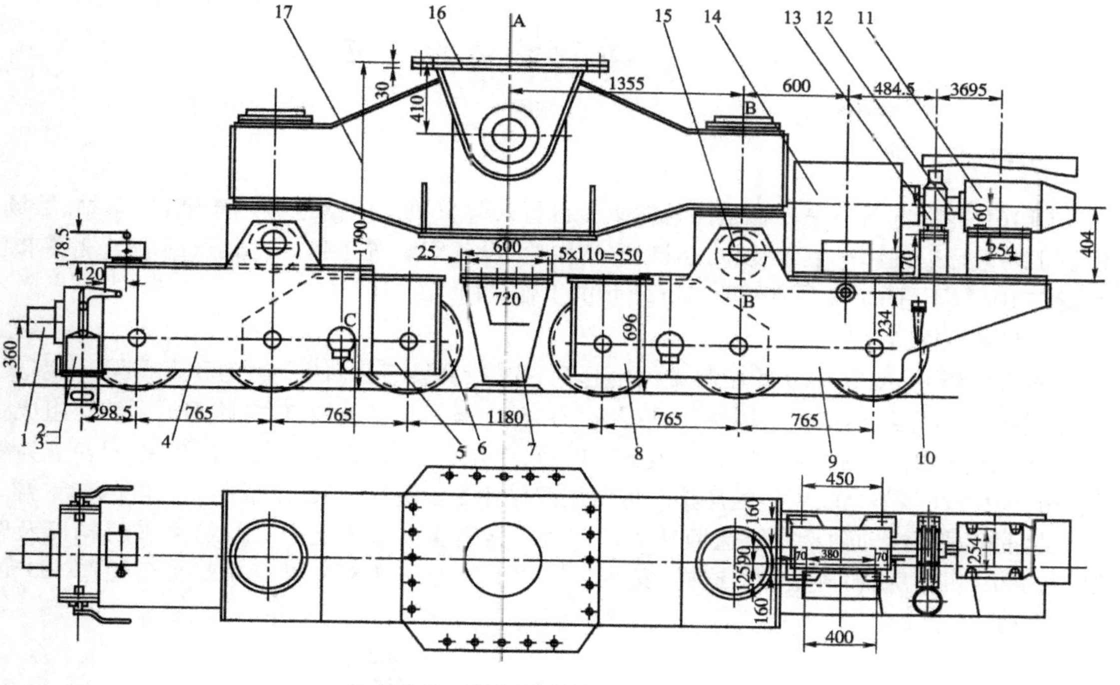

图 9-13　带开式齿轮传动的运行机构

1-缓冲器;2、3-夹轨器、清扫器;4-从动台车;5-从动小台车;6-从动轮;7-支轨器;8-驱动小台车;9-驱动台车;10-防爬锲;11-电动机;12-制动轮、联轴器;13-制动器;14-减速器;15-主动轮装配;16-连接支座;17-平衡梁

使锚定板插入锚定坑内。系缆绳将起重机与码头上的系缆座连接,系缆绳带有左右螺纹的螺旋扣,可把起重机牢牢地固定在基础上。这些抗风防滑装置保证起重机在受到暴风或极大外力撞击时不会沿轨道滑行而发生事故(见图 9-14)。

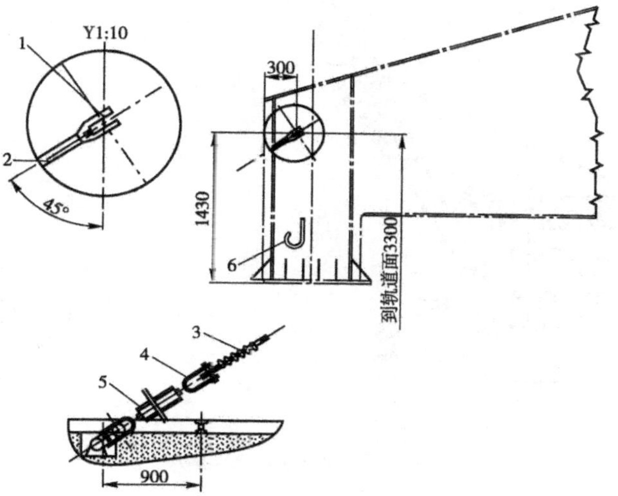

图 9-14　门座起重机系缆装置

1-防风系缆吊耳;2-防风绳接头;3-绳夹;4-套环;5-螺旋扣;6-挂钩

运行机构还安装各种连锁保护开关。当支轨器打开时,联动台上指示灯亮,运行机构的锁定被解除;但若支轨器未打开时,锁定灯亮,运行机构被锁定,车轮不能行走。

第三节　QL16B 轮胎起重机

一、概述

QL16B 轮胎起重机是一种全回转臂架型自行式起重机。广泛地应用于港口、车站、堆场、建筑工地进行船舶和车辆的装卸，堆料、取料作业，设备安装等工作。尤其适用于经常要求起重量在 10t 以下，同时又兼有 10t ~ 16t 货物的工作场所。

1. 起重机构造

如图 9-15 所示，QL16B 轮胎起重机由起升、变幅、回转、运行四个机构和直臂架、人字架、转台、车架、支腿、机器房等金属结构，以及动力装置，操纵、电气、油路、气路四个系统等组成。

臂架采用四弦杆桁架式结构，一般分为四节，头尾两节为变截面的基本段，中间各节为等截面的接长段，各节之间用销轴连接。可以按照作业要求进行拆装，组成不同长度的起重臂。

起重机采用滚动轴承式转盘回转支承装置。转台上安装着起升、变幅、回转机构以及臂架、人字架、机器房、司机室等。这样，安装在车架上部的回转部分可以相对于车架作 360°的回转运动。

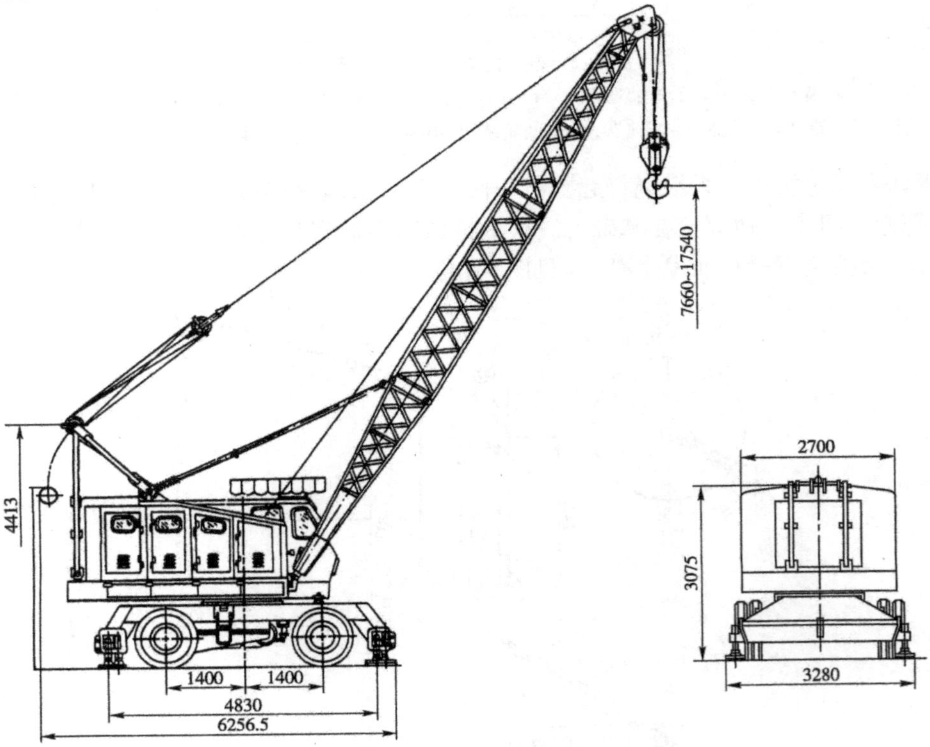

图 9-15　QL16B 轮胎起重机

车架一般由两根纵梁和若干根横梁组成，靠近回转中心的两根横梁和纵梁一起组成刚性很大的框架，上表面焊有固定回转大轴承的定位环。车架端部的横梁用来安装支腿梁。在车架下安装运行机构。

在车架上装有活动支腿，用来加大起重机作业时的支承距离。起重机工作时，支腿向外伸出并将起重机机体抬起，使轮胎离地；不工作时，支腿收缩到车架内。

在机器房的尾部有一个配重箱，里面装有一定质量的重块，用来平衡吊运物品的质量，增加起重机的抗倾覆稳定性。

司机室顶部有凉棚，前后有活动窗，右侧有拉窗，保证了很好的通风和隔热。司机室内的操纵台设在座位的左右两侧，使司机在起重机工作和行驶时有良好的视野。

QL16B 轮胎起重机采用柴油机、发电机组——多台直流电动机驱动系统，分别驱动起升、变幅、回转、运行各个工作机构。各个机构既能独立操作，又能协同动作，提高了起重机的生产率。

2. 主要性能参数

1）起重性能（见表 9-4）

QL16B 轮胎起重机起重性能　　表 9-4

起重臂仰角（°）	起重臂 8m			起重臂 12m			起重臂 18m		
	幅度（m）	起重量（t）		幅度（m）	起重量（t）		幅度（m）	起重量（t）	
		有支腿	无支腿		有支腿	无支腿		有支腿	无支腿
75	3.26	16.00	7.09	4.30	12.80	4.97	5.85	6.40	3.22
70	3.92	16.00	5.90	5.29	11.09	4.12	7.34	6.07	2.51
65	4.55	14.16	5.18	6.25	8.96	3.51	8.78	4.76	2.03
60	5.16	12.44	4.65	7.17	7.28	3.05	10.17	3.92	1.65
55	5.74	10.63	4.21	8.04	6.12	2.72	11.48	3.34	1.38
50	6.28	9.01	3.87	8.85	5.35	2.44	12.71	2.92	1.16
45	6.78	7.73	3.60	9.61	4.80	2.22	13.85	2.62	1.01
40	7.24	6.69	3.40	10.30	4.38	2.05	14.90	2.38	0.92
35	7.64	5.83	3.24	10.92	4.06	1.95	15.84	2.22	0.85
30	8.00	5.11	3.11	11.47	3.52	1.87	16.66	2.10	0.81

注：1. 使用支腿时，应使机体保持平衡。不使用支腿时，将轮胎气压充到 0.7～0.75N/mm²。

2. 起升钢丝绳最大许用拉力为 22.5kN。

3. 当臂架长度为 12m 以下，不使用支腿时，允许在平坦坚实路上，按纵向不使用支腿的额定起重量 75% 吊重行驶，其行驶速度不得超过 5km/h。

2）工作速度（各机构均为无级调速）

（1）起升钢丝绳速度：70m/min（当钢丝绳拉力为 22.5kN 时的单索速度）；122m/min（当空载时的单索速度）。

（2）回转速度：1.5r/min（当不使用支腿在额定负荷工作时）；2r/min（当使用支腿在额定负荷工作时）；3r/min（当在空负荷时）。

（3）变幅时间（30°～75°）：24s。

（4）最高行驶速度：18km/h。

3）运行性能

（1）最小转弯半径：7.5m（外侧车轮外缘）。

（2）爬坡能力：12.2%。

4）发动机性能（见表 9-5）

发动机性能　　表 9-5

型号	额定功率	额定转速	最大转矩	最大转矩转速	额定功率燃油耗量
4135AK—2	73.5kW	1500r/min	478N·m	1300r/min	≤238g/kW·h

5)电动机性能(见表9-6)

电动机性能

表9-6

性能	型号	定额(min)	功率(kW)	额定转速(r/min)	额定转矩(N·m)	电压(V)	电流(A)	激磁方式	台数
发电机	ZQF—45	60	45	1450		230	198	复激	1
起升	ZZK—42	60	22	920	223	220	118	串激	1
变幅	ZZG—30	60	11	800	131	220	60	串激	1
回转	ZZG—30	60	11	800	131	220	60	串激	1
运行	ZZG—33	60	22	1100	191	220	116	串激	2

6)其他数据(见表9-7)

表9-7

轮　　距	2.38m
轴距	2.8m
外伸支腿纵向间距	4.83m
外伸支腿横向间距	4.5m
外伸支腿最大压力	176.4kN
一个轮胎极限压力	127.4kN
尾部回转半径	3.15m
外形尺寸(不带起重臂、支腿缩进、人字架落下)	6.256×3.28×3.47m
起重机总质量(包括12m起重臂)	22.5t

7)各机构性能(见表9-8)

各机构性能

表9-8

<table>
<tr><th colspan="2">机构名称
项目</th><th colspan="2">起升机构</th><th>变幅机构</th><th>回转机构</th><th>运行机构</th></tr>
<tr><td rowspan="3">电动机</td><td>型号</td><td colspan="2">ZZK—42串激</td><td>ZZG—30串激</td><td>ZZG—30串激</td><td>ZZG—33串激</td></tr>
<tr><td>功率(kW)</td><td colspan="2">22</td><td>11</td><td>11</td><td>22</td></tr>
<tr><td>转速(r/min)</td><td colspan="2">920</td><td>800</td><td>800</td><td>1100</td></tr>
<tr><td rowspan="2">减速器</td><td>型号</td><td colspan="2">圆锥—圆柱齿轮减速器</td><td>蜗杆减速器</td><td>蜗杆减速器</td><td>圆柱齿轮减速器、链条</td></tr>
<tr><td>传动比</td><td colspan="2">15.7</td><td>36(m=10Z=36)</td><td>22.5(m=8
$Z_1=2Z_2=45$)</td><td>17.16</td></tr>
<tr><td rowspan="2">制动器</td><td>型号</td><td>外涨带式</td><td>块式</td><td>块式</td><td>电磁—液压综合操纵块式</td><td>气刹车</td></tr>
<tr><td>操纵形式</td><td>脚操纵</td><td>电磁铁</td><td>电磁铁</td><td>电磁铁脚操纵调节制动力矩</td><td>脚操纵</td></tr>
<tr><td>钢丝绳</td><td>型号</td><td colspan="2">176×37－NFC
1870 U SZ 100m</td><td>146×19－NFC
1570 U SZ 70m</td><td></td><td></td></tr>
<tr><td rowspan="2">离合器</td><td>型号</td><td colspan="2">内涨带式</td><td></td><td></td><td></td></tr>
<tr><td>操纵形式</td><td colspan="2">气操纵</td><td></td><td></td><td></td></tr>
</table>

3. 钢丝绳缠绕方法(见图 9-16)

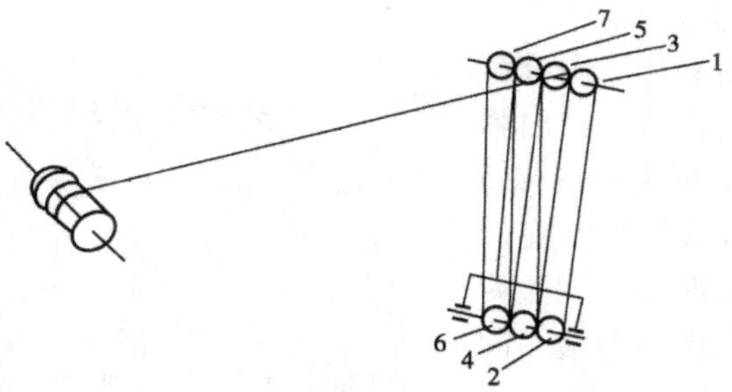

作业类别	起重能力(t)						
连续作业	10.5	9	7.5	6	4.5	3	1.5
间断作业	16	13.8	11.5	9.2	6.9	4.6	2.3
钢丝绳缠绕法	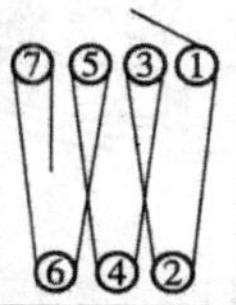	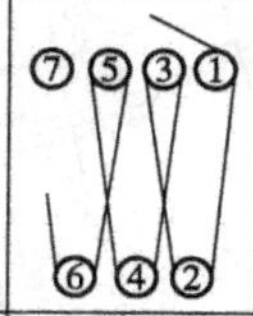	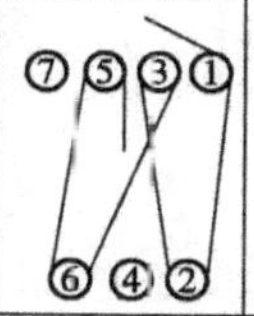	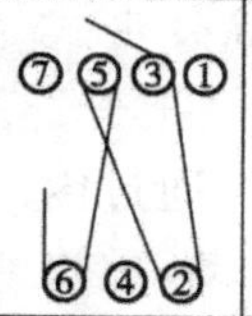	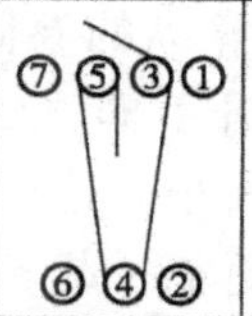	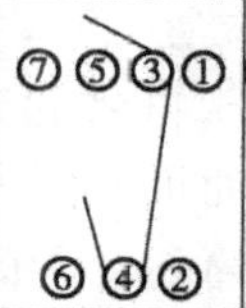	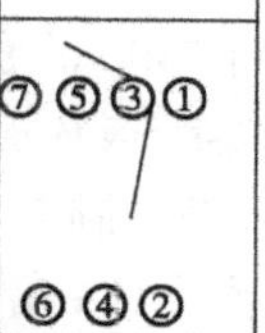
倍率	7	6	5	4	3	2	1

图 9-16 钢丝绳缠绕图

1、3、5、7-臂架端部滑轮;2、4、6-吊钩滑轮

4. 传动原理

QL16B 轮胎起重机由柴油机通过弹性联轴器带动直流发电机发电,所发出的电能输送给驱动各工作机构的直流电动机,使各工作机构运转。各工作机构具有独立的传动装置和制动装置。

柴油机还带动气泵和油泵,分别供给内涨式离合器用的压缩空气和助力油缸用的压力油。

QL16B 轮胎起重机的传动形式如图 9-17 所示。

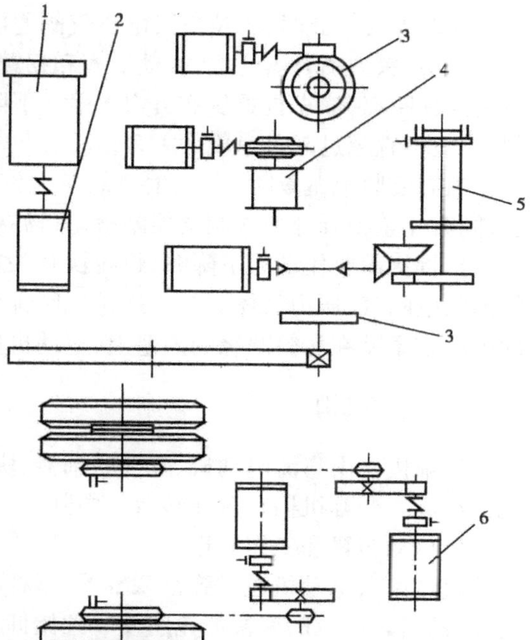

图 9-17 QL16B 轮胎起重机传动原理图

1-柴油机;2-发电机;3-回转机构;4-变幅机构;5-起升机构;6-运行机构

二、起升机构

1. 传动布置和工作原理

起升机构有一台串激直流电动机通过万向联轴器、圆锥圆柱齿轮减速器带动卷筒轴转动。

起升机构采用单卷筒,起升电动机作正反向旋转,如图 4-11 所示。卷筒 3 用两只单列滚珠轴承支承在卷筒轴 2 上,通过内涨式离合器 5 张开,使内涨带紧贴在卷筒凸缘的内壁上,则卷筒轴带动卷筒转动,实现货物上升或动力下降;若内涨式离合器收拢，则内涨带与卷筒凸缘内壁脱开，可使卷筒轴与卷筒脱离，各自独立动作，依靠货物的自重自由下落，实现货物重力下降。

内涨式离合器的结构如图9-18。离合盘通过花键与卷筒轴连接。在离合器气缸内弹簧2、3的弹簧力作用下，拐臂6使内涨带5紧贴在卷筒凸缘的内壁上，内涨带紧贴卷筒的程度可以通过调节螺杆7来调整。调整时必须保证内涨带箍有脱开卷筒内壁的最小间隙。本结构的离合器为常闭式内涨式离合器。

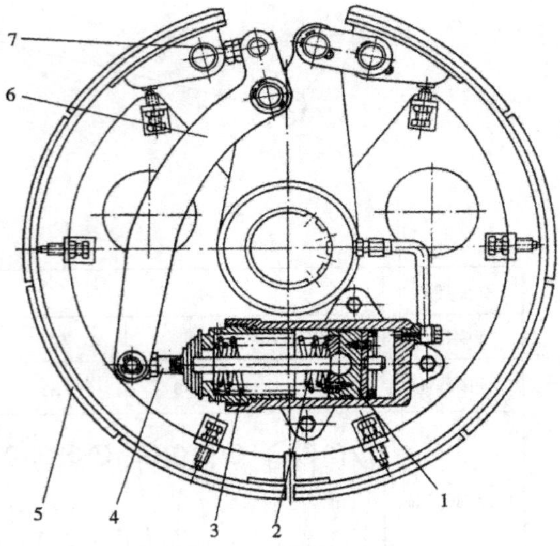

图9-18　内涨式离合器

1-活塞；2-小弹簧；3-大弹簧；4-活塞杆；5-刹车带；6-拐臂；7-调节螺杆

2. 工作过程

当起升机构要起升重物时，先将转换开关置于“电气”位置，将脚操纵的卷筒外带式制动器踏板松开，再将起升手柄置于“上升”位置，脚控制柴油机油门大小。这样，通过内涨式离合器，卷筒随着卷筒轴一起转动，重物上升。

当货物需要停止起升时，先将脚控油门踏板松开，再将手柄放回“零”位。

当货物需要作重力下降时，搬动转换开关至“机械”位置，将手柄置于“零”位，脚控制外带式制动器踏板。此时，二位三通电磁气阀通电动作，压力气体便通过电磁气阀经过卷筒轴端的回转接头，送到离合器气缸，推动活塞和拐臂，使内涨式离合器与卷筒凸缘的内壁脱开，使卷筒与卷筒轴脱离，依靠自重货物自由下落。下降的速度可以操纵外带式制动器的松紧程度来控制，一般不宜超过起升速度的1.5倍。

当需要紧急抛重时（在发生事故及允许的情况下），可以迅速将转换开关置于“机械”位置，同时完全松开外带式制动器踏板，重物立即完全自由下落。

当货物需要作动力下降时，将转换开关置于“电气”位置，操纵手柄至“下降”位置。电磁气阀断电断气，压力气体通过快速排气阀排出，拐臂和活塞在弹簧力的作用下回位，将离合器的内涨带紧贴在卷筒凸缘的内壁上，电动机反转，实现货物动力下降。

三、变幅机构

变幅机构由直流电动机、弹性联轴器、块式制动器、蜗杆减速器、变幅卷筒、钢丝绳卷绕系统等组成。变幅机构布置在转台的中部。

1. 传动布置和工作原理

直流串激电动机通过弹性联轴器、蜗杆减速器带动变幅卷筒旋转，通过装在人字架上的定滑轮、动滑轮组成的变幅滑轮组使臂架俯仰，实现变幅。

变幅机构采用电磁铁块式制动器（见图9-19）。制动轮安装在电动机轴上，制动器依靠弹簧8和制动臂9使制动瓦块压紧制动轮。螺钉6用来调整制动转矩的大小；而螺钉11用来调整制动器松闸时的间隙；为了保持制动器松闸时左右制动瓦块与制动轮的间隙相等，用螺钉7进行调整。

当要进行变幅时，电磁铁2吸动衔铁3，推动推杆1，使制动臂绕和底座5连在一起的销轴4旋转，使制动瓦块与制动轮分开。

2. 安全装置

变幅机构的安全保护装置种类很多，如幅度指示器、臂架防倾装置、行程限位器等。

1）幅度指示器

在起重臂的下部（靠近铰轴处）安装幅度指示器。在臂架俯仰时，指示器的指针便指出起重臂的工作角度、幅度以及允许的起重量。当采用不同长度的起重臂工作时，应更换幅度板上的负荷标尺。

2）臂架防倾装置

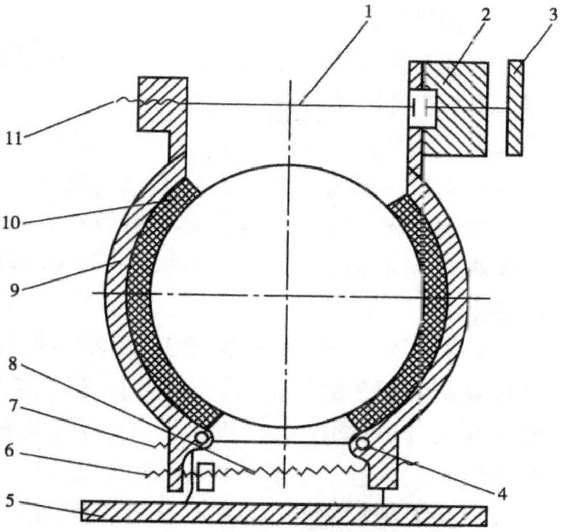

图9-19　变幅机构块式制动器

1-推杆；2-电磁铁；3-衔铁；4-销轴；5-底座；6、7、11-螺钉；8-弹簧；9-制动臂；10-瓦块

QL16B轮胎起重机采用臂架防倾撑杆，如图9-15所示。当变幅机构从大幅度向小幅度运动时；或臂架在小幅度受到向后的外载荷作用时，臂架防倾撑杆用来防止臂架有可能发生向后倾倒的危险。另外，在使变幅机构尤其是带着重物（该重物的质量不允许超过最大幅度规定的起重量）从小幅度向大幅度运动时，要特别注意控制变幅速度，以免造成臂架快速下落，导致事故发生。

四、回转机构

回转机构布置在转台中部的左侧，回转机构由回转支承装置和回转驱动装置组成。

1. 回转支承装置

回转支承装置采用交叉滚子轴承。如图9-20，转台与交叉滚子轴承的上内圈3、下内圈6用螺栓连接，交叉滚子轴承的外圈1用螺栓与车架连接。滚子4在滚道内交叉排列，能够承受双向负荷。上内圈与下内圈之间装有调整垫片5，用来调节滚子与滚道磨损后的间隙，延长轴承的使用寿命。轴承外圈的外侧做成回转机构的大齿圈。

为了减轻滚子和滚道面的磨损，防止杂质、水分等的侵入，损坏滚道面和滚动体，滚动轴承必须有密封润滑装置。一般采用橡胶密封条，用油枪从油嘴2打入优质润滑脂。

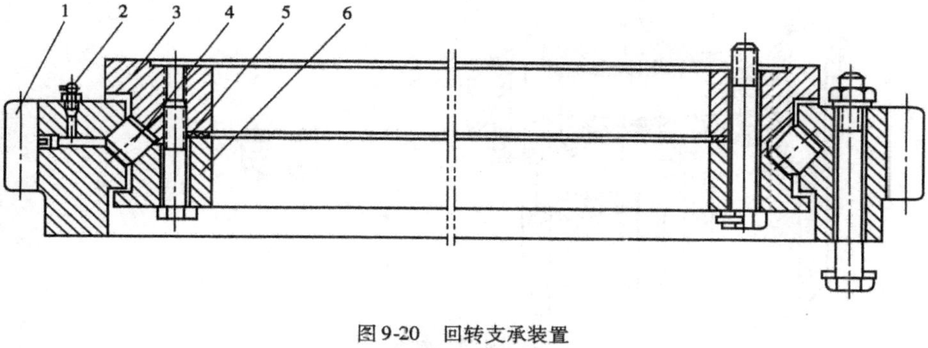

图9-20　回转支承装置

1-外圈；2-油嘴；3-上内圈；4-滚子；5-垫片；6-下内圈

2. 回转驱动装置

直流串激电动机通过弹性联轴器、蜗杆减速器,带动与蜗轮同装在一根轴上的小齿轮转动,小齿轮又绕固定于车架上的大齿圈回转,从而使起重机上部回转部分绕回转中心线转动。

如图 9-21 所示,回转机构的制动器为常闭综合操纵式制动器。制动轮装在蜗杆减速器的蜗杆轴上。

操纵回转手柄,电磁铁通电,衔铁动作,推动推杆克服弹簧 3 的弹簧力,制动臂打开,制动轮与制动瓦块分离,同时电动机运转,转台开始转动。当回转手柄复位,电磁铁断电,此时用脚踏板操纵液压系统中的总泵,将具有一定压力的制动液供给制动分泵 2,推动制动分泵的活塞杆压缩弹簧 3,推动制动臂闭拢并逐渐增大制动转矩,使转台平稳地停止在所要求的位置上。

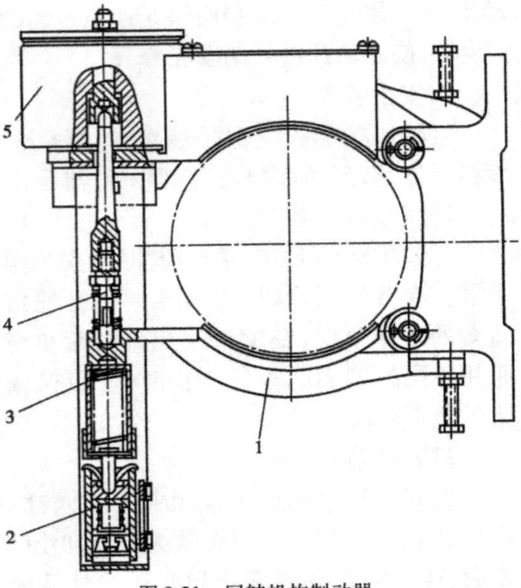

图 9-21　回转机构制动器

1-制动臂;2-制动分泵;3-弹簧;4-调整螺杆;5-电磁铁

五、运行机构

1. 运行支承装置

轮胎起重机的运行支承装置由车轮、前桥、后桥以及车架组成。

起重机的前轮为转向轮,后轮为驱动轮。前桥的桥身为一个中间铰接的箱形梁,前桥可绕前桥中心支承轴上下摆动。这样,当起重机在高低不平的路面上行驶时,能够避免后桥的驱动轮腾空打滑(见图 9-22)。

在车架上装有平衡顶杆装置。当起重机不使用支腿进行起重作业时,必须旋紧车架上的两个螺旋千斤顶,顶住车架的主梁。这样,增加了起重机作业时的稳定性。

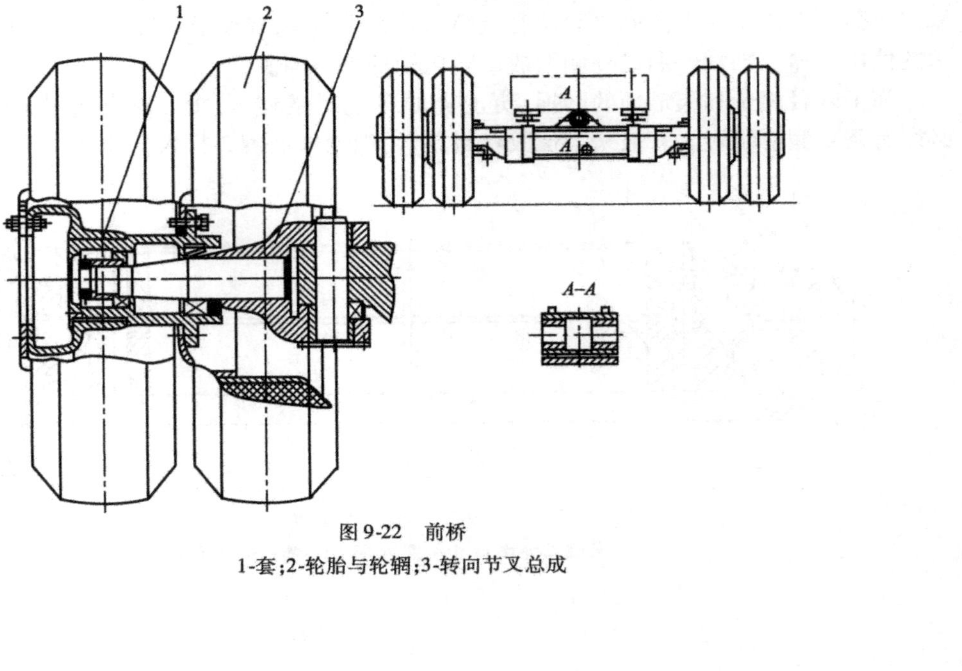

图 9-22　前桥

1-套;2-轮胎与轮辋;3-转向节叉总成

2. 运行驱动装置

1）传动系统

传动系统布置在车架的下面，有两个直流串激电动机分别通过弹性联轴器、一级斜齿圆柱齿轮减速器、链条传动来驱动两边的后轮转动。

在链条上有一套张紧装置，以免链条产生过大的松弛量。过大的松弛量会引起不应有的传动滞后与冲击。

2）转向系统

通过转动方向盘，操纵液压转向器，控制压力油换向来达到使起重机转向的目的。

图 9-23 所示的是起重机不转向时的情况。油泵 1 输出的油液经过液压转向器 5 的自通回路再通过滤油器 6 直接回到油箱。

若要使起重机右转，则向右转动方向盘，从油泵 1 输出的油液经过液压转向器 5、中心回转接头 3 进入作用缸 4，压力油迫使作用缸活塞向内移动，使前轮向右转。

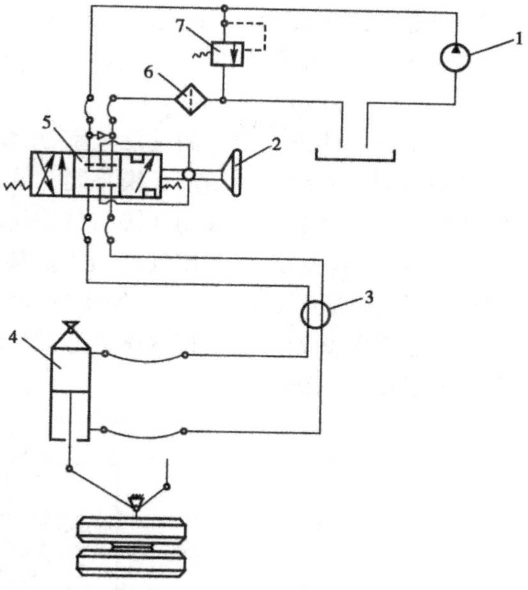

图 9-23 运行机构转向系统原理图

1-油泵；2-方向盘；3-中心回转接头；4-作用缸；5-液压转向器；6-滤油器；7-溢流阀

若要使起重机左转，则向左转动方向盘，从油泵 1 输出的油液经过液压转向器 5、中心回转接头 3 进入作用缸 4，压力油迫使作用缸活塞向外移动，使前轮向左转。

液压系统油液的工作压力为 $0.6N/mm^2$，当油液的压力高于 $0.6N/mm^2$ 时，溢流阀打开。

3）制动系统

运行机构中装有两套制动系统。在驱动桥的左右车轮上，各装有一个车轮制动器，其结构与解放牌汽车的后轮制动器基本相同。如图 9-24 所示，当司机踩下制动踏板时，压力气体通过脚制动阀到制动室，推动制动调整臂，从而又推动凸轮轴驱使制动蹄片张开并压紧在和轮毂连在一起的制动毂上，使车轮停止转动。

运行机构的两个电动机轴上，各装有一个中央制动器。如图 9-25 所示，当制动踏板踩到

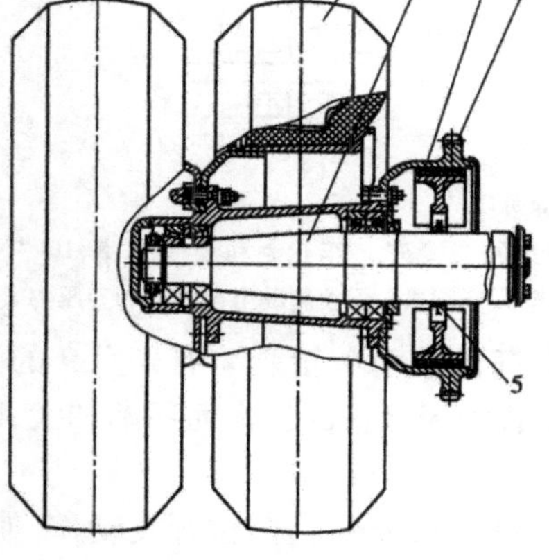

图 9-24 后桥

1-轮胎与轮辋；2-车轴；3-制动器总成；4-大链轮；5-回位弹簧

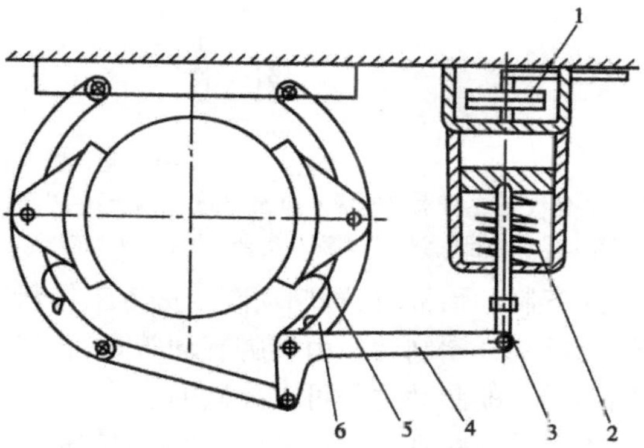

图 9-25 中央制动器

1-快速排气阀；2-弹簧；3-推杆；4-杠杆；5-弹簧片；6-制动臂

一定位置时，限位开关动作，运行机构电动机断电，控制中央制动器的行驶制动电磁气阀也断电，中央制动器气室中的压力气体从快速排气阀1排出，制动弹簧2通过杠杆4使制动器制动。

当压力气体进入中央制动器气室，压缩制动弹簧时，制动器松开。调节推杆3的长度，可以得到不同的制动力和制动瓦块与制动轮之间的间隙。固定在制动臂6上的弹簧片5是用来保持制动器松闸时左右制动瓦块与制动轮的间隙均匀。

运行机构制动系统采用气动操纵。如图9-26所示的各元件位置为正常行驶状态。放松制动踏板时，压力气体进入中央制动器气室11，推动活塞向下，使常闭式中央制动器10松开。同时脚制动阀6处于非工作状态，压力气体不能进入车轮制动器气室9，因而常开式车轮制动器8处于松开状态。

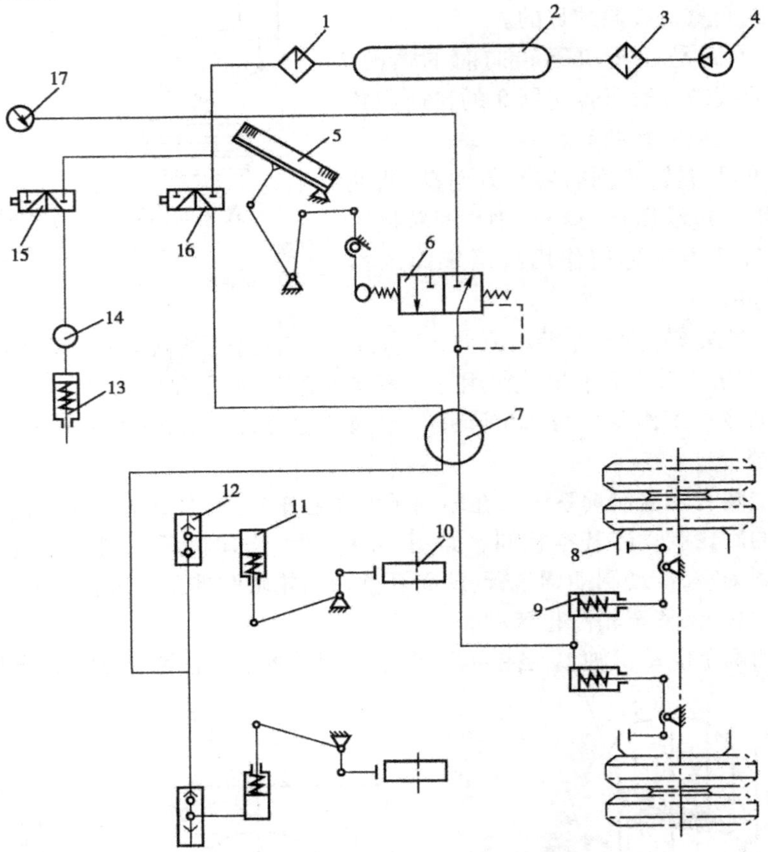

图9-26　运行机构制动系统原理图

1-油雾器；2-储气罐；3-分水滤气器；4-气泵；5-制动踏板；6-脚制动阀；7-中央回转接头；8-车轮制动器；9-气室；10-中央制动器；11-气室；12-快速排气阀；13-内涨式离合器气缸；14-回转接头；15-起升电磁气阀；16-行驶制动电磁气阀；17-压力表

当踩下制动踏板时，脚制动阀6进入工作状态，压力气体推动车轮制动器气室9的活塞，车轮制动器8开始制动。由于脚制动阀6的出口压力随着踏板行程的加大而逐渐加大，因此，车轮制动器8的制动力是可以控制的。

当制动踏板踩到一定位置时(脚制动阀输出气压约为0.3N/mm^2)，限位开关动作，使行驶制动电磁气阀16断电，中央制动器气室11中的压力气体从快速排气阀排出，中央制动器10进入制动状态。

由于采用制动踏板可以使车轮制动器和中央制动器依次进入制动，这样，既简化了操纵，又保证了制动平稳。

当起重机停止行驶时，操纵行驶制动主令开关，使行驶制动电磁气阀16断电，中央制动器气室11中的压力气体通过快速排气阀排出，中央制动器处于制动状态，使起重机可靠停车。

六、金属结构

QL16B轮胎起重机的金属结构主要由臂架、人字架、转台、车架和支腿等部分组成。

臂架采用四弦杆桁架式结构，主弦杆为方形薄壁无缝钢管，腹杆为小无缝钢管焊接而成，因此，臂架重量轻，刚性好。臂架全长18m，由四节4m和一节2m的起重臂组成，各节之间用销轴连接，可以按需要接成8m、10m、12m、14m、16m和18m六种规格使用。

人字架由两片铰接的三角形桁架和上部的横轴组成，在横轴上安装变幅滑轮组的定滑轮。三角形桁架的拉杆和压杆通常分别用厚钢板和钢管制成。为了降低行驶时整机高度，人字架通常做成伸缩式，起重机行驶时，人字架缩回；在正常作业状态下，人字架伸到最高位置。

转台由两根箱形结构的主纵梁、若干根横梁以及众多的筋板和四周的围板组成。转台的上表面铺有面板，下表面焊有安装回转大轴承的定位环。臂架和人字架的下支承座直接固定在两根纵梁上，并靠近定位环。转台上的各个机构都用螺栓固定，贮气罐、配重箱安装在转台的骨架上，可以拆卸。蓄电池置于转台侧面的箱子中。

起重机采用H型支腿，左右支腿前后错开布置在车架横梁内部，外伸距较大，对地面的适应性好，容易调平。支腿上还备有棘轮式支腿扳手，用来旋紧或松开支腿螺杆。

七、电气设备

起重机采用柴油机带动直流发电机。当调节柴油机的油门时，柴油机的转速可以在600～1500r/min的范围内变化，从而也改变了发电机的转速，达到调节发电机输出电压的目的。电压的变化范围是0～230V。

起升、变幅、回转、运行各个机构的电动机均为直流串激电动机，改变发电机的电压，则电动机可获得无级调速。当电动机的载荷较小时，电动机有相应的较高的转速，可以提高机构的工作效率。当电动机的载荷较大时，电动机可以输出较大的转矩，具有较大的过载能力。

运行机构采用两台电动机驱动，两台电动机可以串联或并联以实现低速、高速两档无级调速。起重机低速行驶时爬坡能力大。当起重机长距离下坡时，若采用机械制动器控制车速，会出现制动器过热，烧坏制动蹄片的现象，所以在运行机构制动系统中，设有自激能耗制动装置。

为了保证电气设备和工作机构安全运行，在电气线路中采用熔断器作过载和短路保护。

控制线路由蓄电池供电，电压为24V，采用负极接地系统。

复习思考题

1.5t～50/10t吊钩桥式起重机的大车与小车采用何种形式的车轮？为什么？又是采用什么样的驱动方式？主动轮的布置方式是怎样的？为什么？

2.5t～50/10t吊钩桥式起重机起升机构的传动布置方式、钢丝绳卷绕系统是怎样的？为什么？

3. M16—33门座起重机为什么能带载变幅？是如何实现带载变幅的？

4. M16—33 门座起重机门架结构形式是怎样的？有什么特点？

5. 在 M16—33 门座起重机上为什么要安装极限力矩联轴器？安装在什么位置？详细阐述极限力矩联轴器结构组成以及工作原理。

6. M16—33 门座起重机与 5～10t(单)吊钩桥式起重机的大车运行支承装置和驱动装置有何异同点？为什么？

7. 在 QL16B 轮胎起重机上为什么要安装幅度指示器、臂架防倾装置、行程限位器？详细阐述它们是如何起作用的。

8. QL16B 轮胎起重机采用什么样的运行支承装置？它由哪几部分组成？又是如何承载的？

9. QL16B 轮胎起重机运行制动与 M16—33 门座起重机有什么不同？它是如何实现起重机在运行过程中制动的？

10. 在 QL16B 轮胎起重机上为什么要安装支腿？在起重机工作或行驶时如何操纵支腿？

第十章　起重机课程设计

知识目标

1. 简要阐述设计思想、设计参数的选择,对传动方案的特点、优点、缺点进行分析;

2. 对起升机构计算的全过程进行分析,说明计算原则,分析各个计算步骤之间的联系;

3. 讲述卷筒组、吊钩装置的结构设计和装配工艺,各个零件材料的选择、结构尺寸的确定、受力分析、加工工艺;

4. 阐述视图的选择、尺寸标注、尺寸公差、形位公差、表面粗糙度、技术要求等。

能力目标

1. 设计参数确定,传动方案选择,绘制传动方案简图;

2. 起升机构设计计算;

3. 卷筒组、吊钩装置设计计算;

4. 绘制卷筒组、吊钩装置装配图,卷筒、卷筒轴零件图;

5. 编写设计计算说明书;

6. 通过课程设计答辩。

第一节　概　　论

一、起重机课程设计的目的

起重机课程设计是港口起重机械课程一个重要的教学环节,是对学生进行的较全面的技术设计训练。课程设计的目的是:

(1)通过起重机课程设计,使学生掌握起升机构的设计方法和设计计算步骤。

(2)使学生进一步熟悉起升机构的组成、工作原理;掌握各零部件的结构、装配位置、安装要求、计算或选用方法;了解各零件的制造工艺,加工方法。

(3)使学生能熟练地查阅有关的技术标准与规范,正确地使用设计手册和技术资料,提高计算和绘图的能力。

(4)培养学生综合运用基础知识和专业理论知识去分析和解决实际工程问题的能力。

通过课程设计实践,为学生毕业后能在起重机械科研院所、起重机械制造厂、港务装卸公司、交通工程公司等单位从事起重机械设计、制造、技术改造工作奠定良好的基础。

二、起重机课程设计的要求

设计者要树立正确的设计思想,培养严谨的工作作风,具有认真踏实的工作态度。在设计中要独立思考，独立设计，充分发挥自己的主观能动性。在课程设计中必须做到：

(1)熟悉起重机课程设计的内容，认真复习有关起升机构及零部件计算的知识。同时准备好所需的技术资料、设计手册、设计用品，以便随时查阅、使用。

(2)在设计指导课上，专心听教师讲解，明确计算目的、要求、方法。在设计中遇到问题时，应首先自己认真思考，提出自己的看法，再与指导老师一起研究解决。

(3)在零部件设计时，要注意零件的加工工艺合理，部件的装拆检修容易，机构操作方便，使用安全。要努力减少材料损耗，减轻部件重量，降低制造成本。

(4)恰当安排设计进度，做到前紧后松。抓紧时间，按计划保质保量地完成设计任务。

(5)设计应分两步进行：1)初算：将设计参数选择、传动方案确定、机构计算、结构设计过程中碰到的问题等都写在草稿本上并绘制设计草图，再对以上的工作进行认真地修改，至初算完毕。2)绘正式图纸、整理设计计算书。

三、起重机课程设计的课题、设计步骤和方法

参考现有码头前沿中小起重量的臂架型起重机、吊钩桥式起重机的设计参数，拟一组课程设计题目于表10-1、表10-2中。

臂架型起重机起升机构设计题目 表10-1

题　号	起重量(t)	工作级别	起升高度(m)		起升速度(m/min)
			H	h	
1	5	$M_4 \sim M_6$	12	6	30
2	8	$M_4 \sim M_5$	12	10	20
3	10	$M_4 \sim M_6$	8	10	33
4	16	$M_4 \sim M_6$	10	10	36

吊钩桥式起重机起升机构设计题目 表10-2

题号	起重量(t)	起升高度(m)		起升速度(m/min)		
		主钩	副钩	主钩		副钩
				M_5	M_6	
1	5	16		12.2	15.6	
2	10	16		10.4	13.2	
3	16/3.2	16	18	10.4	13.1	15.3

1. 起重机课程设计步骤

(1)选择设计参数；

(2)确定传动方案，绘制传动布置简图；

(3)起升机构、零部件设计计算；

(4)绘制部件装配图、零件图；

(5)编写设计计算说明书；

(6)设计总结和答辩。

2. 起重机课程设计方法

(1)注重机构传动方案的确定。设计者应根据已有的理论知识、技术资料和实践经验从许多可能的方案中选择一种最佳方案。

(2)在设计中应严格遵循和执行有关的国家标准、行业标准。进行标准化设计,减轻设计工作量,节省设计时间,有利于零件的互换性、合理的加工工艺性。

(3)在设计中贯彻边计算、边画图、边修改的设计方法。有时通过理论计算以及根据结构和加工工艺要求来确定零部件的尺寸。有时要通过绘制草图来确定零部件的尺寸,再进行强度校核,然后根据计算结果再修改草图。

四、起重机课程设计的内容和进度安排

1. 课程设计内容

(1)设计计算书一份。

(2)卷筒组装配图、吊钩装置装配图各一张。

(3)卷筒、卷筒轴零件图各一张。

(4)课程设计答辩。

2. 设计进度安排

按照课程设计时间为5周(计130学时),拟订起升机构设计计算进度表(见表10-3)。

起升机构设计计算进度表

表10-3

序号	设计阶段	设计内容	时数	参考章节
1	动员与准备	布置设计任务,明确设计目的与要求	4	10-1
2	机构计算	确定传动方案;绘制传动布置简图;机构计算	24	10-2、4-3
3	零部件设计	卷筒组结构设计;吊钩装置设计;绘制卷筒组装配草图;绘制吊钩装置装配草图;零件计算	30	10-3
4	绘图	绘制卷筒组装配图;吊钩装置装配图;卷筒、卷筒轴零件图(CAD绘图)	36	10-4
5	技术总结	编写设计计算书;整理图纸	18	10-5
6	答辩	课程设计答辩;计算书、图纸修改	18	10-6

第二节　起升机构计算

一、臂架型起重机起升机构传动方案

起升机构的传动方案与起重机驱动形式和工作要求有关。

图10-1是吊钩起重机常用的传动方式。电动机与减速器之间采用一个带制动轮的弹性套柱销联轴器直接连接。图10-1a)中卷筒的一端通过齿式联轴器与减速器低速轴连接。这种传动方式构造简单、分组性好,但卷筒轴线方向所占的位置较长。图10-1b)中卷筒与减速器低速轴采用特种齿式联轴器连接,使传动布置紧凑。

用吊钩作业的轮胎起重机可采用图10-2的传动方式。直流(交流)电动机通过万向联轴器、圆锥圆柱齿轮减速器带动卷筒轴转动,通过内涨式离合器张开可使卷筒轴带动卷筒转动,实现货物的上升或动力下降;若内涨式离合器与卷筒凸缘内壁脱开,可使卷筒轴与卷筒脱离,各自独立动作,依靠货物的自重自由下落,实现货物重力下降。

在抓斗起重机中,为了使用双绳抓斗作业,常采用两套独立的驱动传动装置组成双卷筒起升机构,如图10-3、图10-4所示。其中一组卷筒作为抓斗开闭用,另一组作为支持抓斗用。

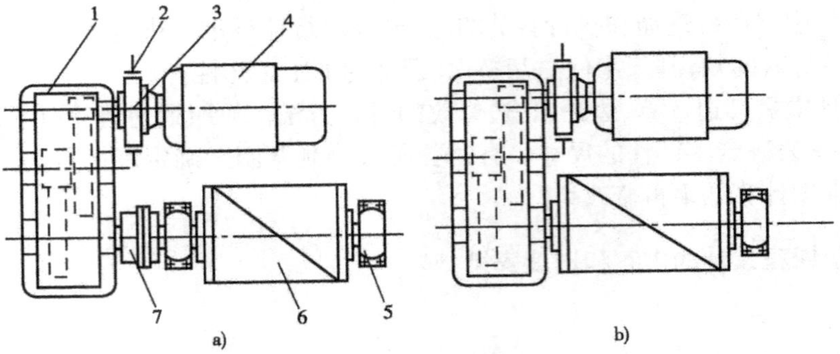

图 10-1 起升机构传动简图

1-减速器;2-制动器;3-带制动轮的弹性套柱销联轴器;4-电动机;5-轴承座;6-卷筒;7-齿式联轴器

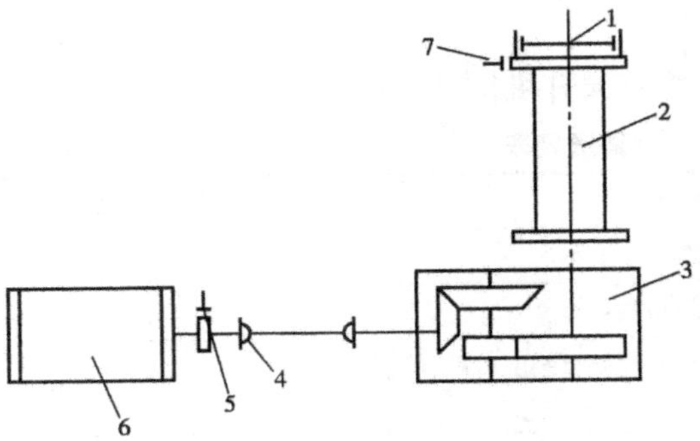

图 10-2 轮胎起重机起升机构传动简图(单卷筒)

1-内涨式离合器;2-卷筒;3-圆锥圆柱齿轮减速器;4-万向联轴器;5-制动器;6-电动机;7-带式制动器

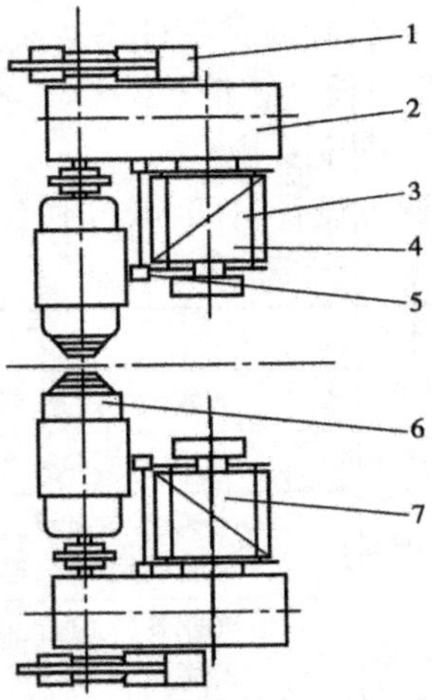

图 10-3 门座起重机起升机构传动简图

1-制动器;2-减速器;3-框绳器;4-左卷筒;5-限位开关;6-电动机;7-右卷筒

由内燃机或电动机驱动的轮胎起重机采用吊钩及双绳抓斗作业时,其两个卷筒支承在同一根卷筒轴上,由一台驱动装置通过减速器集中驱动。通过内涨式离合器张开与卷筒轮缘内壁接触,卷筒轴带动卷筒一起转动,实现货物的上升。内涨式离合器收拢与卷筒轮缘内壁脱离,卷筒轴与卷筒各自独立转动,实现货物重力下降,如图 10-5 所示。

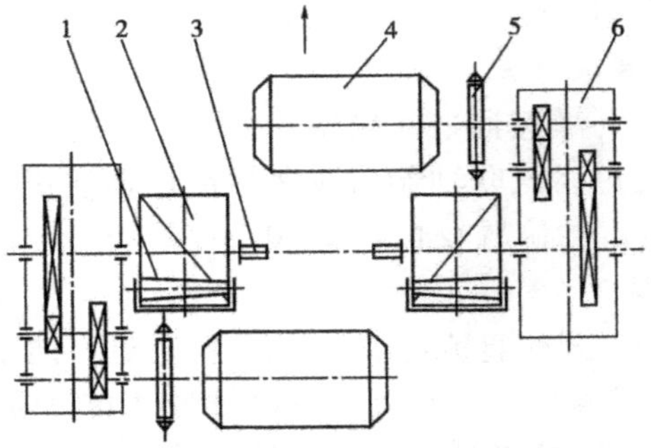

图 10-4 浮式起重机起升机构传动简图

1-导绳器;2-卷筒;3-起升高度限位器;4-电动机;5-制动器;6-齿轮减速器

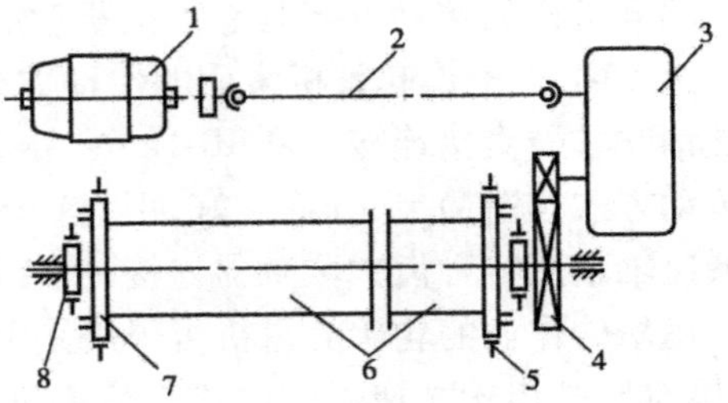

图 10-5 轮胎起重机起升机构传动简图(双卷筒)

1-电动机;2-浮动轴;3-齿轮减速器;4-开式齿轮传动;5-带式制动器;6-主、副卷筒;7-内涨式离合器;8-操纵离合器的小制动器臂架型起重机通常采用单联滑轮组、单联卷筒的钢丝绳卷绕系统。钢丝绳一般在卷筒上单层卷绕。当起升高度较大,但要求卷筒结构紧凑时,也可在卷筒上多层卷绕。

起升钢丝绳从起升卷筒引出后,经臂架端部的导向滑轮与取物装置相连。导向滑轮的数目、安装位置,由起升绳卷绕系统确定。

取物装置的形式根据装卸货物的种类确定。臂架型起重机上常用的是短钩型吊钩组和双绳抓斗。

二、桥架型起重机起升机构传动方案

图 10-6 是目前应用最多的传动形式。电动机与减速器高速轴之间采用 CLZ 型齿式联轴器、浮动轴连接。使电动机与减速器之间允许有较大的安装误差,浮动轴长度不小于 500mm,否则所起的补偿作用不大。减速器低速轴与卷筒采用特种齿式联轴器连接,因此,卷筒轴是不传递转矩,只承受弯矩的转动心轴。这种传动方式结构紧凑、分组性好、安装检修方便。

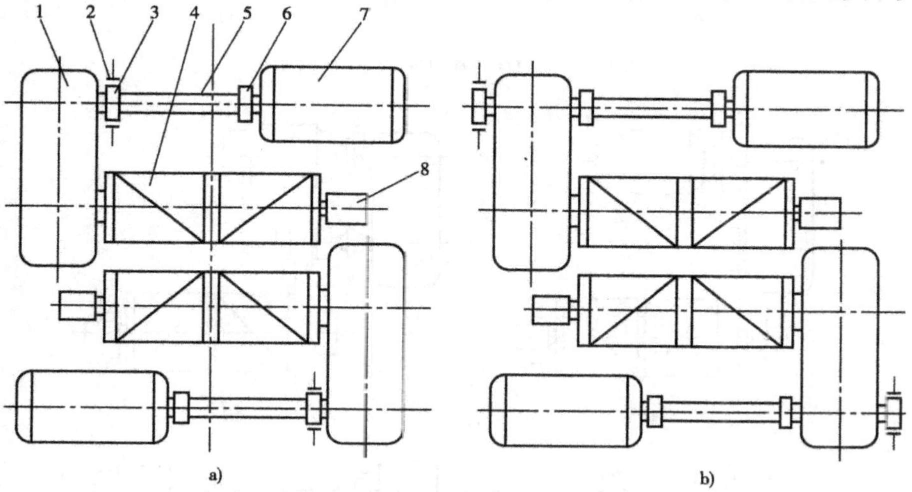

图 10-6　带浮动轴的起升机构传动简图

1-齿轮减速器;2-制动器;3-带制动轮的半联轴器;4-双联卷筒;5-浮动轴;6-CLZ 型齿式联轴器;7-电动机;8-起升高度限位器

如图 10-7a)所示,电动机与减速器之间采用带制动轮的弹性套柱销联轴器或 CL 型齿式联轴器连接。这两种联轴器能补偿的安装误差有限。也可以将制动器安装在减速器高速轴的另一端,所选的减速器高速轴两端出轴,如图 10-7b)所示。减速器低速轴与卷筒也采用特种齿式联轴器连接。

减速器低速轴与卷筒轴也可采用 CL 型齿式联轴器连接,但卷筒轴两端都用轴承座支承,卷筒轴是既受扭矩又受弯矩的转轴。

图 10-8 所示的方案中,减速器低速轴与卷筒之间增加了一对开式齿轮传动。大齿轮轮辐与卷筒端面用铰制孔螺栓连接,而小齿轮的安装方式很多。图 10-8a)小齿轮安装在减速器的低速轴上,这种方式虽然结构简单,但小齿轮沿齿宽方向受力不均,轮齿容易磨损。图 10-8b)、c)、e)中,小齿轮都安装在对称的轴承座上,减速器低速轴与小齿轮之间采用 CL 型齿式联轴器或带浮动轴的 CLZ 型齿式联轴器连接。图 10-8d)中将小齿轮安装在减速器低速轴上,并将轴的右端也支承在减速器的箱体上。这是大起重量桥式起重机常用的传动方案。

起升机构安装在小车架的上部。单吊钩时为一套独立的驱动装置(见图 10-8);当有主、副两个吊钩时,就安装两套各自独立驱动的起升机构(见图 10-6、图 10-7)。

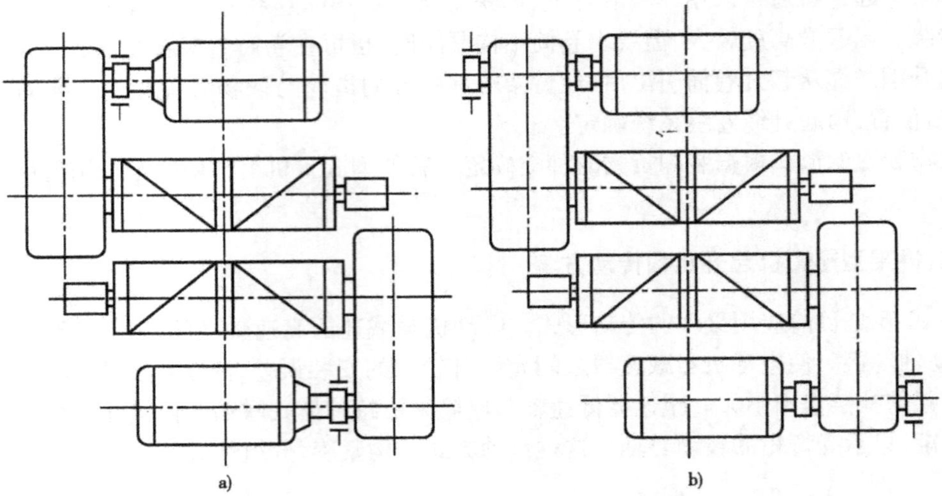

a)　　　　b)

图 10-7　不带浮动轴的起升机构传动简图

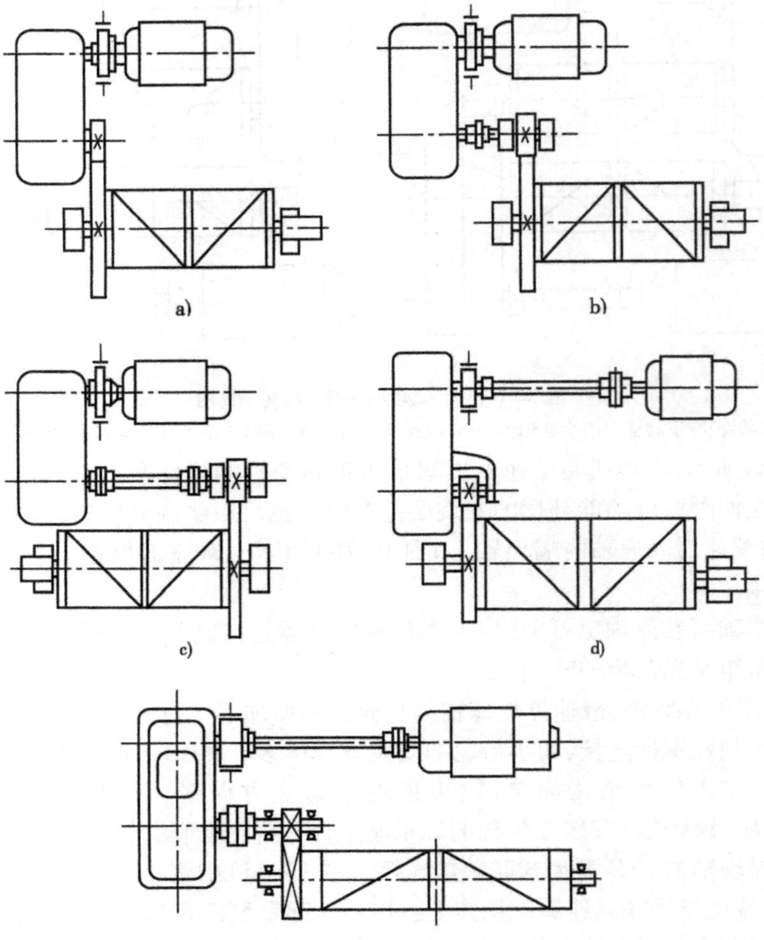

a)　　　　b)

c)　　　　d)

e)

图 10-8　具有开式齿轮传动的起升机构传动简图

桥架型起重机通常采用双联滑轮组、双联卷筒的钢丝绳卷绕系统。定滑轮安装在小车架上，动滑轮与吊钩一起组成吊钩装置。当起升高度不大时，钢丝绳一般在卷筒上单层卷绕；当主钩的起升高度大于28m，副钩的起升高度大于32m时，采用双层卷绕方式。

若桥架型起重机采用抓斗作为取物装置时，也要两套独立的驱动装置，这时闭合绳和支持绳各是两根，即为四绳抓斗。

三、起升机构计算

起升机构按第四章第三节所述方法计算。

第三节　零部件计算

一、卷筒组设计计算

1. 卷筒组的典型结构

卷筒组是起升机构中用来卷绕钢丝绳的部件，它由卷筒、卷筒轴、轴承、轴承座等组成。

卷筒组的形式很多，按卷筒与减速器的连接方式，常用的有：

1）采用齿式联轴器连接的卷筒组

卷筒轴通过轴承支承在两个轴承座上，卷筒轴一端与减速器低速轴用齿式联轴器连接，最常用的是CL型、CLZ型、GⅠCL型、GⅠCLZ型、GⅡCL型、GⅡCLZ型齿式联轴器。这种连接方式中，卷筒轴是转轴，传递转矩，并承受由起升载荷引起的弯矩（见图10-9）。

2）采用特种齿式联轴器连接的卷筒组

减速器低速轴端加工成齿式联轴器的外齿轮与轴承座孔。卷筒轴的一端支承在减速器低速轴轴孔内的调心轴承上，另一端支承在独立的轴承座上。与减速器低速轴外齿轮相啮合的内齿圈和卷筒的轮毂作成一体，并用铰制孔螺栓与卷筒的轮辐连接。因此，减速器低速轴的转矩经齿式联轴器和铰制孔螺栓直接传递给卷筒，卷筒轴是不受扭矩，只受弯矩的转动心轴，这是目前桥式起重机卷筒组的典型结构（见图10-10）。

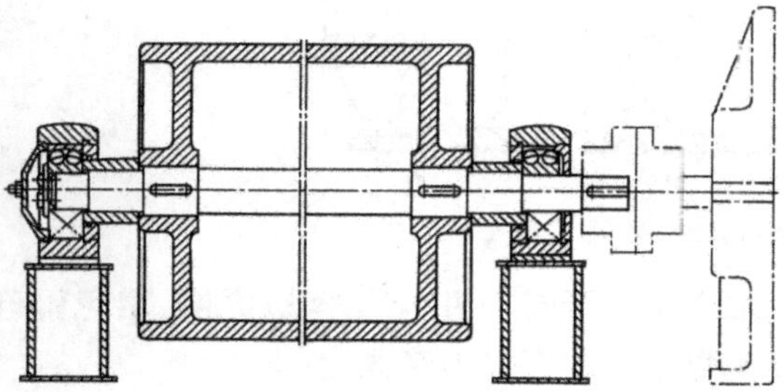

图10-9　采用齿式联轴器连接的卷筒组

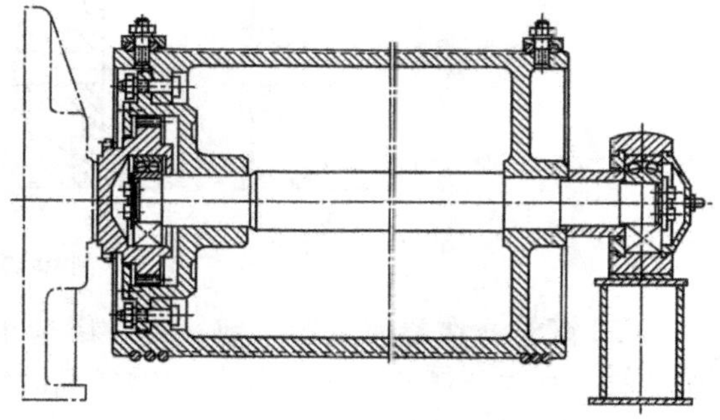

图10-10　采用特种齿式联轴器连接的卷筒组

3）与减速器低速轴直接连接的卷筒组

把卷筒轴与减速器低速轴合为一根长轴，缩短卷筒连接的轴向尺寸。

卷筒轴是既受弯矩又受扭矩的转轴。可能是三个轴承作支承的超静定轴或两个轴承作支承的静定轴（见图10-11）。

4)与开式齿轮连接的卷筒组

在卷筒与减速器之间还有开式齿轮传动。卷筒的端面与齿轮轮辐之间用铰制孔螺栓或铰配受剪套筒而采用受拉的普通螺栓连接,并传递转矩。卷筒轴两端支承在滚动轴承上,是不受扭矩,只受弯矩的转动心轴。这种结构适用于起重量较大,起升速度较低的起升机构中(见图10-12)。

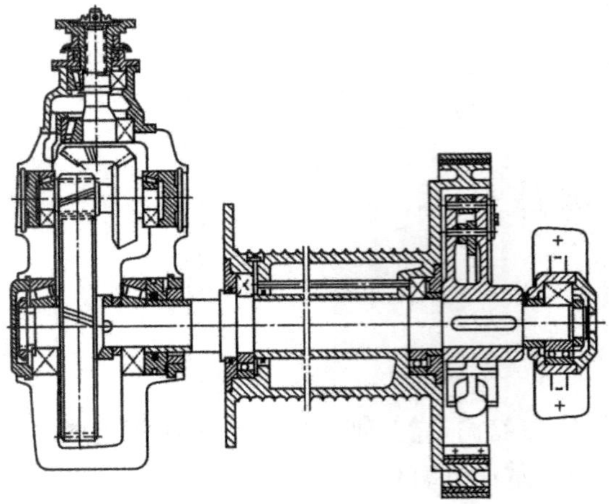

图 10-11　与减速器低速轴直接连接的卷筒组

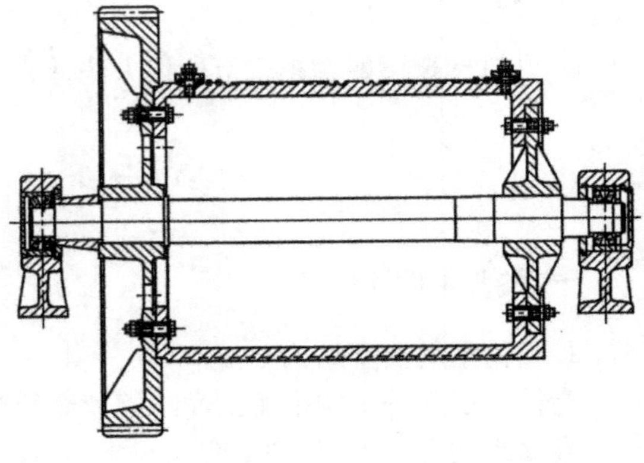

图 10-12　与开式齿轮连接的卷筒组

2. 卷筒组的零件

1)卷筒

(1)卷筒的构造。卷筒有整体式和装配式两种。如图 10-13a)、b)所示,轮毂和卷筒作成一体。这种轮毂与轮辐的过渡处,在铸造时容易产生裂纹,轮毂处易有铸造缺陷,费工时多。图 10-13a)轮毂的两边均有加强筋板;图 10-13b)加强筋板在卷筒的外侧,铸造时易清砂。

图 10-13c)、d),轮毂与卷筒分别制造,然后装配成一体。这种卷筒铸造方便,铸造后容易清砂。缺点是加工和装配工时较多。

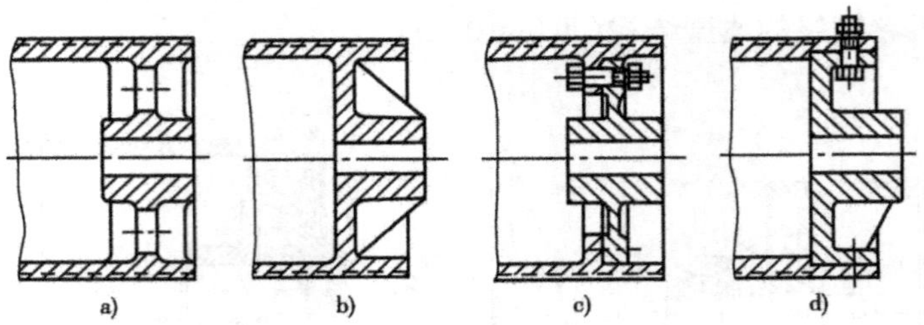

图 10-13　铸造卷筒

(2)钢丝绳在卷筒上的固定。钢丝绳应能可靠地固定于卷筒并且要容易更换,避免钢丝绳在固定处过分弯曲。现在采用的钢丝绳固定装置都是利用摩擦力来固定的。

常用的固定装置(见图 10-14)有:

①压板固定。利用压板将绳索端部固定在卷筒的外表面。采用这种固定方法的卷筒构造简单,工作可靠,便于检查。但在卷筒上所占的空间位置较大,并且不能用于多层卷绕。目前应用广泛。

②长板条固定。在卷筒上铸造出一条通槽,钢丝绳绳端放在槽中,再用压板及螺钉压紧。用长板条在卷筒内固定钢丝绳的方法,可以使卷筒较短,但卷筒构造复杂。

③楔块固定。钢丝绳直径小于12mm时常用楔块固定。为满足自锁条件，楔块的斜度应在1:4～1:5的范围内。楔块固定法结构紧凑，可用于多层卷绕，但卷筒结构也较复杂。

④侧板上压板固定。利用压板将绳索端部固定在卷筒的侧面板上。

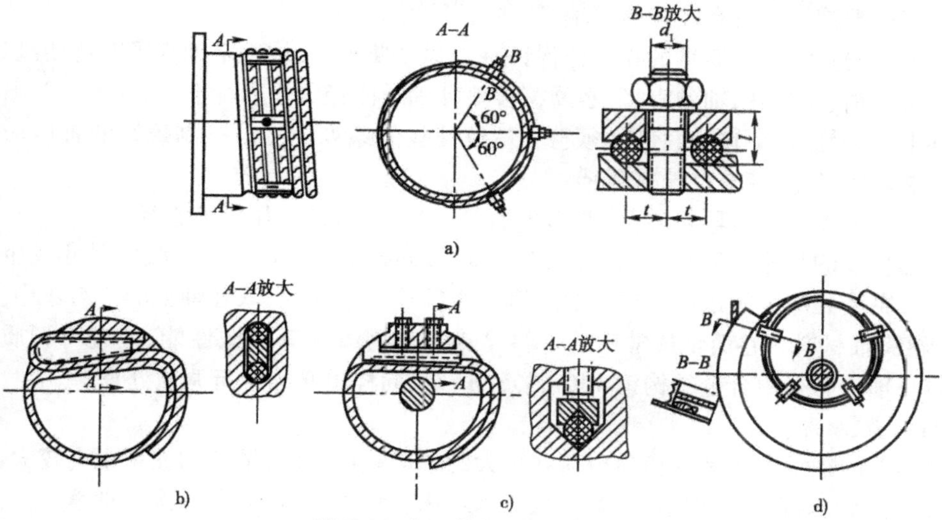

图 10-14　钢丝绳在卷筒上的固定

a)压板固定；b)楔块固定；c)长板条固定；d)侧板上压板固定

2)卷筒轴

(1)卷筒轴的结构。卷筒轴的形状通常采用阶梯形，并且接近等强度。

图10-9中卷筒轴是用两个轴承支承在轴承座上，卷筒通过平键与卷筒轴相连，卷筒轴的一端用齿式联轴器与减速器低速轴连接。因此，卷筒轴是既传递减速器输出的转矩，又承受卷筒轮毂传递的载荷引起的弯矩，所以是转轴。

图10-10中减速器输出的转矩经齿式联轴器和铰制孔螺栓直接传给卷筒，卷筒轴是不受扭矩，只受弯矩的转动心轴。

①卷筒轴上零件的轴向固定。零件在轴上的轴向固定，常采用轴肩、套筒、螺母或轴端挡圈等形式。以图10-9卷筒组为例，卷筒采用套筒实现轴向双向固定，轴承(左端)的轴向固定靠套筒、轴端挡圈。而联轴器靠轴肩作轴向固定。

采用套筒、螺母、轴端挡圈作轴向固定时，应将安装零件的轴段长度做得比零件轮毂的长度短2～3mm，以确保套筒、螺母、轴端挡圈能靠紧零件的端面。

为了保证轴上零件紧靠轴肩，轴肩的圆角半径必须小于相配合零件的倒角或圆角半径，轴肩的高度必须大于相配合零件的倒角或圆角半径。

轴向力较小时，零件在轴上的固定也可采用弹性挡圈或紧定螺钉。

②卷筒轴上零件的周向固定。零件在轴上的周向固定，常采用键、花键或过盈配合等连接形式。图10-9中，因为卷筒轴转速较低，对中精度要求不太高，所以卷筒与卷筒轴、联轴器与卷筒轴都采用平键连接。

③卷筒轴上零件的装拆和轴的加工。

a.卷筒轴上的台阶应保证零件顺利地装拆。如图10-9的卷筒轴，直径从轴端到中间逐段增大，可依次将卷筒、套筒、轴承、轴承端盖、联轴器从轴右端装入；套筒、另一轴承从轴左端装入。为使轴上零件易于安装，轴端及各段的端部应有倒角。

b. 若沿轴的长度方向需开几个键槽时，如图 10-9 中卷筒轴要开三个键槽（安装卷筒、联轴器处），为了便于加工，应将这些键槽中心线在同一方位的母线上，并尽可能采用同一规格的键槽截面尺寸。

c. 为了使卷筒轴各段有较好的同轴度，在轴的两端开有中心孔。

④卷筒轴的直径。卷筒轴的直径应保证轴的强度要求，具体确定轴直径时还要满足：

a. 与滚动轴承配合的轴颈直径，必须符合滚动轴承内径的系列标准。

b. 轴上切制螺纹部分的直径，必须符合螺纹外径的系列标准。车制螺纹的轴段应有退刀槽。轴上磨削的轴段，应有砂轮越程槽。

c. 与一般零件（卷筒、联轴器等）配合的直径，也应尽可能采用标准直径。

d. 相邻轴段的直径不能相差太大，一般取 5 ~ 10mm 左右，避免轴的截面尺寸发生急剧变化。在直径突变处应平缓过渡，制成圆角；圆角半径应尽量大些，减轻轴上的应力集中。

(2) 卷筒轴材料。卷筒轴最常用的材料是 45 钢，为改善其机械性能，应进行调质或正火处理。卷筒轴也可采用合金结构钢 40Cr、$35S_iM_n$ 等，同样也必须进行调质处理。

3) 轴承、轴承座

卷筒轴上的轴承主要承受径向载荷和不大的轴向载荷，并且轴承的支承距离较大，所以多选用调心球轴承、调心滚子轴承；当卷筒轴支承距离较短时，也可以用深沟球轴承。

轴承座主要承受卷筒与卷筒轴的重力，钢丝绳通过卷筒与轴传递的压力。轴承座可采用标准轴承座再配上一个支架。

3. 卷筒组计算

1) 卷筒轴计算

(1) 卷筒轴为转轴时：

①确定轴的材料。

②按抗扭强度初步计算轴的直径 d。

$$d \geqslant C\sqrt[3]{\frac{P}{n}} \qquad (\mathrm{mm}) \tag{10-1}$$

式中：P——卷筒轴传递的功率，kW；

n——卷筒轴的转速，r/min；

C——系数，C 值的大小与轴的材料及受载情况有关。

如计算截面上有一个键槽时，计算出的轴径应增大 3% ~ 5%；如有两个键槽时，计算出的轴径应增大 7% ~ 10%。求出的直径值，需圆整成标准直径，并作为轴的最小直径。

③轴的结构设计。轴的结构设计时，应绘制轴的结构草图，见本章第四节。

④轴的弯扭合成强度计算。计算时，通常将卷筒轴和卷筒当作铰链支座上的双支点梁；不计轴、轴上零件的重量（除非很重的零件）和轴承中的摩擦力；假设支反力集中作用在轴承宽度的中点和卷筒轮毂宽度的中点上。

a. 画出轴的受力图，确定轴上的作用力。

b. 求出支座反力。

c. 求出弯矩 M_w，作出弯矩图。

d. 求出轴所受的转矩 M_n，作出转矩图。

$$M_n = 9.55 \times 10^6 \frac{P}{n} \qquad (\mathrm{N \cdot mm}) \tag{10-2}$$

式中：P——卷筒轴传递的功率，kW；

n——卷筒轴的转速，r/min。

e. 求出轴的当量弯矩 M_e，作出当量弯矩图。

$$M_e = \sqrt{M_w^2 + (\alpha M_n)^2} \quad (\mathrm{N \cdot mm}) \tag{10-3}$$

式中：α——考虑弯曲应力与扭转剪应力循环特性不同而引入的修正系数，

对于不变的转矩 $\alpha = \dfrac{[\sigma_{-1b}]}{[\sigma_{+1b}]} \approx 0.3$

对于脉动循环转矩 $\alpha = \dfrac{[\sigma_{-1b}]}{[\sigma_{0b}]} \approx 0.6$

对于对称循环转矩 $\alpha = \dfrac{[\sigma_{-1b}]}{[\sigma_{-1b}]} = 1$

其中：$[\sigma_{+1b}]$、$[\sigma_{0b}]$、$[\sigma_{-1b}]$——材料在静应力、脉动循环应力、对称循环应力状态下的许用弯曲应力，$\mathrm{N/mm^2}$；

其余符号意义同前。

f. 轴径。

$$d \geqslant \sqrt[3]{\frac{M_e}{0.1[\sigma_{-1b}]}} \quad (\mathrm{mm}) \tag{10-4}$$

式中符号意义同前。

g. 轴截面开有键槽时，将该处轴径适当增大。如计算截面上有一个键槽时，计算出的轴径应增大 3% ~5%；如有两个键槽时，计算出的轴径应增大 7% ~10%。

h. 若计算所得的轴径（包括考虑开键槽而增大以后的轴径）小于或等于结构设计时确定的轴径，则表示按照原定的轴径，轴的强度足够；反之则表示轴的强度不足，需重新考虑轴各段尺寸。

（2）卷筒轴为转动心轴时：

$M_n = 0$，轴径为：

$$d \geqslant \sqrt[3]{\frac{M_w}{0.1[\sigma_{-1b}]}} \quad (\mathrm{mm}) \tag{10-5}$$

式中符号意义同前。

卷筒轴为固定心轴时：当载荷变化时，用 $[\sigma_{0b}]$ 代替 $[\sigma_{-1b}]$；

当载荷不变时，用 $[\sigma_{+1b}]$ 代替 $[\sigma_{-1b}]$。

2）键的选择及键连接的强度计算

（1）键和键连接形式。卷筒与卷筒轴，联轴器与卷筒轴采用平键连接。

键的两侧面是工作面，工作时靠键与键槽侧面的挤压作用传递运动和转矩。因此，键宽与键槽需紧密配合。键的上表面是非工作面，与轮毂槽底之间则留有间隙。

普通平键的端部形状可制成圆头（A 型）、方头（B 型）和单圆头（C 型）三种。圆头平键在槽中固定良好，不会发生轴向移动；单圆头平键常用于轴端连接。

（2）键连接的强度计算。

①确定轴上键的形式、数目、尺寸。根据轴的直径选择键的宽度、高度。键的长度一般略短于轮毂长度，但必须符合键的长度系列（见附表 9）。

②键连接的强度计算。平键连接的挤压强度为：

$$\sigma_{jy} = \frac{4M_n}{dhl} \leqslant [\sigma_{jy}] \qquad (N/mm^2) \tag{10-6}$$

式中：M_n——轴传递的转矩，N·mm；

d——轴径，mm；

h——键的高度，mm；

l——键的工作长度，mm，A 型普通平键，$l = L - b$，B 型普通平键，$l = L$，C 型普通平键，$l = L - b/2$；

L——键长，mm；

b——键宽，mm；

$[\sigma_{jy}]$——键连接的许用挤压应力，N/mm²。

若设计的键强度不够，则：

a. 适当增加键和轮毂的长度，但键长一般不应超过 2.5d（d：轴径），否则挤压应力沿键的长度方向分布将很不均匀。

b. 在轴上相隔 180°配置两个平键，考虑到双键所受载荷不均匀，强度计算时按 1.5 个键计算。

3）轴承的选择

（1）选择轴承的类型。根据轴承所受载荷的性质、大小、工作条件，选择轴承的类型。

（2）确定当量载荷。

①当量动载荷为：

$$P = f_p(XF_r + YF_a) \qquad (N) \tag{10-7}$$

式中：f_p——载荷系数，考虑机器工作时振动、冲击对轴承寿命影响的系数；

X——径向载荷系数；

Y——轴向载荷系数；

F_r——径向载荷，N；

F_a——轴向载荷，N。

②当量静载荷。

a. 向心球轴承和 $\alpha \neq 0$ 的向心滚子轴承：

$$P_0 = X_0F_r + Y_0F_a \qquad (N)$$
$$P_0 = F_r \qquad (N) \tag{10-8}$$

式中：X_0——径向静载荷系数；

Y_0——轴向静载荷系数；

其余符号意义同前。

当量静载荷取式（10-8）两式中计算值较大者。

b. $\alpha = 90°$的推力轴承：

$$P_0 = F_a \qquad (N) \tag{10-9}$$

c. $\alpha \neq 90°$的推力轴承：

$$P_0 = 2.3F_r\tan\alpha + F_a \qquad (N) \tag{10-10}$$

式中符号意义同前。

(3)轴承受到的额定载荷。

①基本额定动载荷 C。

$$C \geqslant \frac{P}{f_T}\left(\frac{60n[L_h]}{10^6}\right)^{\frac{1}{\varepsilon}} \quad (N) \tag{10-11}$$

式中：P——当量动载荷，N；

n——轴承转速，r/min；

f_T——温度系数；

$[L_h]$——轴承预期寿命，h；

ε——寿命指数，球轴承 $\varepsilon = 3$，滚子轴承 $\varepsilon = 10/3$。

②基本额定静载荷 C_0。

$$C_0 = P_0 \cdot S_0 \quad (N) \tag{10-12}$$

式中：P_0——当量静载荷，N；

S_0——静强度安全系数。

(4)确定轴承型号。按照轴的直径，C 值或 C_0 值，在轴承性能表中选择轴承。

满足：$C_r \geqslant C \qquad C_{0r} \geqslant C_0$

式中：C_r——轴承额定动载荷，N(见附表八)；

C_{0r}——轴承额定静载荷，N(见附表八)。

二、吊钩装置设计计算

1. 吊钩装置的构造

吊钩装置是起重机最重要的承载部件。它由吊钩、吊钩螺母、吊钩横梁、滑轮、滑轮轴、轴承、拉板等组成。吊钩装置要求强度高、转动灵活、工作安全可靠。

吊钩装置有短钩型吊钩组和长钩型吊钩组两种。

如图 3-23 所示，吊钩穿过吊钩横梁与吊钩螺母相连。在螺母与吊钩横梁之间装有推力球轴承，使吊钩可绕本身垂直轴线自由转动。螺母的凸缘要罩住推力轴承，防止灰尘、污物侵入。

吊钩横梁支承在拉板上，两端有轴端挡圈固定，防止横梁轴向窜动，但由于横梁两端车有环形槽，轴端挡板与环形槽有一定径向间隙，因此，吊钩横梁可以绕其水平轴线转动。

在滑轮与滑轮轴之间安装滚动轴承或滑动轴承。一般在每个滑轮轮毂内装有两个轴承，可以是径向轴承，或径向推力轴承，有时滑轮内装一个螺旋滚子轴承，如图 3-6。

在滑轮的两个滚动轴承内、外圈之间，装有两个定位环。装在滑轮轴上的定位环内面开有环形槽和径向孔。从滑轮轴端部油嘴注入的润滑油通过轴中的油孔和定位环的环形槽及径向孔润滑轴承。

在滑轮轴的两端设有端盖或轴端挡圈，防止滑轮轴的轴向窜动。

在滑轮下面套有罩壳，罩壳底部开流水孔。罩壳的作用是防止滑轮上的钢丝绳脱槽和避免滑轮受到碰撞。

吊钩装置的构造要保证吊钩有绕各个方向摆动的可能性，同时要有一定的重量，以便空钩能顺利下降，消除钢丝绳过分松弛的现象。

2. 吊钩装置计算

1)确定吊钩装置的结构

根据滑轮组的倍率、滑轮数目、确定吊钩装置的形式。

2)吊钩选择

根据起重量、起升机构工作级别、吊钩强度等级,选标准吊钩(见附表四)。

3)吊钩横梁的计算

(1)确定吊钩横梁的尺寸、材料。

(2)计算吊钩横梁中间截面最大弯曲应力(见图10-15)。

$$\sigma_w = \frac{M_w}{W} = \frac{1.5\varphi_2 P_Q l}{(B-d)h^2} \leqslant [\sigma_w] \quad (N/mm^2) \tag{10-13}$$

式中:P_Q——额定起升载荷,N;

φ_2——起升动载系数,见表2-1;

$[\sigma_w]$——材料许用弯曲应力,N/mm^2,

$$[\sigma_w] = \frac{\sigma_s}{2.5}$$

其中:σ_s——材料屈服极限,N/mm^2。

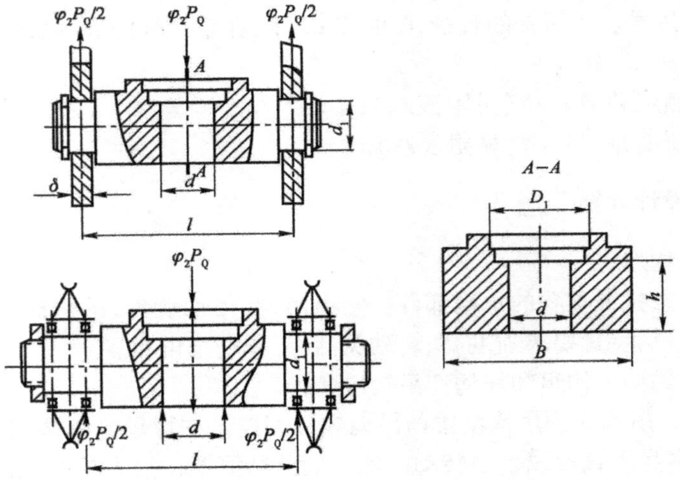

图10-15 吊钩横梁计算简图

4)吊钩轴承的选择

(1)选择轴承的类型。

(2)轴承受到的额定静载荷。按式(10-9)计算当量静载荷,按式(10-12)计算额定静载荷。

(3)确定轴承型号。使所选的轴承的额定静载荷值不小于额定静载荷计算值。

5)滑轮轴计算

滑轮轴按一根简支梁受集中载荷进行静强度计算。

(1)确定滑轮轴尺寸、材料。

(2)根据拉板在滑轮轴上的不同位置,作出滑轮轴的弯矩图,计算安装滑轮的轴截面最大弯曲应力。

$$\sigma_w = \frac{M_w}{W} \leqslant \frac{\sigma_s}{2.5} \quad (N/mm^2) \tag{10-14}$$

式中:M_w——滑轮轴截面的弯矩,N·mm;

W——滑轮轴截面的抗弯截面模量,mm^3;

其余符号意义同前。

6)拉板计算

(1)确定拉板的尺寸、材料。

(2)计算拉板水平截面 A—A 内侧孔边最大拉应力(见图 10-16)。

$$\sigma_1 = \frac{\varphi_2 P_Q \alpha_j}{2(b-d_1)(\delta+\delta')} \leqslant \frac{\sigma_s}{1.7} \quad (N/mm^2) \tag{10-15}$$

式中:α_j——应力集中系数,见图 10-17;

δ——拉板厚度,mm;

δ'——贴板厚度,mm;

其余符号意义同前。

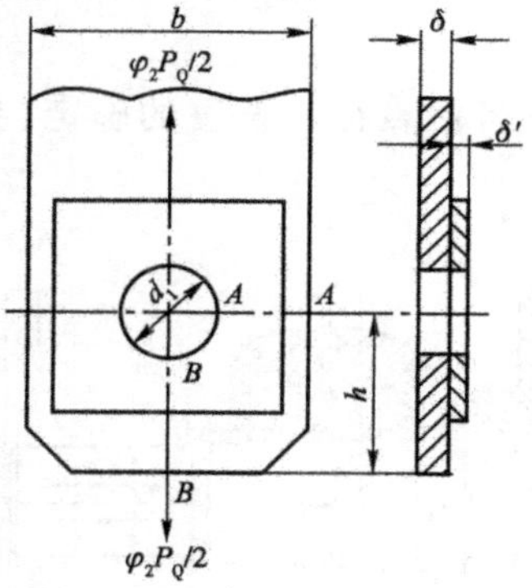

图 10-16 拉板计算简图

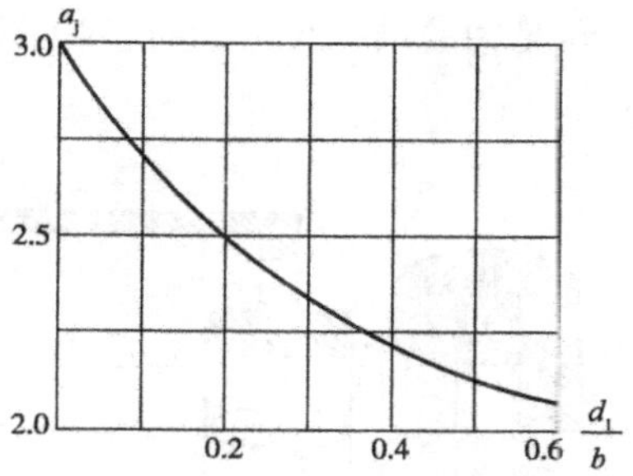

图 10-17 系数 α_j 值

(3)计算拉板垂直截面 B—B 内侧孔边最大拉应力。

$$\sigma_y = \frac{\varphi_2 P_Q (h^2 + 0.25d_1^2)}{2d_1(\delta+\delta')(h^2 - 0.25d_1^2)} \leqslant \frac{\sigma_s}{3} \quad (N/mm^2) \tag{10-16}$$

式中符号意义同前。

(4)轴孔处平均挤压应力计算。

$$\sigma_{jy} = \frac{\varphi_2 P_Q}{2d_1(\delta+\delta')} \leqslant [\sigma_{jy}] \quad (N/mm^2) \tag{10-17}$$

式中:$[\sigma_{jy}]$——许用挤压应力,N/mm^2,

工作时有相对转动:$[\sigma_{jy}] = \frac{\sigma_s}{6} \sim \frac{\sigma_s}{5}$

工作时无相对转动:$[\sigma_{jy}] = \frac{\sigma_s}{4} \sim \frac{\sigma_s}{3}$

对中小起重量取小值,对大起重量取大值。

7)滑轮轴承选择

(1)选择轴承类型。

(2)轴承受到的额定动载荷或额定静载荷。

按式(10-8)计算当量静载荷,按式(10-12)计算额定静载荷;

或按式(10-7)计算当量动载荷,按式(10-11)计算额定动载荷。

(3)确定轴承型号。使所选的轴承的额定静载荷值不小于额定静载荷计算值；或使所选的轴承的额定动载荷值不小于额定动载荷计算值。

第四节　装配图、零件工作图的设计与绘制

一、装配图的设计与绘制

机械的装配图是表达各零部件之间相互位置、尺寸关系和各零件结构形状的图形，也是绘制零件工作图，进行机械安装、调试、维修的技术依据。

设计与绘制装配图涉及的内容较多，既包括结构设计、又有计算校核，还要考虑材料、加工、装拆、调整等诸多因素，因此，必须采用“边绘图、边计算、边修改”的方法逐步完成。

1. 卷筒组装配图

1)装配草图的设计与绘制

(1)卷筒轴的结构尺寸设计。以图 10-18 为例说明轴各段直径与长度的确定(见表 10-4 和表 10-5)。

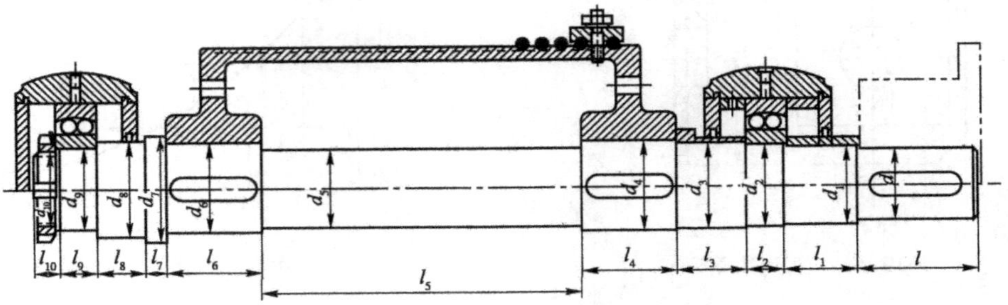

图 10-18　卷筒轴结构尺寸设计

轴各段直径的确定　　表 10-4

符　号	确定方法与说明
d	初步计算轴端直径，与联轴器相配
d_1	$d_1=d+2a$　a—轴肩高度，用于轴上零件轴向定位或 $d_1>d$ 再用套筒轴向定位
d_2	$d_2=d_1+(1\sim5)$mm，为装配方便，区分加工表面，差值可小。d_2 与滚动轴承相配，与轴承孔径一致，可预选中系列轴承
d_3	$d_3\geqslant d_2$，仅区别加工表面
d_4	$d_4=d_3+(1\sim5)$mm，为装配方便。d_4 与卷筒轮毂相配，圆整成标准直径
d_5	$d_5<d_4$ 加工、装配方便
d_6	$d_6\geqslant d_4$，$d_6>d_4$ 是便于卷筒装配。与卷筒轮毂相配，圆整成标准直径
d_7	$d_7=d_6+2a$，轴肩用于卷筒轴向定位和固定
d_8	$d_8<d_7$，$d_8=d_9+2a$。轴肩用于轴承轴向定位，其值参照轴承安装尺寸确定
d_9	$d_9=d_2$，同一轴上滚动轴承选用同一型号，减少轴承类型
d_{10}	$d_{10}<d_9$，符合螺纹直径系列

轴各段长度的确定 表 10-5

符 号	确定方法与说明
l	联轴器的毂孔宽度而定,键连接时,l 满足键的强度要求
l_1	由轴承座宽度、轴承端盖的结构、轴承端盖与联轴器的间隙确定
l_2	轴承宽度,按轴承直径初选(初选中系列轴承)
l_3	与 l_1 确定方法相同
l_4	由卷筒轮毂宽度而定,键连接时,l_4 满足键的强度要求。稍短于轮毂宽度
l_5	< 由卷筒长度(卷筒两轮毂端面间总长) $-l_4-l_6$
l_6	与 l_4 确定方法相同
l_7	轴环长度,$l_7\approx1.4a$,$a=(0.07d+3\text{mm})\sim(0.1d+5\text{mm})$
l_8	与 l_1 确定方法相同
l_9	略短于轴承宽度
l_{10}	由止推垫片、圆螺母厚度确定,注意螺纹的退刀槽尺寸

(2)卷筒轴上部件设计。

①卷筒结构设计。卷筒轮毂直径 = 1.6 轮毂孔直径(铸钢)或 1.8 轮毂孔直径(铸铁);卷筒轮毂长度一般取$(1.2\sim1.3)d_4$,采用键连接时,要满足键强度要求,并比键稍长。

卷筒轮辐的结构:腹板式、轮辐式。

确定钢丝绳在卷筒上的固定方式,并设计或选用固定装置。

②轴系的轴向固定与调整方法。轴系的轴向固定方法有:两端固定式,一端固定、一端游动式。

两端固定式支承结构:轴的两个支点中每个支点都能限制轴的单向移动,两个支点合起来就限制轴的双向移动。这种支承形式适用于工作温度变化不大的短轴。

一端固定、一端游动式支承结构:一个支点双向固定,另一个支点可做轴向移动。这种支承形式适用于工作温度较高的长轴。

根据卷筒组的工作要求,卷筒轴的支承距离选择固定方式。

③轴承的润滑与密封装置设计。

滚动轴承采用脂润滑,用旋转式油杯或直通式压注油杯添加润滑脂。

轴承的密封采用毡圈式密封或唇形密封圈密封。

绘制卷筒组装配草图时,要先画主要零件,后画次要零件,先画零件轮廓,后画详细结构。

2)装配草图的检查与修改

装配草图画好后,应进行仔细检查和认真修改。

(1)结构、工艺方面:

①装配图布置与传动方案布置是否一致。

②轴上零件沿轴向及周向能否固定。

③轴上零件能否顺利装配及拆卸。

④轴承的润滑和密封能否保证。

(2)制图方面:

①卷筒组中各零件的相互位置、基本形状是否表达清楚。

②各个零件的画法是否符合机械制图标准规定画法。

3)完成装配图

卷筒组装配图如图10-19所示。

绘制卷筒组装配图的要求:

(1)卷筒组装配图只需主视图。用全剖视画出卷筒组各零件:卷筒轴、卷筒、轴承、轴承座、支架等的结构形状和相互位置关系。

(2)按照计算得到的卷筒轴、卷筒的尺寸,选择键、轴承、轴承座、钢丝绳固定装置的形式和尺寸,在装配图上画出上述零件。注意:当采用标准轴承座配一支架作为卷筒轴的支承装置时,应使卷筒轴中心到支架底面的距离与减速器低速轴中心到底面的距离一致。

(3)标注外形尺寸、安装尺寸、有配合要求的结合部位的尺寸和配合要求。

(4)标出所有零件的序号,编写标题栏和零件明细表。

(5)编写技术要求:装配要求、润滑要求、密封要求等。

2. 吊钩装置装配图

吊钩装置装配图如图10-20所示。

绘制吊钩装置装配图的要求:

(1)吊钩装置装配图一般需要两个视图。主视图用全剖视画出吊钩装置各零件:滑轮、滑轮轴、轴承、吊钩、吊钩螺母、吊钩横梁、拉板等的结构形状及相互位置关系。侧视图表示吊钩装置的外形,尤其是滑轮轮辐、拉板的形状,并用局部剖视来表达滑轮下面罩壳的安装情况。

(2)按照选定的标准吊钩、推力轴承,在主视图上画出吊钩、推力轴承。注意轴承内孔与钩柱,轴承外圈与吊钩螺母、吊钩横梁的装配关系。

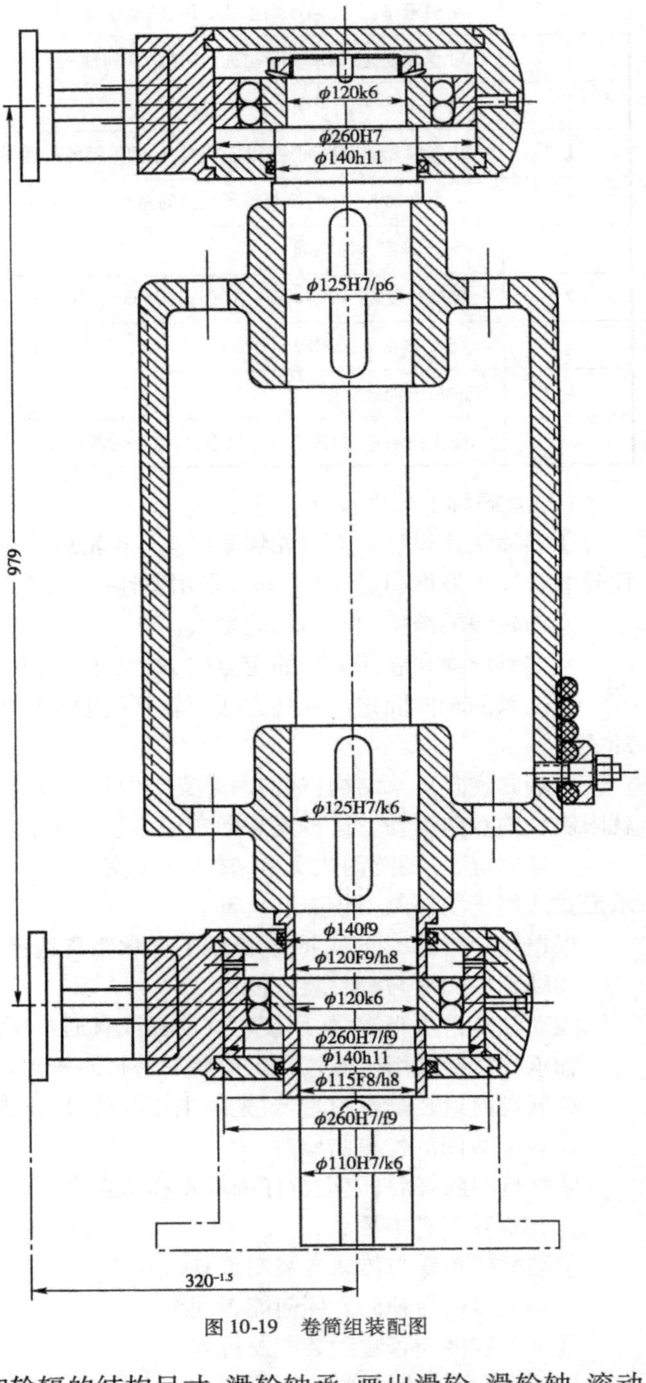

图10-19 卷筒组装配图

(3)按照计算得到的滑轮直径、滑轮轴直径和长度,选定的滑轮轮缘形状和轮辐的结构尺寸、滑轮轴承;画出滑轮、滑轮轴、滚动轴承。注意两个滚动轴承间定位环的结构、安装;在滑轮轴中画出润滑油道。

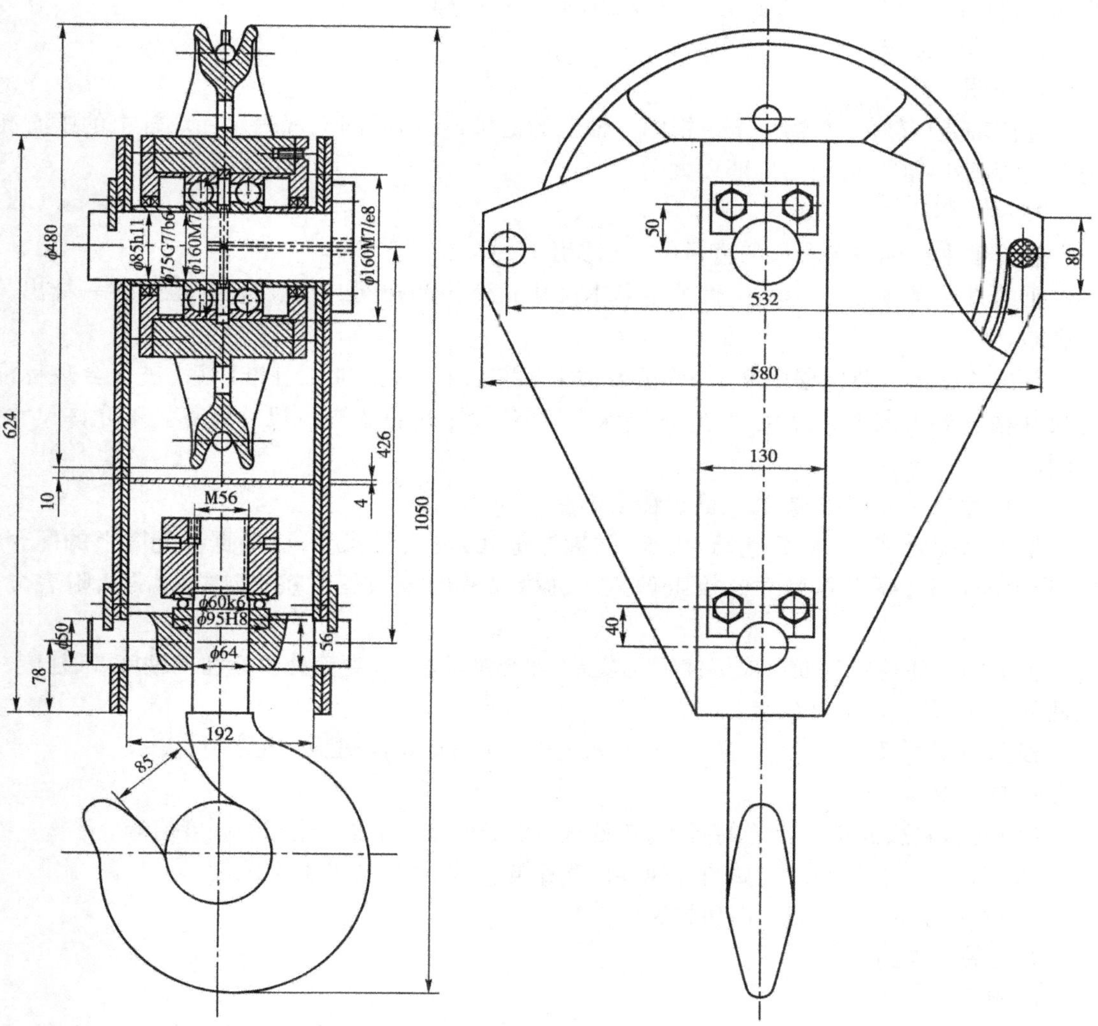

图 10-20　吊钩装置装配图

(4)滑轮下面的罩壳是由薄钢带弯曲而成的，其与吊钩螺母和滑轮轮缘均有一定的间距，但与滑轮轮缘的间距要小于卷绕在滑轮上的钢丝绳直径。

(5)采用短钩型吊钩组时，画出拉板将滑轮轴与吊钩横梁连接起来。拉板的厚度要符合热轧钢板的尺寸规格。在吊钩横梁两端画上轴端挡圈。

(6)标注外形尺寸、安装尺寸、有配合要求的结合部位的尺寸和配合要求。

(7)标出所有零件的序号，编写标题栏和零件明细表。

(8)编写技术要求：装配要求、润滑要求、使用要求等。

二、零件工作图的设计及绘制

零件工作图(零件图)是生产中的重要技术文件，是制造、检验零件的重要依据。

零件图应在装配图完成以后，根据装配图拆绘、设计得到。零件图的结构、装配尺寸应和装配图一致。但是如果在零件图设计过程中，发现装配图上的零件有不完善或错误时，可以修改该零件的结构和尺寸，此时，必须对装配图作相应的修改。

1. 卷筒轴工作图

1）视图

卷筒轴是回转体，只需一个主视图。轴上的键槽，可用局部剖视表示。对轴上的中心孔、退刀槽等细小结构，可画出局部放大图。

2）尺寸标注

卷筒轴主要标注各轴段的直径尺寸和长度尺寸。

轴的直径尺寸要一一标注，即使是基本尺寸和公差都相同的几段直径，也要逐一标出，不能省略。

轴的长度尺寸要根据精度要求、机械加工工艺过程，确定加工基准以后，进行合理标注。对尺寸精度要求高的长度尺寸，应直接标出，避免加工过程中进行尺寸计算。不允许尺寸链封闭。

3）尺寸公差、形位公差和表面粗糙度标注

轴上的配合部位（如装卷筒、轴承、联轴器等处）的直径尺寸，要根据装配图上的配合性质，查出公差值，标出各尺寸的极限偏差。键槽尺寸的极限偏差按键连接标准从附表九中查出。

轴上的一些重要表面还应标注形位公差，如装滚动轴承、卷筒处要标注同轴度、圆柱度；键槽侧面的平行度、对称度公差。

根据精度等级和切削加工方法，选择轴各个表面的表面粗糙度，并进行标注。

4）技术要求

（1）对材料表面机械性能的要求，热处理方法、热处理后表面达到的硬度值等。

（2）对机械加工的要求，如与其他零件配作的要求、对中心孔的要求。

（3）对图上未标明圆角、倒角的说明。

2. 卷筒工作图

1）视图

一般需要一个或两个视图。主视图用全剖视表达孔、轮辐、轮毂、筒壁的结构；左视图可为剖面图，表达出键槽形状和尺寸，固定钢丝绳槽的形状、位置。

2）尺寸标注

卷筒的径向尺寸以轮毂孔轴线为基准，轴向尺寸以轮毂端面为基准，以不同的要求，分别标注。

标注尺寸时，应标出各部分形状尺寸、位置尺寸，加工绳槽的各个尺寸。

3）尺寸公差、形位公差和表面粗糙度

卷筒工作图上要标注各配合表面的尺寸公差，如轮毂孔尺寸的极限偏差、键槽宽、键槽深的极限偏差。

还应标注轮毂孔圆柱度、同轴度公差；键槽侧面的平行度、对称度公差等形位公差。

根据精度等级和切削加工方法，在卷筒主要表面标注表面粗糙度值。

4）技术要求

（1）对铸件的毛坯件的要求。

（2）对铸造斜度、铸造圆角、图上未注明圆角、倒角的说明。

第五节　编写设计计算说明书

一、设计计算说明书的要求

设计计算说明书是阐述设计者的设计思想、计算方法和计算数据的说明资料，是审查设计是否合理的文件。

对设计计算说明书的要求如下：

(1)设计计算说明书应包括全部计算项目，应系统说明设计原则与计算中考虑到的问题(合理性、经济性等)。

(2)说明书达到：计算正确完整、文字简洁通顺、书写整齐清晰、绘图工整明了。计算时，只要列出计算公式、代入原始数据、略去计算过程、直接写出结果。说明书中引用的重要计算公式及数据，应注明来源(注明参考资料的名称或代号、图号、表号)。

(3)说明书中应附有与计算有关的简图(如受力图、弯矩图、扭矩图、结构图等)。绘制的简图应正确、清楚、按比例。

(4)说明书用16开纸，按规定的格式书写。左栏写计算内容的标题、计算过程、说明的内容；右栏写计算结果(数据)、结论(合格、安全)等。完成全部编写后，编写目录、注明页次、装订成册。

二、设计计算说明书的内容

设计计算说明书的内容和编写顺序为：

(1)目录(标题与页次，应在最后编写)。

(2)设计任务书(设计题目，编入教师发的设计任务书)。

(3)机构传动方案的选择，传动布置方式简图。

(4)起升机构设计计算。

(5)零部件(卷筒组、吊钩装置)设计计算。

(6)设计小结(设计方案分析，设计心得体会)。

(7)参考资料(资料名称、作者、出版单位、出版日期等)。

第六节　课程设计答辩

一、答辩的要求

答辩是课程设计最后的一个重要环节。通过答辩的准备和答辩的过程，可以对设计的全过程：传动方案的确定；电动机、减速器、制动器、联轴器、轴承、轴承座、吊钩、钢丝绳等标准部件、零件的选择；各零件的受力分析、材料选择、结构、尺寸的确定、加工工艺和经济性考虑；技术资料和设计手册的应用等方面，作一个系统的和全面的总结。通过总结，把还不清楚或不太清楚、未考虑或考虑不周全的问题进一步弄懂，达到课程设计提出的目的和要求。

二、答辩的内容

(1)阐述设计思想、设计参数的选择；对所设计的起升机构传动方案的特点、优点、缺点进行分析，并提出改进意见。

(2)对起升机构计算的全过程进行分析。说明计算原则、分析各个计算步骤之间的联系、阐述计算结果。

(3)关于卷筒组、吊钩装置的结构设计、装配工艺；各个零件结构尺寸的确定、受力分析、材料选择、加工工艺等问题。

(4)关于图纸上的各种问题(如视图的表达、尺寸标注、尺寸公差、形位公差、表面粗糙度、技术要求、加工工艺、安装工艺等问题)。

复习思考题

1. 起重机既能用吊钩也能用双绳抓斗作业时，在选择设计参数起重量与起升高度时要注意什么？为什么？

2. 起重机采用吊钩及用双绳抓斗作业时，选用什么样的起升机构传动方案？这种传动方案有什么特点？

3. 起重机采用吊钩及用双绳抓斗作业时，起升机构选用什么样的钢丝绳卷绕系统、滑轮组、卷筒形式？为什么？

4. 起升机构卷筒组采用何种结构形式？卷筒采用何种结构？钢丝绳在卷筒上是如何固定的？为什么？

5. 卷筒轴的结构形式是怎样的？如何进行卷筒轴的结构设计(零件在轴上的轴向、周向固定，零件的装拆和轴的加工等)？

6. 如何确定卷筒轴各段的直径？在进行轴合成强度计算时，为什么要考虑应力修正系数 α？如何选取应力修正系数 α 值？

7. 如何确定卷筒轴各段的长度？在确定轴的各段长度时要注意什么？

8. 卷筒与卷筒轴、联轴器与卷筒轴采用何种键连接？如何确定键的尺寸(宽度、高度、长度)？如何保证所选择的键满足其强度要求？

9. 支承卷筒轴的轴承采用何种类型？为什么？如何正确选择轴承的型号？

10. 所设计的起升机构中采用何种形式的吊钩装置？为什么？

11. 吊钩装置的构造是怎样的？如何正确的选择吊钩？如何确定吊钩横梁、拉板的尺寸？

12. 吊钩轴承、滑轮轴承与支承卷筒轴的轴承在类型选择、型号确定方面有何不同？为什么？

13. 吊钩轴承、滑轮轴承与支承卷筒轴的轴承采用什么样的润滑方式与密封装置？如何选择密封装置？

附表一　钢丝绳

钢丝绳结构:6×19S+FC　6×19S+IWR　6×19W+FC　6×19W+IWR(GB 8918—2006)

附表 1-1

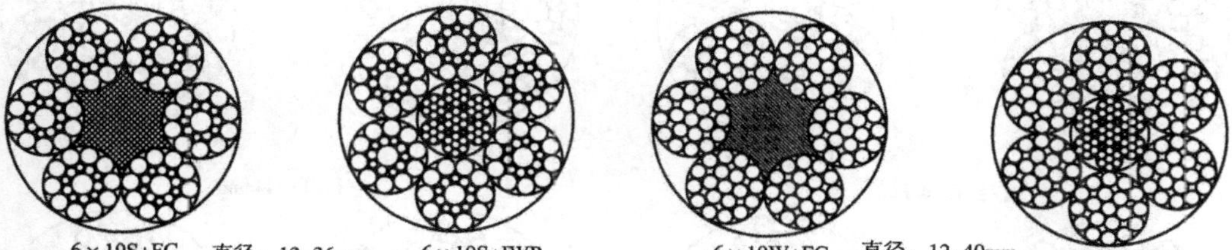

6×19S+FC　直径：12~36mm　6×19S+IWR　6×19W+FC　直径：12~40mm　6×19W+IWR

钢丝绳公称直径		钢丝绳参考质量(kg/100m)			钢丝绳公称抗拉强度(MPa)									
					1570		1670		1770		1870		1960	
					钢丝绳最小破断拉力(kN)									
d(mm)	允许偏差(%)	天然纤维芯钢丝绳	合成纤维芯钢丝绳	钢芯钢丝绳	纤维芯钢丝绳	钢芯钢丝绳	纤维芯钢丝绳	钢芯钢丝绳	纤维芯钢丝绳	钢芯钢丝绳	纤维芯钢丝绳	钢芯钢丝绳	纤维芯钢丝绳	钢芯钢丝绳
12	$^{+5}_{0}$	53.1	51.8	58.4	74.6	80.5	79.4	85.6	84.1	90.7	88.9	95.9	93.1	100
13		62.3	60.8	68.5	87.6	94.5	93.1	100	98.7	106	104	113	109	118
14		72.2	70.5	79.5	102	110	108	117	114	124	121	130	127	137
16		94.4	92.1	104	133	143	141	152	150	161	158	170	166	179
18		119	117	131	168	181	179	193	189	204	200	216	210	226
20		147	144	162	207	224	220	238	234	252	247	266	259	279
22		178	174	196	251	271	267	288	283	304	299	322	313	338
24		212	207	234	298	322	317	342	336	363	355	383	373	402
26		249	243	274	350	378	373	402	395	426	417	450	437	472
28		289	282	318	406	438	432	466	458	494	484	522	507	547
30		332	324	365	466	503	496	535	526	567	555	599	582	628
32		377	369	415	531	572	564	609	598	645	632	682	662	715
34		426	416	469	599	646	637	687	675	728	713	770	748	807
36		478	466	525	671	724	714	770	757	817	800	863	838	904
38		532	520	585	748	807	796	858	843	910	891	961	934	1010
40		590	576	649	829	894	882	951	935	1010	987	1070	1030	1120

钢丝绳结构:**6×25F$_i$+FC　6×25F$_i$+IWR　6×26WS+FC　6×26WS+IWR　6×29F$_i$+FC　6×29F$_i$+IWR　6×31WS+FC　6×31WS+IWR　6×36WS+FC　6×36WS+IWR　6×37S+FC　6×37S+IWR**(GB 8918—2006)

附表 1-2

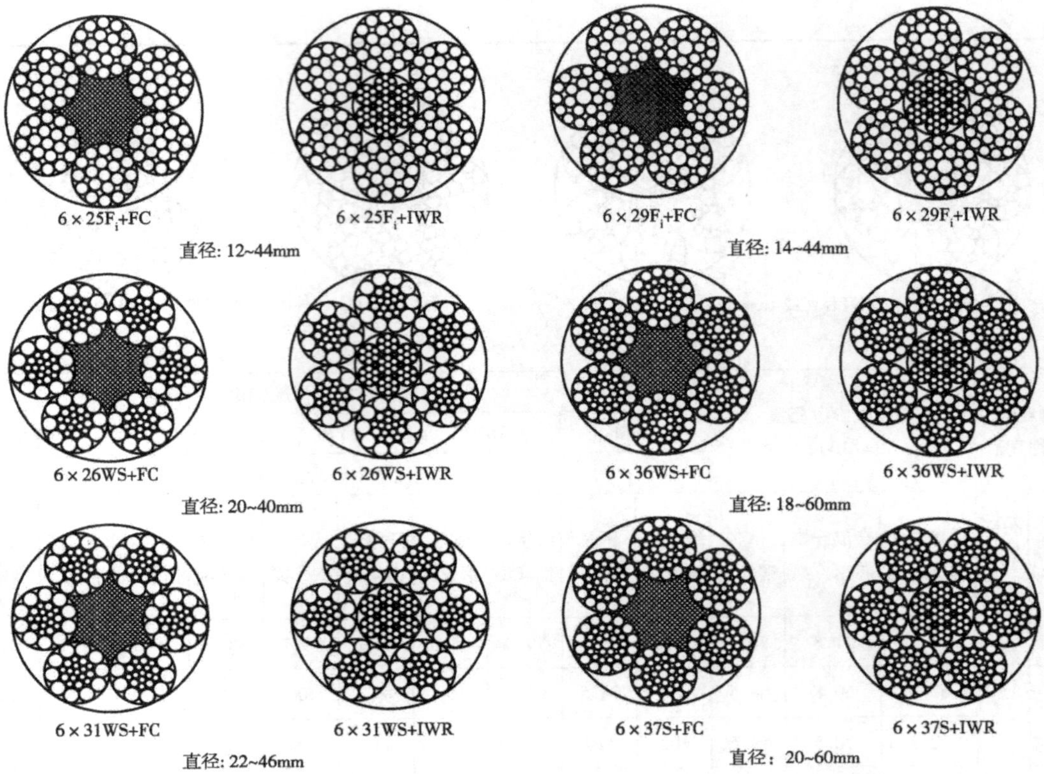

钢丝绳公称直径		钢丝绳参考质量(kg/100m)			钢丝绳公称抗拉强度(MPa)									
					1570		1670		1770		1870		1960	
					钢丝绳最小破断拉力(kN)									
d(mm)	允许偏差(%)	天然纤维芯钢丝绳	合成纤维芯钢丝绳	钢芯钢丝绳	纤维芯钢丝绳	钢芯钢丝绳	纤维芯钢丝绳	钢芯钢丝绳	纤维芯钢丝绳	钢芯钢丝绳	纤维芯钢丝绳	钢芯钢丝绳	纤维芯钢丝绳	钢芯钢丝绳
12	+5 0	54.7	53.4	60.2	74.6	80.5	79.4	85.6	84.1	90.7	88.9	95.9	93.1	100
13		64.2	62.7	70.6	87.6	94.5	93.1	100	98.7	106	104	113	109	118
14		74.5	72.7	81.9	102	110	108	117	114	124	121	130	127	137
16		97.3	95.0	107	133	143	141	152	150	161	158	170	166	179
18		123	120	135	168	181	179	193	189	204	200	216	210	226
20		152	148	167	207	224	220	238	234	252	247	266	259	279
22		184	180	202	251	271	267	288	283	305	299	322	313	338

续上表

钢丝绳公称直径		钢丝绳参考质量(kg/100m)			钢丝绳公称抗拉强度(MPa)									
					1570		1670		1770		1870		1960	
					钢丝绳最小破断拉力(kN)									
d(mm)	允许偏差(%)	天然纤维芯钢丝绳	合成纤维芯钢丝绳	钢芯钢丝绳	纤维芯钢丝绳	钢芯钢丝绳	纤维芯钢丝绳	钢芯钢丝绳	纤维芯钢丝绳	钢芯钢丝绳	纤维芯钢丝绳	钢芯钢丝绳	纤维芯钢丝绳	钢芯钢丝绳
24		219	214	241	298	322	317	342	336	363	355	383	373	402
26		257	251	283	350	378	373	402	395	426	417	450	437	472
28		298	291	328	406	438	432	466	458	494	484	522	507	547
30		342	334	376	466	503	496	535	526	567	555	599	582	628
32		389	380	428	531	572	564	609	598	645	632	682	662	715
34		439	429	483	599	646	637	687	675	728	713	770	748	807
36		492	481	542	671	724	714	770	757	817	800	863	838	904
38		549	536	604	748	807	796	858	843	910	891	961	934	1010
40		608	594	669	829	894	882	951	935	1010	987	1070	1030	1120
42		670	654	737	914	986	972	1050	1030	1110	1090	1170	1140	1230
44	+5 0	736	718	809	1000	1080	1070	1150	1130	1220	1190	1290	1250	1350
46		804	785	884	1100	1180	1170	1260	1240	1330	1310	1410	1370	1480
48		876	855	963	1190	1290	1270	1370	1350	1450	1420	1530	1490	1610
50		950	928	1040	1300	1400	1380	1490	1460	1580	1540	1660	1620	1740
52		1030	1000	1130	1400	1510	1490	1610	1580	1700	1670	1800	1750	1890
54		1110	1080	1220	1510	1630	1610	1730	1700	1840	1800	1940	1890	2030
56		1190	1160	1310	1620	1750	1730	1860	1830	1980	1940	2090	2030	2190
58		1280	1250	1410	1740	1880	1850	2000	1960	2120	2080	2240	2180	2350
60		1370	1340	1500	1870	2010	1980	2140	2100	2270	2220	2400	2330	2510
62		1460	1430	1610	1990	2150	2120	2290	2250	2420	2370	2560	2490	2680
64		1560	1520	1710	2120	2290	2260	2440	2390	2580	2530	2730	2650	2860

钢丝绳结构:**17×7+FC　17×7+IWS　18×7+FC　18×7+IWS　18×19S+FC　18×19S+IWS　18×19W+FC　18×19W+IWS**（GB 8918—2006）　附表 1-3

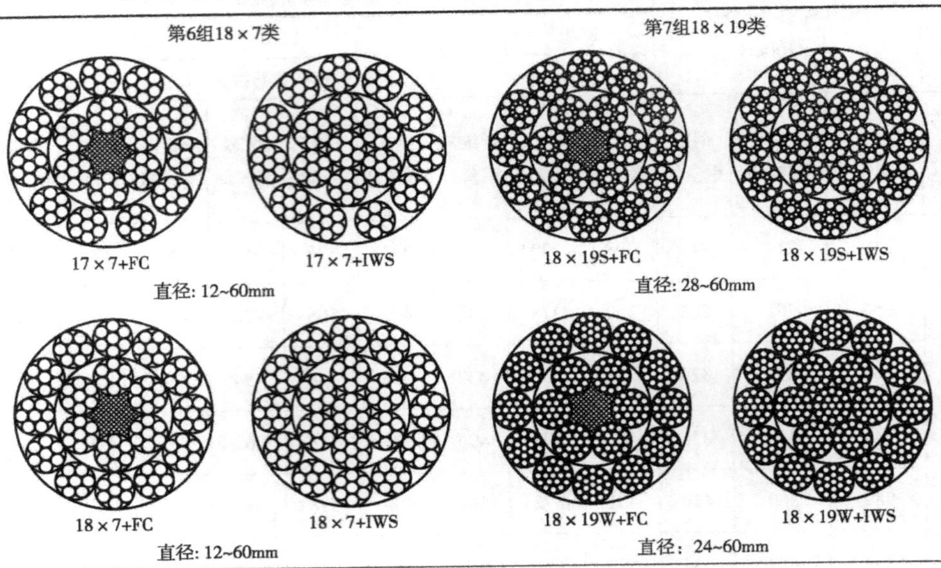

钢丝绳公称直径		钢丝绳参考质量（kg/100m）		钢丝绳公称抗拉强度（MPa）									
				1570		1670		1770		1870		1960	
				钢丝绳最小破断拉力（kN）									
d（mm）	允许偏差（%）	纤维芯钢丝绳	钢芯钢丝绳	纤维芯钢丝绳	钢芯钢丝绳	纤维芯钢丝绳	钢芯钢丝绳	纤维芯钢丝绳	钢芯钢丝绳	纤维芯钢丝绳	钢芯钢丝绳	纤维芯钢丝绳	钢芯钢丝绳
12		56.2	61.9	70.1	74.2	74.5	78.9	79.0	83.6	83.5	88.3	87.5	92.6
13		65.9	72.7	82.3	87.0	87.5	92.6	92.7	98.1	98.0	104	103	109
14		76.4	84.3	95.4	101	101	107	108	114	114	120	119	126
16		99.8	110	125	132	133	140	140	149	148	157	156	165
18		126	139	158	167	168	177	178	188	188	199	197	208
20		156	172	195	206	207	219	219	232	232	245	243	257
22		189	208	236	249	251	265	266	281	281	297	294	311
24		225	248	280	297	298	316	316	334	334	353	350	370
26		264	291	329	348	350	370	371	392	392	415	411	435
28		306	337	382	404	406	429	430	455	454	481	476	504
30		351	387	438	463	466	493	494	523	522	552	547	579
32		399	440	498	527	530	561	562	594	594	628	622	658
34	+5	451	497	563	595	598	633	634	671	670	709	702	743
36	0	505	557	631	667	671	710	711	752	751	795	787	833
38		563	621	703	744	748	791	792	838	837	886	877	928
40		624	688	779	824	828	876	878	929	928	981	972	1030
42		688	759	859	908	913	966	968	1020	1020	1080	1070	1130
44		755	832	942	997	1000	1060	1060	1120	1120	1190	1180	1240
46		825	910	1030	1090	1100	1160	1160	1230	1230	1300	1290	1360
48		899	991	1120	1190	1190	1260	1260	1340	1340	1410	1400	1480
50		975	1080	1220	1290	1290	1370	1370	1450	1450	1530	1520	1610
52		1050	1160	1320	1390	1400	1480	1480	1570	1570	1660	1640	1740
54		1140	1250	1420	1500	1510	1600	1600	1690	1690	1790	1770	1870
56		1220	1350	1530	1610	1620	1720	1720	1820	1820	1920	1910	2020
58		1310	1450	1640	1730	1740	1840	1850	1950	1950	2060	2040	2160
60		1400	1550	1750	1850	1860	1970	1980	2090	2090	2210	2190	2310

钢丝绳结构:6×19+FC　6×19+IWS(GB/T 20118—2006)　　附表 1-4

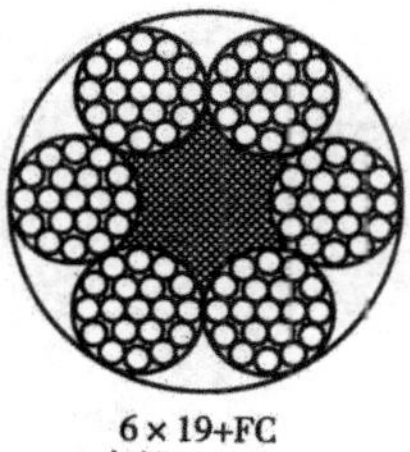

6×19+FC
直径8~44mm

6×19+IWS
直径8~44mm

钢丝绳公称直径	钢丝绳参考质量(kg/100m)			钢丝绳公称抗拉强度(MPa)							
				1570		1670		1770		1870	
				钢丝绳最小破断拉力(kN)							
d(mm)	天然纤维芯钢丝绳	合成纤维芯钢丝绳	钢芯钢丝绳	纤维芯钢丝绳	钢芯钢丝绳	纤维芯钢丝绳	钢芯钢丝绳	纤维芯钢丝绳	钢芯钢丝绳	纤维芯钢丝绳	钢芯钢丝绳
8	22.5	22.0	25.6	30.8	33.4	32.8	35.5	34.8	37.6	36.7	39.7
9	28.4	27.9	32.4	39.0	42.2	41.6	44.9	44.0	47.6	46.5	50.3
10	35.1	34.4	40.0	48.2	52.1	51.3	55.4	54.4	58.8	57.4	62.1
11	42.5	41.6	48.4	58.3	63.1	62.0	67.1	65.8	71.1	69.5	75.1
12	50.5	50.0	57.6	69.4	75.1	73.8	79.8	78.2	84.6	82.7	89.4
13	59.3	58.1	67.6	81.5	88.1	86.6	93.7	91.8	99.3	97.0	105
14	68.8	67.4	78.4	94.5	102	100	109	107	115	113	122
16	89.9	88.1	102	123	133	131	142	139	150	147	159
18	114	111	130	156	169	166	180	176	190	186	201
20	140	138	160	193	208	205	222	217	235	230	248
22	170	166	194	233	252	248	268	263	284	278	300
24	202	198	230	278	300	295	319	313	338	331	358
26	237	233	270	326	352	346	375	367	397	388	420
28	275	270	314	378	409	402	435	426	461	450	487
30	316	310	360	434	469	461	499	489	529	517	559
32	359	352	410	494	534	525	568	557	602	588	636
34	406	398	462	557	603	593	641	628	679	664	718
36	455	446	518	625	676	664	719	704	762	744	805
38	507	497	578	696	753	740	801	785	849	829	896
40	562	550	640	771	834	820	887	869	940	919	993
42	619	607	706	850	919	904	978	959	1040	1010	1100
44	680	666	774	933	1010	993	1070	1050	1140	1110	1200

钢丝绳结构:6×37+FC　6×37+IWR(GB/T 20118—2006)　附表 1-5

6×37+FC
直径8~52mm

6×37+IWR
直径8~52mm

钢丝绳公称直径	钢丝绳参考质量(kg/100m)			钢丝绳公称抗拉强度(MPa)							
				1570		1670		1770		1870	
				钢丝绳最小破断拉力(kN)							
d(mm)	天然纤维芯钢丝绳	合成纤维芯钢丝绳	钢芯钢丝绳	纤维芯钢丝绳	钢芯钢丝绳	纤维芯钢丝绳	钢芯钢丝绳	纤维芯钢丝绳	钢芯钢丝绳	纤维芯钢丝绳	钢芯钢丝绳
8	22.1	21.6	25.6	29.6	32.1	31.5	34.1	33.4	36.1	35.3	38.2
9	28.0	27.3	32.4	37.5	40.6	39.9	43.2	42.3	45.7	44.7	48.3
10	34.6	33.7	40.0	46.3	50.1	49.3	53.3	52.2	56.5	55.2	59.7
11	41.9	40.8	48.4	56.0	60.6	59.6	64.5	63.2	68.3	66.7	72.2
12	49.8	48.5	57.6	66.7	72.1	70.9	76.7	75.2	81.3	79.4	85.9
13	58.5	57.0	67.6	78.3	84.6	83.3	90.0	88.2	95.4	93.2	101
14	67.8	66.1	78.4	90.8	98.2	96.6	104	102	111	108	117
16	88.6	86.3	102	119	128	126	136	134	145	141	153
18	112	109	130	150	162	160	173	169	183	179	193
20	138	135	160	185	200	197	213	209	226	221	239
22	167	163	194	224	242	238	258	253	273	267	289
24	199	194	230	267	288	284	307	301	325	318	344
26	234	228	270	313	339	333	360	353	382	373	403
28	271	264	314	363	393	386	418	409	443	432	468
30	311	303	360	417	451	443	479	470	508	496	537
32	354	345	410	474	513	504	546	535	578	565	611
34	400	390	462	535	579	570	616	604	653	638	690
36	448	437	518	600	649	638	690	677	732	715	773
38	500	487	578	669	723	711	769	754	815	797	861
40	554	539	640	741	801	788	852	835	903	883	954
42	610	594	706	817	883	869	940	921	996	973	1050
44	670	652	774	897	970	954	1030	1010	1090	1070	1150
46	732	713	846	980	1060	1040	1130	1100	1190	1170	1260
48	797	776	922	1070	1150	1140	1230	1200	1300	1270	1370
50	865	843	1000	1160	1250	1230	1330	1300	1410	1380	1490
52	936	911	1080	1250	1350	1330	1440	1410	1530	1490	1610

附表二　滑轮

铸造滑轮绳槽断面尺寸(JB/T 9005.1—1999)(mm)　　附表 2-1

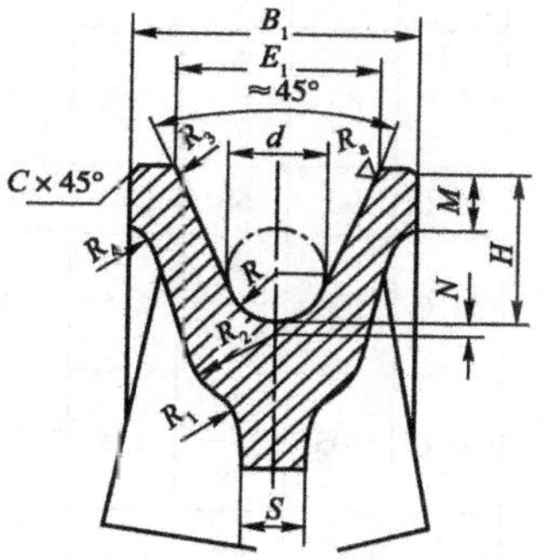

钢丝绳直径 d	基本尺寸							参考尺寸						
	R			H	B_1	E_1	C	R_1	R_2	R_3	R_4	M	N	S
	尺寸	极限偏差												
		1 级	2 级											
5~6	3.3	+0.10	+0.20	12.5	22	15	0.5	7	5	1.5	2.0	4	0	6
>6~7	3.8			15.0	26	17	0.5	8	6	2.0	2.5	5	0	7
>7~8	4.3					18								
>8~9	5.0			17.5	32	21	1.0	10	8	2.0	2.5	6	0	8
>9~10	5.5					22								
>10~11	6.0	+0.20	+0.30	20.0	36	25	1.0	12	10	2.5	3.0	8	0	9
>11~12	6.5													
>12~13	7.0			22.5	40	28	1.0	13	11	2.5	3.0	8	0	10
>13~14	7.5			25.0	45	31	1.0	15	12	3.0	4.0	10	0	11
>14~15	8.2													
>15~16	9.0		+0.40	27.5	50	35	1.5	16	13	3.0	4.0	10	0	12
>16~17	9.5			30.0	53	38	1.5	18	15	3.0	5.0	12	0	12
>17~18	10.0													
>18~19	10.5			32.5	56	41	1.5	18	15	3.0	5.0	12	0	12
>19~20	11.0			35.0	60	44	1.5	20	16	3.0	5.0	14	0	14
>20~21	11.5													
>21~22	12.0				63	45	1.5	20	16	3.0	5.0	14	2.0	14
>22~23	12.5					46								
>23~24	13.0			37.5	67	48	1.5	20	16	4.0	6.0	16	2.5	16
>24~25	13.5			40.0	71	51	1.5	22	18	4.0	6.0	16	3.0	16
>25~26	14.0					52								
>26~28	15.0				75	53	1.5	25	20	4.0	6.0	16	3.0	18

钢丝绳直径 d	基本尺寸							参考尺寸						
	R			H	B_1	E_1	C	R_1	R_2	R_3	R_4	M	N	S
	尺寸	极限偏差 1级	极限偏差 2级											
>28~30	16.0	+0.40	+0.80	45.0	85	59	2.0	25	20	5.0	6.0	18	4.0	18
>30~32	17.0					61								
>32~34	18.0			50.0	90	66	2.0	28	22	5.0	6.0	18	4.0	20
>34~36	19.0			55.0	100	72	2.5	32	25	5.0	8.0	20	4.0	20
>36~38	20.0					73								
>38~40	21.0			60.0	105	78	2.5	36	28	5.0	8.0	22	5.0	22
>40~41	22.0					79								
>41~43	23.0			65.0	115	84	2.5	36	28	6.0	8.0	25	5.0	24
>43~45	24.0					86								
>45~46	25.0			67.5	120	90	2.5	40	32	6.0	8.0	25	5.0	24
>46~47				70.0	125	92	3.0	40	32	6.0	8.0	28	6.0	26
>47~48	26.0					94								
>48~50	27.0			72.5	130	96	3.0	45	36	6.0	10.0	28	6.0	26
>50~52	28.0			75.0		99								
>52~54	29.0			77.5	140	103	4.0	45	36	6.0	10.0	32	6.0	28
>54~56	30.0			80.0		106								
>56~58	31.0			82.5	150	110	4.0	50	40	8.0	10.0	32	8.0	30
>58~60	32.0			85.0		114								

铸造滑轮直径与钢丝绳直径的选用系列(JB/T 9005.2—1999) 附表 2-2

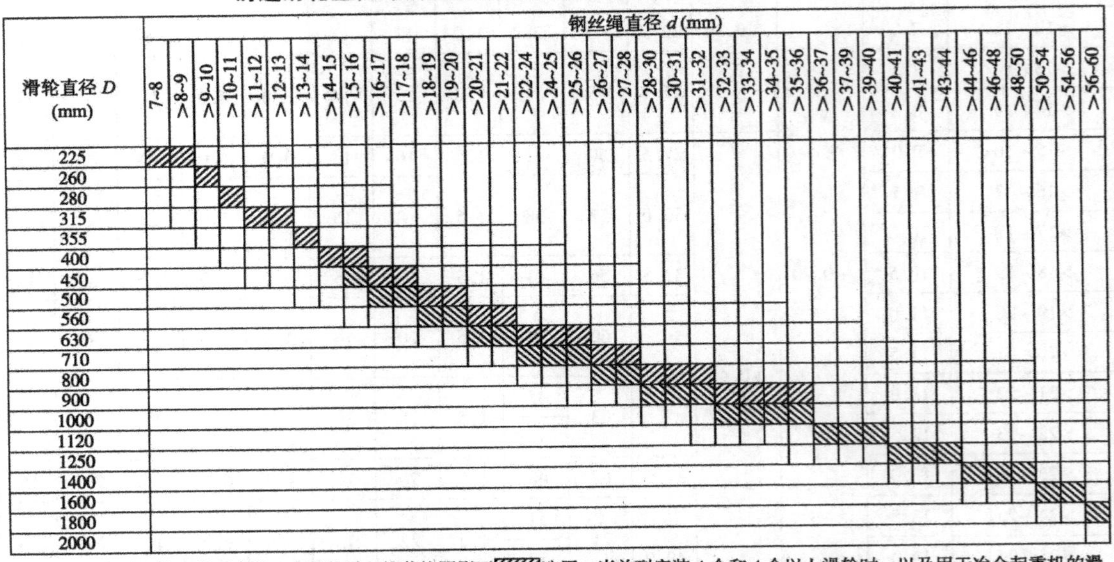

注：在滑轮轴上并列安装 2 个滑轮时，推荐按阴影区▨选用；当并列安装 4 个和 4 个以上滑轮时，以及用于冶金起重机的滑轮时，推荐按阴影区▧选用。

附表三　卷筒

卷筒绳槽尺寸(JB/T 9006.1—1999)(mm)　　附表 3-1

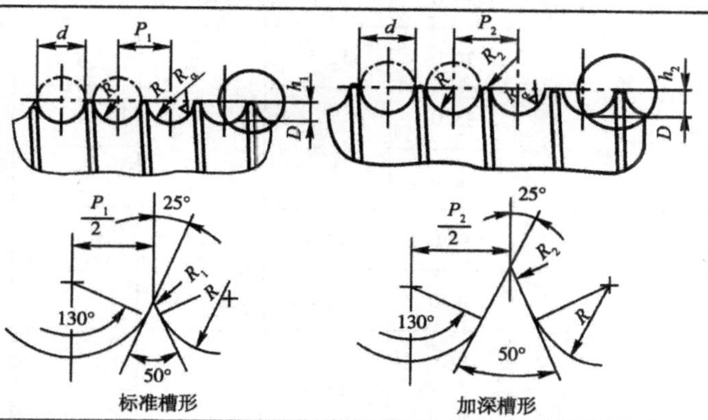

钢丝绳直径	槽底半径		标准槽形			加深槽形		
d	R	极限偏差	P_1	h_1	R_1	P_2	h_2	R_2
>8~9	5.0	+0.1 0	10.5	3.5	0.5	12	5.5	0.3
>9~10	5.5	+0.2 0	11.5	4.0	0.8	13	6.0	0.5
>10~11	6.0		13.0	4.5		15	7.0	
>11~12	6.5		14.0			16	7.5	
>12~13	7.0		15.0	5.0		18	8.0	
>13~14	7.5		16.0	5.5		19	8.5	
>14~15	8.2		17.0	6.0		20	9.0	
>15~16	9.0		18.0			21	9.5	
>16~17	9.5		19.0	6.5		23	10.5	
>17~18	10.0		20.0	7.0		24	11.0	
>18~19	10.5		21.0	7.5		25	11.5	
>19~20	11.0		22.0			26	12.0	
>20~21	11.5		24.0	8.0		28	13.0	
>21~22	12.0		25.0	8.5		29	13.5	
>22~23	12.5		26.0	9.0		31	14.0	
>23~24	13.0		27.0			32	14.5	
>24~25	13.5		28.0	9.5		33	15.0	
>25~26	14.0		29.0	10.0		34	16.0	
>26~27	15.0		30.0	10.5		36	16.5	
>27~28			31.0			37	17.0	

续上表

钢丝绳直径 d	槽底半径		标准槽形			加深槽形		
	R	极限偏差	P_1	h_1	R_1	P_2	h_2	R_2
>28~29	16.0	+0.2 0	33.0	11.0	1.3	38	17.5	0.8
>29~30			34.0	11.5		39	18.0	
>30~31	17.0	+0.4 0	35.0	12.0		41	18.5	
>31~32			36.0			42	19.0	
>32~33	18.0		37.0	12.5		44	20.0	
>33~34			38.0	13.0				
>34~35	19.0		39.0	13.5		46	21.0	
>35~36			40.0			47		
>36~37	20.0		41.0	14.0		48	22.0	
>37~38			42.0	14.5	1.6	50	23.0	1.3
>38~39	21.0		44.0	15.0		52	24.0	
>39~40								
>40~41	22.0		45.0	15.5		54	25.0	
>41~42	23.0		47.0	16.0		55		
>42~43			48.0	16.5		56	26.0	
>43~44	24.0		49.0			58		
>44~45			50.0	17.0	2.0	60	27.0	1.6
>45~46	25.0		52.0	17.5		62	28.0	
>46~47			53.0	18.5		63		
>47~48	26.0		54.0			64	29.0	
>48~50	27.0		56.0	19.0		65	30.0	
>50~52	28.0		58.0	19.5				
>52~54	29.0		60.0	21.0				
>54~56	30.0		63.0		2.5			
>56~58	31.0		65.0	22.0				
>58~60	32.0		67.0	23.0	3.0			

卷筒与减速器齿轮轴端的尺寸及配合关系(mm)

附表 3-2

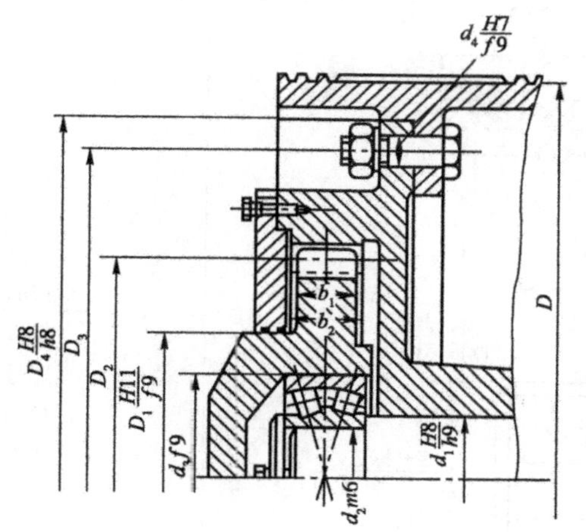

卷筒直径	模数 m	齿数 z	D_1	D_2	D_3	D_4	d_1	d_2	d_3	d_4	b_1	b_2	配用 QJD 系列减速器名义中心距 a_1
315	3	56	135	168	240	270	75	40	90	17	25	32	236
355					270	300							
400	4	56	170	224	315	350	75	55	120	17	35	42	280
450					345	380							335
500	6	56	260	336	430	465	95	80	170	17	40	47	400
560					470	505							450
630	8	54	260	432	525	570	120	110	200	25	50	57	500
710					595	640							
800	10	48	280	480	600	730	130	110	200	32	60	72	560

钢丝绳用压板(GB/T 5975—2006)

材料:不低于 Q235—B

附表 3-3

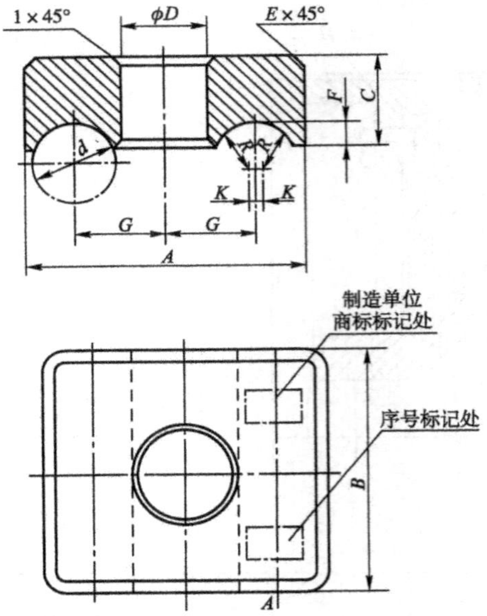

标记示例:

序号为 4(钢丝绳公称直径 d>14~17mm)的标准槽

压板:压板 GB/T 5975—4

序号为 4(钢丝绳公称直径 d>14~17mm)的深槽压板:

压板 GB/T 5975—4 深

压板序号	尺寸(mm)													压板螺栓直径	单件质量(kg)	
	适用钢丝绳公称直径 d	A		B	C	D	E	F	G		K	R				
		标准槽	深槽						标准槽	深槽		基本尺寸	极限偏差		标准槽	深槽
1	6~8	25	29	25	8	9	1	2.0	8.0	10.0	1.0	4.0	+0.1 0	M8	0.03	0.04
2	>8~11	35	39	35	12	11	1	3.0	11.5	13.5	1.5	5.5		M10	0.10	0.12
3	>11~14	45	51	45	16	15	2	3.5	14.5	17.5	1.5	7.0		M14	0.22	0.25
4	>14~17	55	66	50	18	18	2	4.0	17.5	21.5	1.5	8.5	+0.2 0	M16	0.32	0.37
5	>17~20	65	73	60	20	22	3	5.0	21.0	25.0	1.0	10.0		M20	0.48	0.55
6	>20~23	75	85	60	20	22	4	6.0	24.5	29.5	1.5	11.5		M20	0.55	0.65
7	>23~26	85	95	70	25	26	4	6.5	28.0	33.0	1.0	13.0		M24	0.91	1.05
8	>26~29	95	105	70	25	30	5	7.0	31.5	36.5	1.5	14.5	+0.3 0	M27	0.99	1.12
9	>29~32	105	117	80	30	33	5	8.0	34.5	40.5	1.5	16.0		M30	1.52	1.75
10	>32~35	115	129	90	35	33	6	9.0	38.5	45.0	1.0	17.5		M30	2.23	2.58
11	>35~38	125	141	90	35	39	6	10.0	40.5	48.5	1.5	19.0		M36	2.29	2.69
12	>38~41	135	153	100	40	45	8	11.0	44.0	53.0	1.0	20.5		M42	3.17	3.74
13	>41~44	145	163	110	40	45	8	12.0	47.5	56.5	1.5	22.0		M42	3.82	4.44
14	>44~47	155	175	110	50	45	8	13.0	51.5	61.5	1.5	23.5		M42	5.25	6.12
15	>47~52	170	189	125	50	52	10	13.0	56.0	65.0	2.0	26.0		M48	6.69	7.57

注:本标准适用于起重机卷筒上所使用的 GB8918—2006、GB/T 20118—2006 中规定的圆股钢丝绳的绳端量固定。

附表四　吊钩

吊钩额定起重量(GB/T 10051.1—1988)　　附表 4-1

强度等级	机构工作级别(按 GB 3811)									
M	—	—	—	—	M3	M4	M5	M6	M7	M8
P	—	—	—	M3	M4	M5	M6	M7	M8	—
(S)	—	—	M3	M4	M5	M6	M7	M8	—	—
T	—	M3	M4	M5	M6	M7	—	—	—	—
(V)	M3	M4	M5	M6	M7	—	—	—	—	—
钩号	起重量(t)									
006	0.32	0.25	0.2	0.16	0.125	0.1				
010	0.5	0.4	0.32	0.25	0.2	0.16	0.125	0.1		
012	0.63	0.5	0.4	0.32	0.25	0.2	0.16	0.125	0.1	
020	1	0.8	0.63	0.5	0.4	0.32	0.25	0.2	0.16	0.125
025	1.25	1	0.8	0.63	0.5	0.4	0.32	0.25	0.2	0.16
04	2	1.6	1.25	1	0.8	0.63	0.5	0.4	0.32	0.25
05	2.5	2	1.6	1.25	1	0.8	0.63	0.5	0.4	0.32
08	4	3.2	2.5	2	1.6	1.25	1	0.8	0.63	0.5
1	5	4	3.2	2.5	2	1.6	1.25	1	0.8	0.63
1.6	8	6.3	5	4	3.2	2.5	2	1.6	1.25	1
2.5	12.5	10	8	6.3	5	4	3.2	2.5	2	1.6
4	20	16	12.5	10	8	6.3	5	4	3.2	2.5
5	25	20	16	12.5	10	8	6.3	5	4	3.2
6	32	25	20	16	12.5	10	8	6.3	5	4
8	40	32	25	20	16	12.5	10	8	6.3	5
10	50	40	32	25	20	16	12.5	10	8	6.3
12	63	50	40	32	25	20	16	12.5	10	8
16	80	63	50	40	32	25	20	16	12.5	10
20	100	80	63	50	40	32	25	20	16	12.5
25	125	100	80	63	50	40	32	25	20	16
32	160	125	100	80	63	50	40	32	25	20
40	200	160	125	100	80	63	50	40	32	25
50	250	200	160	125	100	80	63	50	40	32
63	320	250	200	160	125	100	80	63	50	40
80	400	320	250	200	160	125	100	80	63	50
100	500	400	320	250	200	160	125	100	80	63
125		500	400	320	250	200	160	125	100	80
160			500	400	320	250	200	160	125	100
200				500	400	320	250	200	160	125
250					500	400	320	250	200	160

注:机构工作级别低于 M3 的按 M3 考虑。

直柄单钩构造尺寸（GB/T 10051.1—1988）（mm） 附表 4-2

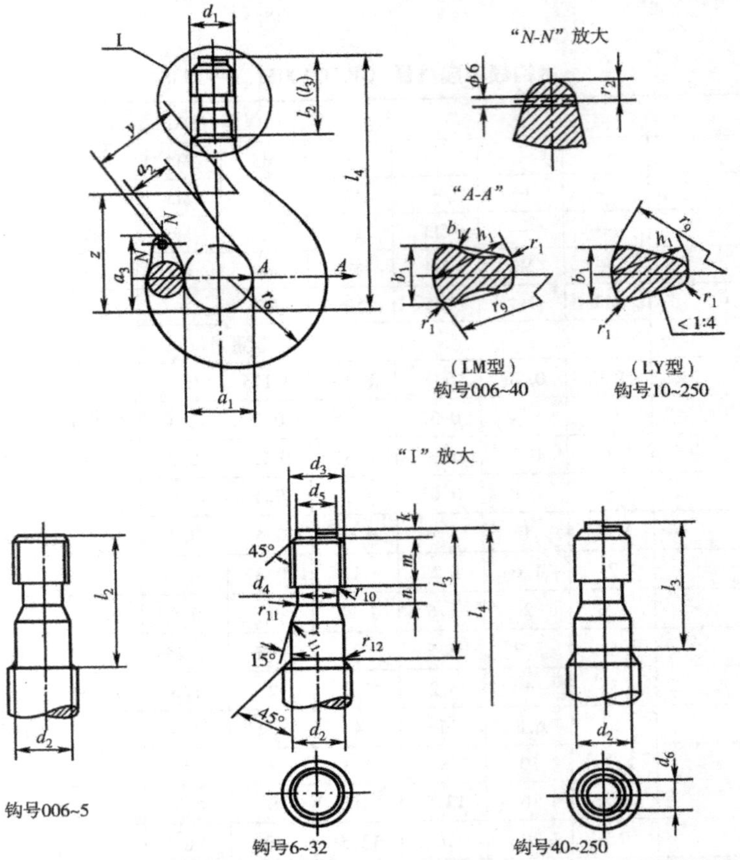

钩　　号	d_1	d_2	普通螺纹（GB 193）		梯形圆螺纹			d_6	d_7	e_3
			d_3	d_4	d_3	d_4	d_5			
006	14	10	M10	7.5	—	—	—	—	3.2	52
010	16	12	M12	9	—	—	—	—	3.2	60
012										63
020	20	16	M16	12.5	—	—	—	—	4.2	60
025										74
04	24	20	M20	16	—	—	—	—	5.2	83
05										89
08	30	24	M24	19.5	—	—	—	—	6.2	100
1										105
1.6	36	30	M30	24.5	—	—	—	—	6.2	118
2.5	42	36	M36	30	—	—	—	—	10.2	132
4	48	42	M42	35.5	—	—	—	—	10.2	148
5	53	45	M45	38.5	—	—	—	—	10.2	165
6	60	50	—	—	TY50 ×6	42	43.4	—	10.2	185

续上表

钩号	d_1	d_2	普通螺纹(GB 193)		梯形圆螺纹			d_6	d_7	e_3
			d_3	d_4	d_3	d_4	d_5			
8	67	56	—	—	TY56×6	48	49.4	—	12.2	210
10	75	64	—	—	TY64×8	54	55.2	—	12.2	221
12	85	72	—	—	TY72×8	62	63.2	—	16.2	252
16	95	80	—	—	TY80×10	68	69	—	16.2	280
20	100	90	—	—	TY90×10	78	79	—	20.2	330
25	118	100	—	—	TY100×12	85	86.8	—	20.2	360
32	132	110	—	—	TY110×12	95	96.8	—	20.2	400
40	150	125	—	—	TY125×14	108	109.6	80	25.3	447
50	170	140	—	—	TY140×16	120	122.4	90	25.3	485
63	190	160	—	—	TY160×18	138	140.2	100	25.3	550
80	212	180	—	—	TY180×20	156	158	120	25.3	598
100	236	200	—	—	TY200×22	173	175.8	140	30.3	688
125	265	225	—	—	TY225×24	196	198.6	160	30.3	750
160	300	250	—	—	TY250×28	217	219.2	180	30.3	825
200	335	280	—	—	TY280×32	242	244.8	200	30.3	900
250	375	320	—	—	TY320×36	278	280.4	240	30.3	980

f_4	l_2	l_3	l_4	m	n	k	r_{10}	r_{11}	r_{12}	y	z
11.5	30.5	—	97.5	9	4.5	—	1	2.5	2	—	—
13	32.5	—	106	11	5	—	1.2	3	2	—	—
14	32.5	—	112	11	5	—	1.2	3	2	—	—
16	41.5	—	135.5	15	6	—	1.2	3	2	—	—
17	41.5	—	141.5	15	6	—	1.2	3	2	—	—
19	46	—	152.5	18	7.5	—	1.6	4	2	—	—
20	46	—	164	18	7.5	—	1.6	4	2	—	—
22	55	—	183	22	9	—	2	5	3	—	—
23	55	—	194	22	9	—	2	8	3	—	—
26	68	—	221	27	10	—	2	10	3	—	—
30	83	—	250	32	10	—	2	10	3	—	—
33	93	—	281.5	36	15	—	3	10	3	—	—
37	103	—	314.5	40	15	—	3	10	3	—	—
41	—	112	375	45	20	10	4	14	3	130	160
46	—	122	413	50	20	10	4	16	3	145	180
34	—	135	446	56	25	10	4	18	3	160	200
37	—	157	504.5	63	25	12	4	20	3	180	220
42	—	170	576	71	30	12	6	22	3	200	250
48	—	187	645	80	30	12	6	25	3	225	280
54	—	207	716	90	40	12	6	28	3	255	315
60	—	232	788	100	40	12	6	32	3	290	350
68	—	257	885	112	45	12	8	36	3	320	395
75	—	280	969	125	50	12	10	40	5	355	445
83	—	322	1100	140	55	12	10	45	5	400	495
88	—	357	1245	160	60	12	12	50	5	450	565
100	—	402	1388	180	70	12	12	56	5	505	635
108	—	465	1565	200	80	15	12	63	5	570	710
117	—	510	1761	225	90	15	15	70	5	640	800
124	—	613	2012	250	100	15	18	80	5	720	900
134	—	690	2272	280	110	15	20	90	5	810	1015

单钩吊钩组尺寸表 附表 4-3

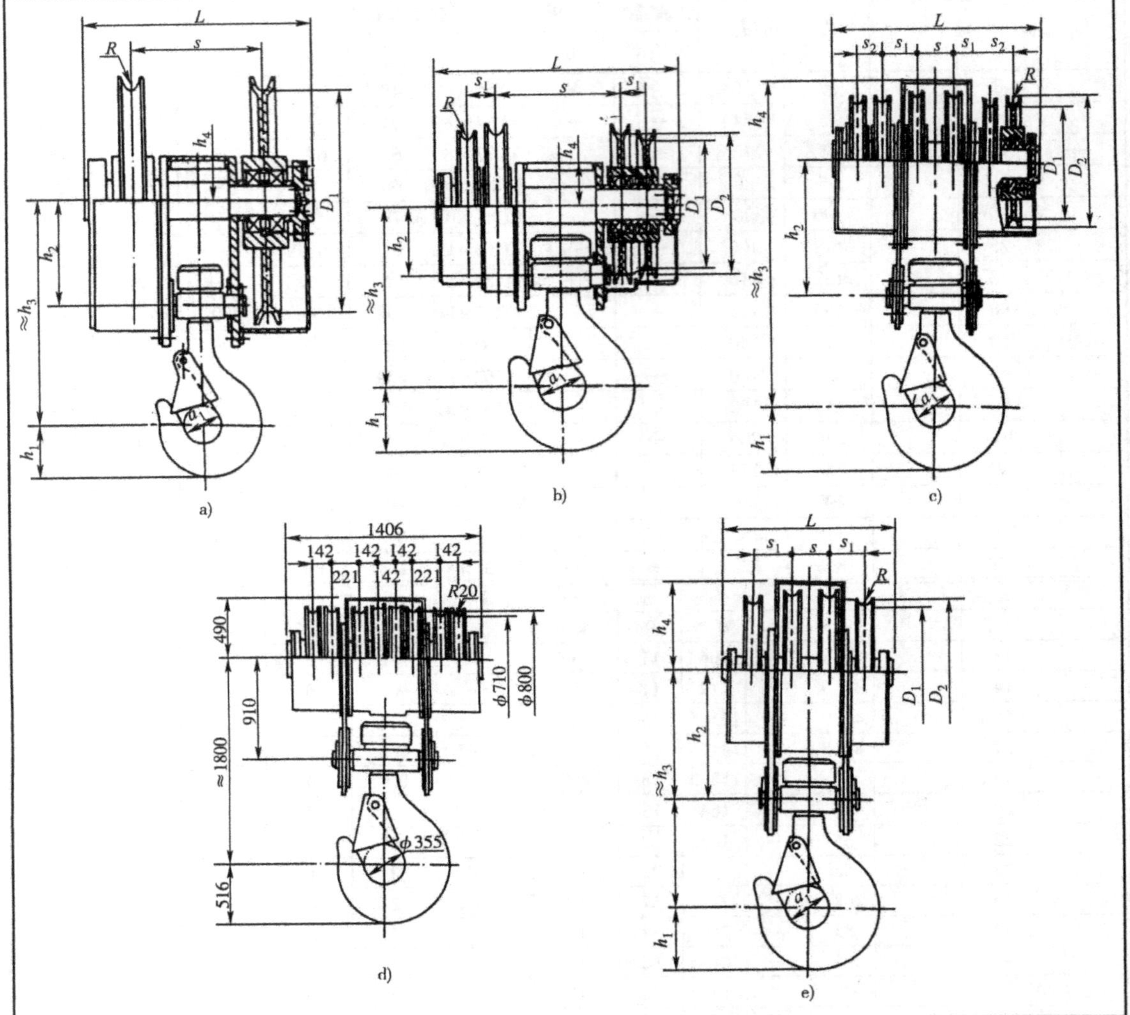

序号	钩号	滑轮数量（个）	适用钢丝绳直径（mm）	主要尺寸(mm)												质量（kg）
				R	D_1	D_2	h_1	h_2	h_3	h_4	L	s	s_1	s_2	a_1	
1	1.6	2	8～12	6.5	315		76	150	330	60	279	165			56	58
2	2.5						90		345	70	302	184			63	67
3	4						103	145	360	80	316	198			71	74
4	5		12～15	8.2			114	155	390	90	354	232			80	100
5	6				400		131	190	445	95	383	257			90	145
6	8		14～19	10			146	195	475	115	416	286			100	185
7	10				500		163	230	515	125	446	316			112	246

附上表

序号	钩号	滑轮数量（个）	适用钢丝绳直径（mm）	主要尺寸(mm)												质量（kg）
				R	D_1	D_2	h_1	h_2	h_3	h_4	L	s	s_1	s_2	a_1	
8	12	2	17.5～24	12.5	500		182	235	555	140	558	352			125	317
9	16				630		204	275	650	145	578	372			140	453
10	20		22.5～30	16			232	270	690	176	610	392			160	554
11	25				710		262	310	775	195	640	422			180	664
12	32		28.5～38	20	800		292	350	855	215	718	496			200	932
13	40				900		326	375	945	215	753	531			224	1196
14	25	4	17.5～24	12.5	500	630	262	310	775	195	910	432	122		180	900
15	32				630	170	292	340	845	215	970	492			200	1126
16	40		22.5～30	16			326	370	940	235	1047	545	130		224	1420
17	50				710	800	363	400	1025	235	1107	605			250	1825
18	63		28.5～38	20	800	900	408	450	1155	255	1214	676	142		280	2550
19	80	4	35～47	25	800	900	460	510	1315	295	1380	758	170		315	3555
20	50	6	22.5～30	16	630	710	363	740	1365	435	1067	197	184	130	250	1983
21	63						408	785	1490	435	1124	242	190		280	2378
22	80		26.5～38	20	710	800	460	870	1675	490	1220	270	206	142	315	3366
23	100				800	900	516	970	1860	540	1300	320	221		355	4245
24		8		尺寸见图 d)												4505
25	32	4	17.5～24	12.5	630	710	292	675	1180	430	660	162	146		200	921
26	40		22.5～30	16			326	710	1280	440	715	175	161		224	1203
27	50				710	800	363	780	1405	485	775	225	166		250	1625
28	63		28.5～38	20	800	900	408	885	1590	545	838	266	175		280	2280
29	80		35～37	25			460	935	1740	560	980	260	226		315	3370

注：资料来源：太原重型机器厂。

附表五　抓斗

长撑杆双颚板抓斗参数推荐系列　　　　附表 5-1

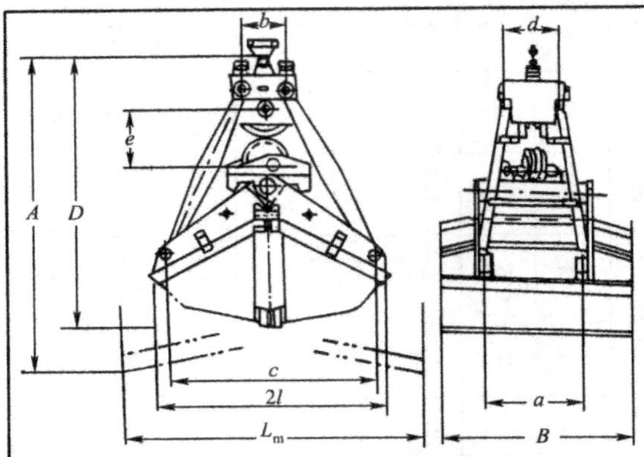

长撑杆双颚板抓斗尺寸图

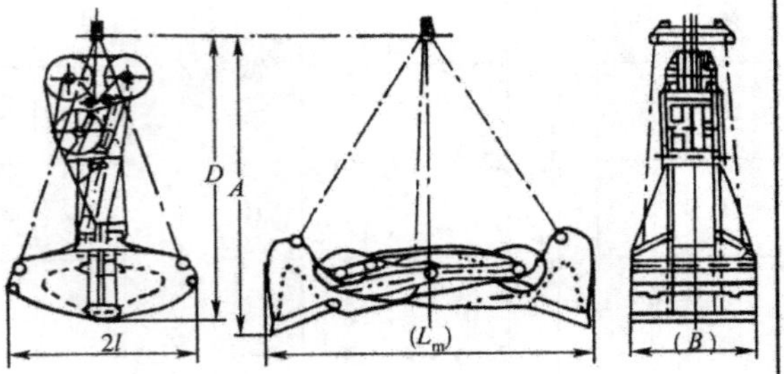

德国peiner公司剪式抓斗尺寸图

散货密度(容重)(0.63t/m³)																
起重机起重量		t	3.2	4.0	5.0	6.3	8.0	10.0	12.5	16.0	20.0	25.0	32.0	40.0	50.0	63.0
抓斗容积		m^3	2.9	3.6	4.5	5.7	7.2	9.0	11.2	14.4	17.9	22.4	28.7	35.9	44.9	56.5
抓斗自重(倍率3)		t	1.4	1.7	2.2	2.7	3.5	4.3	5.4	7.0	8.7	10.9	13.9	17.4	21.7	27.4
抓斗尺寸参数	*A*	mm	2907	3145	3506	3780	4272	3997	4304	4846	5173	5569	6036	7152	8005	8948
	D	mm	2672	2893	3234	3486	3953	3654	3934	4444	4741	5103	5530	6608	7418	8314
	2*t*	mm	1827	1968	2120	2290	2480	2671	2877	3124	3365	3625	3936	4240	4567	4933
	L_m	mm	2715	2924	3150	3402	3684	3969	4275	4642	5000	5386	5848	6300	6787	7330
	B	mm	2175	2342	2523	2725	2951	3179	3425	3718	4006	4315	4685	5047	5436	5872
	a	mm	1175	1266	1364	1473	1595	1718	1851	2010	2165	2332	2532	2728	2939	3174
	b	mm	300	320	340	380	440	500	540	600	750	800	850	940	1000	1080
	c	mm	1642	1769	1906	2058	2229	2401	2587	2809	3025	3259	3539	3812	4106	4435
	d	mm	396	432	504	540	639	504	540	639	675	729	792	1008	1089	1179
	e	mm	590	640	740	800	950	740	800	950	1000	1070	1150	1620	2040	2500
钢丝绳直径		mm	18	19	22	24	28	22	24	28	30	32	35	43	46	52
滑轮直径		mm	440	480	560	600	710	560	600	710	750	810	880	1120	1210	1310
钢丝绳托辊直径		mm	60	60	60	60	80	80	80	80	100	100	100	100	120	120
散货密度(容重)(0.80t/m³)																
起重机起重量		t	3.2	4.0	5.0	6.3	8.0	10.0	12.5	16.0	20.0	25.0	32.0	40.0	50.0	63.0
抓斗容积		m^3	2.3	2.8	3.6	4.5	5.7	7.1	8.9	11.4	14.3	17.9	22.9	28.7	35.8	45.2
抓斗自重(倍率3)		t	1.4	1.7	2.2	2.7	3.4	4.3	5.4	6.9	8.6	10.7	13.7	17.1	21.3	26.9
抓斗尺寸参数	*A*	mm	2906	3144	3506	3780	4272	3998	4305	4848	5176	5573	6040	7158	8012	8957
	D	mm	2578	2791	3125	3369	3827	3518	3788	4287	4571	4921	5333	6396	7191	8069
	2*l*	mm	1855	1998	2153	2326	2519	2715	2925	3176	3422	3687	4005	4315	4649	5022
	L_m	mm	2531	2727	2938	3174	3438	3704	3991	4334	4670	5032	5464	5888	6344	6853
	B	mm	1868	2012	2168	2343	2537	2734	2945	3199	3447	3713	4033	4345	4682	5058
	a	mm	1010	1088	1172	1266	1371	1478	1592	1729	1863	2007	2180	2349	2531	2734
	b	mm	300	320	340	380	440	500	540	600	750	800	850	940	1000	1080
	c	mm	1667	1797	1936	2091	2265	2440	2629	2856	3077	3315	3600	3879	4179	4515
	d	mm	393	432	504	540	639	504	540	639	675	729	792	1008	1089	1179
	e	mm	590	640	740	800	950	740	800	950	1000	1070	1150	1620	2040	2500

续上表

散货密度（容重）（1.00t/m³）																
钢丝绳直径		mm	18	19	22	24	28	22	24	28	30	32	35	43	46	52
滑轮直径		mm	440	480	560	600	710	560	600	710	750	810	880	1120	1210	1310
钢丝绳托辊直径		mm	60	60	60	60	80	80	80	80	100	100	100	100	120	120
起重机起重量		t	3.2	4.0	5.0	6.3	8.0	10.0	12.5	16.0	20.0	25.0	32.0	40.0	50.0	63.0
抓斗容积		m^3	1.8	2.3	2.9	3.6	4.6	5.7	7.2	9.2	11.5	14.4	18.4	23.1	28.8	36.4
抓斗自重（倍率3）		t	1.4	1.7	2.1	2.7	3.4	4.3	5.3	6.8	8.5	10.6	13.6	16.9	21.2	26.6
抓斗尺寸参数	A	mm	2793	3022	3374	3638	4118	3832	4126	4654	4967	5347	5796	6895	7728	8649
	D	mm	2488	2694	3020	3255	3704	3386	3645	4131	4404	4741	5137	6185	6964	7824
	$2l$	mm	1725	1859	2003	2164	2344	2525	2721	2955	3184	3430	3725	4014	4325	4672
	L_m	mm	2355	2537	2733	2953	3198	3446	3713	4032	4344	4681	5083	5477	5901	6375
	B	mm	1738	1872	2017	2179	2360	2543	2740	2976	3206	3455	3752	4042	4355	4705
	a	mm	939	1012	1090	1178	1276	1375	1481	1609	1733	1867	2028	2185	2354	2543
	b	mm	300	320	340	380	440	500	540	600	750	800	850	940	1000	1080
	c	mm	1551	1671	1801	1945	2107	2270	2446	2656	2862	3084	3349	3608	3888	4200
	d	mm	396	432	504	540	639	504	540	639	675	729	792	1008	1089	1179
	e	mm	590	640	740	800	950	740	800	950	1000	1070	1150	1620	2040	2500
钢丝绳直径		mm	18	19	22	24	28	22	24	28	30	32	35	43	46	52
滑轮直径		mm	440	480	560	600	710	560	600	710	750	810	880	1120	1210	1310
钢丝绳托辊直径		mm	60	60	60	60	80	80	80	80	100	100	100	100	120	120

散货密度（容重）（1.25t/m³）																
起重机起重量		t	3.2	4.0	5.0	6.3	8.0	10.0	12.5	16.0	20.0	25.0	32.0	40.0	50.0	63.0
抓斗容积		m^3	1.5	1.8	2.3	2.9	3.7	4.6	5.8	7.4	9.3	11.6	14.8	18.6	23.2	29.3
抓斗自重（倍率4）		t	1.4	1.7	2.1	2.7	3.4	4.2	5.3	6.7	8.4	10.5	13.4	16.8	21.0	26.4
抓斗尺寸参数	A	mm	2805	3036	3389	3653	4135	3850	4146	4675	4990	5372	5823	6924	7760	8683
	D	mm	2498	2705	3032	3268	3717	3400	3661	4149	4423	4761	5159	6208	6989	7851
	$2l$	mm	1740	1875	2020	2182	2363	2546	2744	2979	3210	3459	3756	4047	4360	4711
	L_m	mm	2374	2558	2756	2977	3225	3475	3744	4066	4380	4720	5125	5522	5950	6428
	B	mm	1525	1644	1771	1913	2072	2233	2405	2612	2815	3032	3293	3548	3823	4130
	a	mm	825	888	957	1034	1120	1207	1300	1412	1521	1639	1780	1918	2066	2232
	b	mm	300	320	340	380	440	500	540	600	750	800	850	940	1000	1080
	c	mm	1564	1685	1816	1962	2125	2289	2466	2679	2886	3109	3377	3638	3920	4235
	d	mm	396	432	504	540	639	504	540	639	675	729	792	1008	1089	1179
	e	mm	590	640	740	800	950	740	800	950	1000	1070	1150	1620	2040	2500
钢丝绳直径		mm	18	19	22	24	28	22	24	28	30	32	35	43	46	52
滑轮直径		mm	440	480	560	600	710	560	600	710	750	810	880	1120	1210	1310
钢丝绳托辊直径		mm	60	60	60	60	80	80	80	80	100	100	100	100	120	120

散货密度(容重)(1.60t/m³)																
起重机起重量		t	3.2	4.0	5.0	6.3	8.0	10.0	12.5	16.0	20.0	25.0	32.0	40.0	50.0	63.0
抓斗容积		m^3	1.2	1.5	1.8	2.3	2.9	3.7	4.6	5.9	7.3	9.2	11.7	14.7	18.4	23.1
抓斗自重(倍率4)		t	1.3	1.7	2.1	2.6	3.3	4.1	5.2	6.6	8.3	10.3	13.2	16.5	20.6	26.0
抓斗尺寸参数	A	mm	2763	2991	3340	3601	4078	3789	4080	4604	4913	5289	5732	6826	7655	8570
	D	mm	2464	2669	2993	3226	3672	3352	3608	4091	4361	4695	5087	6131	6905	7760
	$2l$	mm	1692	1823	1965	2122	2299	2477	2668	2898	3122	3364	3653	3936	4241	4581
	L_m	mm	2309	2488	2681	2896	3137	3380	3641	3954	4260	4590	4985	5371	5787	6251
	B	mm	1411	1520	1638	1769	1916	2064	2224	2416	2603	2804	3045	3281	3535	3819
	a	mm	763	822	885	956	1036	1116	1202	1306	1407	1516	1646	1773	1911	2064
	b	mm	300	320	340	380	440	500	540	600	750	800	850	940	1000	1080
	c	mm	1521	1639	1766	1908	2067	2227	2399	2605	2807	3024	3284	3539	3813	4119
	d	mm	396	432	504	540	639	504	504	639	675	729	792	1008	1089	1179
	e	mm	590	640	740	800	950	740	800	950	1000	1070	1150	1620	2040	2500
钢丝绳直径		mm	18	19	22	24	28	22	24	28	30	32	35	43	46	52
滑轮直径		mm	440	480	560	600	710	560	600	710	750	810	880	1120	1210	1310
钢丝绳托辊直径		mm	60	60	60	60	80	80	80	80	100	100	100	100	120	120
散货密度(容重)(2.00t/m³)																
起重机起重量		t	3.2	4.0	5.0	6.3	8.0	10.0	12.5	16.0	20.0	25.0	32.0	40.0	50.0	63.0
抓斗容积		m^3	0.9	1.2	1.5	1.9	2.4	2.9	3.7	4.7	5.9	7.4	9.4	11.8	14.8	18.6
抓斗自重(倍率4)		t	1.3	1.7	2.1	2.6	3.3	4.1	5.1	6.6	8.2	10.3	13.1	16.4	20.5	25.8
抓斗尺寸参数	A	mm	2695	2917	3261	3515	3985	3689	3972	4486	4787	5153	5585	6667	7483	8384
	D	mm	2410	2610	2930	3158	2598	3272	3522	3998	4260	4586	4969	6004	6768	7612
	$2l$	mm	1614	1739	1874	2024	2193	2362	2545	2764	2978	3209	3485	3754	4045	4370
	L_m	mm	2203	2373	2557	2762	2992	3224	3473	3772	4064	4378	4755	5123	5520	5963
	B	mm	1312	1414	1523	1645	1782	1920	2069	2247	2421	2608	2832	3052	3288	3552
	a	mm	709	764	823	889	963	1038	1118	1214	1308	1410	1531	1649	1777	1920
	b	mm	300	320	340	380	440	500	540	600	750	800	850	940	1000	1080
	c	mm	1451	1564	1685	1820	1971	2124	2288	2485	2677	2885	3133	3375	3637	3928
	d	mm	396	432	504	540	639	504	540	639	675	729	792	1008	1089	1179
	e	mm	590	640	740	800	950	740	800	950	1000	1070	1150	1620	2040	2500
钢丝绳直径		mm	18	19	22	24	28	22	24	28	30	32	35	43	46	52
滑轮直长		mm	440	480	560	600	710	560	600	710	750	810	880	1120	1210	1310
钢丝绳托辊直径		mm	60	60	60	60	80	80	80	80	100	100	100	100	120	120

续上表

散货密度(容重)(2.50t/m^3)																
起重机起重量		t	3.2	4.0	5.0	6.3	8.0	10.0	12.5	16.0	20.0	25.0	32.0	40.0	50.0	63.0
抓斗容积		m^3	0.8	0.9	1.2	1.5	1.9	2.4	3.0	3.8	4.7	5.9	7.6	9.5	11.9	15.0
抓斗自重(倍率5)		t	1.3	1.6	2.0	2.6	3.3	4.1	5.1	6.5	8.1	10.2	13.0	16.2	20.3	25.5
抓斗尺寸参数	A	mm	2672	2893	3234	3487	3954	3655	3936	4447	4744	5107	5535	6614	7425	8323
	D	mm	2391	2590	2908	3135	3573	3245	3493	3966	4226	4549	4929	5961	6722	7563
	$2l$	mm	1588	1711	1844	1992	2157	2324	2504	2719	2930	3157	3428	3693	3979	4300
	L_m	mm	2167	2335	2516	2718	2943	3171	3417	3711	3998	4307	4678	5040	5430	5867
	B	mm	1148	1236	1332	1439	1559	1679	1809	1965	2117	2281	2477	2669	2875	3107
	a	mm	620	668	720	778	842	908	978	1062	1144	1233	1339	1443	1554	1679
	b	mm	300	320	340	380	440	500	540	600	750	800	850	940	1000	1080
	c	mm	1428	1538	1651	1790	1939	2089	2251	2445	2634	2838	3082	3320	3577	3868
	d	mm	396	432	504	540	639	504	540	639	675	729	792	1008	1089	1179
	e	mm	590	640	740	800	950	740	800	950	1000	1070	1150	1620	2040	2500
钢丝绳直径		mm	18	19	22	24	28	22	24	28	30	32	35	43	46	52
滑轮直径		mm	440	480	560	600	710	560	600	710	750	810	880	1120	1210	1310
钢丝绳托辊直径		mm	60	60	60	60	80	80	80	80	100	100	100	100	120	120
散货密度(容重)(3.20t/m^3)																
起重机重量		t	3.2	4.0	5.0	6.3	8.0	10.0	12.5	16.0	20.0	25.0	32.0	40.0	50.0	63.0
抓斗容积		m^3	0.6	0.7	0.9	1.2	1.5	1.9	2.3	3.0	3.7	4.7	6.0	7.5	9.3	11.8
抓斗自重(倍率5)		t	1.3	1.6	2.0	2.6	3.2	4.0	5.1	6.5	8.1	10.1	12.9	16.1	20.1	25.3
抓寸尺寸参数	A	mm	2638	2856	3195	3444	3908	3606	3883	4389	4682	5040	5462	6535	7341	8231
	D	mm	2364	2561	2877	3101	3536	3205	3451	3920	4177	4496	4871	5898	6654	7489
	$2l$	mm	1550	1670	1799	1943	2105	2268	2443	2653	2859	3080	3345	3604	3883	4194
	L_m	mm	2115	2278	2455	2652	2872	3094	3334	3620	3901	4203	4564	4917	5298	5723
	B	mm	997	1074	1157	1250	1354	1459	1571	1707	1839	1981	2151	2318	2497	2698
	a	mm	539	580	625	676	732	788	849	922	994	1071	1163	1253	1350	1458
	b	mm	300	320	340	380	440	500	540	600	750	800	850	940	1000	1080
	c	mm	1393	1501	1617	1747	1892	2039	2196	2385	2570	2769	3007	3240	3490	3771
	d	mm	396	432	504	540	639	504	540	639	675	729	792	1008	1089	1179
	e	mm	590	640	740	800	950	740	800	950	1000	1070	1150	1620	2040	2500
钢丝绳直径		mm	18	19	22	24	28	22	24	28	30	32	35	43	46	52
滑轮直径		mm	440	480	560	600	710	560	600	710	750	810	880	1120	1210	1310
钢丝绳托辊直径		mm	60	60	60	60	80	80	80	80	100	100	100	100	120	120

注:1. 起重机起重量8.0t以下抓斗为双索抓斗,10t以上抓斗为四索抓斗;

2. 25t以上抓斗参数为参考值;

3. 钢丝绳托辊为井辊字8.0t以上抓斗托辊轴承必须为滚动轴承。

YW 系列电力液压块式制动器的性能及主要尺寸(JB/T 6406—1992)　　附表 6-1

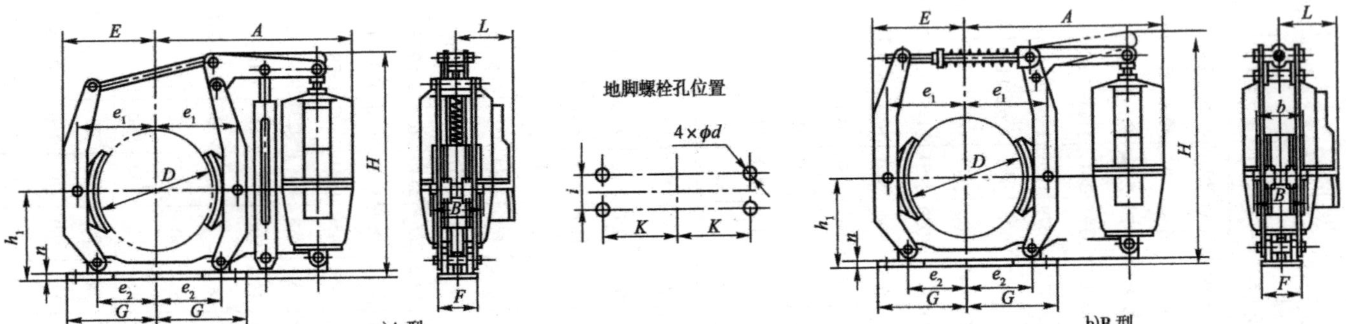

a)A 型　　b)B 型

制动器规格	额定退距 ε(mm)	额定制动转矩 (N·m)			基本尺寸 (mm)															
		1①	2①	3①	D	h_1	K	i	d	n≥	e_1	e_2	b	F	G	B≤	E≤	H≤	A≤	L≤
160~220	1.0	63	80	100	160	132	130	55	14	6	115	88	65	90	150	125	135	400	410	120
200~220		90	112	140	200	160	145	55	14	8	140	108	70	90	165	125	165	490	450	120
200~320		140	180	224																
250~220		125	160	200	250	190	180	65	18	10	170	133	90	100	200	150	200	570	500	120
250~300		160	200	250															540	157
250~500		280	355	450																

制动器规格	额定退距 ε(mm)	额定制动转矩 (N·m)			基本尺寸 (mm)															
		1①	2①	3①	D	h_1	K	i	d	$n\geqslant$	e_1	e_2	b	F	G	$B\leqslant$	$E\leqslant$	$H\leqslant$	$A\leqslant$	$L\leqslant$
315~300	1.25	200	250	315															550	120
315~500		355	450	560	315	225	220	80	18	10	212	168	110	115	245	190	245	600		
315~800		560	710	900															590	157
400~500		450	560	710																157
400~800		710	900	1120	400	280	270	100	22	12	260	210	140	140	300	220	300	790	680	
400~1250		1120	1400	1800																148
500~800		900	1120	1400																157
500~1250		1400	1800	2240	500	335	325	130	22	16	320	262	180	180	365	270	365	845	760	
500~2000		2240	2800	3550																148
630~1250	1.6	1800	2240	2800																
630~2000		2800	3550	4500	630	420	400	170	27	20	390	327	225	220	450	320	450	1020	860	148
630~3000		4000	5000	6300																
710~2000		3150	4000	5000	710	470	450	190	27	20	440	370	255	240	500	355	510	1100	930	148
710~3000		4500	5600	7100																
800~3000		5000	6300	8000	800	530	520	210	27	22	510	422	280	280	570	410	580	1200	985	148

注:1. 额定退距一般为最小退距,允许的最大退距由产品生产厂自行确定,但应有明确的规定。

2. 基本尺寸 h_1、K、i 等重要尺寸的公差应不大于 IT12 级。

3. ①为制动转矩代号。

附表 6-2

YWZ_9 系列电力液压推杆制动器的性能及尺寸

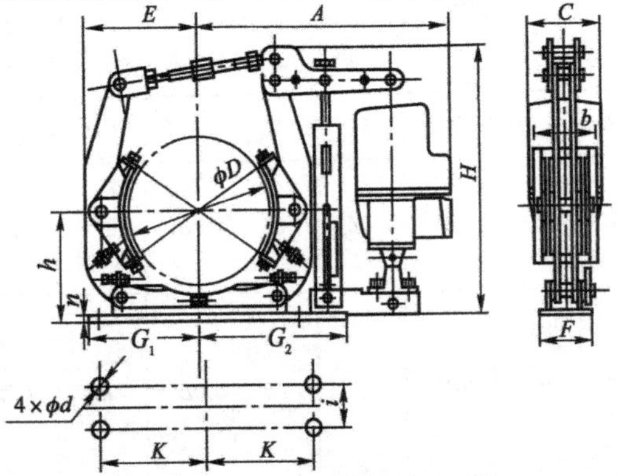

YWZ_9电力液压推杆制动器

型号		型号		制动轮径 D(mm)	退距 ε(mm)	额定制动转矩 (N·m)	尺寸													质量 (kg)
制动器	匹配推动器	制动器	匹配推动器				h	K	i	d	n	b	F	G_1	G_2	E	H	A	C	
YWZ_9-200/23	Ed 23/5	YWZ_9-200/T200	YTD_5-220/50	200	0.8	112-224	160	145	55	14	10	80	90	165	255	167	490	453	160	35
YWZ_9-200/30	Ed 30/5	YWZ_9-200/T300	YTD_5-300/50			140-315														38
YWZ_9-250/23	Ed 23/5	YWZ_9-250/T220	YTD_5-220/50	250	1.0	140-224	190	180	65	18	12	100	100	200	285	205	550	510	160	42
YWZ_9-250/30	Ed 30/5	YWZ_9-250/T300	YTD_5-300/50			180-315														45
YWZ_9-250/50	Ed 50/6	YWZ_9-250/T500	YTD_5-500/60			315-500												550	190	50
YWZ_9-300/30	Ed 30/5	YWZ_9-300/T300	YTD_5-300/50	300	1.25	250-320	225	220	80	18	12	125	115	245	315	247	580	570	160	70
YWZ_9-300/50	Ed 50/6	YWZ_9-300/T500	YTD_5-500/60			400-600												600	195	75
YWZ_9-300/80	Ed 80/6	YWZ_9-300/T800	YTD_5-800/60			630-750														80
YWZ_9-315/30	Ed 30/5	YWZ_9-315/T300	YTD_5-300/50	315	1.25	250-400												570	160	70
YWZ_9-315/50	Ed 50/6	YWZ_9-315/T500	YTD_5-500/60			400-630												600	195	75
YWZ_9-315/80	Ed 80/6	YWZ_9-315/T800	YTD_5-800/60			630-1000														80

续上表

型号		型号		制动轮径 D(mm)	退距 ε(mm)	额定制动转矩 (N·m)	尺寸													质量 (kg)
制动器	匹配推动器	制动器	匹配推动器				h	K	i	d	n	b	F	G_1	G_2	E	H	A	C	
YWZ_9 -400/50	Ed 50/6	YWZ_9 -400/T500	YTD_5 -500/60			400 - 800											710	685	195	95
YWZ_9 -400/80	Ed 80/6	YWZ_9 -400/T800	YTD_5 -800/60	400	1.25	630 - 1250	280	270	100	22	14	160	140	300	400	302				110
YWZ_9 -400/121	Ed 121/6	YWZ_9 -400/T1250	YTD_5 -1250/60			1000 - 2000											770	675	240	125
YWZ_9 -500/80	Ed 80/6	YWZ_9 -500/T800	YTD_5 -800/60			800 - 1400												775	195	175
YWZ_9 -500/121	Ed 121/6	YWZ_9 -500/T1250	YTD_5 -1250/60	500	1.25	1120 - 2240	335	325	130	22	16	200	180	365	505	372	840	765	240	190
YWZ_9 -500/201	Ed 201/6	YWZ_9 -500/T2000	YTD_5 -2000/60			2000 - 3600														190
YWZ_9 -600/121	Ed 121/6	YWZ_9 -600/T1250	YTD_5 -1250/60			1800 - 2600														300
YWZ_9 -600/201	Ed 201/6	YWZ_9 -600/T2000	YTD_5 -2000/60	600	1.6	2500 - 3700														300
YWZ_9 -600/301	Ed 301/6	YWZ_9 -600/T3000	YTD_5 -3000/60			4000 - 6000	425	400	170	27	20	250	220	450	580	460	1025	900	240	305
YWZ_9 -630/121	Ed 121/6	YWZ_9 -630/T1250	YTD_5 -1250/60			1800 - 2800														300
YWZ_9 -630/201	Ed 201/6	YWZ_9 -630/T2000	YTD_5 -2000/60	630	1.6	2500 - 4000														300
YWZ_9 -630/301	Ed 301/6	YWZ_9 -630/T3000	YTD_5 -3000/60			4000 - 6300														305
YWZ_9 -700/201	Ed 201/6	YWZ_9 -700/T2000	YTD_5 -2000/60	700	1.6	3150 - 4800														420
YWZ_9 -700/301	Ed 301/6	YWZ_9 -700/T3000	YTD_5 -3000/60			5000 - 7700	475	450	190	27	25	280	240	500	630	510	1120	980	240	425
YWZ_9 -710/201	Ed 201/6	YWZ_9 -710/T2000	YTD_5 -2000/60	710	1.6	3150 - 5000														400
YWZ_9 -710/301	Ed 301/6	YWZ_9 -7100/T3000	YTD_5 -3000/60			5000 - 8000														425

附表七　联轴器

LT 型弹性套柱销联轴器的基本参数和主要尺寸(GB/T 4323—2002)(mm)

标记示例:LT3 弹性套柱销联轴器　主动端:Z 型轴孔,C 型键槽,d = 16,L = 30

从动端:J 型轴孔,B 型键槽,d = 18,L = 42　LT3 联轴器$\frac{ZC16 \times 30}{JB18 \times 42}$GB/T 4323—2002

附表 7-1

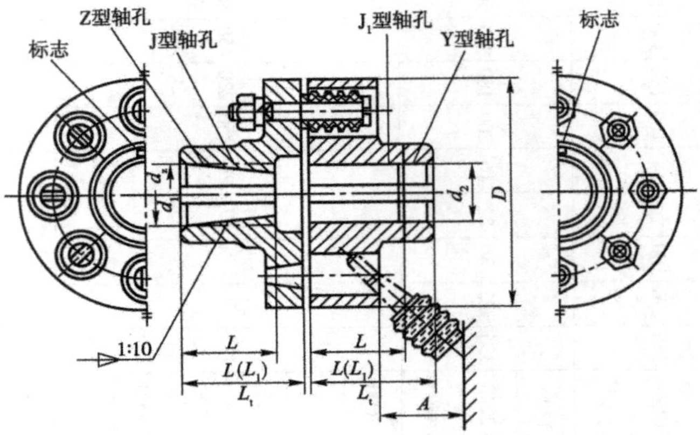

型号	公称转矩 T	许用转速 n		轴孔直径 d_1 d_2 d_Z		轴孔长度 Y 型	轴孔长度 J、J_1、Z 型		$L_{推荐}$	D	A	质量	转动惯量	许用安装补偿	
		铁	钢	铁	钢	L	L_1	L						ΔY	$\Delta\alpha$
	N·m	r/min		mm								kg	kg·m²	mm	
LT1	6.3	6600	8800	9		20	14		25	71	18	0.82	0.0005	0.1	45′
				10、11		25	17								
				12	12、14	32	20								
LT2	16	5500	7600	12、14					35	80		1.20	0.0008		
				16	16、18、19	42	30	42							
LT3	31.5	4700	6300	16、18、19					38	95	35	2.20	0.0023		
				20	20、22	52	38	52							
LT4	63	4200	5700	20、22、24					40	106		2.84	0.0037		
					25、28	62	44	62							
LT5	125	3600	4600	25、28					50	130	45	6.05	0.012	0.15	
				30、32	30、32、35	82	60	82							

续上表

型号	公称转矩 T	许用转速 n		轴孔直径 d_1 d_2 d_Z		轴孔长度				D	A	质量	转动惯量	许用安装补偿	
						Y 型	J、J_1、Z 型		$L_{推荐}$						
		铁	钢	铁	钢	L	L_1	L						ΔY	$\Delta\alpha$
	N·m	r/min		mm								kg	kg·m²	mm	
LT6	250	3300	3800	32、35、38		82	60	82	55	160	45	9.75	0.028	0.15	30′
				40	40、42	112	84	112							
LT7	500	2800	3600	40、42、45	40、42、45、48				65	190		14.01	0.055		
LT8	710	2400	3000	45、48、50、55					70	224	65	23.12	0.134	0.2	
					56										
					60、63	142	107	142							
LT9	1000	2100	2850	50、55、56		112	84	112	80	250		30.69	0.213		
				60、63		142	107	142							
					65、70、71										
LT10	2000	1700	2300	63、65、70、71、75					100	315	80	61.40	0.660		
				80、85	80、85、90、95	172	132	172							
LT11	4000	1350	1800	80、85、90、95					115	400	100	120.70	2.122	0.25	15′
				100、110		212	167	212							
LT12	8000	1100	1450	100、110、120、125					135	475	130	210.34	5.390		
					130	252	202	252							
LT13	16000	800	1150	120、125		212	167	212	160	600	180	419.36	17.58	0.3	
				130、140、150		252	202	252							
				160	160、170	302	242	302							

注:1. 优先选用 $L_{推荐}$ 轴孔长度。

2. 重量、转动惯量按材料为钢、最大轴孔、$L_{推荐}$ 计算的近似值。

3. 联轴器许用运转补偿量为安装补偿量的 1 倍。

4. 联轴器短时过载不得超过公称转矩的 2 倍。

LTZ 型带制动轮弹性套注销联轴器的基本参数和主要尺寸（GB/T 4323—2002）（mm）

标记示例：主动端：J 型轴孔，B 型键槽，$d_1=65$，$L=142$

从动端：J 型轴孔，B 型键槽，$d_2=70$，$L=107$ LTZ6 联轴器 $\frac{JB65\times142}{JB70\times107}$ GB/T 4323—2002

附表 7-2

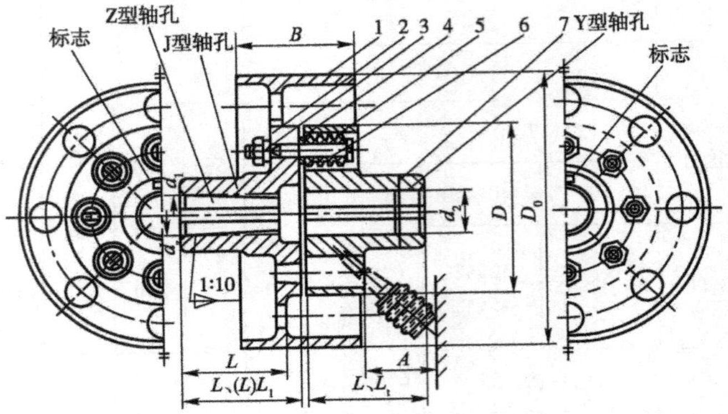

型号	公称转矩 T (N·m)	许用转速 n (r/min)	轴孔直径 d_1 d_2 d_Z	轴孔长度 Y 型 L	轴孔长度 J、J_1、Z 型 L	轴孔长度 J、J_1、Z 型 L_1	$L_{推荐}$	D_0	D	B	S	A ≥	质量 (kg)	转动惯量 (kg·m²)	许用安装补偿 ΔY (mm)	许用安装补偿 $\Delta\alpha$
LTZ1	125	3800	25、28	62	44	62	50	200	130	85	5	45	12.507	0.04097	0.15	45′
			30、32、35	82	60	82										
LTZ2	250	3000	32、35 38				55	250	160	105			19.8803	0.1037		30′
			40、42	112	84	112										
LTZ3	500	2400	40、42 45、48				65	315	190	132			32.927	0.24964		
LTZ4	710		45、48 50、55、56				70		224		6	65	41.272	0.34064	0.2	
			60、63	142	107	142										
LTZ5	1000		50、55、56	112	84	112	80		250	168			53.162	0.40219		
			60、63 65、70	142	107	142										
LTZ6	2000	1900	63 65、70、71、75				100	400	315		8	80	88.029	1.26898		
			80、85、90、95	172	132	172										

续上表

型号	公称转矩 T	许用转速 n	轴孔直径 d_1 d_2 d_Z	轴孔长度 Y 型 L	轴孔长度 J、J_1、Z 型 L	轴孔长度 J、J_1、Z 型 L_1	$L_{推荐}$	D_0	D	B	S	A ≥	质量	转动惯量	许用安装补偿 ΔY	许用安装补偿 Δα
	N·m	r/min	mm										kg	kg·m^2	mm	
LTZ7	4000	1500	80、85、90、95	172	132	172	115	500	400	210	10	100	179.46	4.23087	0.25	15′
			100、110	212	167	212										
LTZ8	8000	1200	100、110 120、125	252	202	252	135	630	475	265	12	130	338.71	12.2353		
			130	212	167	212										
LTZ9	16000	1000	120、125	252	202	252	160	710	600	298	14	180	576.69	29.7103	0.3	
			130、140、150	302	242	302										
			160、170													

从动端:J 型轴孔,B 型键槽,$d_2 = 70$,$L = 107$　LTZ6 联轴器$\frac{JB65 \times 142}{JB70 \times 107}$ GB/T 4323—2002

注:S——两半联轴器端面间隙。

GⅡCL 型、GⅡCLZ 型鼓形齿式联轴器的基本参数和主要尺寸

(JB/T 8854.2—2001)(mm)

附表 7-3

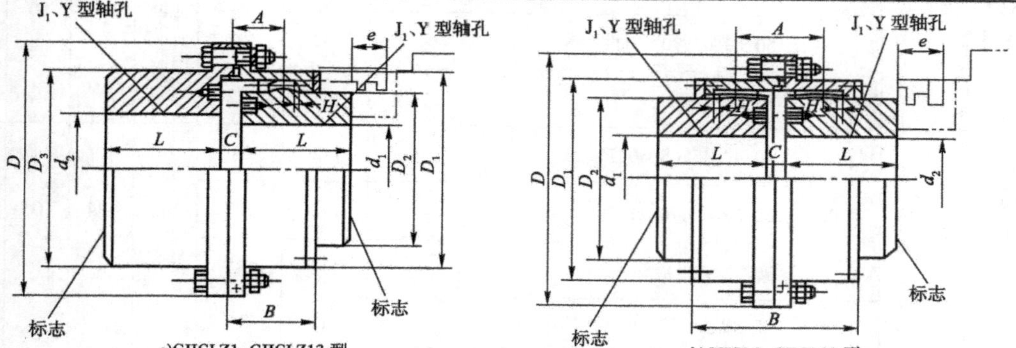

a)GⅡCLZ1~GⅡCLZ13 型　　b)GⅡCL2~GⅡCL13 型

标记为:GⅡCL4 型联轴器$\frac{J_1 55 \times 48}{J_1 60 \times 107}$ 主动端:J_1 型轴孔,A 型键槽,$d_1 = 55$mm,$L = 84$mm
从动端:J_1 型轴孔,A 型键槽,$d_2 = 60$mm,$L = 107$mm

型号	公称转矩 T (N·m)	许用转速 n (r/min)	轴孔直径 d_1、d_2	轴孔长度 Y 型	轴孔长度 J_1 型	D	D_1	D_2	D_3
GⅡCL1 / GⅡCLZ1	400	4000	16、18、19	42		109	71	50	71
			20、22、24	52	38				
			25、28	62	44				
			30、32、35、38*	82	60				
			40*、42*、45*、48*、50*	112	84				

续上表

型号	公称转矩 T (N·m)	许用转速 n (r/min)	轴孔直径 d_1、d_2	轴孔长度		D	D_1	D_2	D_3
				Y 型	J_1 型				
GⅡCL2 GⅡCLZ2	710	4000	20、22、24	52	38	120	83	60	83
			25、28	62	44				
			30、32、35、38	82	60				
			40、42、45、48*、50*、55*、56*	112	84				
			60*	142	107				
GⅡCL3 GⅡCLZ3	1120	4000	22、24	52	38	133	95	75	95
			25、28	62	44				
			30、32、35、38	82	60				
			40、42、45、48、50、55、56*	112	84				
			60*、63*、65*、70*	142	107				
GⅡCL4 GⅡCLZ4	1800	4000	38	82	60	149	116	90	116
			40、42、45、48、50、55、56	112	84				
			60、63、65、70*、71*、75*	142	107				
			80*	172	132				
GⅡCL5 GⅡCLZ5	3150	4000	40、42、45、48、50、55、56	112	84	167	134	105	134
			60、63、65、70、71、75	142	107				
			80*、85*、90*	172	132				
GⅡCL6 GⅡCLZ6	5000	4000	45、48、50、55、56	112	84	187	153	125	153
			60、63、65、70、71、75	142	107				
			80、85、90、95*	172	132				
			100*	212	167				
GⅡCL7 GⅡCLZ7	7100	3750	50、55、56	112	84	204	170	140	170
			60、63、65、70、71、75	142	107				
			80、85、90、95	172	132				
			100、110*	212	167				

续上表

型号	公称转矩 T (N·m)	许用转速 n (r/min)	轴孔直径 d_1、d_2	轴孔长度		D	D_1	D_2	D_3
				Y型	J_1型				
GⅡCL8 GⅡCLZ8	10000	3300	55、56	112	84	230	186	155	186
			60、63、65、70、71、75	142	107				
			80、85、90、95	172	132				
			100、110、120*、125*	212	167				
GⅡCL9 GⅡCLZ9	16000	3000	60、63、65、70、71、75	142	107	260	212	180	212
			80、85、90、95	172	132				
			100、110、120、125	212	167				
			130、140*、150*	252	202				
GⅡCL10 GⅡCLZ10	22400	2650	65、70、71、75	142	107	292	239	200	239
			80、85、90、95	172	132				
			100、110、120、125	212	167				
			130、140、150	252	202				
GⅡCL11 GⅡCLZ11	35500	2350	70①、71①、75①	142	107	325	276	235	250
			80①、85①、90①、95①	172	132				
			100①、110、120、125	212	167				
			130、140、150	252	202				
			160、170	302	242				
GⅡCL12 GⅡCLZ12	50000	2100	75①	142	107	362	313	270	286
			80①、85①、90①、95①	172	132				
			100①、110①、120①、125①	212	167				
			130、140、150	252	202				
			160、170	302	242				
			190、200	352	282				

续上表

型号	C	H	A	B	e	GⅡCL 转动惯量 (kg·m²)	GⅡCL 质量 (kg)	GⅡCLZ 转动惯量 (kg·m²)	GⅡCLZ 质量 (kg)	许用径向位移 ΔY
GⅡCL1 / GⅡCLZ1	8	2	36②/18	76②/38	38	0.014	5.1	0.016	3.5	1.0
						0.014	3.0	0.015	3.3	
						0.014	3.1	0.016	3.5	
						0.015	3.6	0.020	4.1	
								0.028	5.7	
GⅡCL2 / GⅡCLZ2	8	2	42/21	88/44	42	0.023	4.9	0.027	5.3	1.0
						0.022	4.5	0.025	4.8	
						0.024	5.1	0.028	5.7	
						0.027	6.2	0.032	7.2	
								0.040	9.2	
GⅡCL3 / GⅡCLZ3	8	2	44/22	90/45	42	0.042	7.5	0.036	3.8	1.1
						0.040	7.0	0.044	7.8	
						0.040	6.9	0.044	7.6	
						0.045	8.6	0.053	9.8	
								0.067	12.5	
GⅡCL4 / GⅡCLZ4	8	2	49/24.5	98/49	42	0.080	10.1	0.085	10.5	1.2
						0.089	12.2	0.102	13.5	
						0.098	14.5	0.156	16.5	
								0.195	19.4	
GⅡCL5 / GⅡCLZ5	10	2.5	55/27.5	108/54	42	0.151	16.4	0.176	18.1	1.4
						0.173	19.6	0.207	23.1	
								0.250	28.5	
GⅡCL6 / GⅡCLZ6	10	2.5	56/28	110/55	42	0.265	22.1	0.300	23.9	1.4
						0.300	26.5	0.356	29.3	
						0.337	31.2	0.417	35.4	
								0.426	36.2	
GⅡCL7 / GⅡCLZ7	10	2.5	60/30	118/59	42	0.405	27.6	0.458	29.6	1.5
						0.460	33.1	0.534	36.3	
						0.519	39.2	0.628	43.8	
						0.602	47.5	0.760	54.3	

续上表

型号	C	H	A	B	e	GⅡCL		GⅡCLZ		许用径向位移 ΔY
						转动惯量 (kg·m²)	质量 (kg)	转动惯量 (kg·m²)	质量 (kg)	
GⅡCL8 GⅡCLZ8	12	3	67 33.5	142 71	47	0.668	35.5	0.734	37.8	1.7
						0.750	42.3	0.860	46.1	
						0.839	49.7	1.00	54.9	
						0.964	60.2	1.19	67.4	
GⅡCL9 GⅡCLZ9	12	3	69 34.5	146 73	47	1.264	55.6	1.43	60.0	1.8
						1.425	65.6	1.66	71.8	
						1.652	79.6	2.00	88.0	
						1.878	95.8	2.30	104.4	
GⅡCL10 GⅡCLZ10	14	3.5	78 39	164 82	47	2.05	72.0	2.32	76.1	2.0
						2.30	84.4	2.69	91.1	
						2.64	101	3.21	111.5	
						2.98	119	3.74	133.5	
GⅡCL11 GⅡCLZ11	14	3.5	81 40.5	170 85	47	5.81	97.0			2.1
						4.94	114			
						4.94	138	4.90		
						5.60	161	5.64	162	
						6.35	189	6.50	193	
GⅡCL12 GⅡCLZ12	16	4	89 44.5	190 95	49	6.49	128			2.3
						7.31	150			
						8.45	205			
						9.60	213	9.56	213	
						10.91	248	11.05	268	
						12.20	285	12.37	290	

注:1. 转动惯量与重量按 J_1 型轴伸计算并包括轴伸在内。

2. 轴孔直径栏中标注"＊"号的轴孔尺寸,只适用 GⅡCLZ 型的 d_2 选用。

3. ①仅适用 GⅡCL 型。

②上面一行数字为 GⅡCL 型,下面一行数字为 GⅡCLZ 型的值。

附表八　滚动轴承

深沟球轴承（GB/T 276—1994）　　附表 8-1

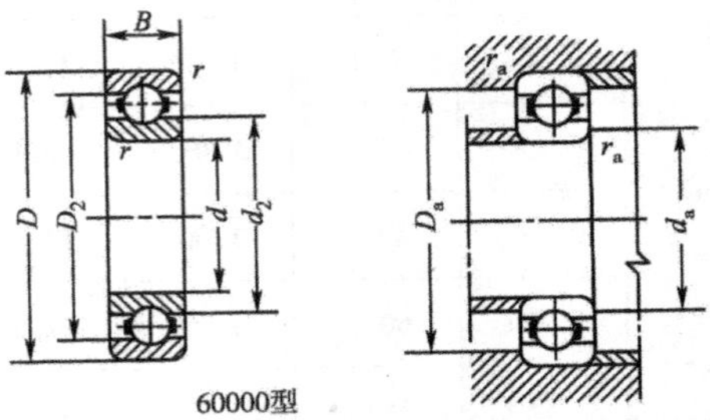

60000型

$P_r = XF_r + YF_a$

$P_{or} = 0.6F_r + 0.5F_a$

当 $P_{or} < F_r$，时 $P_{or} = F_r$

基本尺寸			安装尺寸			基本额定载荷		极限转速		质量	轴承代号
d	D	B	d_a(min)	D_a(max)	r_a(max)	C_r	C_{0r}	脂	油	m≈	6000 型
mm			mm			kN		r/min		kg	—
	65	7	52.4	62.6	0.3	6.6	6.1	8500	10000	0.043	61810
	72	12	55	68	0.6	14.5	11.7	8000	9500	0.122	61910
	80	10	55	75	0.6	16.1	13.1	8000	9500	0.166	16010
50	80	16	56	74	1	22.0	16.2	7000	9000	0.250	6010
	90	20	57	83	1	35.0	23.2	6700	8500	0.463	6210
	110	27	60	100	2	61.8	38.0	6000	7000	1.082	6310
	130	31	62	118	2.1	92.2	55.2	5300	6300	1.855	6410
	72	9	57.4	69.6	0.3	9.1	8.4	8000	9500	0.070	61811
	80	13	61	75	1	15.9	13.2	7500	9000	0.170	61911
	90	11	60	85	0.6	19.4	16.2	7000	8500	0.207	16011
55	90	18	62	83	1	30.2	21.8	7000	8500	0.362	6011
	100	21	64	91	1.5	43.2	29.2	6000	7500	0.603	6211
	120	29	65	110	2	71.5	44.8	5600	6700	1.367	6311
	140	33	67	128	2.1	100	62.5	4800	6000	2.316	6411
	78	10	62.4	75.6	0.3	9.1	8.7	7000	8500	0.093	61812
	85	13	66	80	1	16.4	14.2	6700	8000	0.181	61912
	95	11	65	90	0.6	19.9	17.5	6300	7500	0.224	16012
60	95	18	67	89	1	31.5	24.2	6300	7500	0.385	6012
	110	22	69	101	1.5	47.8	32.8	5600	7000	0.789	6212
	130	31	72	118	2.1	81.8	51.8	5000	6000	1.710	6312
	150	35	72	138	2.1	109	70.0	4500	5600	2.811	6412
	85	10	69	81	0.6	11.9	11.5	6700	8000	0.13	61813
	90	13	71	85	1	17.4	16.0	6300	7500	0.196	61913
	100	11	70	95	0.6	20.5	18.6	6000	7000	0.241	16013
65	100	18	72	93	1	32.0	24.8	6000	7000	0.410	6013
	120	23	74	111	1.5	57.2	40.0	5000	6300	0.990	6213
	140	33	77	128	2.1	93.8	60.5	4500	5300	2.100	6313
	160	37	77	148	2.1	118	78.5	4300	5300	3.342	6413
	90	10	74	86	0.6	12.1	11.9	6300	7500	0.138	61814
	100	16	76	95	1	23.7	21.1	6000	7000	0.336	61914
	110	13	75	105	0.6	27.9	25.0	5600	6700	0.386	16014
70	110	20	77	103	1	38.5	30.5	5600	6700	0.575	6014
	125	24	79	116	1.5	60.8	45.0	4800	6000	1.084	6214
	150	35	82	138	2.1	105	68.0	4300	5000	2.550	6314
	180	42	84	166	2.5	140	99.5	3800	4500	4.896	6414

续上表

基本尺寸			安装尺寸			基本额定载荷		极限转速		质量	轴承代号
d	D	B	d_a(min)	D_a(max)	r_a(max)	C_r	C_{0r}	脂	油	$m\approx$	6000 型
mm			mm			kN		r/min		kg	—
75	95	10	79	91	0.6	12.5	12.8	6000	7000	0.147	61815
	105	16	81	100	1	24.3	22.5	5600	6700	0.355	61915
	115	13	80	110	0.6	28.7	26.8	5300	6300	0.411	16015
	115	20	82	108	1	40.2	33.2	5300	6300	0.603	6015
	130	25	84	121	1.5	66.0	49.5	4500	5600	1.171	6215
	160	37	87	148	2.1	113	76.8	4000	4800	3.050	6315
	190	45	89	176	2.5	154	115	3600	4300	5.739	6415
80	100	10	84	96	0.6	12.7	13.3	5600	6700	0.155	61816
	110	16	86	105	1	24.9	23.9	5300	6300	0.375	61916
	125	14	85	120	0.6	33.1	31.4	5000	6000	0.539	16016
	125	22	87	118	1	47.5	39.8	5000	6000	0.821	6016
	140	26	90	130	2	71.5	54.2	4300	5300	1.448	6216
	170	39	92	158	2.1	123	86.5	3800	4500	3.610	6316
	200	48	94	186	2.5	163	125	3400	4000	6.752	6416
85	110	13	90	105	1	19.2	19.8	5000	6300	0.245	61817
	120	18	92	113.5	1	31.9	29.7	4800	6000	0.507	61917
	130	14	90	125	0.6	34	33.3	4500	5600	0.568	16017
	130	22	92	123	1	50.8	42.8	4500	5600	0.848	6017
	150	28	95	140	2	83.2	63.8	4000	5000	1.803	6217
	180	41	99	166	2.5	132	96.5	3600	4300	4.284	6317
	210	52	103	192	3	175	138	3200	3800	7.933	6417
90	115	13	95	110	1	19.5	20.5	4800	6000	0.258	61818
	125	18	97	118.5	1	32.8	31.5	4500	5600	0.533	61918
	140	16	96	134	1	41.5	39.3	4300	5300	0.671	16018
	140	24	99	131	1.5	58.0	49.8	4300	5300	1.10	6018
	160	30	100	150	2	95.8	71.5	3800	4800	2.17	6218
	190	43	104	176	2.5	145	108	3400	4000	4.97	6318
	225	54	108	207	3	192	158	2800	3600	9.56	6418
95	120	13	100	115	1	19.8	21.3	4500	5600	0.27	61819
	130	18	102	124	1	33.7	33.3	4300	5300	0.56	61919
	145	16	101	139	1	42.7	41.9	4000	5000	0.71	16019
	145	24	104	136	1.5	57.8	50.0	4000	5000	1.15	6019
	170	32	107	158	2.1	110	82.8	3600	4500	2.62	6219
	200	45	109	186	2.5	157	122	3200	3800	5.74	6319
100	125	13	105	120	1	20.1	22.0	4300	5300	0.28	61820
	140	20	107	133	1	42.7	41.9	4000	5000	0.77	61920
	150	16	106	144	1	43.8	44.3	3800	4800	0.74	16020
	150	24	109	141	1.5	64.5	56.2	3800	4800	1.18	6020
	180	34	112	168	2.1	122	92.8	3400	4300	3.19	6220
	215	47	114	201	2.5	173	140	2800	3600	7.09	6320
	250	58	118	232	3	223	195	2400	3200	12.9	6420

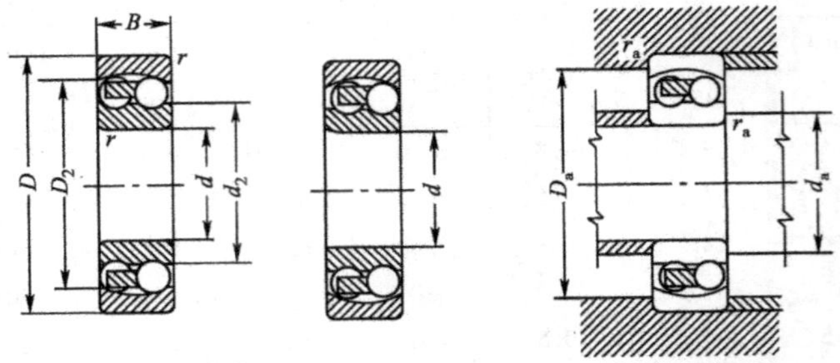

圆柱孔
10000(TN1,M型)

圆锥孔(锥度1:2)
10000K(KTN1,KM型)

$P_r = F_r + Y_1 F_a$ 当 $F_a/F_r \leqslant e$

$P_r = 0.65F_r + Y_2 F_a$ 当 $F_a/F_r > e$

$P_{or} = F_r + Y_0 F_a$

基本尺寸			安装尺寸			计算系数				基本额定载荷		极限转速		质量	轴承代号	
d	D	B	d_a min	D_a max	r_a max	e	Y_1	Y_2	Y_0	C_r	C_{or}	脂	油	m ≈	圆柱孔 10000 (TN1,M)型	圆锥孔 10000K (KTN1,KM)型
mm			mm			—				kN		r/min		kg	—	
50	90	20	57	83	1	0.20	3.1	4.8	3.3	22.8	8.08	6300	8000	0.54	1210	1210K
	90	20	57	83	1	0.21	3.0	4.6	3.1	26.5	9.5	6300	8000	0.548	1210TN1	1210KTN1
	90	20	57	83	1	0.29	2.2	3.4	2.3	23.2	8.45	6300	8000	0.68	2210	2210K
	90	23	57	83	1	0.24	2.7	4.1	2.8	33.5	11.2	6300	8000	0.594	2210TN1	2210KTN1
	110	27	60	100	2	0.24	2.7	4.1	2.8	43.2	14.2	5600	6700	1.21	1310	1310K
	110	27	60	100	2	0.24	2.7	4.1	2.8	43.8	15.2	5600	6700	1.297	1310TN1	1310KTN1
	110	40	60	100	2	0.43	1.5	2.3	1.6	64.5	19.3	5000	6300	1.64	2310	2310K
	110	40	60	100	2	0.34	1.9	2.9	2.0	64.8	20.2	5000	6300	1.835	2310TN1	2310KTN1
60	110	22	69	101	1.5	0.20	3.2	5.0	3.4	26.8	10.0	6000	7100	0.72	1212	1211K
	110	22	69	101	1.5	0.19	3.3	5.1	3.4	27.8	10.8	6000	7100	0.715	1212TN1	1211KTN1
	110	28	69	101	1.5	0.28	2.3	3.5	2.4	26.8	9.95	6000	7100	0.81	2212	2211K
	110	28	69	101	1.5	0.24	2.6	4.0	2.7	48.2	17.2	5300	6300	1.122	2212TN1	2212KTN1
	130	31	72	118	2.1	0.23	2.8	4.3	2.9	57.2	20.8	4500	5600	1.96	1312	1312K
	130	31	72	118	2.1	0.23	2.8	4.3	2.9	58.2	21.2	4500	5600	2.019	1312TN1	1312KTN1
	130	46	72	118	2.1	0.41	1.6	2.5	1.6	86.8	27.5	4300	5300	2.6	2312	2312K
	130	46	72	118	2.1	0.33	1.9	3.0	2.0	87.5	28.2	4300	5300	2.912	2312TN1	2312KTN1
65	120	23	74	111	1.5	0.17	3.7	5.7	3.9	31.0	12.5	4800	6000	0.92	1213	1213K
	120	23	74	111	1.5	0.18	3.6	5.6	3.8	35.0	13.8	4800	6000	1.152	1213TN1	1213KTN1
	120	31	74	111	1.5	0.28	2.3	3.5	2.4	43.5	16.2	4800	6000	1.5	2213	2213K
	120	31	74	111	1.5	0.24	2.6	4.0	2.7	56.8	21.25	4800	6000	1.504	2213TN1	2213KTN1
	140	33	77	128	2.1	0.23	2.8	4.3	2.9	61.8	22.8	4300	5300	2.39	1313	1313K
	140	33	77	128	2.1	0.23	2.7	4.2	2.9	65.8	24.2	4300	5300	2.533	1313TN1	1313KTN1
	140	48	77	128	2.1	0.38	1.7	2.6	1.8	110	32.5	3600	4500	3.9	2313	2313K
	140	48	77	128	2.1	0.32	2.0	3.1	2.1	97.2	31.8	3800	4800	3.472	2313TN1	2313KTN1

续上表

基本尺寸			安装尺寸			计算系数				基本额定载荷		极限转速		质量	轴承代号	
d	D	B	d_a min	D_a max	r_a max	e	Y_1	Y_2	Y_0	C_r	C_{or}	脂	油	m ≈	圆柱孔 10000 (TN1,M)型	圆锥孔 10000K (KTN1,KM)型
mm			mm			—				kN		r/min		kg	—	
70	125	24	79	116	1.5	0.18	3.5	5.4	3.7	24.5	13.5	4800	5600	1.29	1214	1214K
	125	24	79	116	1.5	0.18	3.5	5.4	3.7	34.5	13.5	4800	5600	1.345	1214M	1214KM
	125	31	79	116	1.5	0.27	2.4	3.7	2.5	44.0	17.0	4500	5600	1.62	2214	2214K
	125	31	79	116	1.5	0.23	2.7	4.2	2.9	54.2	20.8	4500	5600	1.575	2214TN1	2214KTN1
	150	35	82	138	2.1	0.22	2.8	4.4	2.9	74.5	27.5	4000	5000	3.0	1314	1314K
	150	35	82	138	2.1	0.23	2.8	4.3	2.9	75.0	28.5	4000	5000	3.267	1314M	1314KM
	150	51	82	138	2.1	0.38	1.7	2.6	1.8	110	37.5	3600	4500	3.9	2314	2314K
	150	51	82	138	2.1	0.37	1.7	2.6	1.8	112	37.2	3600	4500	5.358	2314M	2314KM
75	130	25	84	121	1.5	0.17	3.6	5.6	3.8	38.8	15.2	4300	5300	1.35	1215	1215K
	130	25	84	121	1.5	0.17	3.7	5.7	3.8	38.8	15.5	4300	5300	1.461	1215M	1215KM
	130	31	84	121	1.5	0.25	2.5	3.9	2.6	44.2	18.0	4300	5300	1.72	2215	2215K
	130	31	84	121	1.5	0.22	2.9	4.4	3.0	52.8	20.2	4300	5300	1.627	2215TN1	2215KTN1
	160	37	87	148	2.1	0.22	2.8	4.4	3.0	79.0	29.8	3800	4500	3.6	1315	1315K
	160	37	87	148	2.1	0.22	2.8	4.4	3.0	81.5	31.5	3800	4500	3.911	1315M	1315KM
	160	55	57	148	2.1	0.38	1.7	2.6	1.7	122	42.8	3400	4300	4.7	2315	2315K
	160	55	57	148	2.1	0.37	1.7	2.7	1.8	125	42.2	3400	4300	6.535	2315M	2315KM
80	140	26	90	130	2	0.18	3.6	5.5	3.7	39.5	16.8	4000	5000	1.65	1216	1216K
	140	26	90	130	2	0.17	3.7	5.7	3.9	39.5	16.2	4000	5000	1.792	1216M	1216KM
	140	33	90	130	2	0.25	2.5	3.9	2.6	48.8	20.2	4000	5000	2.19	2216	2216K
	140	33	90	130	2	0.22	2.9	4.4	3.0	65.2	25.5	4000	5000	2.053	2216TN1	2216KTN1
	170	39	92	158	2.1	0.22	2.9	4.5	3.1	88.5	32.8	3600	4300	4.2	1316	1316K
	170	39	92	158	2.1	0.22	2.8	4.4	3.0	89.8	35.0	3600	4300	4.652	1316M	1316KM
	170	58	92	158	2.1	0.39	1.6	2.5	1.7	128	45.5	3200	4000	5.7	2316	2316K
	170	58	92	158	2.1	0.37	1.7	2.6	1.8	135	47.5	3200	4000	7.785	2316M	2316KM
85	150	28	95	140	2	0.17	3.7	5.7	3.9	48.88	20.5	3800	4500	2.1	1217	1217K
	150	28	95	140	2	0.17	3.6	5.6	3.8	47.8	19.5	3800	4500	2.240	1217M	1217KM
	150	36	95	140	2	0.25	2.5	3.8	2.6	58.2	23.5	3800	4500	2.53	2217	2217K
	150	36	95	140	2	0.22	2.9	4.5	3.0	65.5	26.2	3800	4500	2.606	2217TN1	2217KTN1
	180	41	99	166	2.5	0.22	2.9	4.5	3.0	97.8	37.8	3400	4000	5.0	1317	1317K
	180	41	99	166	2.5	0.22	2.9	4.4	3.0	97.8	38.5	3400	4000	5.475	1317M	1327KM
	180	60	99	166	2.5	0.38	1.7	2.6	1.7	140	51.0	3000	3800	6.70	2317	2317K
	180	60	99	166	2.5	0.36	1.8	2.7	1.8	140	51.5	3000	3800	8.982	2317M	2317KM

续上表

基本尺寸			安装尺寸			计算系数				基本额定载荷		极限转速		质量	轴承代号	
d	D	B	d_a min	D_a max	r_a max	e	Y_1	Y_2	Y_0	C_r	C_{0r}	脂	油	m ≈	圆柱孔 10000 (TN1,M)型	圆锥孔 10000K (KTN1,KM)型
mm			mm			—				kN		r/min		kg	—	
90	160	30	100	150	2	0.17	3.7	5.7	3.9	48.8	20.5	3800	4500	2.1	1218	1218K
	160	30	100	150	2	0.18	3.6	5.5	3.7	52.5	21.7	3600	4300	2.753	1218M	1218KM
	160	40	100	150	2	0.27	2.4	3.7	2.5	70.0	28.5	3600	4300	3.22	2218	2218K
	160	40	100	150	2	0.26	2.4	3.7	2.5	70.2	28.5	3600	4300	4.073	2218M	2218KM
	190	43	104	176	2.5	0.22	2.8	4.4	2.9	115	44.5	3200	3800	6.0	1318	1318K
	190	43	104	176	2.5	0.23	2.7	4.2	2.9	115.8	46.2	3200	3800	6.418	1318M	1318KM
	190	64	104	176	2.5	0.39	1.6	2.5	1.7	142	57.2	2800	3600	7.9	2318	2318K
	190	64	104	176	2.5	0.37	1.7	2.6	1.8	152	57.8	2800	3600	10.722	2318M	2318KM
95	170	32	107	158	2.1	0.17	3.7	5.7	3.9	63.5	27.0	3400	4000	3.0	1219	1219K
	170	32	107	158	2.1	0.17	3.7	5.7	3.8	63.8	26.8	3400	4000	3.314	1219M	1219KM
	170	43	107	158	2.1	0.26	2.4	3.7	2.5	82.8	33.8	3400	4000	4.2	2219	2219K
	170	43	107	158	2.1	0.27	2.3	3.6	2.5	83.2	34.2	3400	4000	5.024	2219M	2219KM
	200	45	109	186	2.5	0.23	2.8	4.3	2.9	132	50.8	3000	3600	7.0	1319	1319K
	200	45	109	186	2.5	0.24	2.6	4.0	2.7	132	50.2	3000	3600	7.450	1319M	1319KM
	200	67	109	186	2.5	0.38	1.7	2.6	1.8	162	64.2	2800	3400	9.2	2319	2319K
	200	67	109	186	2.5	0.37	1.7	2.7	1.8	165	64.2	2800	3400	12.414	2319M	2319KM
100	180	34	112	168	2.1	0.18	2.5	5.4	3.7	68.5	29.2	3200	3800	3.7	1220	1220K
	180	34	112	168	2.1	0.17	3.7	5.7	3.8	69.2	29.5	3200	3800	3.979	1220M	1220KM
	180	46	112	168	2.1	0.27	2.3	3.6	2.5	97.2	40.5	3200	3800	5.0	2220	2220K
	180	46	112	168	2.1	0.27	2.4	3.7	2.5	97.5	40.5	3200	3800	6.605	2220M	2220KM
	215	47	114	201	2.5	0.24	2.7	4.1	2.8	142	57.2	2800	3400	8.64	1320	1320K
	215	47	114	201	2.5	0.24	2.7	4.1	2.8	145	59.5	2800	3400	9.240	1320M	1320KM
	215	73	114	201	2.5	0.37	1.7	2.6	1.8	192	78.2	2400	3200	12.4	2320	2320K
	215	73	114	201	2.5	0.37	1.7	2.6	1.8	192	78.2	2400	3200	15.949	2320M	2320KM
105	190	36	117	178	2.1	0.18	3.5	5.5	3.7	74	32.2	3000	3600	4.4	1221	1221K
	190	36	117	178	2.1	0.17	3.7	5.7	3.9	74.5	32.2	3000	3600	4.727	1221M	1221KM
	190	50	117	178	2.1	—	—	—	—	—	—	3000	3600	—	2221	2221K
	190	50	117	178	2.1	0.27	2.3	3.6	2.4	110	46.5	3000	3600	7.391	2221M	2221KM
	225	49	119	211	2.5	0.24	2.6	4.1	2.7	152	64.5	2600	3200	9.55	1321	1321K
	225	49	119	211	2.5	0.24	2.7	4.3	2.8	150	63.5	2600	3200	10.544	1321M	1321KM
	225	77	119	211	2.5	0.36	1.7	2.7	1.8	218	92.5	2400	3000	18.485	2321M	2321KM
110	200	38	122	188	2.1	0.17	3.6	5.6	3.8	87.2	37.5	2800	3400	5.2	1222	1222K
	200	38	122	188	2.1	0.17	3.6	5.6	3.8	88.0	38.5	2800	3400	5.578	1222M	1222KM
	200	53	122	188	2.1	0.28	2.2	3.5	2.4	125	52.2	2800	3400	7.2	2222	2222K
	200	53	122	188	2.1	0.28	2.3	3.5	2.4	125	52.2	2800	3400	8.759	2222M	2222KM
	240	50	124	226	2.5	0.23	2.8	4.3	2.9	162	72.8	2400	3000	11.8	1322	1322K
	240	50	124	226	2.5	0.23	2.8	4.3	2.9	162	72.8	2400	3000	12.452	1322M	1322KM
	240	80	124	226	2.5	0.39	1.6	2.5	1.7	215	94.2	2200	2800	17.6	2322	2322K
	240	80	124	226	2.5	0.37	1.7	2.7	1.8	215	94.2	2200	2800	21.967	2322M	2322KM

调心滚子轴承(GB/T 288—94)

附表 8-3

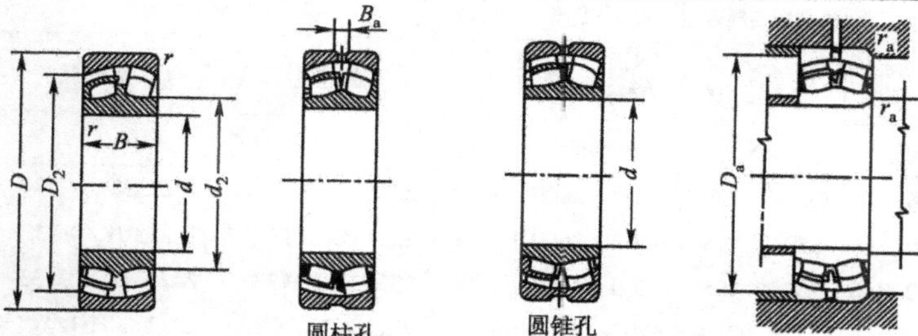

20000型　圆柱孔 20000C(CC)型　圆锥孔 20000CK(CCK)型 20000CK30(CCK30)型

$P_r = F_r + Y_1 F_a$　当 $F_a/F_r \leq e$

$P_r = 0.67F_r + Y_2 F_a$　当 $F_a/F_r > e$

$P_{or} = F_r + Y_0 F_a$

基本尺寸			安装尺寸			计算系数				基本额定载荷		极限转速		质量	轴承代号	
d	D	B	d_a min	D_a max	r_a max	e	Y_1	Y_2	Y_0	C_r	C_{or}	脂	油	m ≈	圆柱孔	圆锥孔
mm			mm			—				kN		r/min		kg	—	
50	90	23	57	83	1	0.30	2.4	3.6	2.4	52.2	73.2	3800	4800	0.87	22210	22210K
	90	23	57	83	1	0.24	2.8	4.1	2.7	84.5	105	4000	5000	0.62	22210C/W33	22210CK/W33
	90	23	57	83	1	0.24	2.8	4.1	2.7	83.8	102	4300	5300	0.614	22210CC/W33	22210CCK/W33
	90	23	57	83	1	0.24	2.8	4.1	2.7	96.5	110	4300	5300	0.596	22210—TN1/W33	22210CCK/W33
	110	27	60	100	2	0.25	2.7	4.0	2.6	120	140	2800	3800	1.3	21310 CC	21310 CCK
	110	27	60	100	2	0.25	2.7	4.1	2.7	125	140	2800	3800	1.22	21310 TN1	21310 KTN1
	110	40	60	100	2	0.41	1.6	2.4	1.6	128	170	3400	4300	1.9	22310	22310K
	110	40	60	100	2	0.37	1.8	2.7	1.8	175	210	3400	4300	1.85	22310C/W33	22310CK/W33
	110	40	60	100	2	0.37	1.8	2.7	1.8	178	212	3800	4800	1.79	22310CC/W33	22310CCK/W33
	110	40	60	100	2	0.37	1.8	2.8	1.8	192	228	3800	4800	1.84	22310TN1/W33	22310KTN1/W33
55	100	25	64	91	1.5	0.28	2.5	3.7	2.4	60	87.2	3400	4300	—	22211	22211K
	100	25	64	91	1.5	0.24	2.8	4.1	2.7	102	125	3600	4500	0.84	2221C/W33	2221CK/W33
	100	25	64	91	1.5	0.24	2.8	4.2	2.8	102	125	3800	5000	0.847	2221CC/W33	2221CCK/W33
	100	25	63	91	1.5	0.24	2.8	4.2	2.8	118	140	3800	5000	0.823	22211TN1/W33	22211KTN1/W33
	120	29	65	110	2	0.25	2.7	4.1	2.7	142	170	2600	3400	1.65	21311CC	21311CCK
	120	29	65	110	2	0.24	2.8	4.2	2.7	145	165	2600	3400	1.57	21311TN1	21311KTN1
	120	43	65	110	2	0.39	1.7	2.6	1.7	155	198	3000	3800	2.4	22311	22311K
	120	43	65	110	2	0.37	1.8	2.7	1.8	208	250	3000	3800	2.35	22311C/W33	22311CK/W33
	120	43	65	110	2	0.36	1.9	2.8	1.8	210	252	3400	4300	2.31	22311CC/W33	22311CCK/W33
	120	43	65	110	2	0.36	1.9	2.8	1.8	225	262	3400	4300	2.32	22311TN1/W33	22311KTN1/W33
60	110	28	69	101	1.5	0.28	2.4	3.6	2.4	81.8	122	3200	4000	1.22	22212	22212K
	110	28	69	101	1.5	0.24	2.8	4.1	2.7	122	155	3200	4000	1.2	22212C/W33	22212CK/W33
	110	28	69	101	1.5	0.24	2.8	4.1	2.7	122	155	3600	4500	1.15	22212CC/W33	22212CCK/W33
	110	28	69	101	1.5	0.24	2.8	4.2	2.7	150	185	3600	4500	1.14	22212TN1/W33	22212KTN1/W33
	130	31	72	118	2.1	0.24	2.8	4.2	2.7	162	195	2400	3200	2.08	21312CC	21312CCK
	130	31	72	118	2.1	0.24	2.8	4.2	2.8	170	195	2400	3200	1.96	21312TN1	21312KTN1
	130	46	72	118	2.1	0.40	1.7	2.5	1.6	168	225	2800	3600	3.0	22312	22312K
	130	46	72	118	2.1	0.37	1.8	2.7	1.8	238	285	2800	3600	2.95	22312C/W33	22312CK/W33
	130	46	72	118	2.1	0.36	1.9	2.8	1.8	242	292	3200	4000	2.88	22312CC/W33	22312CCK/W33
	130	46	72	118	2.1	0.36	1.9	2.8	1.9	262	312	3200	4000	2.96	22312TN1/W33	22312KTN1/W33

基本尺寸			安装尺寸			计算系数				基本额定载荷		极限转速		质量	轴承代号	
d	D	B	d_a min	D_a max	r_a max	e	Y_1	Y_2	Y_0	C_r	C_{or}	脂	油	m ≈	圆柱孔	圆锥孔
mm			mm			—				kN		r/min		kg	—	
65	120	31	74	111	1.5	0.28	2.4	3.6	2.4	88.5	128	2800	3600	1.63	22213	22213K
	120	31	74	111	1.5	0.25	2.7	4.0	2.6	150	195	2800	3600	1.6	22213C/W33	22213CK/W33
	120	31	74	111	1.5	0.25	2.7	4.0	2.6	150	195	3200	4000	1.54	22213CC/W33	22213CCK/W33
	120	31	74	111	1.5	0.25	2.7	4.0	2.6	172	212	3200	4000	1.53	22213TN1/W33	22213KTN1/W33
	140	33	77	128	2.1	0.24	2.9	4.3	2.8	182	228	2200	3000	2.57	21313CC	21313CCK
	140	33	77	128	2.1	0.24	2.9	4.3	2.8	198	235	2200	3000	2.45	21313TN1	21313KTN1
	140	48	77	128	2.1	0.39	1.7	2.6	1.7	188	252	2400	3200	3.6	22313	22313K
	140	48	77	128	2.1	0.35	1.9	2.9	1.9	260	315	2400	3200	3.55	22313C/W33	22313CK/W33
	140	48	77	128	2.1	0.35	1.9	2.9	1.9	265	320	3000	3800	3.47	22313CC/W33	22313CCK/W33
	140	48	77	128	2.1	0.35	2.0	2.9	1.9	295	355	3000	3800	3.57	22313TN1/W33	22313KTN1/W33
70	125	31	79	116	1.5	0.27	2.4	3.7	2.4	95	142	2600	3400	1.66	22214	22214K
	125	31	79	116	1.5	0.23	2.9	4.3	2.8	158	205	2600	3400	1.7	22214C/W33	22214CK/W33
	125	31	79	116	1.5	0.24	2.9	4.3	2.8	150	195	3000	3800	1.6	22214CC/W33	22214CCK/W33
	125	31	79	116	1.5	0.24	2.9	4.3	2.8	180	225	3000	3800	1.6	22214TN1/W33	22214KTN1/W33
	150	35	82	138	2.1	0.23	2.9	4.3	2.8	212	268	2000	2800	3.11	21314CC	21314CCK
	150	35	82	138	2.1	0.23	2.9	4.3	2.8	220	265	2000	2800	2.97	21314TN1	21314KTN1
	150	51	82	138	2.1	0.37	1.8	2.7	1.8	230	315	2200	3000	4.4	22314	22314K
	150	51	82	138	2.1	0.35	1.9	2.9	1.9	292	362	2200	3000	4.4	22314C/W33	22314CK/W33
	150	51	82	138	2.1	0.34	2.0	2.9	1.9	312	395	2800	3400	4.34	22314CC/W33	22314CCK/W33
	150	51	82	138	2.1	0.34	2.0	2.9	1.9	332	405	2800	3400	4.35	22314TN1/W33	22314KTN1/W33
75	130	31	84	121	1.5	0.26	2.6	3.9	2.6	95	142	2400	3200	1.75	22215	22215K
	130	31	84	121	1.5	0.22	3.0	4.5	2.9	162	215	2400	3200	1.8	22215C/W33	22215CK/W33
	130	31	84	121	1.5	0.22	3.0	4.5	2.9	162	215	3000	3800	1.69	22215CC/W33	22215CCK/W33
	130	31	84	121	1.5	0.22	3.0	4.5	2.9	180	232	3000	3800	1.67	22215TN1/W33	22215KTN1/W33
	160	37	87	148	2.1	0.23	3.0	4.4	2.9	238	302	1900	2600	3.76	21315CC	21315CCK
	160	37	87	148	2.1	0.23	2.9	4.3	2.9	252	310	1900	2600	3.63	21315TN1	21315KTN1
	160	55	87	148	2.1	0.36	1.7	2.6	1.7	262	388	2000	2800	5.4	22315	22315K
	160	55	87	148	2.1	0.35	1.9	2.9	1.9	342	438	2000	2800	5.25	22315C/W33	22315CK/W33
	160	55	87	148	2.1	0.35	2.0	2.9	1.9	348	448	2600	3200	5.28	22315CC/W33	22315CCK/W33
	160	55	87	148	2.1	0.35	2.0	2.9	1.9	380	470	2600	3200	5.33	22315TN1/W33	22315KTN1/W33
80	140	33	90	130	2	0.25	2.7	4.0	2.6	115	180	2200	3000	2.2	22216	22216K
	140	33	90	130	2	0.22	3.0	4.5	2.9	175	238	2200	3000	2.2	22216C/W33	22216CK/W33
	140	33	90	130	2	0.22	3.0	4.5	3.0	175	235	2800	3400	2.13	22216CC/W33	22216CCK/W33
	140	33	90	130	2	0.22	3.0	4.5	3.0	212	275	2800	3400	2.09	22216TN1/W33	22216KTN1/W33
	170	39	92	158	2.1	0.23	3.0	4.4	2.9	260	332	1800	2400	4.47	21316CC	21316CCK
	170	39	92	158	2.1	0.23	2.9	4.3	2.9	280	350	1800	2400	4.33	21316TN1	21316KTN1
	170	58	92	158	2.1	0.37	1.8	2.7	1.8	288	405	1900	2600	6.4	22316	22316K
	170	58	92	158	2.1	0.35	1.9	2.9	1.9	385	498	1900	2600	6.39	22316C/W33	22316CK/W33
	170	58	92	158	2.1	0.34	2.0	2.9	1.9	392	508	2400	3000	6.32	22316CC/W33	22316CCK/W33
	170	58	92	158	2.1	0.34	2.0	2.9	1.9	412	515	2400	3000	6.27	22316TN1/W33	22316KTN1/W33

续上表

基本尺寸			安装尺寸			计算系数				基本额定载荷		极限转速		质量	轴承代号	
d	D	B	d_a min	D_a max	r_a max	e	Y_1	Y_2	Y_0	C_r	C_{or}	脂	油	m ≈	圆柱孔	圆锥孔
mm			mm			—				kN		r/min		kg	—	
85	150	36	95	140	2	0.26	2.6	3.9	2.5	145	228	2000	2800	2.8	22217	22217K
	150	36	95	140	2	0.22	3.0	4.4	2.9	210	278	2000	2800	2.7	22217C/W33	22217CK/W33
	150	36	95	140	2	0.23	3.0	4.4	2.9	212	282	2600	3200	2.67	22217CC/W33	22217CCK/W33
	150	36	95	140	2	0.22	3.0	4.5	2.9	262	340	2600	3200	2.64	22217TN1/W33	22217KTN1/W33
	180	41	99	166	2.5	0.23	3.0	4.4	2.9	298	385	1700	2200	5.23	21317CC	21317CCK
	180	41	99	166	2.5	0.23	3.0	4.4	2.9	310	390	1700	2200	5.07	21317TN1	21317KTN1
	180	60	99	166	2.5	0.37	1.8	2.7	1.8	308	440	1800	2400	7.4	22317	22317K
	180	60	99	166	2.5	0.34	1.9	3.0	2.0	420	540	1800	2400	7.25	22317C/W33	22317CK/W33
	180	60	99	166	2.5	0.34	2.0	3.0	2.0	430	555	2200	2800	7.27	22317CC/W33	22317CCK/W33
	180	60	99	166	2.5	0.34	2.0	3.0	2.0	460	572	2200	2800	7.27	22317TN1/W33	22317KTN1/W33
90	160	40	100	150	2	0.27	2.5	3.8	2.5	168	272	1900	2600	4.0	22218	22218K
	160	40	100	150	2	0.23	2.9	4.4	2.8	240	322	1900	2600	3.28	22218C/W33	22218CK/W33
	160	40	100	150	2	0.24	2.9	4.3	2.8	250	338	2400	3000	3.38	22218CC/W33	22218CCK/W33
	160	40	100	150	2	0.24	2.9	4.3	2.8	280	378	2400	3000	3.35	22218TN1/W33	22218KTN1/W33
	160	52.4	100	150	2	0.31	2.1	3.2	2.1	325	478	1700	2200	4.6	23218C/W33	23218CK/W33
	160	52.4	100	150	2	0.31	2.2	3.2	2.1	330	482	1800	2400	4.4	23218CC/W33	23218CCK/W33
	190	43	104	176	2.5	0.23	3.0	4.5	2.9	320	420	1600	2200	6.17	21318CC	21318CCK
	190	43	104	176	2.5	0.23	3.0	4.5	2.9	330	420	1600	2200	5.88	21318TN1	21318KTN1
	190	64	104	176	2.5	0.37	1.8	2.7	1.8	365	542	1700	2200	8.8	22318	22318K
	190	64	104	176	2.5	0.34	2.0	2.9	2.0	475	622	1800	2400	8.6	22318C/W33	22318CK/W33
	190	64	104	176	2.5	0.34	2.0	3.0	2.0	482	640	2200	2600	8.63	22318CC/W33	22318CCK/W33
	190	64	104	176	2.5	0.34	2.0	3.0	2.0	518	660	2200	2600	8.72	22318TN1/W33	22318KTN1/W33
95	170	43	107	158	2.1	0.27	2.5	3.7	2.4	212	322	1800	2400	4.2	22219	22219K
	170	43	107	158	2.1	0.24	2.9	4.4	2.7	278	380	1900	2600	4.1	22219C/W33	22219CK/W33
	170	43	107	158	2.1	0.24	2.8	4.2	2.7	282	390	2200	2800	4.2	22219CC/W33	22219CCK/W33
	170	43	107	158	2.1	0.24	2.8	4.2	2.7	310	420	2200	2800	4.1	22219TN1/W33	22219KTN1/W33
	200	45	109	186	2.5	0.22	3.1	4.6	3.0	355	485	1700	2200	7.15	21319CC	21319CCK
	200	45	109	186	2.5	0.22	3.0	4.5	3.0	365	482	1700	2200	6.9	21319TN1	21319KTN1
	200	67	109	186	2.5	0.38	1.8	2.7	1.8	385	570	1600	2000	10.3	22319	22319K
	200	67	109	186	2.5	0.34	2.0	3.0	2.0	520	688	1700	2200	10.1	22319C/W33	22319CK/W33
	200	67	109	186	2.5	0.34	2.0	3.0	2.0	530	705	2000	2600	9.97	22319CC/W33	22319CCK/W33
	200	67	109	186	2.5	0.34	2.0	3.0	2.0	568	728	2000	2600	10.1	22319TN1/W33	22319KTN1/W33

续上表

基本尺寸			安装尺寸			计算系数				基本额定载荷		极限转速		质量	轴承代号	
d	D	B	d_a min	D_a max	r_a max	e	Y_1	Y_2	Y_0	C_r	C_{or}	脂	油	m ≈	圆柱孔	圆锥孔
mm			mm			—				kN		r/min		kg	—	
100	165	52	110	155	2	0.30	2.3	3.4	2.2	320	505	1600	2000	5	23120C/W33	23120CK/W33
	165	52	110	155	2	0.29	2.3	3.5	2.3	322	510	1700	2200	4.31	23120CC/W33	23120CCK/W33
	180	46	112	168	2.1	0.27	2.5	3.7	2.4	222	358	1700	2200	5	2220	2220K
	180	46	112	168	2.1	0.23	2.9	4.3	2.8	310	425	1800	2400	5	2220C/W33	2220CK/W33
	180	46	112	168	2.1	0.24	2.8	4.1	2.7	315	435	2200	2600	5.01	2220CC/W33	2220CCK/W33
	180	46	112	168	2.1	0.24	2.8	4.1	2.7	368	492	2200	2600	4.97	2220TN1/W33	2220KTN1/W33
	180	60.3	112	168	2.1	0.33	2.0	3.0	2.0	415	618	1600	2000	6.7	23220C/W33	23220CK/W33
	180	60.3	112	168	2.1	0.32	2.1	3.2	2.1	420	630	1600	2200	6.52	23220CC/W33	23220CCK/W33
	215	47	114	201	2.5	0.22	3.1	4.6	3.0	385	530	1600	2000	8.81	21320CC	21320CCK
	215	47	114	201	2.5	0.22	3.1	4.6	3.0	425	575	1600	2000	8.63	21320TN1	21320KTN1
	215	73	114	201	2.5	0.37	1.8	2.7	1.8	450	668	1400	1800	13	22320	22320K
	215	73	114	201	2.5	0.35	1.9	2.9	1.9	608	815	1400	1800	13.4	22320C/W33	22320CK/W33
	215	73	114	201	2.5	0.34	2.0	2.9	1.9	618	832	1900	2400	12.8	22320CC/W33	22320CCK/W33
	215	73	114	201	2.5	0.34	2.0	2.9	1.9	658	855	1900	2400	13	22320TN1/W33	22320KTN1/W33
105	175	56	119	161	2.5	0.32	2.1	3.1	2.1	242	480	1400	1800	6.64	23121	23121K
	225	49	119	211	2.5	0.22	3.1	4.5	3.0	408	558	1500	1900	10.0	21321CC	21321CCK
	225	49	119	211	2.5	0.22	3.1	4.6	3.0	445	605	1500	1900	9.75	21321TN1	21321KTN1
110	170	45	120	160	2	0.26	2.6	3.9	2.6	195	410	1400	1800	3.9	23022	23022K
	170	45	120	160	2	0.24	2.8	4.2	2.8	270	448	1400	1800	3.9	23022C/W33	23022CK/W33
	170	45	120	160	2	0.24	2.8	4.2	2.8	272	452	2000	2400	3.68	23022CC/W33	—
	180	56	120	170	2	0.32	2.1	3.1	2.1	262	475	1300	1700	3.1	23122	23122K
	180	56	120	170	2	0.29	2.3	3.4	2.3	375	595	1300	1700	6.25	23122C/W33	23122CK/W33
	180	56	120	170	2	0.29	2.4	3.5	2.3	378	602	1600	2000	5.51	23122CC/W33	23122CCK/W33
	180	69	120	170	2	0.35	1.9	2.8	1.9	458	775	1600	2000	6.63	24122CC/W33	24122CCK/W33
	200	53	122	188	2.1	0.28	2.4	3.6	2.3	288	465	1500	1900	7.4	22222	22222K
	200	53	122	188	2.1	0.25	2.7	4.0	2.6	405	575	1700	2200	7.2	22222C/W33	22222CK/W33
	200	53	122	188	2.1	0.25	2.7	4.0	2.6	410	588	1900	2400	7.32	22222CC/W33	22222CCK/W33
	200	53	122	188	2.1	0.25	2.7	4.0	2.6	450	635	1900	2400	7.25	22222TN1/W33	22222KTN1/W33
	200	69.8	122	188	2.1	0.33	2.0	3.0	2.0	515	785	1400	1800	9.7	23222C/W33	23222CK/W33
	200	69.8	122	188	2.1	0.34	2.0	3.0	2.0	520	800	1500	1900	9.46	23222CC/W33	23222CCK/W33
	240	50	124	226	2.5	0.21	3.2	4.8	3.1	460	635	1400	1800	11.8	21322CC	21322CCK
	240	50	124	226	2.5	0.21	3.2	4.8	3.1	512	695	1400	1800	11.7	21322TN1	21322KTN1
	240	80	124	226	2.5	0.37	1.9	2.7	1.8	545	832	1200	1600	18.2	22322	22322K
	240	80	124	226	2.5	0.34	2.0	2.9	1.9	695	935	1500	1900	18	22322C/W33	22322CK/W33
	240	80	124	226	2.5	0.34	2.0	3.0	2.0	715	968	1700	2200	17.5	22322CC/W33	22322CCK/W33
	240	80	124	226	2.5	0.34	2.0	3.0	2.0	795	1058	1700	2200	18.2	22322TN1/W33	22322KTN1/W33

续上表

基本尺寸			安装尺寸			计算系数				基本额定载荷		极限转速		质量	轴承代号	
d	D	B	d_a min	D_a max	r_a max	e	Y_1	Y_2	Y_0	C_r	C_{or}	脂	油	m ≈	圆柱孔	圆锥孔
mm			mm			—				kN		r/min		kg	—	
120	180	46	130	170	2	0.25	2.7	4.0	2.6	212	470	1200	1600	4.3	23024	23024K
	180	46	130	170	2	0.22	3.0	4.6	2.8	295	495	1400	1800	—	23024C/W33	23024CK/W33
	180	46	130	170	2	0.23	2.9	4.4	2.9	300	500	1800	2200	3.98	23024CC/W33	23024CCK/W33
	180	60	130	170	2	0.30	2.3	3.4	2.2	380	675	1500	2000	5.05	24024CC/W33	24024CCK/W33
	200	62	130	190	2	0.32	2.1	3.1	2.0	290	572	1100	1500	7.63	23124	23124K
	200	62	130	190	2	0.28	2.4	3.6	2.5	450	715	1300	1700	—	23124C/W33	23124CK/W33
	200	62	130	190	2	0.29	2.4	3.5	2.3	450	722	1400	1800	7.67	23124CC/W33	23124CCK/W33
	200	80	130	190	2	0.37	1.8	2.7	1.8	575	998	1400	1800	9.65	24124CC/W33	24124CCK/W33
	215	58	132	203	2.1	0.29	2.4	3.5	2.3	342	565	1300	1700	9.2	22224	22224K
	215	58	132	203	2.1	0.24	2.8	4.1	2.7	470	678	1600	2000	8.9	22224C/W33	22224CK/W33
	215	58	132	203	2.1	0.26	2.6	3.9	2.6	480	690	1700	2200	9.0	22224CC/W33	22224CCK/W33
	215	58	132	203	2.1	0.26	2.6	3.9	2.6	542	765	1700	2200	9.1	22224TN1/W33	22224KTN1/W33
	215	76	132	203	2.1	0.35	1.9	2.9	1.9	602	940	1300	1700	12	23224C/W33	23224CK/W33
	215	76	132	203	2.1	0.34	2.0	3.0	2.0	610	955	1300	1700	11.7	23224CC/W33	23224CCK/W33
	260	86	134	246	2.5	0.37	1.9	2.7	1.8	645	992	1100	1500	22	22324	22324K
	260	86	134	246	2.5	0.34	2.0	2.9	1.9	822	1120	1300	1700	22	22324C/W33	22324CK/W33
	260	86	134	246	2.5	0.34	2.0	3.0	2.0	845	1160	1500	1900	22.2	22324CC/W33	22324CCK/W33
	260	86	134	246	2.5	0.34	2.0	3.0	2.0	910	1230	1500	1900	22.9	22324TN1/W33	22324KTN1/W33
130	200	52	140	190	2	0.26	2.6	3.8	2.5	270	608	1100	1500	6.2	23026	23026K
	200	52	140	190	2	0.23	2.9	4.4	2.8	372	625	1200	1600	—	23026C/W33	23026CK/W33
	200	52	140	190	2	0.23	2.9	4.3	2.8	375	630	1700	2000	5.85	23026CC/W33	23026CCK/W33
	200	69	140	190	2	0.31	2.2	3.2	2.1	472	852	1400	1800	7.55	24026CC/W33	24026CCK/W33
	210	64	140	200	2	0.28	2.4	3.6	2.5	478	788	1300	1700	—	23126C/W33	23126CK/W33
	210	64	140	200	2	0.28	2.4	3.6	2.4	482	802	1300	1700	8.49	23126CC/W33	23126CCK/W33
	230	64	144	216	2.5	0.29	2.3	3.4	2.3	408	708	1200	1600	11.2	22226	22226K
	230	64	144	216	2.5	0.26	2.6	3.9	2.5	550	810	1400	1800	11.2	2226C/W33	2226CK/W33
	230	64	144	216	2.5	0.26	2.6	3.8	2.5	562	832	1600	2000	11.2	2226CC/W33	2226CCK/W33
	230	64	144	216	2.5	0.26	2.6	3.8	2.5	630	912	1600	2000	11.3	22226TN1/W33	22226KTN1/W33
	230	80	144	216	2.5	0.33	2.0	3.0	2.0	668	1060	1200	1600	14	23226C/W33	23226CK/W33
	230	80	144	216	2.5	0.33	2.0	3.0	2.0	678	1080	1200	1600	13.8	23226CC/W33	23226CCK/W33
	280	93	148	262	3	0.39	1.7	2.6	1.7	722	1140	950	1300	29	22326	22326K
	280	93	148	262	3	0.34	1.9	2.9	1.9	942	1300	1200	1600	28.5	22326C/W33	22326CK/W33
	280	93	148	262	3	0.34	2.0	3.0	2.0	965	1340	1400	1800	57.5	22326CC/W33	22326CCK/W33
	280	93	148	262	3	0.34	2.0	3.0	2.0	1050	1440	1400	1800	28.6	22326TN1/W33	22326KTN1/W33

推力球轴承(GB/T 301—95)

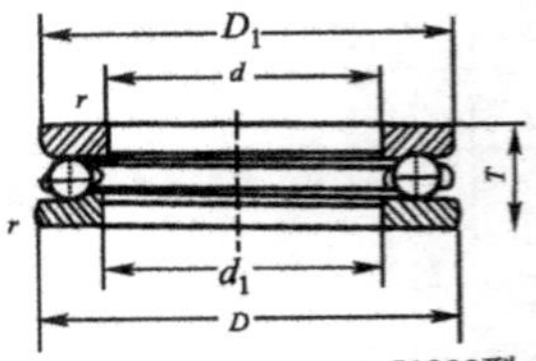

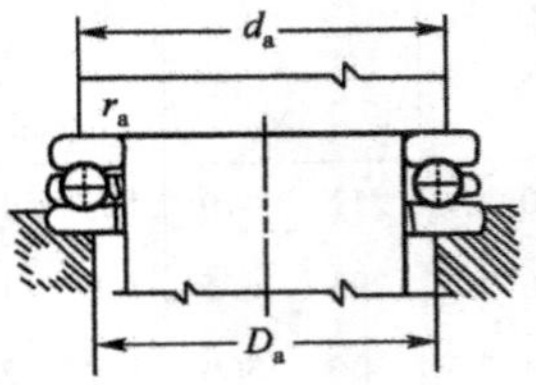

$P_a = F_a$

$P_{oa} = F_a$

基本尺寸			安装尺寸			基本额定载荷		最小载荷常数	极限转速		质量	轴承代号
d	D	T	d_a min	D_a max	r_a max	C_a	C_{oa}	A	脂	油	m ≈	51000 型
mm			mm			kN		—	r/min		kg	—
10	24	9	18	16	0.3	10.0	14.0	0.001	6300	9000	0.019	51100
	26	11	20	16	0.6	12.5	17.0	0.002	6000	8000	0.028	51200
12	26	9	20	18	0.3	10.2	15.2	0.001	6000	8500	0.021	51101
	28	11	22	18	0.6	13.2	19.0	0.0025	5300	7500	0.031	51201
15	28	9	23	20	0.3	10.5	16.8	0.002	5600	8000	0.022	51102
	32	12	25	22	0.6	16.5	24.8	0.003	4800	6700	0.041	51202
17	30	9	25	22	0.3	10.8	18.2	0.002	5300	7500	0.024	51103
	35	12	28	24	0.6	17.0	27.2	0.004	4500	6300	0.048	51203
20	35	10	29	26	0.3	14.2	24.0	0.004	4800	6700	0.036	51104
	40	14	32	28	0.6	22.2	37.5	0.007	3800	5300	0.075	51204
	47	18	36	31	1	35.0	55.8	0.016	3600	4500	0.15	51304
25	42	11	35	32	0.6	15.2	30.2	0.005	4300	6000	0.055	51105
	47	15	38	34	0.6	27.8	50.5	0.013	3400	4800	0.11	51205
	52	18	41	36	1	35.5	61.5	0.021	3000	4300	0.17	51305
	60	24	46	39	1	55.5	89.2	0.044	2200	3400	0.31	51405
30	47	11	40	37	0.6	16.0	34.2	0.007	4000	5600	0.062	51106
	52	16	43	39	0.6	28.0	54.2	0.016	3200	4500	0.13	51206
	60	21	48	42	1	42.8	78.5	0.033	2400	3600	0.26	51306
	70	28	54	46	1	72.5	125	0.082	1900	3000	0.51	51406
35	52	12	45	42	0.6	18.2	41.5	0.010	3800	5300	0.077	51107
	62	18	51	46	1	39.2	78.2	0.033	2800	4000	0.21	51207
	68	24	55	48	1	55.2	105	0.059	2000	3200	0.37	51307
	80	32	62	53	1	86.8	155	0.13	1700	2600	0.76	51407

续上表

基本尺寸			安装尺寸			基本额定载荷		最小载荷常数	极限转速		质量	轴承代号
d	D	T	d_a min	D_a max	r_a max	C_a	C_{oa}	A	脂	油	m ≈	51000 型
mm			mm			kN		—	r/min		kg	—
40	60	13	52	48	0.6	26.8	62.8	0.021	3400	4800	0.11	51108
	68	19	57	51	1	47.0	98.2	0.050	2400	3600	0.26	51208
	78	26	63	55	1	69.2	135	0.096	1900	3000	0.53	51308
	90	36	70	60	1	112	205	0.22	1500	2200	1.06	51408
45	65	14	57	53	0.6	27.0	66.0	0.024	3200	4500	0.14	51109
	73	20	62	56	1	47.8	105	0.059	2200	3400	0.30	51209
	85	28	69	61	1	75.8	150	0.13	1700	2600	0.66	51309
	100	39	78	67	1	140	262	0.36	1400	2000	1.41	51409
50	70	14	62	58	0.6	27.2	69.2	0.027	3000	4300	0.15	51110
	78	22	67	61	1	48.5	112	0.068	2000	3200	0.37	51210
	95	31	77	68	1	96.5	202	0.21	1600	2400	0.92	51310
	110	43	86	74	1.5	160	302	0.50	1300	1900	1.86	51410
55	78	16	69	64	0.6	33.8	89.2	0.043	2800	4000	0.22	51111
	90	25	76	69	1	67.5	158	0.13	1900	3000	0.58	51211
	105	35	85	75	1	115	242	0.31	1500	2200	1.28	51311
	120	48	94	81	1.5	182	355	0.68	1100	1700	2.51	51411
60	85	17	75	70	1	40.2	108	0.063	2600	3800	0.27	51112
	95	26	81	74	1	73.5	178	0.16	1800	2800	0.66	51212
	110	35	90	80	1	118	262	0.35	1400	2000	1.37	51312
	130	51	102	88	1.5	200	395	0.88	1000	1600	3.08	51412
65	90	18	80	75	1	40.5	112	0.07	2400	3600	0.31	51113
	100	27	86	79	1	74.8	188	0.18	1700	2600	0.72	51213
	115	36	95	85	1	115	262	0.38	1300	1900	1.48	51313
	140	56	110	95	2	215	448	1.14	900	1400	3.91	51413
70	95	18	85	80	1	40.8	115	0.078	2200	3400	0.33	51114
	105	27	91	84	1	73.5	188	0.19	1600	2400	0.75	51214
	125	40	103	92	1	148	340	0.60	1200	1800	1.98	51314
	150	60	118	102	2	255	560	1.71	850	1300	4.85	51414
75	100	19	90	85	1	48.2	140	0.11	2000	3200	0.38	51115
	110	27	96	89	1	74.8	198	1.21	1500	2200	0.82	51215
	135	44	111	99	1.5	162	380	0.77	1100	1700	2.58	51315
	160	65	125	110	2	268	615	2.00	800	1200	6.08	51415

续上表

基本尺寸			安装尺寸			基本额定载荷		最小载荷常数	极限转速		质量	轴承代号
d	D	T	d_a min	D_a max	r_a max	C_a	C_{oa}	A	脂	油	m ≈	51000 型
mm			mm			kN		—	r/min		kg	—
80	105	19	95	90	1	48.5	145	0.12	1900	3000	0.40	51116
	115	28	101	94	1	83.8	222	0.27	1400	2000	0.90	51216
	140	44	116	104	1.5	160	380	0.81	1000	1600	2.69	51316
	170	68	133	117	2.1	292	692	2.55	750	1100	7.12	51416
85	110	19	100	95	1	49.2	150	0.13	1800	2800	0.42	51117
	125	31	109	101	1	102	280	0.41	1300	1900	1.21	51217
	150	49	124	111	1.5	208	495	1.28	950	1500	3.47	51317
	170	68	133	117	2.1	292	692	2.55	750	1100	7.12	51417
90	120	22	108	102	1	65.0	200	0.21	1700	2600	0.65	51118
	135	35	117	108	1	115	315	0.52	1200	1800	1.65	51218
	155	50	129	116	1.5	205	495	1.34	900	1400	3.69	51318
	190	77	149	131	2.1	325	825	3.71	670	950	9.86	51418
100	135	25	121	114	1	85.0	268	0.37	1600	2400	0.95	51120
	150	38	130	120	1	132	375	0.75	1100	1700	2.21	51220
	170	55	142	128	1.5	235	595	1.88	800	1200	4.86	51320
	210	85	165	145	2.5	400	1080	6.17	600	850	13.3	51420
110	145	25	131	124	1	87.0	288	0.43	1500	2200	1.03	51122
	160	38	140	130	1	138	412	0.89	1000	1600	2.39	51222
	190	63	158	142	2	278	755	2.97	700	1100	7.05	51322
	230	95	181	159	2.5	490	1390	10.4	530	750	20.0	51422
120	155	25	141	134	1	87.0	298	0.48	1400	2000	1.10	51124
	170	39	150	140	1	135	412	0.96	950	1500	2.62	51224
	210	70	173	157	2.1	330	945	4.58	670	950	9.54	51324
	250	102	196	174	3	412	1220	12.4	480	670	25.5	51424
130	170	30	154	146	1	108	375	0.74	1300	1900	1.70	51126
	190	45	166	154	1.5	188	575	1.75	900	1400	3.93	51226
	225	75	186	169	2.1	358	1070	5.91	600	850	11.7	51326
	270	110	212	188	3	630	2010	21.1	430	600	32.0	51426

等径孔二螺栓滚动轴承座(适用圆柱孔轴承)(GB/T 7813—1998)　　附表 8-5

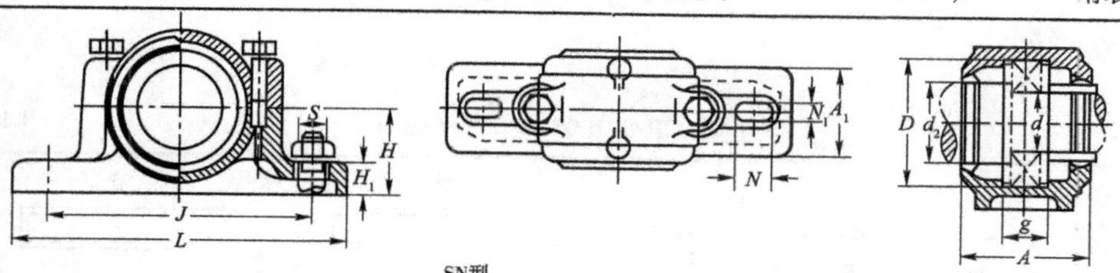

SN型

尺寸													质量	轴承座代号
d	d_2	D	g	A_{max}	A_1	H	H_{1max}	L	J	S	N_1	N	$m\approx$	SN 型
mm													kg	—
25	30	52	25	72	46	40	22	165	130	M12	15	20	1.3	SN205
		62	34	82	52	50	22	185	150	M12	15	20	1.9	SN305
30	35	62	30	82	52	50	22	185	150	M12	15	20	1.8	SN206
		72	37	85	52	50	22	185	150	M12	15	20	2.1	SN306
35	45	72	33	85	52	50	22	185	150	M12	15	20	2.1	SN207
		80	41	92	60	60	25	205	170	M12	15	20	3.0	SN307
40	50	80	33	92	60	60	25	205	170	M12	15	20	2.6	SN208
		90	43	100	60	60	25	205	170	M12	15	20	3.3	SN308
45	55	85	31	92	60	60	25	205	170	M12	15	20	2.8	SN209
		100	46	105	70	70	28	255	210	M16	18	23	4.6	SN309
50	60	90	33	100	60	60	25	205	170	M12	15	20	3.1	SN210
		110	50	115	70	70	30	255	210	M16	18	23	5.1	SN310
55	65	100	33	105	70	70	28	255	210	M16	18	23	4.3	SN211
		120	53	120	80	80	30	275	230	M16	18	23	6.5	SN311
60	70	110	38	115	70	70	30	255	210	M16	18	23	5.0	SN212
		130	56	125	80	80	30	280	230	M16	18	23	7.3	SN312
65	75	120	43	120	80	80	30	275	230	M16	18	23	6.3	SN213
		140	58	135	90	95	32	315	260	M20	22	27	9.7	SN313
70	80	125	44	120	80	80	30	275	230	M16	18	23	6.1	SN214
		150	61	140	90	95	32	320	260	M20	22	27	11.0	SN314
75	85	130	41	125	80	80	30	280	230	M16	18	23	7.0	SN215
		160	65	145	100	100	35	345	290	M20	22	27	14.0	SN315
80	90	140	43	135	90	95	32	315	260	M20	22	27	9.3	SN216
		170	68	150	100	112	35	345	290	M20	22	27	13.8	SN316
85	95	150	46	140	90	95	32	320	260	M20	22	27	9.8	SN217
		180	70	165	110	112	40	380	320	M24	26	32	15.8	SN317
90	100	160	62.4	145	100	100	35	345	290	M20	22	27	12.3	SN218
100	115	180	70.3	165	110	112	40	380	320	M24	26	32	16.5	SN220
110	125	200	80	177	120	125	45	410	350	M24	26	32	19.3	SN222
120	135	215	86	187	120	140	45	410	350	M24	26	32	24.6	SN224
130	145	230	90	192	130	150	50	445	380	M24	26	32	30.0	SN226
140	155	250	98	207	150	150	50	500	420	M30	33	42	37.0	SN228
150	165	270	106	224	160	160	60	530	450	M30	33	42	45.0	SN230
160	175	290	114	237	160	170	60	550	470	M30	33	42	53.0	SN232

附表九　键

平键(GB/T 1095—2003)(mm)　　附表 9

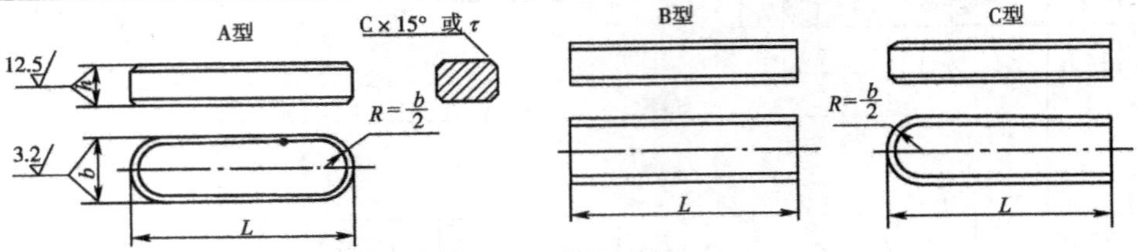

平键联接的剖面和键槽(6B1095—79)

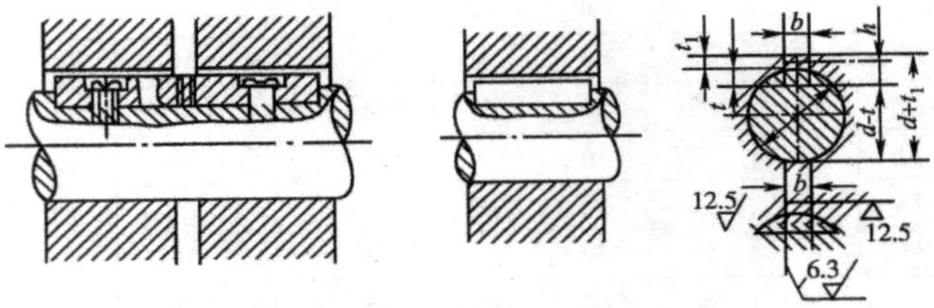

普通平键的型式和尺寸(GB1096 — 79)

轴	键	键					槽					
公称直径 d	公称尺寸 $b \times h$	宽　度　b					深　　度				半径 r	
		极限偏差					轴 t		毂 t_1			
		较松键连接		正常键连接		较紧键连接						
		轴 H9	毂 D10	轴 N9	毂 JS9	轴和毂 P9	公称尺寸	极限偏差	公称尺寸	极限偏差	最小	最大
>12～17	5×5	+0.030 0	+0.078 +0.030	0 −0.030	±0.015	−0.012 −0.042	3.0	+0.1 0	2.3	+0.1 0	0.16	0.25
>17～22	6×6						3.5		2.8			
>22～30	8×7	+0.036 0	+0.098 +0.040	0 −0.036	±0.018	−0.015 −0.051	4.0	+0.2 0	3.3	+0.2 0		
>30～38	10×8						5.0		3.3		0.25	0.40
>38～44	12×8	+0.043 0	+0.120 +0.050	0 −0.043	±0.0215	−0.018 −0.061	5.0		3.3			
>44～50	14×9						5.5		3.8			
>50～58	16×10						6.0		4.3			
>58～65	18×11						7.0		4.4			
>65～75	20×12	+0.052 0	+0.149 +0.065	0 −0.052	±0.026	−0.022 −0.074	7.5	+0.2 0	4.9	+0.2 0	0.40	0.60
>75～85	22×14						9.0		5.4			
>85～95	25×14						9.0		5.4			
>95～110	28×16						10.0		6.4			
>110～130	32×18	+0.062 0	+0.180 +0.080	0 −0.062	±0.031	−0.026 −0.088	11.0		7.4			

注:1. 在工作图中,轴槽深用 t 或($d-t$)标注,轮毂槽深用($d+t_1$)标注。

2. ($d-t$)和($d+t_1$)两组组合尺寸的极限偏差按相应的 t 和 t_1 的极限偏差选取,但($d-t$)极限偏差应取负号(−)。

3. 键的长度系列(单位:mm):6,8,10,12,14,16,18,20,22,25,28,32,36,40,45,50,56,63,70,80,90,100,110,125,140,160,180,200。

附表十 电动机

YZR 系列电动机技术数据(JB/T 10105—1999) 附表 10-1

工作方式	S2								S3 6次/h							
JC	30min				60min				15%				25%			
项目	额定功率(kW)	定子电流(A)	转子电流(A)	转速(r/min)	额定功率(kW)	定子电流(A)	转子电流(A)	转速(r/min)	额定功率(kW)	定子电流(A)	转子电流(A)	转速(r/min)	额定功率(kW)	定子电流(A)	转子电流(A)	转速(r/min)
机座号																
同步转速 1000r/min																
112M	1.8	5.3	13.4	815	1.5	4.63	12.5	866	2.2	6.6	18.4	725	1.8	5.3	13.4	815
132M1	2.5	6.5	12.9	892	2.2	6.05	12.6	908	3.0	8	16.1	855	2.5	6.5	12.9	892
132M2	4.0	9.7	14.2	900	3.7	9.2	14.5	908	5	12.3	18.2	875	4	9.7	14.2	900
160M1	6.3	16.4	29.4	921	5.5	15	25.7	930	7.5	18.5	35.4	910	6.3	16.4	29.4	921
160M2	8.5	19.6	29.8	930	7.5	18	26.5	940	11	24.6	39.6	908	8.5	19.6	29.8	930
160L	13	28.6	31.6	942	11	24.5	27.6	957	15	34.7	39	920	13	28.6	31.6	942
180L	17	36.7	49.8	955	15	33.8	46.5	962	20	42.6	58.7	946	17	36.7	49.8	955
200L	26	56.1	82.4	956	22	49.1	69.9	964	33	62	68	942	26	56.1	82.4	956
225M	34	70	85	957	30	62	74.4	962	40	80	101	947	34	70	85	957
250M1	42	80	103	960	37	70.5	91.5	965	50	99	123	950	42	80	103	960
250M2	52	97	110	958	45	84.5	95	965	63	121	134	947	52	97	110	958
280S	63	118	142	966	55	101.5	129.8	969	75	144	169.5	960	63	118	142	966
280M	85	157	140	966	75	139	124	970	100	185	166	960	85	157	140	966
同步转速 750r/min																
160L	9	22.4	28.1	694	7.5	19.1	23	70.5	11	27.5	35.3	676	9	22.4	28.1	694
180L	13	29.1	47.8	700	11	27	44	700	15	34	56	690	13	29.1	47.8	700
200L	18.5	40	67.2	701	15	33.5	53.5	712	22	48	81	690	18.5	40	67.2	701
225M	26	55	71.2	708	22	46.9	59.1	715	33	70	92	696	26	55	71.2	708
250M1	35	64	80	715	30	63.4	67.7	720	42	75	97.5	710	35	64	80	715
250M2	42	86	79	716	37	78	70	720	52	103	98	706	42	86	79	716
280S	52	108	106	712	45	93.5	94	723	60	120	126	713	51	106	108	718
280M	63	126	110	722	55	110.5	92.5	725	75	150	132	715	63	126	110	722
315S	85	148	180	724	75	134	159	727	100	172	213	719	85	148	180	724
315M	100	190	183.5	715	90	172	160.9	720	125	250	232	717	100	190	183.5	715
同步转速 600r/min																
280S	42	92	177.1	571	37	84.8	153.2	560	55	112	235.2	564	42	92	177.1	571
280M	55	127	207	556	45	103.8	162	560	63	146	241	548	55	127	207	556
315S	63	132	161.9	580	55	118.3	138.7	580	75	154	194	574	63	132.5	161.9	580
315M	85	179	171	576	75	160	149.3	579	100	210	203	570	85	179	171	576
355M	110	218	207	581	90	180	166.6	585	132	266	252	576	110	218	207	581
355L1	132	257	213	576	110	217	172	582	160	314	261	571	132	257	213	578
355L2	150	275	194	588	132	262	167.5	588	185	353	241	585	150	293	194	588
400L1	190	390	290	585	160	339	250	588	236	472	390	582	190	390	300	585
400L2	240	490	302	585	200	427	258	588	270	540	340	582	240	490	308	586

续上表

工作方式	S3 6次/h															
FC	40%								60%				100%			
项目	额定功率（kW）	定子电流（A）	转子电流（A）	最大转矩/额定转矩	空载电流（A）	转速（r/imn）	效率	功率因数 cosφ	额定功率（kW）	定子电流（A）	转子电流（A）	转速（r/min）	额定功率（kW）	定子电流（A）	转子电流（A）	转速（r/min）
机座号	同步转速 1000r/min															
112M	1.5	4.6	12.5	2.3	3.37	866	62.9	0.79	1.1	3.8	7.3	912	0.8	3.5	5.16	940
132M1	2.2	6.1	12.6	2.9	4.04	908	73	0.76	1.8	5.4	9	924	1.5	5	7.3	940
132M2	3.7	9.2	14.5	2.5	5.58	908	77	0.8	3.0	7.9	10.2	937	2.5	7.2	8.4	950
160M1	5.5	15	25.7	2.6	7.95	930	75.7	0.74	5.0	14	22.9	935	4	12.5	18.2	944
160M2	7.5	18	26.5	2.8	11.2	940	79.4	0.8	6.3	16	21.7	949	5.5	15	18.8	956
160L	11	24.9	27.6	2.5	13	945	82	0.82	9	21	22.3	952	7.5	18.8	18.5	970
180L	15	33.8	46.5	3.2	18.8	962	83	0.81	13	29.7	37.3	968	11	25.5	31.4	975
200L	22	49.5	69.9	2.88	26.6	964	86	0.803	19	44.5	60.5	969	17	40.5	52.6	973
225M	30	62	74.4	3.1	29.9	962	88.3	0.83	26	55	64.5	968	22	50	54.2	975
250M1	37	70.5	91.5	3.1	26.5	960	89.2	0.9	32	61	79	970	28	55	69	975
250M2	45	84.5	95	3.5	28.2	965	90.6	0.89	39	73	83	969	33	64	71	974
280S	55	101.5	119.8	3.0	34	969	89	0.9	48	88	107.1	972	40	76	88.9	976
280M	75	138	122.6	3.1	50	969	91	0.906	63	118	104	975	50	96.3	82	980
	同步转速 750r/min															
160L	7.5	19.1	23	2.7	12.7	705	78.5	0.73	6	16.4	18.2	717	5	14	15	724
180L	11	27	44	2.7	14.8	700	81	0.77	9	21.9	32.1	720	7.5	19.6	26.6	726
200L	15	33.5	53.5	2.9	17.7	712	85	0.79	13	30	46.1	718	11	27	38.7	723
225M	22	46.9	59.1	2.9	24.2	715	87.4	0.82	18.5	41	49.5	721	17	38	45	723
250M1	30	63.4	68.8	2.8	31.4	720	87	0.80	26	52	59.1	725	22	46	49.7	729
250M2	37	78	70	2.8	36.9	720	85	0.80	32	68	60	725	27	60	51	729
280S	45	93.5	94	3.1	48.5	723	89	0.81	38	82	80	728	34	75	70.5	729
280M	55	110.5	92.5	2.8	52.3	725	89.5	0.84	48	103	82.8	730	40	93	68.7	732
315S	75	134	159	2.9	62	727	89.5	0.87	63	116	132	731	55	104	115	734
315M	90	172	160.9	3.1	57.7	720	90.2	0.88	75	140	136	725	63	124	113.8	728
	同步转速 600r/min															
280S	37	84.8	153.2	2.8	44.2	572	87	0.76	32	77	133.4	578	27	69	111.8	582
280M	45	103.8	165	3.2	63.6	560	85.6	0.78	37	90	136	569	33	89.6	118	587
315S	55	118.3	138.7	3.1	62.5	580	89.3	0.79	48	106.6	122	585	40	95.2	101	588
315M	75	160	149.3	3.4	85.3	579	89.7	0.79	63	140	124.8	584	50	125	98.5	587
355M	90	180	166.6	3.3	83	589	92.1	0.825	75	154	140	588	63	136	117	589
355L1	110	217	172	3.1	90	582	92.2	0.84	90	181	143	585	75	157	119	588
355L2	132	262	167.5	3.5	126	588	92.4	0.815	110	226	141.8	591	90	191	115.6	592
400L1	160	339	250	3.0	182	588	91	0.79	135	300	210	590	110	263	174	592
400L2	200	423	258	2.85	213	589	92	0.77	177	372	224	591	145	332	183	592

续上表

工作方式		S4 及 S5 150 次/h											
FC		25%				40%				60%			
项目		额定功率(kW)	定子电流(A)	转子电流(A)	转速(r/min)	额定功率(kW)	定子电流(A)	转子电流(A)	转速(r/min)	额定功率(kW)	定子电流(A)	转子电流(A)	转速(r/min)
机座号	同步转速 1000r/min												
	112M	1.6	4.75	11.3	845	1.3	4.2	8.85	890	1.0	3.75	6.57	920
	132M1	2.2	6	11.2	908	2	5.7	10	913	1.7	5.3	8.4	931
	132M2	3.7	9.7	13.1	915	3.5	9.2	11.2	925	2.8	8.5	9.65	940
	160M1	5.8	15.5	27.3	927	5	14.1	23.4	935	4.8	13.8	22.7	937
	160M2	7.5	18	27.6	940	7	17.1	25.6	945	6.0	15.6	21.8	954
	160L	11	28.3	27.8	950	10	23	25	957	8	19.5	19.8	969
	180L	15	33	43.7	960	13	29.5	37.7	965	12	28	34.6	969
	200L	21	47	55.4	965	18.5	42.5	48.5	970	17	40.5	53.8	973
	225M	28	58	70	965	25	53	62.2	969	22	50	54.5	973
	250M1	33	63	82.6	970	30	58	74.9	973	28	54	69.8	975
	250M2	42	78	90.5	967	37	70	79.3	971	33	63	70.5	975
	280S	52	95	116	970	45	83	100	974	42	80	93.6	975
	280M	70	130	115	972	62	114	102	975	55	90	104	975
	同步转速 750r/min												
	160L	7.5	19	22.8	712	7	18.1	21.2	716	5.8	16.4	17.3	724
	180L	11	25.4	40.6	711	10	23.5	36.6	717	8	20.5	28.8	728
	200L	15	34	54.1	713	13	30	46.6	718	12	28.5	43	720
	225M	21	45	56.8	718	18.5	41	49.7	721	17	38	45.6	724
	250M1	29	61.5	68.5	700	25	54	58.7	705	22	49	51.9	712
	250M2	33	70	62.5	725	30	64	56.6	727	28	61	52.8	728
	280S	42	91	85.5	719	37	83	75.6	722	33	76.2	67	726
	280M	52	104	90.2	727	45	93	77.7	730	42	89	72.4	732
	315S	64	118	132.7	731	60	110.5	124.2	733	56	106	115.8	733
	315M	75	142	136	725	72	136	130.7	725	65	126	117.6	727
	同步转速 600r/min												
	280S	33	78.7	141.8	578	30	74	125	579	28	71	116	580
	280M	42	98.7	154	575	37	90	136	570	33	84	118	573
	315S	50	110	128.4	583	45	100	115.3	585	42	96	107.4	586
	315M	65	144	129	584	60	136	119	585	55	130	109	586
	355M	80	160.5	149.7	587	72	156	134.5	588	65	140	121	589
	355L1	100	185	159	586	90	170	142	588	80	155	126.5	589
	355L2	120	250	149.8	588	110	230	137.5	589	95	210	122.7	591
	400L1	145	314	223	588	132	290	199	589	120	278	180	590
	400L2	185	396	238	590	165	365	262	589	150	342	195	592

续上表

工作方式	S4 及 S5												转子电压(V)	飞轮矩 GD^2 $(N \cdot m^2)$	质量(kg)
	300 次/h								600 次/h						
FC	40%				60%				60%						
项目	额定功率(kW)	定子电流(A)	转子电流(A)	转速(r/min)	额定功率(kW)	定子电流(A)	转子电流(A)	转速(r/min)	额定功率(kW)	定子电流(A)	转子电流(A)	转速(r/min)			
机座号	同步转速 1000r/min														
112M	1.2	4.0	8.0	900	0.9	3.7	5.87	930	0.7	3.4	4.46	946	100	1.1	73.5
132M1	1.8	5.4	8.95	926	1.6	5.1	7.87	936	1.35	4.9	6.8	945	132	2.3	96.5
132M2	3.3	9.4	11.9	925	2.8	8.5	9.65	940	2.3	6	7.5	950	185	2.6	107.5
160M1	4.8	14.1	23.4	935	4.5	13.8	22.4	937	3.8	12.2	17.5	946	138	4.7	153.5
160M2	6.0	15.6	21.8	954	5.5	14.8	19.8	959	4.0	13	14.2	970	185	5.8	159.5
160L	8.0	19.5	19.8	969	7.5	18.7	18.5	971	5.6	16.7	14.2	978	250	7.8	174
180L	12	28	34.6	969	11	26.6	31.7	972	9	23.6	22.9	978	218	15	230
200L	17	40.5	52.5	973	15	37	40	975	11	31.5	28.5	981	200	26	390
225M	22	50	54.5	973	20	46	49.4	977	15	39	36.8	982	250	33	398
250M1	26	52	64.6	977	25	50	62.1	978	17.5	39	43.2	984	250	60	512
250M2	31	60	66.1	976	30	58	63.9	977	24	49	50.9	981	290	70	559
280S	40	76	89	977	37	71	82.2	978	30	64	66.5	980	280	92	746.5
280M	52	98	85.5	979	47	92	77	981	37	78	61	982	370	112	840
	同步转速 750r/min														
160L	6.0	16.7	18	722	5.5	15.5	14.9	727	3.8	13.7	11.2	732	205	7.8	172
180L	8.0	20.5	28.8	728	7.5	19.7	26.9	729	5.8	17.8	20.6	736	172	15	230
200L	12	28.2	43	720	11	27	39.1	724	8.0	23	28.1	731	178	26	317
225M	17	38	45.6	724	15	35.1	40	727	11	31	29.1	733	232	32	390
250M1	22	49	51.9	712	20	46	46.2	716	15	39	34.2	725	272	60	515
250M2	26	58	48.9	730	25	57	47	731	18.5	45	34.4	736	335	70	563
280S	31	74	63	728	30	72	61.5	732	24	64	49.1	733	305	92	745
280M	42	89	72.4	732	37	83	63.5	735	30	73	51.4	737	360	112	847.5
315S	52	100	107	735	48	94	98.8	736	35	80	71.7	740	302	282	1050
315M	60	120	108	729	55	116	99	729	41	100	73.7	732	372	340	1170
	同步转速 600r/min														
280S	26	68	108	582	25	66	103	583	17	56	69.8	588	150	140	766
280M	31	82	110	574	28	78.5	98	577	22	72.5	75	582	172	156	840
315S	40	94	102.2	587	37	90	94.5	587	30	84	76.3	589	242	282	1026
315M	50	126	98.7	587	48	124	94.7	588	37	114	73	589	325	340	1156
355M	60	130	112	590	55	124	102.4	590	41	104	76.19	591	330	560	1520
355L1	75	150	119	590	70	145	111	591	50	120	78.4	594	388	670	1764
355L2	90	205	116.2	591	80	190	130.2	592	60	165	77.1	594	475	750	1810
400L1	110	260	168	591	96	274	148	592	75	220	114	594	395	960	2400
400L2	140	324	180	592	120	298	155	592	95	265	122	594	460	1100	2950

注:提供资料的单位有佳木斯电机厂、南阳防爆电机厂、山西电机厂、重庆特种电机厂和大连第二电机厂等。

附表 10-2

YZ 系列电动机技术数据(JB/T 10104—1999)

工作方式	S2						S3 6次/h																				飞轮矩 GD^2 (Nm²)	质量 (kg)
JC	30min			60min			15%			25%			40%								60%			100%				
项目	额定功率 (kW)	定子电流 (A)	转速 (r/min)	额定功率 (kW)	定子电流 (A)	转速 (r/min)	额定功率 (kW)	定子电流 (A)	转速 (r/min)	额定功率 (kW)	定子电流 (A)	转速 (r/min)	额定功率 (kW)	定子电流 (A)	转速 (r/min)	最大转矩/额定转矩	堵转转矩/额定转矩	堵转电流/额定电流	效率 (%)	功率因数 ($\cos\varphi$)	额定功率 (kW)	定子电流 (A)	转速 (r/min)	额定功率 (kW)	定子电流 (A)	转速 (r/min)		
机座号	同步转速 1000r/min																											
112M	1.8	4.9	892	1.5	4.25	920	2.2	6.5	810	1.8	4.9	892	1.5	4.25	920	2.7	2.44	4.47	69.5	0.765	1.1	2.7	946	0.8	3.5	980	0.8	58
132M1	2.5	6.5	920	2.2	5.9	935	3.0	7.5	804	2.5	6.5	920	2.2	5.9	935	2.9	3.1	5.16	74	0.745	1.8	5.3	950	1.5	4.9	960	2.1	80
132M2	4.0	9.2	915	3.7	8.8	912	5	11.6	890	4	9.2	915	3.7	8.8	912	2.8	3.0	5.54	79	0.79	3.0	7.5	940	2.5	7.2	945	2.3	91.5
160M1	6.3	14.1	922	5.5	12.5	933	7.5	16.8	903	6.3	14.1	922	5.5	12.5	933	2.7	2.5	4.9	80.6	0.83	5.0	11.5	940	4.0	10	953	4.2	118.5
160M2	8.5	18	943	7.5	15.9	948	11	25.4	926	8.5	18	943	7.5	15.9	948	2.9	2.4	5.52	83	0.84	6.3	14.2	956	5.5	13	961	5.3	131.5
160L	15	32	920	11	24.6	953	15	32	920	13	28.7	936	11	24.6	953	2.9	2.7	6.17	84	0.85	9	20.6	946	7.5	18.8	972	7.1	152
	同步转速 750r/min																											
160L	9	21.1	694	7.5	18	705	11	27.4	675	9	21.1	694	7.5	18	705	2.7	2.5	5.1	82	0.74	6	15.6	717	5	14.2	724	7.1	152
180L	13	30	675	11	25.8	694	15	35.3	654	13	30	675	11	25.8	694	2.5	2.6	4.9	80.9	0.811	9	21.5	710	7.5	19.2	718	13	205
200L	18.5	40	697	15	33.1	710	22	47.5	686	18.5	40	697	15	33.1	710	2.8	2.7	6.1	85	0.8	13	28.1	714	11	26	720	23	276
225M	26	53.5	701	22	45.8	712	33	69	687	26	53.5	701	22	45.8	712	2.9	2.9	6.2	84	0.83	18.5	40	718	17	37.5	720	30	347
250M1	35	74	681	30	63.3	694	42	89	663	35	74	681	30	63.3	694	2.54	2.7	5.47	85	0.84	26	56	702	22	45	717	53	462

附表 10-3

YZR 系列电动机外形及安装尺寸(JB/T 10105—1999)

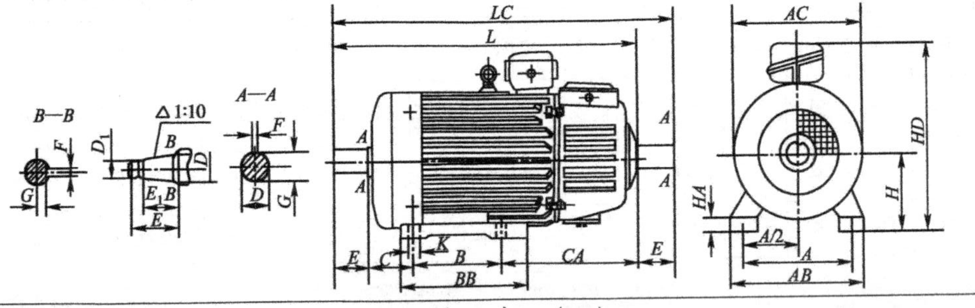

机座号	尺寸 (mm)																		
	A	B	C	CA	D	D_1	E	E_1	F	G	H	K	AB	AC	BB	HA	HD	L	LC
112M	190	140	70	300	32k6	—	80	—	10N9	27 $^{0}_{-0.2}$	112 $^{0}_{-0.5}$	12	250	245	235	18	335(330)	590	670
132M	216	178	89		38k6					33 $^{0}_{-0.2}$	132 $^{0}_{-0.5}$		275	285	260	20	365(360)	645	727
160M	254	210	108	330	48k6		110		14N9	42.5 $^{0}_{-0.2}$	160 $^{0}_{-0.5}$	15	320	325	290	25	425(420)	758	868
160L		254													335			800	912
180L	279	279	121	360	55 *	M36 ×3		82		19.9 $^{0}_{-0.2}$	180 $^{0}_{-0.5}$		360	360	380		465(460)	870	980
200L	318	305	133	400	60 *	M42 ×3	140	105	16N9	21.4 $^{0}_{-0.2}$	200 $^{0}_{-0.5}$	19	405	405	400	28	510	975	1118
225M	356	311	149	450	65 *					23.9 $^{0}_{-0.2}$	225 $^{0}_{-0.5}$		455	430	410		545	1050	1190
250M	406	349	168	540	70 *	M48 ×3			18N9	25.4 $^{0}_{-0.2}$	250 $^{0}_{-0.5}$	24	515	480	510	30	605	1195	1337
280S	457	368	190		85 *	M56 ×4	170	130	20N9	31.7 $^{0}_{-0.2}$	280 $^{0}_{-0.8}$		575	535	530	32	665	1265	1438
280M		419													580			1315	1489
315S	508	406	216	600	95 *	M64 ×4			22N9	35.2 $^{0}_{-0.2}$	315 $^{0}_{-1.0}$	28	640	620		35	750	1390	1562
315M		457													630			1440	1613
355M	610	560	254	630	110 *	M80 ×4	210	165	25N9	41.9 $^{0}_{-0.2}$	355 $^{0}_{-1.0}$		740	710	730	38	840	1650	1864
355L		630													800			1720	1934
400L	686	710	280		130 *	M100 ×4	250	200	28N9	50 $^{0}_{-0.2}$	400 $^{0}_{-1.0}$	35	855	840	910	45	950	1865	2120

注:1. 本表按山西电机厂、佳木斯电机厂提供的资料编写。括号内的数据只适用于佳木斯电机厂;

2. 圆锥形轴伸的直径偏差按 JB684—65《电机安装尺寸公差》规定的方法和标准确定。

YZ 系列电动机外形及安装尺寸(JB/T 10104—1999)

附表 10-4

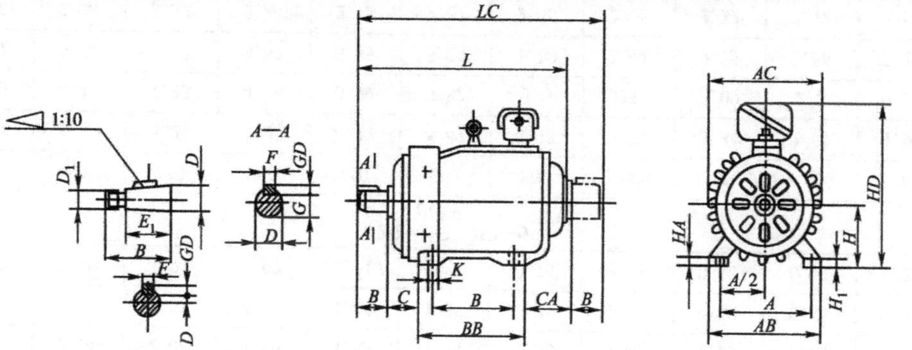

机座带底脚,端盖上无凸缘

机座号	尺寸 (mm)																					
	H	A	B	C	CA	K	螺栓直径	D	D_1	E	E_1	F	G	GD	AC	AB	HD	BB	L	LC	HA
112M	$112_{-0.5}^{0}$	190	140	70	135	12	M10	32k6	—	80	—	10N9	$27_{-0.2}^{0}$	8	245	250	325(330)	235	420	505	15
132M	$132_{-0.5}^{0}$	216	178	89	150			38k6					$33_{-0.2}^{0}$		285	275	355(360)	260	495	577	17
160M	$160_{-0.5}^{0}$	254	210	108	180	15	M12	48k6		110		14N9	$42.5_{-0.2}^{0}$	9	325	320	420	290	608	718	20
160L			254															335	650	762	
180L	$180_{-0.5}^{0}$	279	279	121				55 *	M36×3		82		$19.9_{-0.2}^{0}$		360	360	460	380	685	800	22
200L	$200_{-0.5}^{0}$	318	305	133	210	19	M16	60 *	M42×3	140	105	16N9	$21.4_{-0.2}^{0}$	10	405	405	510	400	780	928	25
225M	$225_{-0.5}^{0}$	356	311	149	258			65 *					$23.9_{-0.2}^{0}$		430	455	545	410	850	998	28
250M*	$250_{-0.5}^{0}$	406	349	168	295	24	M20	70 *	M48×3			18N9	$25.4_{-0.2}^{0}$	11	480	515	605	510	935	1092	30

YZR 系列电机在不同接电持续率 *JC* 值和不同 *CZ* 值时的允许输出容量 *N*

（平均起动电流倍数 $K=1.7$）

（参考件）

附表 10-5

YZR 系列电动机*：

YZR 112 M—6 P(kW)															
CZ	6	20	40	80	150	300	450	600	800	1 000	1 250	1 500	2 000	3 000	4 000	6 000
*JC*15%	2.2	2.19	2.17	2.14	2.09	1.99	1.89	1.78	1.05	1.51	1.34	1.16	0.78	0	0	0
*JC*25%	1.8	1.79	1.78	1.76	1.73	1.65	1.58	1.51	1.41	1.32	1.2	1.08	0.83	0.23	0	0
*JC*40%	1.5	1.49	1.49	1.47	1.45	1.4	1.35	1.29	1.23	1.16	1.08	0.99	0.82	0.45	0	0
*JC*60%	1.2	1.2	1.19	1.18	1.16	1.12	1.08	1.05	0.99	0.95	0.88	0.82	0.69	0.42	0.09	0
*JC*100%	0.75	0.75	0.74	0.73	0.72	0.69	0.66	0.63	0.59	0.55	0.5	0.45	0.35	0.11	0	0
YZR 132 MA—6 P(kW)																
CZ	6	20	40	80	150	300	450	600	800	1 000	1 250	1 500	2 000	3 000	4 000	6 000
*JC*15%	3.5	3.47	3.43	3.37	3.26	3.01	2.77	2.53	2.21	1.88	1.44	0.96	0	0	0	0
*JC*25%	2.8	2.78	2.76	2.71	2.63	2.46	2.3	2.14	1.92	1.69	1.41	1.1	0.41	0	0	0
*JC*40%	2.2	2.18	2.17	2.14	2.08	1.96	1.85	1.74	1.58	1.43	1.23	1.03	0.59	0	0	0
*JC*60%	1.7	1.69	1.68	1.65	1.61	1.52	1.44	1.35	1.24	1.13	0.99	0.84	0.53	0	0	0
*JC*100%	1.1	1.09	1.08	1.06	1.03	0.97	0.91	0.84	0.76	0.68	0.58	0.47	0.23	0	0	0
YZR 132 MB—6 P(kW)																
CZ	6	20	40	80	150	300	450	600	800	1 000	1 250	1 500	2 000	3 000	4 000	6 000
*JC*15%	5.5	5.47	5.43	5.36	5.24	4.98	4.72	4.47	4.13	3.78	3.34	2.89	1.93	0	0	0
*JC*25%	4.5	4.48	4.46	4.41	4.33	4.16	3.99	3.82	3.6	3.37	3.09	2.8	2.21	0.85	0	0
*JC*40%	3.7	3.69	3.67	3.64	3.58	3.47	3.35	3.24	3.09	2.94	2.75	2.56	2.17	1.33	0.3	0
*JC*60%	3	2.99	2.98	2.96	2.92	2.84	2.75	2.67	2.56	2.45	2.32	2.18	1.91	1.34	0.68	0
*JC*100%	2.2	2.19	2.18	2.17	2.15	2.09	2.04	1.98	1.91	1.84	1.75	1.66	1.48	1.11	0.71	0

* 原始数据取自 YZR、YZ 系列全国鉴定会。

续上表

YZR 160 MA—6 P(kW)															
CZ	6	20	40	80	150	300	450	600	800	1 000	1 250	1 500	2 000	3 000	4 000	6 000
*JC*15%	7.5	7.4	7.31	7.1	6.77	6.06	5.36	4.67	3.71	2.7	1.25	0	0	0	0	0
*JC*25%	6.3	6.24	6.17	6.05	5.83	5.39	4.95	4.52	3.93	3.34	2.56	1.72	0	0	0	0
*JC*40%	5.5	5.46	5.42	5.34	5.2	4.91	4.61	4.33	3.96	3.58	3.11	2.62	1.56	0	0	0
*JC*60%	5	4.97	4.95	4.89	4.79	4.59	4.39	4.19	3.94	3.68	3.36	3.03	2.37	0.85	0	0
*JC*100%	4	3.98	3.96	3.93	3.86	3.73	3.6	3.48	3.31	3.14	2.93	2.73	2.31	1.44	0.36	0
YZR 160 MB—6 P(kW)																
CZ	6	20	40	80	150	300	450	600	800	1 000	1 250	1 500	2 000	3 000	4 000	6 000
*JC*15%	11	10.9	10.7	10.5	10	9.08	8.16	7.24	6	4.71	2.95	0.83	0	0	0	0
*JC*25%	8.5	8.41	8.32	8.14	7.84	7.21	6.59	5.98	5.16	4.33	3.42	2.03	0	0	0	0
*JC*40%	7.5	7.44	7.38	7.27	7.07	6.65	6.23	5.84	5.3	4.77	4.1	3.4	1.88	0	0	0
*JC*60%	6.3	6.26	6.22	6.13	5.99	5.68	5.39	5.1	4.71	4.33	3.86	3.38	2.38	0	0	0
*JC*100%	5.5	5.47	5.45	5.39	5.3	5.1	4.91	4.72	4.48	4.24	3.93	3.63	3.03	1.73	0.04	0
YZR 160 L—6 P(kW)																
CZ	6	20	40	80	150	300	450	600	800	1 000	1 250	1 500	2 000	3 000	4 000	6 000
*JC*15%	16	15.8	15.7	15.4	14.8	13.6	12.5	11.4	9.89	8.35	6.34	4.13	0	0	0	0
*JC*25%	13	12.9	12.8	12.6	12.2	11.4	10.7	9.93	8.94	7.94	6.67	5.34	2.33	0	0	0
*JC*40%	11	10.9	10.9	10.7	10.5	9.96	9.45	8.94	8.28	7.62	6.8	5.96	4.2	0	0	0
*JC*60%	9	8.95	8.9	8.8	8.62	8.25	7.88	7.54	7.06	6.59	6.01	5.43	4.22	1.45	0	0
*JC*100%	7.5	7.47	7.43	7.37	7.25	7.01	6.77	6.54	6.24	5.93	5.57	5.19	4.44	2.87	1.02	0
YZR 180 L—6 P(kw)																
CZ	6	20	40	80	150	300	450	600	800	1 000	1 250	1 500	2 000	3 000	4 000	6 000
*JC*15%	20	19.7	19.3	18.7	17.5	15.1	12.7	10.2	6.7	2.54	0	0	0	0	0	0
*JC*25%	17	16.8	16.6	16.1	15.4	13.9	12.4	10.8	8.79	6.61	3.59	0	0	0	0	0
*JC*40%	15	14.9	14.7	14.4	14	12.9	12	11	9.68	8.36	6.63	4.8	0.2	0	0	0
*JC*60%	13	12.9	12.8	12.6	12.3	11.6	10.9	10.2	9.27	8.36	7.22	6.02	3.45	0	0	0
*JC*100%	11	10.9	10.9	10.7	10.5	10.1	9.63	9.17	8.6	8.02	7.3	6.58	5.09	1.67	0	0

续上表

YZR 225 M—6 P(kW)															
CZ	6	20	40	80	150	300	450	600	800	1 000	1 250	1 500	2 000	3 000	4 000	6 000
JC15%	40	39.3	38.6	37.2	34.7	29.6	24.5	19.2	11.6	2	0	0	0	0	0	0
JC25%	34	33.6	33.1	32.2	30.7	27.5	24.3	21.2	16.9	12.3	5.68	0	0	0	0	0
JC40%	30	29.7	29.4	28.9	27.9	25.8	23.7	21.7	19	16.3	12.7	8.82	0	0	0	0
JC60%	26	25.8	25.6	25.2	24.5	23.1	21.6	20.3	18.4	16.5	14.2	11.7	6.34	0	0	0
JC100%	22	21.9	21.8	21.5	21.1	20.1	19.2	18.3	17.2	16	14.5	13.1	10	2.95	0	0

YZR 250 MA—6 P(kW)																
CZ	6	20	40	80	150	300	450	600	800	1 000	1 250	1 500	2 000	3 000	4 000	6 000
JC15%	50	48.6	47.1	44.3	39.5	29.3	18.6	5.6	0	0	0	0	0	0	0	0
JC25%	42	41.1	40.2	38.4	35.4	29.1	22.7	16	5.42	0	0	0	0	0	0	0
JC40%	37	36.4	35.8	34.7	32.7	28.6	24.6	20.5	14.8	8.4	0	0	0	0	0	0
JC60%	32	31.6	31.2	30.4	29	26.1	23.4	20.6	16.8	12.9	7.39	0.45	0	0	0	0
JC100%	28	27.7	27.5	27	26.1	24.3	22.5	20.8	18.5	16.2	13.2	10	2.55	0	0	0

YZR 250 MB—6 P(kW)																
CZ	6	20	40	80	150	300	450	600	800	1 000	1 250	1 500	2 000	3 000	4 000	6 000
JC15%	63	61.4	59.9	56.8	51.5	40.4	29	16.2	0	0	0	0	0	0	0	0
JC25%	52	51	50	48	44.7	37.7	30.7	23.5	12.7	0	0	0	0	0	0	0
JC40%	45	44.4	43.7	42.4	40.3	35.7	31.3	26.8	20.6	13.9	3.87	0	0	0	0	0
JC60%	39	38.6	38.1	37.2	35.7	32.6	29.5	26.5	22.3	18.1	12.4	5.93	0	0	0	0
JC100%	33	32.7	32.4	31.9	31	29	27	25.1	22.6	20	16.8	13.4	5.71	0	0	0

YZR 280 S—6 P(kW)																
CZ	6	20	40	80	150	300	450	600	800	1 000	1 250	1 500	2 000	3 000	4 000	6 000
JC15%	75	73	71	67.1	60.5	46.3	31.3	14.1	0	0	0	0	0	0	0	0
JC25%	65	63.8	62.5	60.1	56	47.3	38.5	29.4	15.9	0	0	0	0	0	0	0
JC40%	55	54.2	53.4	51.9	49.2	43.5	38	32.3	24.5	16.1	2.97	0	0	0	0	0
JC60%	48	47.5	46.9	45.8	44	40.1	36.3	32.5	27.4	22	14.9	6.58	0	0	0	0
JC100%	40	39.7	39.3	38.6	37.5	35	32.6	30.2	27.1	23.9	19.8	15.6	5.68	0	0	0

续上表

YZR 160 L—8 P(kW)																
CZ	6	20	40	80	150	300	450	600	800	1 000	1 250	1 500	2 000	3 000	4 000	6 000
*JC*15%	11	10.9	10.8	10.7	10.4	9.72	9.11	8.5	7.69	6.88	5.84	4.76	2.34	0	0	0
*JC*25%	9	8.95	8.88	8.78	8.58	8.16	7.76	7.35	6.82	6.29	5.63	4.95	3.54	0	0	0
*JC*40%	7.5	7.46	7.43	7.35	7.22	6.94	6.66	6.39	6.04	5.69	5.24	4.8	3.9	1.91	0	0
*JC*60%	6	5.97	5.95	5.89	5.8	5.59	5.39	5.2	4.94	4.68	4.36	4.04	3.41	2.05	0.34	0
*JC*100%	5	4.98	4.97	4.93	4.87	4.73	4.61	4.48	4.31	4.14	3.94	3.73	3.32	2.5	1.6	0
YZR 180 L—8 P(kW)																
CZ	6	20	40	80	150	300	450	600	800	1 000	1 250	1 500	2 000	3 000	4 000	6 000
*JC*15%	16	15.8	15.6	15.3	14.7	13.5	12.2	11	9.38	7.68	5.42	2.85	0	0	0	0
*JC*25%	13	12.9	12.8	12.6	12.2	11.4	10.6	9.79	8.75	7.7	6.34	4.91	1.57	0	0	0
*JC*40%	11	10.9	10.9	10.7	10.5	9.91	9.33	8.87	8.17	7.46	6.62	5.73	3.86	0	0	0
*JC*60%	9	8.95	8.89	8.78	8.6	8.22	7.84	7.46	6.98	6.48	5.87	5.25	3.97	0.92	0	0
*JC*100%	7.5	7.46	7.43	7.37	7.25	6.99	6.74	6.5	6.17	5.86	5.46	5.07	4.28	2.59	0.48	0
YZR 200 L—8 P(kW)																
CZ	6	20	40	80	150	300	450	600	800	1 000	1 250	1 500	2 000	3 000	4 000	6 000
*JC*15%	22	21.7	21.4	20.8	19.8	17.6	15.5	13.3	10.3	7.15	2.42	0	0	0	0	0
*JC*25%	18.5	18.3	18.1	17.7	17.1	15.7	14.4	13	11.2	9.36	6.92	4.2	0	0	0	0
*JC*40%	15	14.9	14.7	14.5	14.1	13.1	12.3	11.4	10.2	9	7.46	5.87	2.16	0	0	0
*JC*60%	13	12.9	12.8	12.6	12.4	11.7	11.1	10.5	9.66	8.85	7.83	6.77	4.56	0	0	0
*JC*100%	11	10.9	10.9	10.8	10.6	10.2	9.79	9.41	8.89	8.38	7.74	7.11	5.81	2.97	0	0
YZR 225 M—8 P(kW)																
CZ	6	20	40	80	150	300	450	600	800	1 000	1 250	1 500	2 000	3 000	4 000	6 000
*JC*15%	33	32.6	32.2	31.4	30	27.1	24.2	21.4	17.5	13.5	7.85	0.79	0	0	0	0
*JC*25%	26	25.7	25.5	25	24.1	22.2	20.4	18.6	16.1	13.7	10.5	6.97	0	0	0	0
*JC*40%	22	21.8	21.7	21.3	20.7	19.5	18.3	17.1	15.6	14	12	9.92	5.39	0	0	0
*JC*60%	19	18.9	18.8	18.5	18.1	17.3	16.4	15.6	14.5	13.4	12.1	10.7	7.83	0.72	0	0
*JC*100%	17	16.9	16.8	16.7	16.5	15.9	15.4	14.9	14.2	13.5	12.6	11.8	10.1	6.6	2.43	0

续上表

YZR 250 MB—8 P(kW)															
CZ	6	20	40	80	150	300	450	600	800	1 000	1 250	1 500	2 000	3 000	4 000	6 000
*JC*15%	52	51.1	50.3	48.6	45.6	39.5	33.3	27	18.1	7.7	0	0	0	0	0	0
*JC*25%	42	41.1	40.9	39.8	38	34.1	30.2	26.3	21	15.5	7.48	0	0	0	0	0
*JC*40%	37	36.6	36.3	35.6	34.4	31.9	29.4	26.9	23.6	20.3	15.9	11.2	0	0	0	0
*JC*60%	32	31.7	31.5	31	30.2	28.4	26.7	25	22.8	20.5	17.6	14.6	8.13	0	0	0
*JC*100%	27	26.8	26.7	26.4	25.9	24.7	23.7	22.5	21.1	19.7	18	16.2	12.5	3.97	0	0

YZR 280 M—8 P(kW)																
CZ	6	20	40	80	150	300	450	600	800	1 000	1 250	1 500	2 000	3 000	4 000	6 000
*JC*15%	75	73.6	72.2	69.5	64.8	55	45.1	34.9	19.8	0.23	0	0	0	0	0	0
*JC*25%	65	64.2	63.3	61.6	58.7	52.6	46.5	40.5	32.2	23.3	10.6	0	0	0	0	0
*JC*40%	55	54.5	53.9	52.8	50.9	46.9	43	39.1	33.8	28.4	21.4	13.7	0	0	0	0
*JC*60%	48	47.6	47.2	46.5	45.1	42.3	39.6	36.9	33.4	29.8	25.2	20.4	9.7	0	0	0
*JC*100%	40	39.8	39.5	39	38.2	36.4	34.6	33	30.7	28.4	25.6	22.8	16.8	2.28	0	0

YZR 315 M—8 P(kW)																
CZ	6	20	40	80	150	300	450	600	800	1 000	1 250	1 500	2 000	3 000	4 000	6 000
*JC*15%	125	121	116.9	109	95.6	66.5	34.1	0	0	0	0	0	0	0	0	0
*JC*25%	100	97.4	94.9	89.9	81.3	63.3	44.5	23.4	0	0	0	0	0	0	0	0
*JC*40%	90	88.4	86.8	83.5	78	66.4	54.9	42.9	25.6	3.69	0	0	0	0	0	0
*JC*60%	75	73.9	72.8	70.5	66.7	58.7	50.7	42.7	31.5	19.1	0	0	0	0	0	0
*JC*100%	63	62.3	61.6	60.2	57.8	52.7	47.8	42.8	36.2	29.4	20.2	9.58	0	0	0	0

YZR 315 S—10 P(kW)																
CZ	6	20	40	80	150	300	450	600	800	1 000	1 250	1 500	2 000	3 000	4 000	6 000
*JC*15%	75	72.6	70.1	65.4	57.4	40.2	21.2	0	0	0	0	0	0	0	0	0
*JC*25%	65	63.5	61.9	59	54	43.4	32.6	21	12.4	0	0	0	0	0	0	0
*JC*40%	55	54	53	51	47.7	40.9	34	26.9	16.8	4.46	0	0	0	0	0	0
*JC*60%	48	47.3	46.6	45.3	43	38.1	33.4	28.6	22.1	15	4.56	0	0	0	0	0
*JC*100%	40	39.6	39.1	38.2	36.7	33.6	30.6	27.6	23.5	19.4	14	7.84	0	0	0	0

续上表

YZR 315 M—10 P(kW)															
CZ	6	20	40	80	150	300	450	600	800	1 000	1 250	1 500	2 000	3 000	4 000	6 000
*JC*15%	105	102.1	99.2	93.7	84.1	64.1	43.2	18.9	0	0	0	0	0	0	0	0
*JC*25%	88	86.2	84.4	80.9	74.8	62.3	49.6	36.4	16.4	0	0	0	0	0	0	0
*JC*40%	75	73.8	72.7	70.4	66.4	58.1	50	41.8	30.3	17.5	0	0	0	0	0	0
*JC*60%	63	62.2	61.4	59.7	56.9	51.1	45.4	39.8	32	23.9	12.5	0	0	0	0	0
*JC*100%	50	49.5	48.9	47.9	46	42.2	38.5	34.9	30	25	18.4	11.1	0	0	0	0
YZR 355 M—10 P(kW)																
CZ	6	20	40	80	150	300	450	600	800	1 000	1 250	1 500	2 000	3 000	4 000	6 000
*JC*15%	132	127.5	123	114.2	99.3	66.4	29.6	0	0	0	0	0	0	0	0	0
*JC*25%	110	107.1	104.4	98.8	89.3	69.3	48.5	25	0	0	0	0	0	0	0	0
*JC*40%	90	88.2	86.3	82.7	76.5	63.5	50.4	36.5	15.5	0	0	0	0	0	0	0
*JC*60%	75	73.7	72.5	69.9	65.6	56.5	47.6	38.4	25.4	9.9	0	0	0	0	0	0
*JC*100%	63	62.2	61.4	59.8	57	51.3	45.7	40.1	32.4	24.4	13.2	0	0	0	0	0
YZR 355 LA—10 P(kW)																
CZ	6	20	40	80	150	300	450	600	800	1 000	1 250	1 500	2 000	3 000	4 000	6 000
*JC*15%	160	154.9	149.8	139.8	122.7	85.8	45	0	0	0	0	0	0	0	0	0
*JC*25%	132	128.8	125.5	119.5	108.8	86.2	63	37.2	0	0	0	0	0	0	0	0
*JC*40%	110	107.9	105.9	101.9	94.9	80.4	65.7	50.5	28.3	0	0	0	0	0	0	0
*JC*60%	90	88.6	87.1	84.3	79.5	69.3	59.2	49.1	34.6	18.3	0	0	0	0	0	0
*JC*100%	75	74.1	73.2	71.4	68.3	61.9	55.7	49.4	40.8	32	19.8	5.03	0	0	0	0
YZR 355 LB—10 P(kW)																
CZ	6	20	40	80	150	300	450	600	800	1 000	1 250	1 500	2 000	3 000	4 000	6 000
*JC*15%	185	178.9	172.8	161.1	141.2	97.3	48.7	0	0	0	0	0	0	0	0	0
*JC*25%	150	146.3	142.5	135	122.6	95.9	68.1	37.2	0	0	0	0	0	0	0	0
*JC*40%	132	129.5	127.1	122.4	114.2	97	79.9	62.2	36.4	3.3	0	0	0	0	0	0
*JC*60%	110	108.4	106.6	103.3	97.6	85.6	73.7	61.8	45	26.5	0	0	0	0	0	0
*JC*100%	90	88.9	87.8	85.7	82	74.3	66.7	59.2	49.1	38.4	24.1	6.66	0	0	0	0

附表十一　减速器

QJR型QJR—D型减速器承载能力（工作级别M5）

（JB/T 8905.1—1999）　　附表11-1

输入轴转速（r/min）	名义中心距 a(mm)	输出转矩（N·m）	公称传动比					
			10	12.5	16	20	25	31.5
			高速轴许用功率(kW)					
600	140	820	5.3	4.3	3.4	2.7	2.1	1.6
	170	1 360	9.0	7.2	5.7	4.5	3.5	2.8
	200	2 650	15.5	12.4	9.7	7.8	6.2	4.9
	236	4 500	26.0	21.0	16.5	13.2	10.5	8.4
	280	7 500	44.0	35.0	27.0	22.0	17.6	13.9
	335	12 500	73.0	59.0	46.0	37.0	29.0	23.0
	400	21 200	124.0	99.0	78.0	62.0	50.0	39.0
	450	30 000	176.0	141.0	110.0	88.0	70.0	56.0
	500	42 500	249.0	199.0	155.0	124.0	100.0	79.0
	560	60 000	351.0	281.0	220.0	176.0	141.0	112.0
	630	85 000	497.0	398.0	311.0	249.0	199.0	158.0
	710	118 000	691.0	552.0	432.0	345.0	276.0	219.0
	800	170 000	995.0	796.0	622.0	497.0	398.0	316.0
	900	236 000	1 381.0	1 105.0	863.0	691.0	552.0	438.0
	1 000	335 000	1 961.0	1 568.0	1 225.0	980.0	784.0	622.0
750	140	820	6.4	5.2	4.1	3.3	2.6	2.0
	170	1 360	10.7	8.8	7.0	5.7	4.5	3.4
	200	2 650	19.3	15.5	12.1	9.7	7.7	6.1
	236	4 500	33.0	26.0	21.0	16.4	13.1	10.4
	280	7 500	55.0	44.0	34.0	27.0	22.0	17.4
	335	12 500	91.0	73.0	57.0	46.0	36.0	29.0
	400	21 200	155.0	124.0	97.0	77.0	62.0	49.0
	450	30 000	219.0	175.0	137.0	109.0	88.0	69.0
	500	42 500	310.0	248.0	194.0	155.0	124.0	98.0
	560	60 000	437.0	350.0	273.0	219.0	175.0	139.0
	630	85 000	620.0	496.0	387.0	310.0	248.0	197.0
	710	118 000	860.0	688.0	538.0	430.0	344.0	273.0
	800	170 000	1 239.0	991.0	775.0	620.0	496.0	393.0
	900	236 000	1 720.0	1 376.0	1 075.0	860.0	688.0	546.0
	1 000	335 000	2 442.0	1 954.0	1 526.0	1 221.0	977.0	775.0
1 000	140	820	7.9	6.5	5.2	4.2	3.3	2.6
	170	1 360	13.2	10.9	8.7	7.1	5.7	4.4
	200	2 650	26.0	21.0	16.2	12.9	10.3	8.2
	236	4 500	44.0	35.0	27.0	22.0	17.6	13.9
	280	7 500	73.0	59.0	46.0	37.0	29.0	23.0
	335	12 500	122.0	98.0	76.0	61.0	49.0	39.0
	400	21 200	207.0	165.0	129.0	103.0	83.0	66.0
	450	30 000	293.0	234.0	183.0	146.0	117.0	93.0
	500	42 500	415.0	332.0	259.0	207.0	166.0	132.0
	560	60 000	585.0	468.0	366.0	293.0	234.0	186.0
	630	85 000	829.0	663.0	518.0	415.0	332.0	263.0
	710	118 000	1 151.0	921.0	719.0	576.0	460.0	365.0
	800	170 000	1 668.0	1 327.0	1 036.0	829.0	663.0	526.0
	900	236 000	2 302.0	1 842.0	1 439.0	1 151.0	921.0	731.0
	1 000	335 000	3 268.0	2 614.0	2 042.0	1 634.0	1 307.0	1 037.0

QJS 型、QJRS 型、QJS—D 型和 QJRS—D 型减速器承载能力(工作级别 M5)

(JB/T 8905.1—1999)

附表 11-2

输入轴转速 (r/min)	名义中心距 a(mm)	输出转矩 (N·m)	公称传动比							
			40	50	63	80	100	125	160	200
			高速轴许用功率(kW)							
600	140	820	1.5	1.4	1.0	0.8	0.6	0.5	0.4	0.3
	170	1 360	2.5	2.1	1.6	1.3	1.0	0.8	0.6	0.5
	200	2 650	3.9	3.1	2.5	1.9	1.6	1.2	1.0	0.8
	236	4 500	6.6	5.3	4.2	3.3	2.6	2.1	1.7	1.3
	280	7 500	11.0	8.8	7.0	5.5	4.4	3.5	2.7	2.2
	335	12 500	18.3	14.6	11.6	9.1	7.3	5.9	4.6	3.7
	400	21 200	31.0	25.0	19.7	15.5	12.4	9.9	7.8	6.2
	450	30 000	44.0	35.0	28.0	22.0	17.6	14.1	11.0	8.8
	500	42 500	62.5	50.0	40.0	31.0	25.0	19.9	15.6	12.4
	560	60 000	88.0	70.0	56.0	44.0	35.0	28.0	22.0	17.6
	630	85 000	124.0	100.0	79.0	62.0	50.0	40.0	31.0	25.0
	710	118 000	173.0	138.0	110.0	86.0	69.0	55.0	43.0	35.0
	800	170 000	249.0	199.0	158.0	124.0	100.0	80.0	62.0	50.0
	900	236 000	345.0	276.0	219.0	173.0	138.0	111.0	86.0	69.0
	1 000	335 000	490.0	392.0	311.0	245.0	196.0	157.0	123.0	98.0
750	140	820	1.8	1.5	1.2	1.0	0.8	0.6	0.5	0.4
	170	1 360	3.1	2.6	2.0	1.6	1.3	1.0	0.8	0.6
	200	2 650	4.8	3.9	3.1	2.4	1.9	1.6	1.2	1.0
	236	4 500	8.2	6.6	5.2	4.1	3.3	2.6	2.1	1.6
	280	7 500	13.7	10.9	8.7	6.8	5.5	4.4	3.4	2.7
	335	12 500	23.0	18.2	14.5	11.4	9.1	7.3	5.7	4.6
	400	21 200	39.0	31.0	25.0	19.3	15.5	12.4	9.7	7.7
	450	30 000	55.0	44.0	35.0	27.0	22.0	17.5	13.7	10.9
	500	42 500	78.0	62.0	49.0	39.0	31.0	25.0	19.4	15.5
	560	60 000	109.0	88.0	69.0	55.0	44.0	35.0	27.0	22.0
	630	85 000	155.0	124.0	98.0	78.0	62.0	50.0	39.0	31.0
	710	118 000	215.0	172.0	137.0	108.0	86.0	69.0	54.0	43.0
	800	170 000	310.0	248.0	197.0	155.0	124.0	99.0	78.0	62.0
	900	236 000	430.0	344.0	237.0	215.0	172.0	138.0	198.0	86.0
	1 000	335 000	611.0	488.0	388.0	305.0	244.0	195.0	153.0	122.0
1 000	140	820	2.3	1.9	1.5	1.2	1.0	0.8	0.6	0.5
	170	1 360	3.9	3.2	2.6	2.1	1.7	1.3	1.0	0.8
	200	2 650	6.5	5.2	4.1	3.2	2.6	2.1	1.6	1.3
	236	4 500	11.0	8.8	7.0	5.5	4.4	3.5	2.7	2.2
	280	7 500	18.3	14.6	11.6	9.1	7.3	5.9	4.6	3.7
	335	12 500	31.0	24.0	19.4	15.2	12.2	9.8	7.6	6.1
	400	21 200	52.0	41.0	33.0	26.0	21.0	16.5	12.9	10.3
	450	30 000	73.0	59.0	47.0	37.0	29.0	23.0	18.3	14.6
	500	42 500	104.0	83.0	66.0	52.0	42.0	33.0	26.0	21.0
	560	60 000	146.0	117.0	93.0	73.0	59.0	47.0	37.0	29.0
	630	85 000	207.0	166.0	132.0	104.0	83.0	66.0	52.0	42.0
	710	118 000	288.0	230.0	183.0	144.0	115.0	92.0	72.0	58.0
	800	170 000	415.0	332.0	263.0	207.0	166.0	133.0	104.0	83.0
	900	236 000	576.0	460.0	365.0	288.0	230.0	184.0	144.0	115.0
	1 000	335 000	817.0	654.0	519.0	408.0	327.0	261.0	204.0	163.0

QJR—D 型减速器外形和安装尺寸（JB/T8905.2—1999）（mm） 附表 11-3

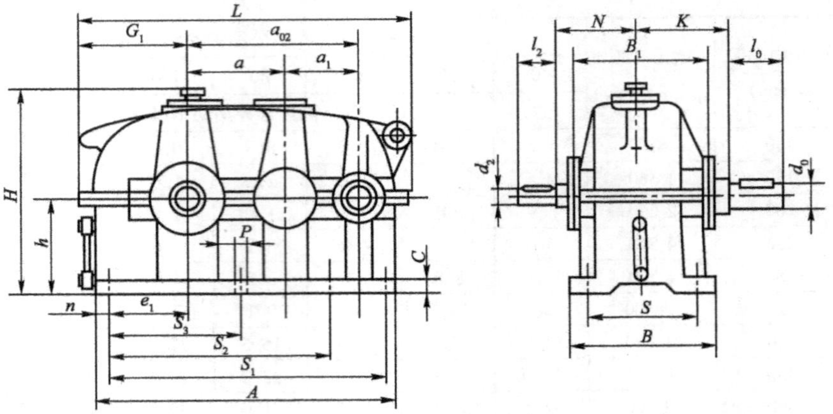

名义中心距 a	a_1	a_{02}	外形尺寸			中心高 h	输入轴端		
			L	H	B		N	d_2	l_2
140	100	240	494	305	220	140	120	22	50
170	118	288	577	365	250	170	135	28	60
200	140	340	664	425	270	200	180	32	80
236	170	406	796	497	330	236	210	38	80
280	200	480	925	585	360	280	235	48	110
335	236	571	1 100	695	430	335	255	55	110
400	280	680	1 380	830	510	400	285	65	140
450	315	765	1 462	930	590	450	310	80	170
500	355	855	1 622	1 030	640	500	350	90	170
560	400	960	1 822	1 160	710	560	385	100	210
630	450	1 080	2 037	1 300	770	630	425	110	210
710	500	1 210	2 278	1 460	860	710	450	120	210
800	560	1 360	2 538	1 640	980	800	490	130	250
900	630	1 530	2 860	1 840	1 100	900	540	150	250
1 000	710	1 710	3 200	2 040	1 200	1 000	610	170	300

名义中心距	地脚安装尺寸							A	B_1	n	G_1	e_1
a	S	S_1	S_2	S_3	C	P	孔数					
140	175	380		190	22	18	6	430	190	25	172	117
170	205	460		230	25	18	6	513	215	27	197	138
200	230	550		275	25	18	6	600	250	25	222	165
236	280	660		330	28	23	6	716	300	30	265	195
280	310	780		390	30	23	6	845	340	33	303	230
335	370	940		450	35	27	6	1 006	400	35	362	280
400	450	1 100		550	40	27	6	1 195	490	50	422	325
450	490	1 240	1 000	600	40	33	8	1 350	550	55	481	370
500	540	1 390	1 120	670	45	33	8	1 510	620	60	531	415
560	600	1 550	1 250	750	50	39	8	1 600	690	70	596	460
630	650	1 750	1 410	850	55	39	8	1 905	770	80	666	520
710	740	1 960	1 580	950	60	45	8	2 130	868	85	744	585
800	830	2 195	1 770	1 060	65	45	8	2 390	980	100	824	650
900	950	2 480	2 000	1 200	70	52	8	2 700	1 130	110	930	740
1 000	1 050	2 750	2 220	1 320	75	52	8	3 020	1 220	135	1 040	815

QJS—D 型减速器外形和安装尺寸(JB/T8905.2—1999)(mm) 附表 11-4

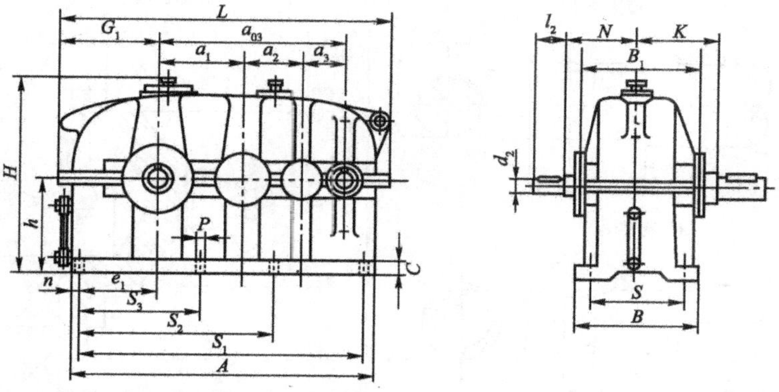

名义中心距 a_1	a_2	a_3	a_{03}	外形尺寸			中心高	输入轴端		
				L	H	B	h	N	d_2	l_2
140	100	71	311	560	305	220	140	120	18	40
170	118	85	373	652	365	250	170	135	22	50
200	140	100	440	750	425	275	200	180	28	60
236	170	118	524	896	497	330	236	210	32	80
280	200	140	620	1 045	585	360	280	235	38	80
335	236	170	741	1 245	695	430	335	255	45	110
400	280	200	880	1 461	830	510	400	285	50	110
450	315	224	989	1 651	930	590	450	310	55	110
500	355	250	1 105	1 832	1 030	640	500	350	60	140
560	400	280	1 240	2 062	1 160	710	560	385	70	140
630	450	315	1 395	2 307	1 300	770	630	425	80	170
710	500	355	1 565	2 583	1 460	860	710	450	90	170
800	560	400	1 760	2 833	1 640	980	800	490	100	210
900	630	450	1 980	3 240	1 840	1 100	900	540	110	210
1 000	710	500	2 210	3 620	2 040	1 200	1 000	610	130	250

名义中心距	地脚安装尺寸							A	B_1	n	G_1	e_1
a_1	S	S_1	S_2	S_3	C	P	孔数					
140	175	450		200	22	18	6	496	190	25	172	117
170	205	535		235	25	18	6	588	215	27	197	138
200	230	635		275	25	18	6	686	250	25	222	165
236	280	750		330	28	23	6	816	300	30	265	195
280	310	900		390	30	23	6	965	340	33	303	230
335	370	1 050	750	450	35	27	6	1 151	400	35	362	280
400	450	1 270	900	550	40	27	6	1 367	490	50	422	325
450	490	1 425	1 000	600	40	33	8	1 539	550	55	481	370
500	540	1 600	1 120	670	45	33	8	1 720	620	60	531	415
560	600	1 780	1 250	750	50	39	8	1 930	690	70	596	460
630	650	2 010	1 410	850	55	39	8	2 175	770	80	666	520
710	740	2 265	1 580	950	60	45	8	2 435	868	85	744	585
800	830	2 535	1 770	1 060	65	45	8	2 735	980	100	824	650
900	950	2 860	2 000	1 200	70	52	8	3 080	1 130	110	930	740
1 000	1 050	3 170	2 220	1 320	75	52	8	3 440	1 220	135	1 040	815

QJ 型和 QJ—D 型减速器低速轴尺寸(mm)

附表 11-5

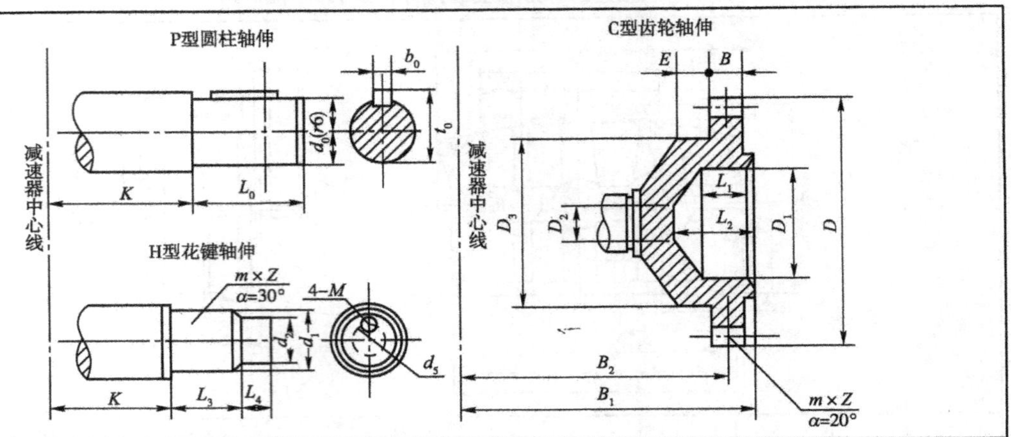

中心距 a_1		140	170	200	236	280	335	400	450	500	560	630	710	800	900	1000
K	QJ	130	140	195	225	250	280	340	365	410	445	495	565	615	670	740
	QJ－D	130	150	175	200	220	260	310	335	370	410	450	510	570	640	700
P 型	d_0	48	55	65	80	90	110	130	150	170	190	220	250	280	320	360
	L_0	82	82	105	130	130	165	200	200	240	280	280	330	380	380	450
	b_0	14	16	18	22	25	28	32	36	40	45	50	56	63	70	80
	t_0	51.5	59	69	85	95	116	137	158	179	200	231	262	292	334	375
H 型	$m \times z$	3×15	3×18	3×22	3×27	5×18	5×22	5×26	5×30	5×34	5×38	8×26	8×30	8×34	8×38	8×44
	d_1	48	57	69	84	95	115	135	155	175	195	216	248	280	312	360
	L_3	30	30	35	40	50	55	70	75	85	95	105	120	135	150	170
	d_5	25	30	40	50	60	70	90	100	120	140	160	180	200	220	250
	M	6	6	8	8	8	10	10	12	12	12	12	16	16	20	20
	d_2	40	50	60	70	80	100	120	140	160	180	190	220	250	280	320
	L_4	20	25	30	35	40	45	50	55	60	60	65	65	65	75	80
C 型	$m \times z$				3×56	4×56	4×56	6×56	6×56	8×54	10×48					
	D				174	232	232	348	348	448	500					
	D_1				90	120	120	170	170	200	200					
	D_2				40	40	40	45	45	105	105					
	D_3				135	170	170	260	260	260	280					
	B_1				279.5	302.5	339.5	402	429	482	570					
	B_2				253	271	308	370	397	442	505					
	B				25	35	35	40	40	50	60					
	E				25	25	25	32	32	32	35					
	L_1				45	50	50	76	76	78	78					
	L_2				60	75	75	100	100	100	110					

附表十二　连接件

圆螺母(GB/T812—1988)(mm)　　附表 12-1

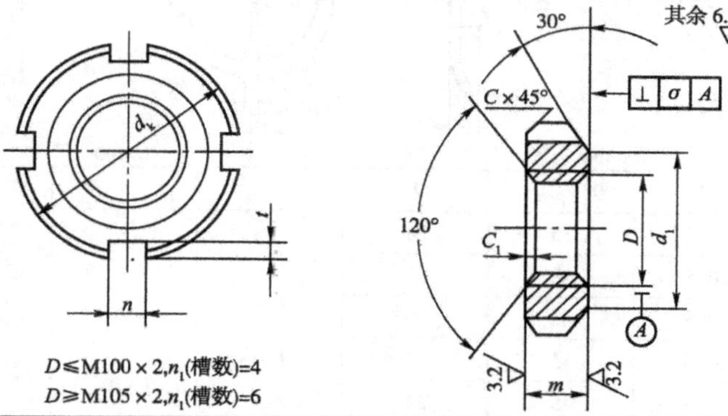

螺纹规格 $D \times p$	d_k	d_1	m	n		t		C	C_1
				max	min	max	min		
M18×1.5	32	24	8	5.30	5.00	3.10	2.50	0.5	0.5
M20×1.5	35	27							
M22×1.5	38	30	10					1.0	
M24×1.5	42	34							
M25×1.5									
M27×1.5	45	37							
M30×1.5	48	40							
M33×1.5	52	43		6.30	6.00	3.60	3.00		
M35×1.5									
M36×1.5	55	46							
M39×1.5	58	49						1.5	
M40×1.5									
M42×1.5	62	53							
M45×1.5	68	59	12						
M48×1.5	72	61		8.36	8.00	4.25	3.50		
M50×1.5									
M52×1.5	78	67							
M55×2									
M56×2	85	74							1.0
M60×2	90	79							
M64×2	95	84							
M65×2									
M68×2	100	88		10.36	10.00	4.75	4.00		
M72×2	105	93	15						
M75×2									
M76×2	110	98							
M80×2	115	103							
M85×2	120	108							
M90×2	125	112	18		12.00		5.00		
M95×2	130	117							
M100×2	135	122							
M105×2	140	127							
M110×2	150	135			14.00		6.00		
M115×2	155	140	22						
M120×2	160	145	23						

圆螺母用止动垫片(GB/T858—1988)(mm) 附表 12-2

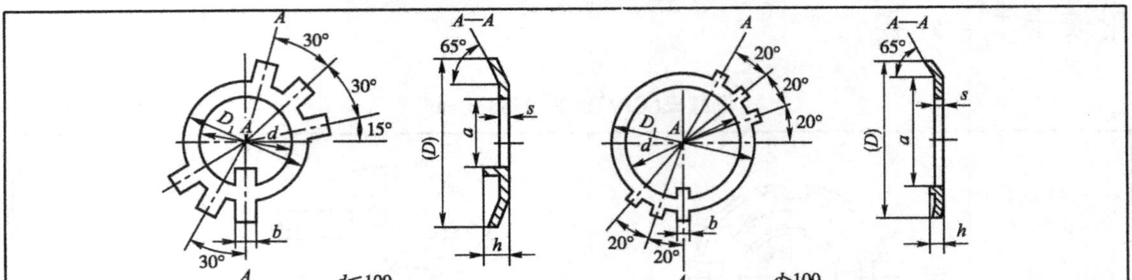

d≤100 d>100

规格(螺纹大径)	d	D(参考)	D_1	S	h	b	a
18	18.5	35	24	1.0	4	4.8	15
20	20.5	38	27				17
22	22.5	42	30				19
24	24.5	45	34				21
25	25.5	45	34				22
27	27.5	48	37		5		24
30	30.5	52	40				27
33	33.5	56	43	1.5		5.7	30
35	35.5						32
36	36.5	60	46				33
39	39.5	62	49				36
40	40.5						37
42	42.5	66	53				39
45	45.5	72	59				42
48	48.5	76	61		6	7.7	45
50	50.5						47
52	52.5	82	67				49
55	56.0						52
56	57.0	90	74				53
60	61.0	94	79				57
64	65.0	100	84				61
65	66.0						62
68	69.0	105	88			9.6	65
72	73.0	110	93		7		69
75	76.0						71
76	77.0	115	98				72
80	81.0	120	103				76
85	86.0	125	108				81
90	91.0	130	112	2.0		11.6	86
95	96.0	135	117				91
100	101.0	140	122				96
105	106.0	145	127				101
110	111.0	156	135			13.5	106
115	116.0	160	140				111
120	121.0	166	145				116

附表十三　润滑与密封

旋盖式油杯(JB/T 7940.3—1995)(mm)　　附表 13-1

旋转式油杯图例

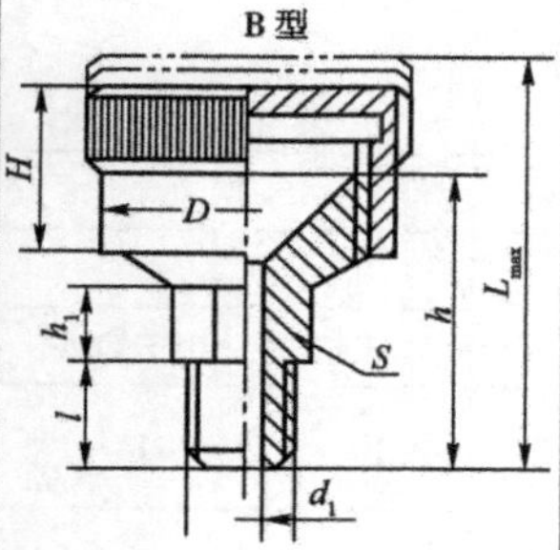

最小容量 (cm^3)	d	l	H	h	h_1	d_1	D		L_{max}	S	
							A 型	B 型		基本尺寸	极限偏差
1.5	M8×1	8	14	22	7	3	16	18	33	10	0 -0.22
3	M10×1		15	23	8	4	20	22	35	13	0 -0.27
6			17	26			26	28	40		
12	M14×1.5	12	20	30	10	5	32	34	47	18	
18			22	32			36	40	50		
25			24	34			41	44	55		
50	M16×1.5		30	44			51	54	70	21	0 -0.33
100			38	52			68	68	85		
200	M24×1.5	16	48	64	16	6		86	105	30	

标记示例:最小容量 25 cm^3,A 型旋盖式油杯:油杯 A25 JB/T 7940.3—1995

直通式压注油杯(JB/T 7940.1—1995)(mm)　　附表 13-2

直通式油杯图例

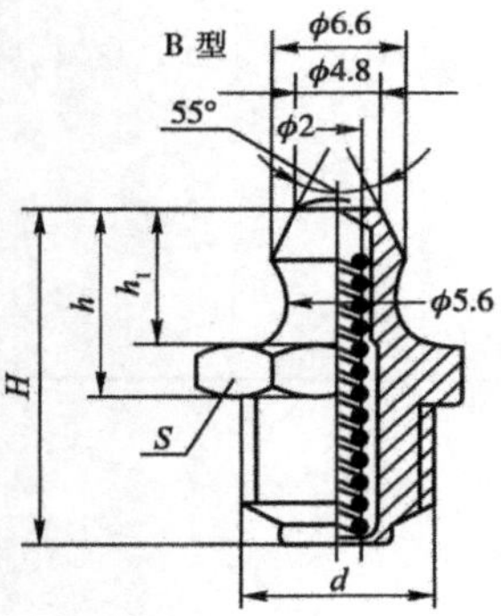

d	H	h	h_1	S		钢球 (按 GB/T 308—1989)
				基本尺寸	极限偏差	
M6	13	8	6	8	0 -0.22	3
M8×1	16	9	6.5	10		
M10×1	18	10	7	11		

标记示例:连接螺纹 M10×1,直通式压注油杯:油杯 M10×1 JB/T 7940.1—1995

毡圈油封和油沟尺寸 附表 13-3

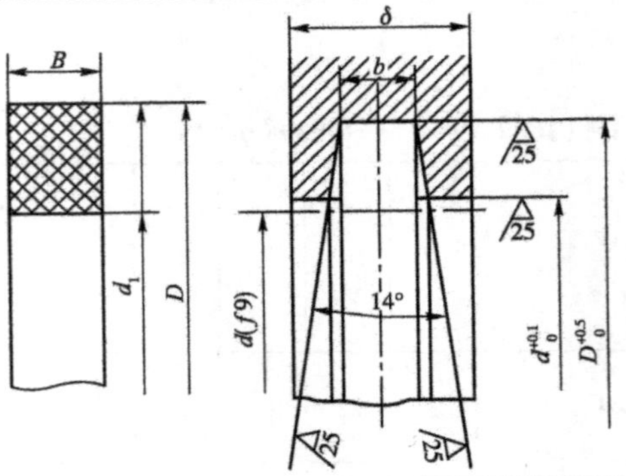

标记示例：
d=50mm毡圈油封：
毡圈50 JB/ZQ 4606—86

轴径 d	毡圈				槽				
	D	d_1	B	质量（kg）	D_0	d_0	b	δ_{min} 用于钢	δ_{min} 用于铸铁
15	29	14	6	0.0010	28	16	5	10	12
20	33	19		0.0012	32	21			
25	39	24	7	0.0018	38	26	6	12	15
30	45	29		0.0023	44	31			
35	49	34		0.0023	48	36			
40	53	39		0.0026	52	41			
45	61	44	8	0.0040	60	46	7		
50	69	49		0.0054	68	51			
55	74	53		0.0060	72	56			
60	80	58		0.0069	78	61			
65	84	63		0.0070	82	66			
70	90	68		0.0079	88	71			
75	94	73		0.0080	92	77			
80	102	78	9	0.011	100	82	8	15	18
85	107	83		0.012	105	87			
90	112	88		0.012	110	92			
95	117	93	10	0.014	115	97			
100	122	98		0.015	120	102			
105	127	103		0.016	125	107			
110	132	108		0.017	130	112			
115	137	113		0.018	135	117			
120	142	118		0.018	140	122			

参考文献

[1] 中华人民共和国国家标准 GB/T 3811—2008. 起重机设计规范. 北京:中国标准出版社, 2008.

[2] 中华人民共和国国家标准 GB 6974—86. 起重机械名词术语. 北京:中国标准出版社, 1986.

[3] 中华人民共和国国家标准 GB/T 8706—2006. 钢丝绳 术语、标记和分类. 北京:中国标准出版社,2006.

[4] 中华人民共和国国家标准 GB/T 20776—2006. 起重机械分类. 北京:中国标准出版社, 2006.

[5] 中华人民共和国交通行业标准 JT/T 86—94. 港口装卸机械基本参数名称、含义及符号. 北京:人民交通出版社,1995.

[6] 倪庆兴,王焕勇. 起重机械. 上海:上海交通大学出版社,1990.

[7] 蒋国仁. 港口起重机械. 大连:大连海事大学出版社,1995.

[8] 杨长骙,付东明. 起重机械. 北京:机械工业出版社,1991.

[9] 机械工程手册编辑委员会. 机械工程手册(第二版). 北京:机械工业出版社,1997.

[10] 张质文,虞和谦,王金诺,包起帆. 起重机设计手册. 北京:中国铁道出版社,2001.

[11] 交通部水运司. 港口起重运输机械设计手册. 北京:人民交通出版社,2001.

[12] 中国有色工程设计研究总院. 成大先. 机械设计手册(第五版). 北京:化学工业出版社, 2009.